Primeiras linhas de Direito Processual Civil

Volume 5 – Procedimentos Especiais

Conselho Editorial

André Luís Callegari
Carlos Alberto Molinaro
César Landa Arroyo
Daniel Francisco Mitidiero
Darci Guimarães Ribeiro
Draiton Gonzaga de Souza
Elaine Harzheim Macedo
Eugênio Facchini Neto
Gabrielle Bezerra Sales Sarlet
Giovani Agostini Saavedra
Ingo Wolfgang Sarlet
José Antonio Montilla Martos
Jose Luiz Bolzan de Morais
José Maria Porras Ramirez
José Maria Rosa Tesheiner
Leandro Paulsen
Lenio Luiz Streck
Miguel Àngel Presno Linera
Paulo Antônio Caliendo Velloso da Silveira
Paulo Mota Pinto

Dados Internacionais de Catalogação na Publicação (CIP)

P953   Primeiras linhas de direito processual civil : volume 5 : procedimentos especiais / Augusto Tanger Jardim, Felipe Camilo Dall'Alba, João Paulo Kulczynski Forster, Luis Alberto Reichelt, coordenadores ; Alexandra Mattos ... [et al.]. – Porto Alegre : Livraria do Advogado, 2020.

293 p. ; 23 cm.

Inclui bibliografia.

Conteúdo: v. 5. Procedimentos especiais.

ISBN 978-85-9590-088-2

1. Direito processual civil - Brasil. I. Jardim, Augusto Tanger. II. Dall'Alba, Felipe Camilo. III. Forster, João Paulo Kulczynski. IV. Reichelt, Luis Alberto. V. Procedimentos especiais.

CDU 347.91/.95(81)
CDD 347.8105

Índice para catálogo sistemático:
1. Direito processual civil : Brasil   347.91/.95(81)

(Bibliotecária responsável: Sabrina Leal Araujo – CRB 8/10213)

Augusto Tanger Jardim
Felipe Camilo Dall'Alba
João Paulo Kulczynski Forster
Luis Alberto Reichelt
Coordenadores

Primeiras linhas de Direito Processual Civil

Volume 5 – Procedimentos Especiais

Alexandra Mattos
Ana Carolina de Oliveira Quintela
Augusto Tanger Jardim
Conrado Paulino da Rosa
Dárcio Franco Lima Júnior
Eduardo Scarparo
Felipe Camilo Dall'Alba
Fernanda Nunes Barbosa
Fernando Rubin
Gisele Mazzoni Welsch
Guilherme Beux Nassif Azem
Guilherme Tanger Jardim
Hilbert Obara
Jaqueline Mielke Silva
Jefferson Carús Guedes
João Paulo Kulczynski Forster
José Tadeu Neves Xavier
Juliana Leite Ribeiro do Vale
Juliano Colombo
Luis Alberto Reichelt
Maria Lúcia Baptista Morais
Miguel do Nascimento Costa
Valternei Melo

livraria
DO ADVOGADO
editora

Porto Alegre, 2020

© dos Autores, 2020

(Edição finalizada em agosto/2019)

Capa, projeto gráfico e diagramação
Livraria do Advogado Editora

Revisão
Rosane Marques Borba

Direitos desta edição reservados por
Livraria do Advogado Editora
Rua Riachuelo, 1334 s/105
90010-273 Porto Alegre RS
Fone: (51) 3225-3311
editora@doadvogado.com.br
www.doadvogado.com.br

Impresso no Brasil / Printed in Brazil

Os autores

Alexandra Mattos
Mestre em Direito pela Pontifícia Universidade Católica do Rio Grande Sul (PUCRS). Professora de Cursos de Pós-Graduação. Advogada.

Augusto Tanger Jardim
Mestre em Direito pela Pontifícia Universidade Católica do Rio Grande Sul (PUCRS) e Doutorando em Direito pela Universidade Federal do Rio Grande do Sul (UFRGS). Professor da Fundação Escola Superior do Ministério Público (FMP). Advogado.

Ana Carolina de Oliveira Quintela
Mestranda em Direito pela Pontifícia Universidade Católica do Rio Grande do Sul (PUCRS). Professora no Curso de Direito da Fadergs. Advogada.

Conrado Paulino da Rosa
Pós-Doutorando em Direito pela Universidade Federal de Santa Catarina (UFSC). Doutor em Serviço Social pela Pontifícia Universidade Católica do Rio Grande do Sul (PUCRS) Mestre em Direito pela Universidade de Santa Cruz do Sul (UNISC). Professor do Curso de Direito da Faculdade de Direito da Fundação Escola Superior do Ministério Público (FMP). Advogado.

Dárcio Franco Lima Júnior
Mestre em Direito pela Universidade Federal do Rio Grande do Sul (UFRGS). Professor de Cursos de Pós-Graduação. Advogado.

Eduardo Scarparo
Doutor em Direito pela Universidade Federal do Rio Grande do Sul (UFRGS). Professor da Universidade Federal do Rio Grande do Sul (UFRGS). Advogado.

Felipe Camilo Dall'Alba
Mestre em Direito pela Universidade Federal do Rio Grande do Sul (UFRGS). Doutorando em Direito Processual Civil pela Pontifícia Universidade Católica do Rio Grande do Sul (PUCRS). Professor de Cursos de Pós-Graduação. Procurador Federal da AGU.

Fernanda Nunes Barbosa
Doutora em Direito Civil pela Universidade do Estado do Rio de Janeiro (UERJ). Mestre em Sociedade e Estado em Perspectiva de Integração pela Universidade Federal do Rio Grande do Sul (UFRGS). Professora do Mestrado em Direitos Humanos do Centro Universitário Ritter dos Reis (UNIRITTER) e de Graduação em Direito Civil das Faculdades de Direito da FAPA e do Centro Universitário Ritter dos Reis (UNIRITTER). Advogada.

Fernando Rubin
    Mestre em Direito pela Universidade Federal do Rio Grande do Sul (UFRGS) e Doutorando em Direito pela Pontifícia Universidade Católica do Rio Grande do Sul (PUCRS). Professor do Centro Universitário Ritter dos Reis (UNIRITTER). Advogado.

Gisele Mazzoni Welsch
    Mestre e Doutora em Direito pela Pontifícia Universidade Católica do Rio Grande do Sul (PUCRS). Professora do Centro Universitário Metodista (IPA). Advogada.

Guilherme Beux Nassif Azem
    Mestre em Direito pela Pontifícia Universidade Católica do Rio Grande do Sul (PUCRS) Professor de Cursos de Pós-Graduação. Procurador Federal da AGU.

Guilherme Tanger Jardim
    Mestre em Direito pela Pontifícia Universidade Católica do Rio Grande do Sul (PUCRS). Doutor em Direito pela Università degli studi di Roma Ter. Professor da Fundação Escola Superior do Ministério Público (FMP). Advogado.

Hilbert Obara
    Mestre e Doutorando em Direito pela Universidade do Vale do Rio dos Sinos (UNISINOS). Professor de Graduação e Pós-Graduação. Juiz de Direito.

Jaqueline Mielke Silva
    Mestre e Doutrora em Direito pela Universidade do Vale dos Sinos (UNISINOS). Professora de Graduação e de Pós-Graduação. Advogada.

Jefferson Carús Guedes
    Mestre e Doutor em Direito pela Pontifícia Universidade Católica de São Paulo (PUCSP). Professor do programa de Mestrado e Doutorado do Centro Universitário de Brasília (UNICEUB). Advogado.

João Paulo Kulczynski Forster
    Mestre e Doutor em Direito pela Universidade Federal do Rio Grande do Sul (UFRGS). Professor do Centro Universitário Ritter dos Reis (UNIRITTER). Advogado.

José Tadeu Neves Xavier
    Mestre e Doutor em Direito pela Universidade Federal do Rio Grande do Sul (UFRGS). Professor da Fundação Escola Superior do Ministério Público (FMP) e Pós-Graduação. Advogado da União.

Juliana Leite Ribeiro do Vale
    Mestre em Direito pela Universidade Federal do Rio Grande do Sul (UFRGS). Professora de Pós-Graduação. Advogada.

Juliano Colombo
    Mestre em Direito. Professor de Direito Processual Civil e Direito Civil nas Faculdades Integradas São Judas Tadeu e Centro Universitário Ritter dos Reis (UNIRITTER). Advogado.

Luis Alberto Reichelt
Mestre e Doutor em Direito pela Universidade Federal do Rio Grande do Sul (UFRGS. Professor de Graduação, Especialização, Mestrado e Doutorado em Direito da Pontifícia Universidade Católica do Rio Grande do Sul (PUCRS). Procurador da Fazenda Nacional.

Maria Lúcia Baptista Morais
Mestre em Direito pela Universidade Federal do Rio Grande do Sul (UFRGS). Professora. Advogada.

Miguel do Nascimento Costa
Mestre e Doutorando em Direito pela Universidade do Vale dos Sinos (UNISINOS). Professor do Centro Universitário La Salle (UNILASSALE). Advogado.

Valternei Melo
Mestre em Direito pela Pontifícia Universidade Católica do Rio Grande Sul (PUCRS). Doutorando em Direito pela Universidade Federal do Rio Grande do Sul (UFRGS). Professor de Curso de Pós-Gradução. Advogado.

Sumário

Apresentação 15

1. Teoria geral dos procedimentos especiais 17
Eduardo Scarparo
1.1. Noções gerais 17
1.2. Procedimento comum e procedimentos especiais 19
1.3. Procedimentos especiais como meio de obtenção da tutela adequada 21

2. Ação de consignação em pagamento 24
Maria Lúcia Baptista Morais
2.1. Noções gerais 24
2.2. Hipóteses legais 27
2.3. Procedimento da consignação em pagamento 28
2.4. Consignação judicial e extrajudicial 29
2.5. Levantamento do depósito 34
2.6. Resposta do réu 35
2.7. Complementação de depósito 36
2.8. Julgamento 37

3. Ação de exigir contas 39
João Paulo Kulczynski Forster
3.1. Noções gerais 39
3.2. Procedimento 39

4. Ações possessórias 43
Guilherme Tanger Jardim
4.1. Noções gerais da tutela possessória 43
4.2. Proteção da posse em sede de cognição sumária (liminar possessória) 46
4.3. Ações possessórias enquanto ações dúplices 50
4.4. Fungibilidade entre os procedimentos possessórios 51
4.5. Cumulação de pedidos nas ações possessórias 52
4.6. Ações possessórias em espécie 54
4.6.1. Ação de manutenção de posse 54
4.6.2. Ação de reintegração de posse 55
4.6.3. Ação de interdito proibitório 59

5. Da ação de divisão e da demarcação de terras particulares 62
Hilbert Obara
5.1. Noções gerais 62
5.2. Particularidades 64
5.3. Procedimento da ação de demarcação 66
5.4. Procedimento da ação de divisão 67

6. Ação de dissolução parcial da sociedade personificada no processo civil contemporâneo..70
Alexandra Mattos e Valternei Melo
6.1. Noções gerais..70
6.2. Elementos de direito material e direito processual para compreensão do tema...73
6.3. Principais aspectos da ação de dissolução parcial de sociedade no novo Código de Processo Civil...74
6.4. Hipóteses de cabimento e objetos da ação de dissolução parcial de sociedade...76
6.5. Legitimidades ativa e passiva para a ação de dissolução parcial de sociedade...79
6.6. Principais características do procedimento.............................81

7. Ação de inventário e partilha..85
Augusto Tanger Jardim e Fernanda Nunes Barbosa
7.1. Considerações iniciais...85
7.2. Do inventário..87
7.3. Da partilha..99
7.4. Do arrolamento..103

8. Embargos de terceiros..105
Dárcio Franco Lima Júnior
8.1. Objetivo...105
8.2. Legitimidade..106
8.3. Competência..108
8.4. Procedimento...109

9. Oposição..111
Felipe Camilo Dall'Alba e Fernando Rubin
9.1. Noções gerais...111
9.2. Pressupostos..113
9.3. Procedimento..113
9.4. Legitimidade..114
9.5. Julgamento...115

10. Habilitação..117
Felipe Camilo Dall'Alba
10.1. Noções gerais...117
10.2. Legitimidade..117
10.3. Procedimento..118

11. Homologação do penhor legal e regulação de avaria grossa....................120
Felipe Camilo Dall'Alba
11.1. Noções da homologação do penhor legal.......................120
11.2. Procedimento judicial do penhor legal............................121
11.3. Via extrajudicial do penhor legal......................................121
11.4. Sentença que homologa ou não o penhor legal..............122
11.5. Noções da regulação de avaria grossa..............................122
11.6. Procedimento da regulação de avaria grossa..................122

12. Das ações de família..124
12.1. Noções Gerais..124
Luis Alberto Reichelt e Ana Carolina de Oliveira Quintela
12.2. Classificação..124

12.3. A busca pela autocomposição de litígios e as ações de família............125
12.4. Procedimento..128
12.5. A prova nas ações ou incidentes de alienação parental.....................131
    Juliana Leite Ribeiro do Vale

13. Ação monitória...134
    Juliano Colombo
13.1. Cabimento...134
13.2. Procedimento: partes, causa de pedir e pedido................................137

14. Da restauração de autos..140
    Guilherme Beux Nassif Azem

15. Procedimentos de jurisdição voluntária..144
    Jefferson Carús Guedes
15.1. Noções gerais..144
15.2. Fases lógicas e interessados (*partes*)..145
15.3. Coisa julgada e recursos...147
15.4. Procedimentos nominados no artigo 725..149
15.4.1. Emancipação..150
15.4.2. Sub-rogação..152
15.4.3. Alienação, arrendamento ou oneração de bens de crianças ou
      adolescentes, de órfãos e de interditos..155
15.4.4. Alienação, locação e administração da coisa comum..................157
15.4.5. Alienação de quinhão em coisa comum.......................................159
15.4.6. Extinção de usufruto, quando não decorrer da morte do usufrutuário,
      do termo da sua duração ou da consolidação, e de fideicomisso, quando
      decorrer de renúncia ou quando ocorrer antes do evento que caracterizar
      a condição resolutória..161
15.4.7. Expedição de alvará judicial..163
15.4.8. Homologação de autocomposição extrajudicial, de qualquer natureza
      ou valor..166

16. Notificação e interpelação..168
    Jefferson Carús Guedes
16.1. Noções gerais..168
16.2. Procedimentos..168

17. Alienação judicial...174
    Jefferson Carús Guedes
17.1. Noções gerais..174
17.2. Procedimento..175
17.2.1. Avaliação dos bens...179
17.2.2. Melhor oferta e preço vil...181

**18. Divórcio e separação consensuais, dissolução consensual da união
estável e alteração do regime de bens no matrimônio**......................183
    Conrado Paulino da Rosa
18.1. Divórcio e separação consensuais..183
18.2. Dissolução consensual da união estável..187
18.3. Alteração do regime de bens no matrimônio..................................188

19. Testamentos e dos codicilos...193
    Jefferson Carús Guedes

19.1. Noções gerais..193
19.2. Procedimento..193

20. Herança jacente..196
Jefferson Carús Guedes
20.1. Noções gerais..196
20.2. Procedimento..197

21. Bens dos ausentes..201
Jefferson Carús Guedes
21.1. Noções gerais..201
21.2. Procedimento..201

22. Coisas vagas..205
Jefferson Carús Guedes
22.1. Noções gerais..205
22.2. Procedimento..205

23. Interdição..208
Jefferson Carús Guedes

24. Tutela e curatela..215
Jefferson Carús Guedes
24.1. Noções gerais..215
24.2. Procedimento..215

25. Organização e da fiscalização das fundações....................219
Jefferson Carús Guedes
25.1. Noções gerais..219
25.2. Procedimento..220

26. Ratificação dos protestos marítimos e dos processos testemunháveis formados a bordo..221
Jefferson Carús Guedes
26.1. Noções gerais..221
26.2. Procedimento..222

27. Processo coletivo..225
27.1. Teoria geral do Processo Coletivo....................................225
Jaqueline Mielke Silva e José Tadeu Neves Xavier
27.1.1. Direitos/Interesses transindividuais................................226
27.1.2. Principiologia observada na tutela coletiva.....................231
27.2. Ação Civil Pública..240
Jaqueline Mielke Silva e José Tadeu Neves Xavier
27.2.1. Considerações gerais..240
27.2.2. Objeto...241
27.2.3. Legitimidade..241
27.2.3.1. Legitimidade do Ministério Público............................242
27.2.3.2. Demais legitimados para a ACP...................................243
27.2.4. Aspectos procedimentais..244
27.3. Mandado de Segurança Coletivo....................................246
Jaqueline Mielke Silva e José Tadeu Neves Xavier
27.3.1. Considerações introdutórias..246
27.3.2. Legitimidade ativa para a impetração do mandado de segurança coletivo...246

27.3.3. Aspectos procedimentais do Mandado de Segurança Coletivo................250
27.3.3.1. A liminar no Mandado de Segurança Coletivo....................................250
27.3.3.2. Litispendência e Mandado de Segurança Coletivo..............................251
27.3.3.4. A coisa julgada na ação de Mandado de Segurança Coletivo.................253
27.3.3.5. A coisa julgada no Mandado de Segurança Coletivo e as ações
individuais que estiverem em curso..255
27.4. Ação popular 256
Gisele Mazzoni Welsch
27.4.1. Conceito e natureza jurídica..256
27.4.2. Origem e evolução histórica..256
27.4.3. Questões processuais 257
27.4.4. Análise jurisprudencial de pontos controversos 258

28. Incidente de resolução de demandas repetitivas...........................261
Luis Alberto Reichelt
28.1. Introdução: o que são e como surgem as demandas repetitivas. As razões
que levaram ao surgimento do incidente de resolução de demandas
repetitivas..261
28.2. Dos requisitos de admissibilidade do incidente de resolução de
demandas repetitivas...264
28.3. Sobre as possibilidades de participação no incidente de resolução de
demandas repetitivas...266
28.4. A tramitação do incidente e as intercorrências presentes nos outros
processos individuais que aguardam pelo seu desfecho......................268
28.5. O resultado do incidente: a produção de decisões dotadas de caráter
vinculante..271

29. Incidente de assunção de competência.....................................276
Miguel do Nascimento Costa
29.1. Noções gerais..276
29.2. Natureza jurídica..278
29.3. Requisitos de aplicação e cabimento..279
29.4. Legitimação ou iniciativa...280
29.5. Efeitos..281
29.6. Processamento..282

Bibliografia..284

Apresentação

Augusto Tanger Jardim
Felipe Camilo Dall'Alba
João Paulo Kulczynski Forster
Luis Alberto Reichelt

Mantendo os compromissos com a qualidade da pesquisa e com a oferta de uma leitura acessível, a coleção Primeiras Linhas de Direito Processual Civil apresenta aos seus leitores o seu quinto volume. Nessa senda, o primeiro volume trata da Teoria Geral do Processo, o segundo, do Procedimento Comum, o terceiro, da sistemática recursal, e o quarto, por sua vez, trata do Processo de Execução.

Esse quinto volume é dedicado, em primeiro lugar, aos Procedimentos Especiais. Galeno Lacerda lembra que esses tipos de procedimentos se originam da forma interdital romana, e os ritos decorrem das peculiaridades da relação jurídica material controvertida, como, por exemplo, nas ações de consignação e pagamento.[1]

Além disso, são tratados também nesse mesmo volume os incidentes de resolução de demandas repetitivas, o incidente de assunção de competência e o microssistema das ações coletivas. O objetivo no ponto é oferecer ao leitor um quadro tão completo quanto possível do universo dos mecanismos destinados ao enfrentamento da litigiosidade de massas e da tutela de direitos transindividuais.

A entrega desse quinto volume completa uma coleção cuja acolhida confirma as expectativas que já eram alimentadas pelos autores desde o primeiro volume. Traz-se a lume mais uma obra cuja razão de ser era a necessidade de responder a uma demanda crescente na área do Direito Processual Civil por informação com qualidade e acessibilidade, capaz de responder não só a dilemas teóricos, mas também às preocupações do ambiente forense. Perpassa por toda a coleção, coroada com este quinto volume, o uso de linguagem acessível sem descurar da aplicabilidade prática dos temas, bem como das decisões recentes dos Tribunais brasileiros.

---

[1] LACERDA, Galeno. *Teoria Geral do Processo*. Rio de Janeiro: Forense, 2006, p. 21.

1. Teoria geral dos procedimentos especiais

Eduardo Scarparo

1.1. NOÇÕES GERAIS

A separação entre direito processual e direito material foi uma das diretivas mais fortalecidas durante a etapa histórica do direito processual conhecida como processualismo. Nessa fase, iniciada a partir da célebre publicação de Oskar Bülow,[2] a separação definitiva entre o direito material e o direito processual era um imperativo a ser alcançado e, para tanto, o exame dos fundamentos e institutos próprios da disciplina criada (o direito processual) deveria diferenciá-la das amarras do direito material de onde fora recém-desconectada.[3]

Nessa fase da história do processo, o conhecimento científico era desenvolvido sob uma matriz de caráter ideal. A preocupação do processualista era de desbravar os conceitos teóricos do direito processual, as relações sistêmicas dos seus institutos e as projeções que comportariam alcance processual em um plano ideal. O processo civil seria então descoberto em sua natureza e formado por uma racionalidade apartada das contingências.[4] Não havia preocupação científica, portanto, com a tópica. A ciência deveria ser desligada das vicissitudes e particularidades de um plano concreto, e a formação do conhecimento voltava-se, portanto, à abstração.

O idealismo e a ruptura entre processo e direito material teve como fruto, no que diz respeito à organização do procedimento civil, a enunciação de um rito uniforme, que serviria para atender a todas as demandas que se apresentassem em juízo.[5] Acreditava-se que por

---

[2] BÜLOW, Oskar. *La teoría de las excepciones procesales y los presupuestos procesales*. Buenos Aires: EJEA, 1964.

[3] MITIDIERO, Daniel. *Elementos para uma teoria contemporânea do processo civil brasileiro*. Porto Alegre: Livraria do Advogado, 2005, p. 18.

[4] ALVARO DE OLIVEIRA, Carlos Alberto. *Teoria e prática da tutela jurisdicional*. Rio de Janeiro: Forense, 2008, p. 36.

[5] SILVA, Ovídio Baptista da. *Processo e Ideologia*. 2. ed. Rio de Janeiro: Forense, 2006, p. 131-150.

meio do rito comum, garantir-se-ia tudo o que seria essencial ao desenvolvimento do processo. Propôs-se, assim, um rito pretensamente capaz de atender a todas as suas necessidades. Em termos práticos, a ação que buscava cobrar um crédito decorrente de um empréstimo deveria se sujeitar ao mesmo percurso processual da que buscava distribuir esse mesmo crédito entre os sucessores do contratante.[6]

O direito processual ergueu-se a partir da enunciada necessidade de se afastar do direito material e, por isso, não haveria razões para supor quaisquer motivos que justificassem diferenças no rito em razão de peculiaridades dos direitos materiais.[7] Além disso, como o sistema processual não pressupunha as contingências da tópica – aqui o idealismo em sua formação aparece com força –, não haveria igualmente razões para se pensar sobre a necessidade de ajustar esse rito a quaisquer peculiaridades.[8]

Hoje se aceita com ares de obviedade não se sustenta uma cisão com tão intenso afastamento. Direito material e direito processual têm relações recíprocas, ainda que constituam disciplinas autônomas, com propósitos, fundamentos e valores próprios.[9] Por isso, não traz qualquer surpresa a afirmação de que o direito material exige adaptações do processo para fazer viável a tramitação e a eventual respectiva satisfação.[10]

---

[6] "O procedimento ordinário era o padrão perfeito, no qual se esgotavam todas as fases, a permitir o exercício de uma cognição plena e exauriente. Procedimentos que se limitavam à realização de juízos sumários sobre as circunstâncias da causa, sem exaurir todas as possíveis etapas procedimentais, não eram compatíveis com a verdadeira função jurisdicional". DIDIER JR, Fredie; CABRAL, Antonio do Passo; CUNHA, Leonardo Carneiro da. *Por uma nova teoria dos procedimentos especiais: dos procedimentos às técnicas*. Salvador: Juspodivm, 2018, p. 19.

[7] Conforme relata Adroaldo Furtado Fabrício: "Certos setores da doutrina vêem na existência de tais procedimentos uma concessão à ideia de subordinação do Direito Processual ao Direito Material. Vista a questão desse ângulo, seria incompatível com a ideia da autonomia a diferenciação do procedimento com base nas peculiaridades do direito subjetivo material afirmado pelo autor: representaria isso uma intromissão de critérios ditados pelo Direito dito substantivo na solução de problemas estritamente processuais". No caso, o autor, em seguida, desconstrói a falaciosa objeção: "é bem claro que não se trata de interferência de princípios de um campo do Direito em outro, mas de simples influência. E igualmente claro é que para sustentar a autonomia do Direito Processual não é necessário negar-lhe o caráter instrumental que ninguém lhe desconhece". FABRÍCIO, Adroaldo Furtado. *Comentários ao Código de Processo Civil*. Vol. VIII, Tomo III. Rio de Janeiro: Forense, 1980, p. 10-11.

[8] "A ordinarização de um procedimento único, inflexível, que seria apto e eficaz para a solução de todos os problemas, foi um projeto da escola de exegese que vingou na era das grandes codificações do Séc. XIX. Mas há muito tempo que aquele sonho de um procedimento unívoco ruiu". CABRAL, Antonio do Passo. *Convenções Processuais*. Salvador: Juspodivm, 2016, p. 195-196.

[9] A esse respeito, entre outros, ALVARO DE OLIVEIRA, Carlos Alberto. *Teoria e prática da tutela jurisdicional*. Rio de Janeiro: Forense, 2008; MARINONI, Luiz Guilherme. *Técnica processual e tutela dos direitos*. 2. ed. São Paulo: Revista dos Tribunais, 2008; DINAMARCO, Cândido Rangel. *A instrumentalidade do processo*. 12. ed. São Paulo: Malheiros, 2005.

[10] "A suposição de que um único procedimento poderia atender a todos, independentemente de suas diferenças, para que então fosse possível uma melhor sistematização técnica e teórica, implica em uma absurda superposição da teoria sobre as necessidades concretas dos homens".

Uma das formas de fazer essas adaptações é por meio da instituição, pelo legislador, de procedimentos especiais.

1.2. PROCEDIMENTO COMUM E PROCEDIMENTOS ESPECIAIS

Os ajustes por influência de necessidades específicas das contingências ou do direito material podem ensejar: a) adaptações pontuais no rito comum, indicadas pela legislação (microadaptações legislativas no rito comum);[11] b) adaptações com maior ou menor abrangência decorrentes de manifestações de vontade das partes (negócios processuais);[12] c) adaptações decorrentes da casuística, por disposição do juiz (adaptabilidade procedimental),[13] ou mudanças estruturais; d) a criação de microssistemas legais eventualmente integrados entre direito material e processual;[14] ou e) a previsão de um rito autônomo e específico para dar andamento processual a determinados direitos materiais (procedimentos especiais).[15]

Por vezes, meros ajustes no rito comum previstos no CPC/2015 são suficientes. Isso ocorre, por exemplo, na ação de usucapião, com a previsão de particularidades na citação dos confinentes (CPC/2015, art. 246) e na comunicação a eventuais interessados, exigindo-se a publicação de edital (CPC/2015, art. 259, I),[16] questões essas inaplicáveis

---

MARINONI, Luiz Guilherme. *Técnica processual e tutela dos direitos*. 2. ed. São Paulo: Revista dos Tribunais, 2008, p. 152-153.

[11] Trata-se de "disposições legais especiais, destinadas à adaptação processual e procedimental, a serem observadas no procedimento comum, sem que ele se converta em procedimento especial" (...) "Trata-se de solução mais racional que a criação de diversos procedimentos especiais, sobretudo nos casos em que esses apresentam modificações pequenas em relação ao procedimento comum. Evitam-se, assim, diversos problemas teóricos e práticos, como, por exemplo, dúvidas em torno da subsidiariedade do regime do procedimento comum, quanto ao regime de cumulabilidade de pedidos etc". SICA, Heitor Vitor Mendonça. *Comentários ao Código de Processo Civil*, Vol. X. São Paulo: Revista dos Tribunais, 2016, p. 27-29.

[12] "Cada vez mais estamos convictos de que a adaptabilidade do procedimento é um fenômeno mundial, que revigorou também o estudo e a utilidade dos acordos processuais. Esse fenômeno deriva não só da insuficiência do procedimento ordinarizado, mas também do esgotamento das potencialidades do modelo de procedimentos especiais. Cresceu a necessidade de especialização e adaptação, que não poderia mais vir do legislador, revelando a ineficiência do processo em responder à diversificação dos problemas práticos trazidos ao debate jurisdicional". CABRAL, Antonio do Passo. *Convenções Processuais*. Salvador: Juspodivm, 2016.

[13] Para um exame dessa potencialidade, ver GAJARDONI, Fernando da Fonseca. *Flexibilização procedimental*. São Paulo: Atlas, 2008.

[14] Como é o caso do microssistema de juizados especiais, na Lei 9.099/95.

[15] SICA, Heitor Vitor Mendonça. *Comentários ao Código de Processo Civil*. Vol. X. São Paulo: Revista dos Tribunais, 2016, p. 27-29.

[16] Após referir sobre a incorporação em mudança específica no rito comum do que era diferenciador no procedimento especial de usucapião na legislação anterior, igualmente se fez alusão à

na ordinariedade dos casos. Também se pode incluir nesse escopo de ajustes no rito comum todo o capítulo do código que versa sobre "as ações de família" (CPC/2015, arts. 693 a 699), dado que propõe mudanças nos ritos pertinentes às causas familiares, sejam aquelas que se valem do procedimento comum, como das que são conduzidas a partir de ritos especiais.[17] Essas adaptações vêm permitidas, igualmente, por uma interpretação de propósitos do art. 327, § 3º, do CPC/2015, o qual enuncia que "o procedimento comum é adaptável, maleável, flexível (...); ele é receptivo à incorporação, ainda que episódica, de técnicas diferenciadas pensadas para procedimentos especiais".[18]

Podem também as adaptações procedimentais decorrerem de manifestação das partes, em negócio jurídico processual (art. 190), operando-se o desvio no rito comum previsto na legislação. Nesse caso, a vontade é propulsora de mudanças no procedimento para adaptar o rito – e eventualmente outros pontos do formalismo processual – às peculiaridades do caso, conquanto que disponíveis os direitos envolvidos.[19] Também podem decorrer de iniciativa do juiz, fundada no permissivo do art. 139, VI, do CPC/2015[20] e na máxima de economia processual.[21]

---

citação editalícia, em microadaptação legal, no que condiz com a ação a anulatória de títulos ao portador: "O CPC não regula, diferentemente do Código de 1973, um procedimento especial para quem pretenda reaver título ao portador. Essas pretensões materiais, nada obstante, continuam sendo exercidas através do procedimento comum, com a necessidade de observância da citação editalícia dos terceiros interessados". NOGUEIRA, Pedro Henrique. *Art. 259*. In: STRECK, Lenio; NUNES, Dierle; CUNHA, Leonardo Carneiro da. *Comentários ao Código de Processo Civil*. São Paulo: Saraiva, 2016, p. 364.

[17] SICA, Heitor Vitor Mendonça. *Comentários ao Código de Processo Civil*. Vol. X. São Paulo: Revista dos Tribunais, 2016, p. 32.

[18] DIDIER JR, Fredie; CABRAL, Antonio do Passo; CUNHA, Leonardo Carneiro da. *Por uma nova teoria dos procedimentos especiais: dos procedimentos às técnicas*. Salvador: Juspodivm, 2018, p. 70.

[19] Em estudo bastante percuciente, inclusive a ponto de justificar a ingerência, pela manifestação das partes sobre os poderes de cognição judicial no que condiz com o fundamento jurídico, sustentou-se a transição de um modelo integralmente publicista a um com valia às vontades privadas na adaptação do procedimento: "A cláusula geral de atipicidade dos negócios jurídicos processuais, prevista no art. 190, do novo diploma processual civil, passou a influenciar, de maneira significativa a doutrina processualística, recrudescendo as afirmações no sentido da redução da incidência de um publicismo rígido no processo civil, haja vista a possibilidade de adaptação do procedimento pelas partes". POMJÉ, Caroline. A mitigação da incidência do adágio iura novit curia em virtude das convenções processuais: breve análise do art. 357, § 2º, do Novo Código de Processo Civil. In: MARCATO, Ana; GALINDO, Beatriz et al. *Negócios Processuais*. Vol. 1, Salvador: Juspodivm, 2017, p. 65-81, p. 66.

[20] "É dever do juiz adequar o procedimento às necessidades do conflito, para tutelar de modo mais efetivo a pretensão que é deduzida. Esse dever, porém, não é amplo no CPC, estando limitado à dilação de prazos processuais e à alteração da ordem de produção das provas. A dilação de prazos só pode ocorrer antes de encerrado seu curso regular (art. 139, parágrafo único, CPC). Outros tipos de adaptações só podem ser feitos pelas partes, e apenas quando o direito admita autocomposição (art. 190, CPC)". MARINONI, Luiz Guilherme; ARENHART, Sérgio Cruz; MITIDIERO, Daniel. *Novo Código de Processo Civil Comentado*. 3. ed. São Paulo: Revista dos Tribunais, 2017, p. 284

Já as mudanças estruturais mais intensas ocorrem quando simples ajustes se mostram insuficientes para as peculiaridades em questão. Em determinadas ocasiões, é necessária a construção de um microssistema autônomo de proteção ao direito – como no caso de processos coletivos, na tutela de crianças e adolescentes, nos sistemas de proteção ao consumo etc. Por outras, e aqui aspecto de particular interesse ao objeto deste estudo, estabelece-se um rito específico. No caso, cada procedimento especial designado no CPC/2015 busca perpetuar adaptações tendo em conta as diligências do direito material e das próprias condições de concretização das tutelas jurisdicionais, consideradas as peculiaridades. Nisso fica bem evidente que a concepção básica por trás da fixação de procedimentos especiais é de que nem sempre o rito comum processual é o mais adequado às peculiaridades apresentadas pelo direito material.

O direito material de sucessão, por exemplo, para poder se realizar, exige uma série de diligências que não estão previstas no rito comum. Para permitir-se o elencar dos herdeiros, dos bens e proceder com a respectiva partilha, são necessárias providências que não encontram espaço de realização no procedimento comum, estabelecendo-se o regramento do inventário (CPC/2015, arts. 610 a 673). Afinal, quem administra os bens na pendência da causa? Como são feitas as impugnações aos herdeiros? Como se fiscaliza o pagamento dos tributos de transmissão *causa mortis*? Como se procedem as colações? Note-se, nesse cenário, com facilidade, que o rito adequado para condução de uma pretensão de crédito nem sempre será oportuno para realizar um direito material tomado de outras especificidades.

1.3. PROCEDIMENTOS ESPECIAIS COMO MEIO DE OBTENÇÃO DA TUTELA ADEQUADA

As influências do processo sobre o direito material podem ser sentidas a partir da compreensão de que se não fosse o processo, muitos direitos materiais não encontrariam foro adequado de realização.[22]

---

[21] A economia processual atua na distribuição de poderes no processo, com vistas a dotar o juiz de poderes de iniciativa na administração da justiça de modo ativo, rápido e profícuo. COMOGLIO, Luigi Paolo. *Il principio di economia processuale*. v. 2. Padova: CEDAM, 1982, p. 321.

[22] "A diversidade estrutural das situações substanciais necessitadas de tutela impõe a adoção por parte do estado de formas diversas (por quanto respeita a sua estrutura do procedimento, seja o conteúdo do provimento, seja a sua modalidade de atuação) de tutela jurisdicional onde se queira realizar verdadeiramente o princípio ínsito no caráter instrumental do processo segundo o qual o processo deve dar o que for praticamente possível a quem tenha um direito tudo aquilo e propriamente aquilo que tenha direito de obter" (tradução livre do autor). PISANI, Andrea Proto. *Lezioni di Diritto Processuale Civile*. 6. ed. Napoli: Jovene, 2014, p. 33.

Esses direitos muitas vezes dependem do processo para serem satisfeitos, e isso – não é raro – pode afetar o próprio atuar do direito material.[23] Exemplificativamente, imagine-se uma constrição processual qualquer sobre um imóvel. A partir desse ato, sabe-se bem que a incerteza do desfecho da causa e as compreensões processuais sobre fraude à execução afetam em alguma medida a própria transmissibilidade prática dos bens. Ainda, pense-se no tempo, nos ônus e nas incertezas que são associadas à tramitação processual e reconheça-se que essas contingências também consomem ou transformam o direito material, limitando as possibilidades e agregando consequências a negócios jurídicos que eventualmente possam ser celebrados e que tenham por objeto o imóvel. Não surpreende porque a lei processual instituiu um procedimento especial (CPC/2015, arts. 674 a 681) para salvaguardar os terceiros adquirentes de bens constritos, estabelecendo um alto potencial suspensivo aos atos expropriatórios (CPC/2015, art. 678).

Ademais, convém apontar que nem sempre a pretensão material encontra idêntica eficácia na tutela jurisdicional processual que lhe corresponderia. Quando a decisão judicial afirma a existência da pretensão material, seguida da procedência do pedido, também condiciona pelo agir processual o modo de dar cumprimento a essa pretensão material.[24] Veja-se que, em juízo, se pode exigir a satisfação do direito apenas conforme prevê o processo de execução, o que nem sempre indicará os mesmos meios daqueles que decorreriam do livre exercício da ação material. Por exemplo, a satisfação do crédito por autotutela poderia decorrer da apreensão particular e venda privada de bens. Sendo a autotutela proibida, quando se busca satisfação pelo processo, o credor pode encontrar óbices em regras que estabelecem, *v.g.*, impenhorabilidades, a prévia necessidade de avaliação imparcial do bem, determinadas formas de publicidade e disposição ao público para arremate, de lances mínimos para validade de leilões etc.

Por isso, quando em juízo é conveniente ter em conta que a satisfação do direito material é condicionada pelo modo de ser do formalismo processual.[25] Em outros termos, entende-se que o direito

---

[23] Defende-se, ainda que sem olvidar do potencial polêmico decorrente dessa afirmação, que as contingências do processo podem condicionar, em maior ou menor medida, o próprio direito material.

[24] A respeito dessa compreensão no que condiz com a concepção da própria noção de tutela jurisdicional, relacionando-se com a teoria da ação, ver ALVARO DE OLIVEIRA, Carlos Alberto. *Teoria e prática da tutela jurisdicional*. Rio de Janeiro: Forense, 2008.

[25] Nas ações possessórias (CPC/2015, arts. 554 a 568), por exemplo, a tutela da posse que exige atos mandamentais e executivos *lato sensu* é privilegiada também por carácteres de fungibilidade entre os requerimentos possessórios (CPC/2015, art. 554), diante da alta dinamicidade das condições fáticas das questões pertinentes à posse. Fosse o direito tradicional a amparar a questão,

processual também age, limita, molda ou até mesmo refaz no todo ou em parte as eficácias que decorrem dos direitos materiais. Nesse passo, a maior especificação do procedimento, diante de necessidades pontuais do direito material, opera como fator de aproximação e melhor aproveitamento do processo, para os fins de promover o reconhecimento e aplicação do direito material.

Em linhas gerais, se respeitados os direitos fundamentais processuais, quanto menos o resultado pragmático da atuação jurisdicional se afastar do resultado decorrente da eficácia da pretensão material, mais adequada será a tutela.[26] Nesse sentido, a previsão de procedimentos especiais para fins de dar vazão a diferentes necessidades do direito material é fator de melhor aproveitamento do processo para sua finalidade instrumental.[27] A tutela jurisdicional adequada é uma decorrência do direito fundamental à ação.[28] A previsão de adaptabilidade no procedimento comum, seja em parcelas pontuais, seja na fixação de todo um rito especial, atua para fins de permitir que se possam atribuir ferramentas para que a atuação jurisdicional busque e maneje pavimentar sua realização.

---

a causa de pedir seria desfeita, a cada mudança fática operada na situação particular. Permitir uma fungibilidade ampla entre as causas possessórias é, portanto, uma exigência para prover uma tutela adequada.

[26] "A tutela jurisdicional deve ser entendida como proteção outorgada pelo Poder Judiciário à esfera jurídica das pessoas. Como revela a doutrina mais atual, a Constituição Federal prevê uma tutela adequada, isto é, ajustada às necessidades do direito material apresentado no caso concreto, incluindo a necessidade de prevenir a violação direito; efetiva, pois deve tutela especificamente esse direito, produzindo efeitos práticos no mundo dos fatos; tempestiva, porque deve ser prestada em tempo útil ao titular do direito". KOPLIN, Klaus. O novo CPC e os direitos fundamentais processuais: uma visão geral, com destaque para o direito ao contraditório. In: RUBIN, Fernando; REICHELT, Luis Alberto. *Grandes temas do novo Código de Processo Civil*. Porto Alegre: Livraria do Advogado, 2015, p. 15-51, p. 24.

[27] Exemplificativamente, entre os motivos para instrumentalidade e criação de procedimentos especiais: "Não há dúvida que, se um direito não pode ser tutelado por meio de procedimento de cognição plena, a ele deve ser deferido um procedimento especial". MARINONI, Luiz Guilherme, *Técnica processual e tutela dos direitos*. 2. ed. São Paulo: Revista dos Tribunais, 2008, p. 153.

[28] "A tutela jurisdicional tem de ser adequada para tutela dos direitos. Isso significa que o processo tem de ser idôneo à promoção do fim. A adequação da tutela revela a necessidade de análise do direito material posto em causa para, a partir daí, estruturar-se um processo dotado de técnicas processuais aderentes à situação levada a juízo". MARINONI, Luiz Guilherme; ARENHART, Sérgio Cruz; MITIDIERO, Daniel. *Novo Curso de Processo Civil*. Vol, 1, 2. ed. São Paulo: Revista dos Tribunais, 2016, p. 250.

2. Ação de consignação em pagamento

Maria Lúcia Baptista Morais

2.1. NOÇÕES GERAIS

A ação de consignação em pagamento consiste em uma ação judicial em que é feito um depósito para que haja a liberação da obrigação. Consignar é depositar, e esse recolhimento pode ser feito com a formação de uma relação processual ou, até mesmo, extrajudicialmente.

A possibilidade de consignar surgirá quando não for possível efetuar o pagamento, seja por vontade do credor ou por outro motivo alheio à vontade do devedor. O devedor, através da consignação, libera-se, como se tivesse havido o próprio pagamento, e evita, com isso, a incidência de juros e outros encargos.

Luiz Guilherme Marinoni, Sérgio Arenhart e Daniel Mitidiero concluem que a não aceitação por parte do credor não obsta a consignação, pois o devedor tem o direito de liberar-se da obrigação assumida através do depósito.[29] Os autores ensinam que nem o fato de o devedor estar em mora impede a consignação, pois seja através do pagamento direto ou da consignação prevalece para ele o direito de liberar-se da obrigação; no entanto, os doutrinadores acrescentam, com razão, que o fundamental é que subsista o interesse do credor em que a prestação seja cumprida.[30]

A competência para ação consignatória é territorial; portanto relativa. O artigo 540 do CPC estabelece que a ação deverá ser proposta

---

[29] MARINONI, Luiz Guilherme; ARENHART, Sérgio Cruz; MITIDIERO, Daniel. *Novo curso de processo civil*. 3. ed. São Paulo: Revista dos Tribunais, 2017, p. 136.

[30] Idem. Os autores apontam interessante distinção entre o inadimplemento (absoluto) e a mora na prestação: "Havendo mora (inadimplemento relativo) no cumprimento da obrigação, tem-se situação em que o adimplemento ainda é possível – seja porque é faticamente viável, seja porque ainda há interesse do credor em receber a prestação – de modo que será sempre possível purgar a mora por meio da consignação do valor originariamente devido, acrescido dos prejuízos decorrentes, dos juros e correção monetária e dos honorários advocatícios (art.395, *caput*, do CC). Por outro lado, diante do inadimplemento absoluto, ou seja, quando o fato não puder mais ser prestado ou quando não houver mais interesse do credor em recebê-lo, há o direito do credor de enjeitar a prestação, de modo que a obrigação resolve-se me perdas e danos (art. 395, parágrafo único, do CC), não havendo mais cabimento em se pensar em direito à consignação".

no local do pagamento. Por ter sido prevista no capítulo da ação de consignação, esta regra prevalecerá frente à disposição que determina a competência de foro de eleição e a de competência geral do foro do demandado, em razão do princípio da especialidade. Comungam com este entendimento, por exemplo, os seguintes autores: Humberto Theodoro Jr.[31] e Marinoni, Arenhart e Mitidiero.[32] Cabe destacar que, caso a ação seja proposta em foro diverso do local do pagamento, devido à regra de competência relativa, a decretação de incompetência dependerá da arguição do réu, em preliminar de contestação, para que não ocorra a prorrogação de competência, conforme disciplinado nos artigos 64 e 65 do CPC.

A exceção à regra de competência contemplada no CPC está, originalmente, prevista na Lei de Locações, n° 8.245, de 1991, que estabelece, em seu art. 58, II: "é competente para conhecer e julgar tais ações o foro do lugar da situação do imóvel, salvo se outro houver sido eleito no contrato". Muito oportuna é a observação de Antônio Carlos Marcato quando se refere à competência para propor consignatória de imóvel ou corpo certo, como por exemplo, cabeças de gado em pastagem. Segundo o autor, em razão da previsão do art. 341 do CC/02, a ação poderá ser proposta no local onde está o bem.[33]

Tem legitimidade para propor a ação de consignação em pagamento o devedor, o terceiro interessado, conforme artigo 304 do CC, e até o terceiro não interessado, desde que não se oponha o devedor. Neste último caso, o terceiro não interessado deverá consignar em nome do devedor e por conta deste, conforme artigo 304, parágrafo único, do CC.

Para Marinoni, Arenhart e Mitidiero, se a consignação judicial for ajuizada por terceiro não interessado, a ação deverá ser proposta em legitimação extraordinária, conforme previsão do artigo retrocitado e do art. 18 do CPC.[34] Humberto Theodoro Junior,[35] por outro lado,

---

[31] THEODORO Jr, Humberto. *Curso de Direito Processual Civil – Procedimentos Especiais*, v. II, 50. ed. Rio de Janeiro: Forense, 2016, p.33.

[32] MARINONI, Luiz Guilherme; ARENHART, Sérgio Cruz; MITIDIERO, Daniel. *Novo curso de processo civil*, 3. ed. São Paulo: Revista dos Tribunais, 2017, p.141.

[33] MARCATO, Antônio Carlos. *Procedimentos Especiais*, 17. ed. São Paulo: Atlas, 2017, p 90.

[34] MARINONI, Luiz Guilherme; ARENHART, Sérgio Cruz; MITIDIERO, Daniel. *Novo curso de processo civil*, 3. ed. São Paulo: Revista dos Tribunais, 2017, p. 140. Segundo os autores é necessário propor a ação em nome do devedor, "[...] na condição de legitimado extraordinário (art.18 do CPC), sendo lhe vedado demandar em nome próprio". FABRÍCIO, Adroaldo Furtado. *Comentários ao Código de Processo civil*, v, VIII, Rio de Janeiro: Forense, 2002, p. 79. O autor a luz do Código de 73, já tratava do tema: "Assim, o terceiro desinteressado admitido não só ao pagamento, mas também ao emprego daqueles meios (um dos quais é a consignação), é apenas aquele que oferece pagamento em nome e por conta do devedor. Aí se compreendem situações como a do procura-

aponta a possibilidade de o terceiro interessado ou não interessado ingressar com a consignatória, mas sem fazer distinção entre eles, afirma que não haverá substituição processual, porque não haverá atuação em defesa de direito ou interesse alheio. Entende-se adequado o posicionamento dos primeiros autores, pois a propositura da ação em legitimação extraordinária só pode ser feita em casos autorizados por lei, como na presente hipótese. Além disso, trata-se de ação movida em nome do terceiro desinteressado, agindo em nome próprio, na defesa de interesse alheio.

Tem legitimidade passiva o credor. O fato de o credor ser desconhecido ou incerto não impede a propositura da ação de consignação, mas, nesses casos, a citação será por edital. Na hipótese de dúvida sobre quem deva receber o pagamento, conforme artigo 547 do CPC, haverá a citação de possíveis interessados do crédito, e eles terão que demonstrar a existência de seu direito. Em que pese não ser pacífico na doutrina, é correto o posicionamento de que o fato de existirem interesses antagônicos faz com que não haja a formação de litisconsórcio, mas sim de cumulação subjetiva. Estes são os ensinamentos de Marinoni, Arenhart e Mitidiero,[36] além de Ovídio B. da Silva.[37]

A doutrina discutia a possibilidade de propositura da ação contra a administradora do imóvel ao invés do locador. Segundo Humberto Theodoro Jr, seguindo a jurisprudência do STJ, a legitimidade é somente do locador, caso contrário estaria sendo admitida hipótese de legitimação extraordinária sem previsão legal, ferindo a previsão do artigo 18 do CPC.[38] No mesmo sentido, temos o posicionamento de Nelson Nery Junior e Rosa Maria de Andrade Nery.[39] Em sentido contrário, posiciona-se Misael Montenegro Filho, para quem é legitimada

---

dor, gestor de negócios, preposto ou quem quer que pague em lugar do devedor, como se este mesmo fosse".

[35] THEODORO JR., Humberto. *Curso de Direito Processual Civil – Procedimentos Especiais.* v. II, 50. ed. Rio de Janeiro: Forense, 2016, p.31.

[36] MARINONI, Luiz Guilherme; ARENHART, Sérgio Cruz; MITIDIERO, Daniel. *Novo curso de processo civil*, 3. ed. v.2, São Paulo: Revista dos Tribunais, 2017, p. 90. "Ocorrerá *pluralidade de partes* ou cumulação subjetiva no processo quando se tiver, em um dos seus polos, mais de um autor ou mais de um réu. Para que essa cumulação possa caracterizar-se como *litisconsórcio*, porém, é preciso que semelhante multiplicidade de sujeitos encontre-se vinculada por certo grau de *afinidade de interesses*".

[37] SILVA, Ovídio A. Baptista. *Curso de Processo Civil.* 7. ed. Rio de Janeiro: Forense, 2005, p. 242.

[38] THEODORO JR., Humberto. *Curso de Direito Processual Civil – Procedimentos Especiais.* v. II, 50. ed. Rio de Janeiro: Forense, 2016, p.32.

[39] NERY JR, Nelson; NERY, Rosa Maria de Andrade. *Comentários ao Código de Processo Civil.* São Paulo: Revista dos Tribunais, 2015, p. 1356. Os autores afirmam que: "A circunstância de o administrador de negócios do credor ter poderes para receber citação em seu nome não o torna parte legítima para a ação (art. 308)".

passiva a administradora do imóvel.⁴⁰ A jurisprudência do Tribunal de Justiça do Rio Grande do Sul não é pacífica, mas existem muitos acórdãos admitindo a legitimidade da imobiliária.⁴¹

Prevê o CPC, em seu art. 539, que o objeto da ação de consignação em pagamento será quantia ou coisa devida. Se a consignação for judicial, a coisa poderá ser fungível, infungível, certa ou incerta, móvel ou imóvel; porém, se for extrajudicial, o objeto ficará restrito a dinheiro, conforme § 1º do art. 539 do CPC. Obviamente, não se incluem no objeto da ação consignatória as obrigações de fazer ou não fazer.⁴²

Ainda sobre a questão do objeto da consignatória, Ovídio A. Baptista da Silva acrescenta que, "se pender litígio sobre a prestação, ou seja, se estiver ocorrendo discussão em juízo (...) ainda que o devedor nenhuma dúvida tenha sobre a pessoa que esteja legitimada a receber, autoriza o depósito judicial em pagamento".⁴³

2.2. HIPÓTESES LEGAIS

As hipóteses em que a ação de consignação é admitida estão elencadas nos arts. 334 e seguintes do CC/02, nos seguintes termos:

Inc. I – *Se o credor não puder, ou, sem justa causa, recusar receber o pagamento, ou dar quitação na devida forma.* Aqui se incluem as hipóteses de dívidas que para serem satisfeitas são oferecidas pelo devedor (*portable*, art 327, *caput*, 2ª parte do CC/02).

Inc. II – *Se o credor não for, nem mandar receber a coisa no lugar, tempo e condição devidos.* A consignação será possível, neste caso, quando o credor não for buscar a prestação, pois a dívida é *querable*. Neste caso,

---

⁴⁰ MONTENEGRO FILHO, Misael. *Curso de Direito Processual Civil – Medidas de urgência, tutela antecipada e ação cautelar, Procedimentos Especiais.* v. III, 11. ed. São Paulo: Atlas, 2015, p. 198. Segundo o autor: "Isso ocorre com frequência razoável na dinâmica das relações inquilinárias, inúmeros contratos prevendo que os aluguéis devem ser pagos a administradoras, que retêm parte dos aluguéis, a título de taxa de administração, repassando valor remanescente aos credores".

⁴¹ Vejamos os seguintes julgamentos: Apelação Cível nº 70067371690, Décima Quinta Câmara Cível, Tribunal de Justiça do RS, Relator: Ana Beatriz Iser, Julgado em 09/03/2016); Apelação Cível nº 70067240028, Décima Sexta Câmara Cível, Tribunal de Justiça do RS, Relator: Ana Maria Nedel Scalzilli, Julgado em 09/06/2016.

⁴² MARINONI, Luiz Guilherme; ARENHART, Sérgio Cruz; MITIDIERO, Daniel. *Novo curso de processo civil.* 3. ed. São Paulo: Revista dos Tribunais, 2017, p.138. Os autores tratam da consignação mediante contraprestação do credor e afirmam há divergência doutrinária: "Embora o Código de Processo Civil não a preveja expressamente, é certo que o devedor pode exigir a contraprestação para realizar a prestação por ele devida; daí decorre que também pode consignar a prestação, exigindo, entretanto, que a contraprestação também seja realizada para a completa extinção da obrigação".

⁴³ SILVA, Ovídio A. Baptista. *Comentários ao Código de Processo civil – Dos Procedimentos Especiais.* v. 13, São Paulo: Revista dos Tribunais, 2000, p. 31.

segundo Antônio Carlos Marcato, também estão inclusas as hipóteses em que a consignatória envolve "corpo certo, a ser entregue no mesmo local onde se encontra (v.g., coisa imóvel – art. 328 e 341)".[44]

Inc. III – *Se o credor for incapaz de receber, for desconhecido, declarado ausente ou residir em lugar incerto ou de acesso perigoso ou difícil.* Não sendo possível pagar por não saber quem representa o menor ou onde ele está, é possível liberar-se da obrigação via ação consignatória. Além disso, sendo a dívida portável, a dificuldade de acesso não pode ser obstáculo à liberação do devedor, justificando assim a propositura da ação.

Inc. IV – *Se ocorrer dúvida sobre quem deva legitimamente receber o objeto do pagamento.* Nesta hipótese, diversos "supostos" credores habilitam-se ao recebimento da prestação devida, autorizando o uso da consignatória para que o devedor possa se liberar da obrigação.

Inc. V – *Se pender litígio sobre o objeto do pagamento.* Não há, neste caso, simples discussão sobre a dívida, mas sim a existência de discussão em juízo. Apesar da discussão judicial, se o devedor pagar mal, poderá ser compelido a pagar novamente, razão pela qual se justifica a possibilidade de consignar.[45]

Antônio Carlos Marcato enfatiza que nestes três últimos casos não será possível a opção pela consignação extrajudicial[46] e que algumas legislações esparsas também autorizam a consignação em pagamento, como por exemplo: a Lei de Locações, nº 8245, de 1991, para liberação de débito fiscal, o Código Tributário Nacional (arts. 156 e 164)[47] e na desapropriação (DL. nº 3.365/1941, arts. 33 e 34, parágrafo único).[48]

2.3. PROCEDIMENTO DA CONSIGNAÇÃO EM PAGAMENTO

A consignação em pagamento pode ocorrer de forma judicial ou extrajudicial com a restrição antes referida de que extrajudicialmente consigna-se valor. Os valores podem ser de dívidas diversas, inclusive

---

[44] MARCATO, Antônio Carlos. *Procedimentos Especiais*. 17. ed. São Paulo: Atlas, 2017, p 83.

[45] FABRÍCIO, Adroaldo Furtado. *Comentários ao Código de Processo civil*. v. VIII, Rio de Janeiro: Forense, 2002, p. 61.

[46] MARCATO, Antônio Carlos. *Procedimentos Especiais*. 17. ed. São Paulo: Atlas, 2017, p 83.

[47] NERY Jr, Nelson; NERY, Rosa Maria de Andrade. *Comentários ao Código de Processo Civil*. São Paulo: Revista dos Tribunais, 2015, p. 1356.

[48] MARCATO, Antônio Carlos. *Procedimentos Especiais*. 17. ed. São Paulo: Atlas, 2017, p 84.

as referentes a relações locatícias,⁴⁹ sendo que o efeito liberatório será o mesmo nos dois casos.⁵⁰ Destaca-se, ainda que, mesmo não havendo abordagem em razão da especificidade do tema, o legislador, no artigo, 549 do CPC, determinou a aplicação do procedimento da consignatória, no que for possível, ao resgate do aforamento.

2.4. CONSIGNAÇÃO JUDICIAL E EXTRAJUDICIAL

A consignação extrajudicial está prevista no artigo 539, § 1°, do CPC, e é uma faculdade do devedor. Ela já existia no Código de 73 e demonstra a preocupação do legislador com a morosidade da Justiça e a utilização de formas alternativas de resolução de conflitos.

Extrajudicialmente, a consignação deve ser feita em banco oficial, quando houver e, caso não seja possível, é admissível a sua realização em banco não oficial. O depósito deve ser realizado no local do pagamento e em conta com correção monetária.⁵¹

Antônio Carlos Marcato entende, com razão, que o beneficiário do depósito deverá ser "credor conhecido, certo, capaz, solvente, inequivocamente titular do crédito (...)".⁵² O autor também aponta as hipóteses em que não será possível a utilização do depósito extrajudicial perante agência bancária, como, por exemplo, os créditos oriundos de compra e venda de lote urbano e créditos da Fazenda Pública.⁵³

---

⁴⁹ MARCATO, Antônio Carlos. *Procedimentos Especiais*. 17. ed. São Paulo: Atlas, 2017, p 88.

⁵⁰ MARINONI, Luiz Guilherme; ARENHART, Sérgio Cruz; MITIDIERO, Daniel. *Novo curso de processo civil*. 3. ed. São Paulo: Revista dos Tribunais, 2017, p. 142. Os autores afirmam que para o efeito ser liberatório, [...] o depósito deverá ser integral, e que observe, em relação às pessoas, ao objeto, ao modo e ao tempo, todos os requisitos que seriam exigíveis para a efetivação do pagamento (art. 336 do cc). Se o depósito for parcial, os efeitos da mora somente serão evitados até o limite da quantia consignada".

⁵¹ SATO, Priscila Kei. Ação de Consignação em pagamento. In: *Breves Comentários ao Novo Código de Processo Civil*. Teresa Arruda Alvim Wambier [*et al.*], coordenadores. São Paulo: Revista dos Tribunais, 2015, p. 1413.

⁵² MARCATO, Antônio Carlos. *Procedimentos Especiais*. 17. ed. São Paulo: Atlas, 2017, p. 85. O autor acrescenta: "Já o credor incapaz não poderá validamente receber ou dar quitação (cc, art. 310, c/c o art. 166, inc. I), nem terá valor legal a eventual recusa que venha a manifestar em relação ao depósito efetuado em seu favor, ficando inviabilizado, no que a ele concerne, o depósito previsto no art. 539 do Diploma Processual civil. O mesmo se diga em relação ao credor falido, que perde o direito de administrar os seus bens, pois o crédito deverá figurar na respetiva massa (art. 77, 81 e 103 da LRE)".

⁵³ MARCATO, Antônio Carlos. *Procedimentos Especiais*. 17. ed. São Paulo: Atlas, 2017, p. 88. Para o autor "Tendo por objeto prestação oriunda de compromisso de compra e venda de lote urbano (LPSU, arts. 32, 33 e 38, § 1°), o depósito será necessariamente o extrajudicial, mas junto ao Cartório de Registro de Imóveis do registro do loteamento, carecendo o devedor da ação consignatória, por ausência de interesse de agir [...]". "Igualmente não pode ser objeto de depósito extrajudicial os créditos da Fazenda Pública, sob pena de grave ofensa aos princípios da legalidade e da indisponibilidade do interesse público, pois em matéria tributária se exige não só que os tributos

Segundo Humberto Theodoro Junior, a cientificação do credor é incumbência do devedor, que a fará por carta com aviso de recebimento.[54] No entanto, Priscila Kei Sato afirma, com base na Resolução 2.814/2001 do Banco Central, art. 7º, que esta incumbência é da instituição financeira.[55] Acompanham o último posicionamento José Miguel Garcia Medina[56] e Antônio Carlos Marcato, para quem a carta deverá ser enviada pelo banco.[57]

O prazo de manifestação do credor será de 10 dias, sendo que este prazo terá início levando-se em consideração o retorno do aviso de recebimento, conforme § 2º do art. 539 do CPC. De acordo com o § 3º do mesmo dispositivo legal, a manifestação do credor deverá ser feita ao estabelecimento bancário. Caso não a faça, o devedor será liberado da obrigação, por presunção legal de aceitação do valor, podendo o credor resgatar a quantia depositada.

Marinoni, Arenhart e Mitidiero vislumbram a possibilidade de o credor ressalvar o valor da quantia depositada, mas pretender levantar o valor. Segundo os autores, o devedor será liberado na proporção do depósito feito, restando possível que por meio de ação própria se possa discutir o restante do débito.[58]

Caso o credor apresente a recusa ao banco, a ação de consignação em pagamento poderá ser proposta dentro de um mês,[59] e o devedor

---

sejam criados, *in abstrato*, por meio de lei, como que existam, sejam na esfera administrativa, seja judicial, mecanismos revisores de sua perfeita adequação a este ato normativo".

[54] THEODORO JR., Humberto. *Curso de Direito Processual Civil – Procedimentos Especiais*, v. II, 50. ed. Rio de Janeiro: Forense, 2016, p.65.

[55] SATO, Priscila Kei. Ação de Consignação em pagamento. In: *Breves Comentários ao Novo Código de Processo Civil*, Teresa Arruda Alvim Wambier [et al.], coordenadores, São Paulo: Revista dos Tribunais, 2015, p. 1413. "Art. 7º, da Resolução 2.814/2001 do Bando Central: a instituição financeira, quando do recebimento de depósitos de consignação em pagamento, deve expedir, dentro de dois dias úteis, a correspondente notificação ao credor, cujo aviso de recepção deve ser assinado pessoalmente pelo destinatário e conservado pela instituição para os fins previstos em lei".

[56] MEDINA, José Miguel Garcia. *Novo Código de Processo Civil Comentado: com remissões e notas comparativas ao CPC/73*. 4. ed. São Paulo: Revista dos Tribunais, 2016, p. 908.

[57] MARCATO, Antônio Carlos. *Procedimentos Especiais*. 17. ed. São Paulo: Atlas, 2017, p 86. O autor já claro no sentido de que " " É evidente a necessidade de o depositante conhecer o local do domicílio do credor, pois este deverá ser cientificado, por carta com aviso de recepção enviada pelo banco, do depósito efetuado em seu favor, para levantá-lo ou, sendo o caso, manifestar formalmente a sua recursa (NCPC, art. 539, §§ 1º e 3º)".

[58] MARINONI, Luiz Guilherme; ARENHART, Sérgio Cruz; MITIDIERO, Daniel. *Novo curso de processo civil*. 3. ed. São Paulo: Revista dos Tribunais, 2017, p 143.

[59] Idem. Segundo os autores, a não observância deste prazo não impede a consignatória em juízo, mas o depósito extrajudicial não será aproveitado perdendo sua eficácia, constituindo em mora o devedor. Os autores destacam: "Desse modo, o ajuizamento da medida judicial consignatória no prazo de um mês faz manter o estado impeditivo da mora que havia sido inaugurado com o depósito extrajudicial da quantia devida". Comunga com este posicionamento BUENO, Cassio Scarpinella. *Manual de Direito Processual Civil*. São Paulo: Saraiva, 2015, p. 436.

deverá anexar à inicial a prova do depósito e da recusa do credor. Se o devedor ficar inerte, o depósito não terá efeito liberatório e poderá ser resgatado pelo depositante, nos termos do § 4º do art. 539 do CPC. Na hipótese de propositura da consignatória, no prazo legal, o réu será citado, e o procedimento da consignação seguirá o rito comum, conforme artigos 542 a 546 do CPC.

Antônio Carlos Marcato destaca que, se houver recusa do credor, existe a possibilidade de o devedor reutilizar a mesma conta bancária para efetuar depósito que vencerá antes de ser proposta a ação consignatória. A solução é adequada, mas não se pode esquecer outra orientação do autor, no sentido de que deverá ocorrer a cientificação do credor do novo depósito. Com a propositura da ação consignatória, deverão ser anexados os comprovantes de depósito e de que o credor foi cientificado.[60]

Marinoni, Arenhart e Mitidiero acrescentam que, mesmo antes do atual CPC, a doutrina e a jurisprudência admitiam a consignação extrajudicial de débitos locatícios, mesmo sem previsão expressa. Daniel Amorin Assumpção Neves critica a supressão de tal previsão, no texto aprovado pela Câmara, pois este é o entendimento consagrado pelo Superior Tribunal de Justiça e também conclui pela possibilidade de que se consignem, mesmo extrajudicialmente, débitos relativos à locação.[61]

Na consignação judicial, o pedido é feito na petição inicial, que, segundo o art. 542 do CPC, deve conter como pressuposto específico o requerimento de depósito da quantia[62] ou da coisa devida e a citação do réu.[63] Evidentemente, os outros requisitos da petição inicial, previstos no artigo 319 do CPC, devem ser observados.

---

[60] MARCATO, Antônio Carlos. *Procedimentos Especiais*. 17. ed. São Paulo: Atlas, 2017, p 892.

[61] NEVES, Daniel Amorin Assumpção. *Novo Código de Processo Civil – Lei 13.105/2015,* Rio de Janeiro: Forense; São Paulo: Método, 2015, p. 355.

[62] SANTOS, Ernane Fidélis dos. *Manual de Direito Processual Civil*. 15. ed. v.3, São Paulo: Saraiva, 2017, p. 53. Para o autor: "A oferta e o pedido devem ser inequívocos. Pela oferta se individualiza a coisa ou se determina a quantia; pelo pedido, requerer-se ao juiz que defira o depósito, a não ser que este, sendo de dinheiro, tenha sido feito extrajudicialmente [...]".

[63] O CPC/15 em seu art.319 eliminou nos requisitos da petição inicial o requerimento de citação do réu no procedimento comum, mas no especial da ação consignatória há previsão expressa quanto a esta necessidade no art. 542, inc. II. Como na ação de consignação existe a possibilidade de levantar o valor ofertado ou contestar, a doutrina vem entendendo que o requerimento de citação é obrigatório. SANTOS, Ernane Fidélis dos. *Manual de Direito Processual Civil*. 15. ed. v.3, São Paulo: Saraiva, 2017, p. 53 afirma: " Na consignação em pagamento, não há como considerar implícito o pedido de citação, porque o réu, na especialidade do procedimento, deverá tomar ciência das faculdades processuais que lhe são oferecidas, ou seja, receber a importância depositada ou contestar o pedido, no prazo de quinze dias, que é o da contestação (art. 542, II)". Com a devida vênia, eu só mudaria na citação do autor "pedido de citação" por "requerimento de citação".

O depósito, que deverá ser feito em cinco dias,[64] conforme art. 542, inciso I, do CPC, é obrigatório e caso não seja efetuado, conforme parágrafo único do mesmo artigo, o juiz deverá proferir sentença sem resolução do mérito. Humberto Theodoro Junior acrescenta que, nesta hipótese, estará faltando um "pressuposto indispensável ao seguimento do procedimento consignatório".[65] Este é um entendimento pacífico na doutrina, até porque o depósito, se reconhecidamente adequado, irá liberar o devedor do vínculo estabelecido pela relação material, fará cessar juros e os riscos da dívida, conforme art. 540 do CPC. O depósito de valor certo deverá ser feito em conta judicial acrescido de juros legais e correção monetária.

Ajuizada a ação, o credor será citado para receber o valor ofertado ou para apresentar resposta. Se, porém, a consignação tiver por objeto coisa indeterminada, e o credor tiver o direito de escolha, ele será citado para em cinco dias – se outro prazo não houver sido fixado – formalizar a escolha ou permitir que o devedor a faça, no prazo e lugar determinados pelo magistrado. Humberto Theodoro Jr ensina que não há que se confundir a escolha com o reconhecimento da procedência do pedido, sendo permitido que, após a escolha, o credor apresente a contestação.[66]

Como a consignatória pode envolver prestações sucessivas, evidentemente que, na medida em que as prestações forem vencendo, o depósito poderá ser efetuado, pois se trata de pedido implícito, sem necessidade de que o credor seja novamente citado. O art. 541 do CPC estabelece o prazo de 5 dias contados da data do respectivo vencimento para o depósito sucessivo.

Ernane Fidélis dos Santos também entende que não deve haver maiores formalidades para a consignação de prestações sucessivas. Segundo o autor, está dispensada nova citação, mas o credor deverá ser intimado para, se quiser, apresentar impugnação específica contra o pedido.[67]

Para Antônio Carlos Marcato, se, no prazo legal, a prestação não for consignada, ainda será possível depositá-la, desde que o devedor o

---

[64] Se a consignação for de locativos, o prazo de depósito será de 24h, art. 67, inc. II, da Lei 8.245 de 1991.
[65] THEODORO JR., Humberto. *Curso de Direito Processual Civil – Procedimentos Especiais*. v. II, Rio de Janeiro: Forense, 2016, p. 44.
[66] Idem, p. 45. Para o autor: "Pode perfeitamente fazer a escolha e, após, recusar a oferta, para contestar a ação, negando, por exemplo, a *mora accipiendi*, ou arguindo outro dos motivos previstos no art. 544 do novo CPC". No mesmo sentido MARCATO, Antônio Carlos. *Procedimentos Especiais*. São Paulo: Atlas, 2017, p 96.
[67] SANTOS, Ernane Fidélis dos. *Manual de Direito Processual Civil*. v.3, São Paulo: Saraiva, 2017, p. 64.

faça com os devidos acréscimos e antes do vencimento da próxima parcela. Vencido o prazo da prestação seguinte sem o depósito, o juiz prolatará sentença de parcial procedência, se for o caso. O autor acrescenta, ainda, que embora discorde, o posicionamento predominante no STJ é de que o prazo máximo para efetuar os depósitos no mesmo processo é o do trânsito em julgado.[68] Para o autor, assim como para Marcos Vinícius Rios Gonçalves, a consignação deve ser possível até a sentença.[69]

Marcos Vinícius Rios Gonçalves analisa a questão do limite do prazo do depósito e lembra que a Lei nº 8.245/91, art. 67, inciso III, estabelece como prazo limite para os depósitos a sentença. Segundo o autor, mesmo que haja a interposição de recurso, se houver necessidade de depósito, deverá ser proposta nova ação.[70]

Se o credor aceitar o valor depositado, o juiz prolatará sentença declaratória e liberará o devedor da obrigação. Porém, poderá o credor contestar a ação ou até ser revel, fazendo com que, como regra, ocorra o julgamento antecipado da lide.

Na ação consignatória fundada em dúvida de quem deva receber, arts. 547 e 548 do CPC, o procedimento dependerá da atuação dos réus. Se não houver comparecimento de nenhum demandado, será decretada a revelia e, se adequado o depósito, será convertido em arrecadação de coisas vagas. Caso compareça apenas um dos réus, depois de comprovado o seu direito, o juiz autorizará a extinção da obrigação e o levantamento do depósito. Caso não exista a prova da existência do direito do réu, o depósito será convertido em arrecadação de coisas vagas.[71]

---

[68] MARCATO, Antônio Carlos. *Procedimentos Especiais*. São Paulo: Atlas, 2017, p. 92. Os ensinamentos do autor são nos seguintes termos: "não sendo depositada qualquer das prestações vencidas no quinquídio legal, com o consequente rompimento da cadeia de depósitos, em prestação inadimplida ainda poderá ser depositada, antes do vencimento da próxima, com os acréscimos legais ou contratuais, medida que mais bem atende aos interesses das partes e aos escopos do processo; emendada a mora, restabelece-se a ordem de depósitos das prestações vincendas, até que sobrevenha a decisão judicial definitiva. Ao contrário, permanecendo a situação de inadimplência, o juiz deverá proceder ao julgamento do pedido consignatório, acolhendo-o em parte, se e quando reconhecer que as prestações tempestivamente depositadas ensejaram o adimplemento parcial da obrigação, com a observância, então, do disposto no art. 86 e seu parágrafo do NCPC".

[69] GONÇALVES, Marcos Vinícius Rios. *Novo Curso de Direito Processual civil – Processo de Conhecimento e Procedimentos Especiais*. v. 2. São Paulo: Saraiva, 2014, p. 201. O autor ensina que: " Se se permitisse o depósito após a sentença, estar-se-ia projetando para o futuro uma eficácia liberatória de depósitos que ainda nem sequer foram realizados. No mesmo sentido FABRÍCIO, Adroaldo Furtado. *Comentários ao Código de Processo civil*. v. VIII, Rio de Janeiro: Forense, 2002, p. 90/91.

[70] GONÇALVES, Marcos Vinícius Rios. *Novo Curso de Direito Processual civil – Processo de Conhecimento e Procedimentos Especiais*. v. 2. São Paulo: Saraiva, 2014, p. 211.

[71] AMARAL, Guilherme Rizzo. *Comentários às alterações do novo CPC*. 2. ed. São Paulo: Revista dos Tribunais, 2016, p. 663. O autor conclui sobre a troca de previsão de arrecadação de bens de ausentes, do código anterior, para arrecadação de coisas vagas do atual, no seguinte sentido: "A diferença

E finalmente, na hipótese de comparecimento de dois ou mais pretensos credores, não havendo impugnação do valor ofertado, o autor sairá da relação processual. Neste caso, o processo continuará, em procedimento comum, entre os dois pretensos credores, até que o juiz declare qual deles poderá levantar o valor depositado. Para Antônio Carlos Marcato, o pronunciamento judicial que libera o credor, permitindo a continuidade do processo apenas entre os réus, é uma interlocutória de mérito, atacável por agravo de instrumento, conforme art. 356, § 5º, do CPC.[72]

2.5. LEVANTAMENTO DO DEPÓSITO

Comparecendo o credor para levantar o valor ofertado, tal atitude corresponderá a um reconhecimento da procedência do pedido e da mora do credor. Como consequência, o juiz prolatará a sentença, em julgamento antecipado da lide, e condenará o credor aos ônus da sucumbência, conforme parágrafo único do art. 546 do CPC.

Humberto Theodoro Jr. ensina que é possível evitar a necessidade de execução de sentença, mas, para isso, na inicial, deve o autor postular que o juiz fixe os honorários. Neste caso, em havendo o reconhecimento da procedência do pedido, o credor resgata apenas o valor com a dedução da sucumbência.[73]

Com o levantamento do depósito, o credor perderá o direito de recorrer e, em geral, de contestar, sob qualquer argumento, em razão da preclusão lógica; mas o valor depositado e todos os rendimentos

---

fundamental que se dá com a opção pela conversão em arrecadação de coisas vagas é que o depósito não reclamado ensejará a publicação de edital para que qualquer um dos possíveis credores reclame a quantia ou o bem depositado e, após, não comparecendo nenhum credor, promover-se-á a alienação da coisa depositada em hasta pública com a conversão dos valores auferidos aos cofres do município em cuja comarca tramita o processo (vide art. 1.237 do código civil). Tratando-se de depósito de quantia, dispensa-se, por óbvio, a hasta pública. Em qualquer hipótese, antes da conversão em renda do município, deverão ser descontados do depósito ou dos valores resultantes da hasta pública as custas e os honorários advocatícios devidos ao patrono da parte autora".

[72] MARCATO, Antônio Carlos. *Procedimentos Especiais*. São Paulo: Atlas, 2017, p, 101/102. O mesmo autor, analisando o art. 549 do CPC, ensina: "(i) relativamente às enfiteuses civis ainda existentes é proibida a cobrança de laudêmio ou prestações análoga na transmissão de bem aforado (CC, art. 2038, § 1º, inc, I); (ii) a remissão de enfiteuse administrativa, nas restritas hipóteses em que admitida, fica subordinada, primeiro, a expressa autorização administrativa, motivada pela superveniente insubsistência dos motivos que determinaram a aplicação do regime enfitêutico (DL nº 9.760/1946, art. 103, inc, III, incluído pela Lei nº 11.481/2007) – ou seja, o foreiro não tem direito à remissão – e, segundo, ao pagamento de importância correspondente a 17% do valor do domínio pleno do terreno (idem, arts, 122 e 123, este com a redação dada pela Lei nº 9.636/1998). Dessas previsões legais é lícito extrair-se a conclusão de que o art. 549 do NCPC (simples repetição, em última análise, do art. 900 do CPC/1073) não terá aplicação prática".

[73] THEODORO JR., Humberto. *Curso de Direito Processual Civil – Procedimentos Especiais*. v. II, 50. ed. Rio de Janeiro: Forense, 2016, p.46.

obtidos na conta judicial serão liberados ao credor mediante termo nos autos. A regra de que não é possível levantar o valor e contestar será excepcionada na hipótese de alegação de insuficiência do depósito, conforme inciso IV do art. 544 do CPC.

Caso o próprio devedor/autor pretenda desistir da ação proposta, poderá postular o levantamento do valor depositado. No entanto, apesar de o art. 485, inciso VIII, § 4º, do CPC, permitir a desistência até a sentença, após a contestação, ela dependerá da anuência do credor, seja tácita ou expressa.

2.6. RESPOSTA DO RÉU

Na ação consignatória, no prazo de 15 dias, o réu poderá contestar e também reconvir. Na contestação, o réu poderá alegar as matérias elencadas no art. 544 do CPC, ou seja, I – *não houve recusa ou mora em receber a quantia ou a coisa devida*. Se a dívida for portável, caberá ao devedor o ônus de provar que fez tal oferta. Se, por outro lado, for quesível, o ônus de provar que procurou o devedor para a satisfação da obrigação competirá ao credor; II – *foi justa a recursa*, sendo o ônus do credor provar que poderia legalmente recusar a oferta do devedor; III – *o depósito não se efetuou no prazo ou no lugar do pagamento* e o IV – *depósito não é integral*, devendo o réu, neste caso, indicar o valor que entende correto.

Para Marinoni, Arenhart e Mitidiero não haverá a designação de audiência conciliatória do procedimento comum, embora o juiz sempre possa fazer a tentativa de conciliação. Assim, o que em geral acontece é que ou o réu/credor aceita o valor depositado ou apresenta a sua defesa.

Comentando o art. 544 do CPC, os autores acrescentam que pelo artigo o conteúdo de defesa é limitado, mas o rol não é exaustivo. Para eles, apesar da ausência de previsão legal, deverão ser admitidas as defesas processuais e também que o réu negue fatos constitutivos descritos na inicial pelo autor. Por outro lado, as restrições de usar apenas as defesas indiretas de mérito arroladas sofre exceções, quando houver dúvida de quem pode receber ou dar quitação.[74]

---

[74] MARINONI, Luiz Guilherme; ARENHART, Sérgio Cruz; MITIDIERO, Daniel. *Novo curso de processo civil*. 3. ed. São Paulo: Revista dos Tribunais, 2017, p 147. A título exemplificativo os autores sugerem como alegações: " [...] que o réu não é desconhecido, que o lugar não é de difícil acesso ou perigoso ou que não há litígio sobre a coisa devida". Portanto, para os autores: "[...] a limitação posta no art. 544 do Código somente tem relevância no que diz respeito às defesas substanciais indiretas (alegações de fato extintivos, modificativas ou impeditivos à pretensão do autor) ali arroladas (em princípio tratadas pelos incs. II, III e IV). Para estes casos a defesa é realmente limitada [...]".

2.7. COMPLEMENTAÇÃO DE DEPÓSITO

A complementação do depósito será possível quando, em contestação, o réu alegar a insuficiência de depósito, sendo que neste caso deverá indicar, necessariamente, o montante devido, conforme artigo 544, parágrafo único. Para Marinoni, Arenhart e Mitidiero, o juiz mandará intimar o autor para complementar o depósito no prazo de 10 dias. A complementação não será permitida se ocorrer hipótese de inadimplemento absoluto (art. 547, *caput*, do CPC).[75]

Mesmo que o réu alegue que o depósito foi incompleto, ainda assim, ele poderá levantar o valor que não é objeto de controvérsia (art. 545, § 1º, do CPC), pois a discussão em juízo será restrita à diferença não depositada. Se o juiz entender que o valor depositado era adequado, prolatará a sentença julgando procedente o pedido.

Se o juiz entender que o depósito não era integral, ele deverá, independentemente de o réu ter reconvindo ou não, condenar o autor ao valor complementar. Neste caso, haverá formação de título executivo judicial para o credor, em função da natureza dúplice da ação, conforme art. 545, § 2º, do CPC. Caso necessário, o valor poderá ser liquidado, passando-se, em seguida, à fase executiva nos mesmos autos.[76]

Tratando-se de consignação de aluguel, a complementação do valor depositado tem consequências diversas, em razão do art. 67, inc. VII, da Lei 8.245 de 1991, não só com relação ao prazo menor, que é de cinco dias, mas também quanto aos efeitos. Marinoni, Arenhart e Mitidiero, analisando o reflexo na lei de locações, concluem que sempre será possível complementar o depósito, mesmo sem a existência de reconvenção; no entanto, apenas a existência dela permitirá a incidência da multa de 10%.[77] No mesmo sentido é o posicionamento de Ernane Fidélis do Santos, que opta pela interpretação não restritiva do art. 67 da Lei de locações; portanto, a complementação do depósito não será permitida somente se houver a reconvenção.[78]

---

[75] MARINONI, Luiz Guilherme; ARENHART, Sérgio Cruz; MITIDIERO, Daniel. *Novo curso de processo civil.* 3. ed. São Paulo: Revista dos Tribunais, 2017, p. 148. MARCATO, Antônio Carlos. *Procedimentos Especiais.* 17. ed. São Paulo: Atlas, 2017, p. 99, também se posiciona neste sentido. Segundo o autor "se a prestação devida já se tornou imprestável ao réu, não aproveitará ao autor o exercício da faculdade conferida por lei, respondendo ele, isso sim, pelas perdas e danos decorrentes de sua mora (cc, art. 395, parágrafo único)".

[76] MARINONI, Luiz Guilherme; ARENHART, Sérgio Cruz; MITIDIERO, Daniel. *Novo curso de processo civil.* São Paulo: Revista dos Tribunais, 2017, p 148.

[77] Idem, p 154.

[78] SANTOS, Ernane Fidélis dos. *Manual de Direito Processual Civil.* v.3, São Paulo: Saraiva, 2017, p. 66. O autor justifica a afirmativa: "Em primeiro lugar, a complementação é decorrente do princípio de equilíbrio que deve reger as relações jurídicas, pois, onde há diferenças possíveis de serem corrigidas sem prejuízo das partes interessadas, a correção deverá ser feita; em segundo lugar,

2.8. JULGAMENTO

Há na doutrina consenso de que a sentença de procedência de uma ação consignatória tem eficácia declaratória. Não há constituição, porque o que extingue, efetivamente, a obrigação é o depósito,[79] e não a sentença. Também não há, como regra, predominância de eficácia mandamental, executiva *lato sensu* ou condenatória.

A doutrina excepciona a regra de que a sentença será declaratória, na hipótese de a sentença reconhecer que o depósito não foi integral, quando haverá a fixação do montante devido com a consequente condenação do devedor a complementar o depósito, gerando assim título executivo para o credor, conforme art. 545, § 2º. A título exemplificativo, menciona-se o posicionamento de Humberto Theodoro Junior,[80] Antônio Carlos Marcato[81] e Ernane Fidélis dos Santos.[82]

Cabe destacar os ensinamentos de Marinoni, Arenhart e Mitidiero quanto à sentença de improcedência por insuficiência de depósito locatícios, em razão da regra especial prevista naquela legislação.[83] Assiste razão aos autores quando afirmam que, na relação que envolve locação, não haverá a incidência da eficácia condenatória predominante e a consequente geração de título executivo. Portanto, em razão da especialidade da Lei de Locações, a regra será a de que, para que exista o título executivo em seu favor, o credor deverá, em contestação, apresentar o pedido reconvencional.

---

há interesse público na manutenção da locação, mormente a residencial; em terceiro lugar, se, no próprio pedido de despejo, a complementação pode ser feita, por que não antecipá-la na consignação incompleta?"

[79] MARCATO, Antônio Carlos. *Procedimentos Especiais*. São Paulo: Atlas, 2017, p. 102. O autor também afirma que a eficácia desconstitutiva é do depósito, e não da sentença.

[80] THEODORO JR., Humberto. *Curso de Direito Processual Civil – Procedimentos Especiais*. v. II, Rio de Janeiro: Forense, 2016, p. 55. O autor, se referindo a sentença que reconhece a insuficiência de depósito, explica: "Assim, o julgado que acolhe esse tipo de defesa tem uma função especial, que é a de condenar o autor da consignatória a pagar o que faltou no depósito inicial (art. 545, § 2º), e nunca a de restituir-lhe a importância recolhida em juízo. Esta, já antes da sentença, passou a pertencer ao credor demandando".

[81] MARCATO, Antônio Carlos. *Procedimentos Especiais*. 17. ed. São Paulo: Atlas, 2017, p102.

[82] SANTOS, Ernane Fidélis dos. *Manual de Direito Processual Civil*. 15. ed. v. 3, São Paulo: Saraiva, 2017, p. 60.

[83] MARINONI, Luiz Guilherme; ARENHART, Sérgio Cruz; MITIDIERO, Daniel. *Novo curso de processo civil*. 3. ed. São Paulo: Revista dos Tribunais, 2017, p. 154. Os autores ensinam que: "Em relação a sentença prolatada neste feito, a grande questão que merece ser sublinhada diz respeito à ausência, neste procedimento, do efeito anexo que é atribuído à sentença da ação consignatória comum. De fato, neste rito especial, o julgamento de improcedência da demanda consignatória – por insuficiência de depósito – não faz surgir para o credor, *ipso iure*, título executivo para a cobrança da diferença, tal como ocorre com a sentença da ação consignatória regulada pelo Código de Processo Civil". No mesmo sentido PARIZATTO, João Roberto. *Aspectos procedimentais da Ação de Consignação em pagamento no processo civil e na locação*. Rio de Janeiro: AIDE, 1995, p. 94.

Para finalizar, é possível afirmar que o capítulo da consignação em pagamento não teve profundas alterações no CPC de 2015. A atual legislação trouxe alguns ajustes de posicionamentos doutrinários e jurisprudenciais, com aprimoramento da redação de alguns artigos.

3. Ação de exigir contas

João Paulo Kulczynski Forster

3.1. NOÇÕES GERAIS

O CPC/73, em seu artigo 914, continha a "ação de prestação de contas", dividida em quem tinha o direito de exigi-las (I) e a obrigação de prestá-las (II). Servia, portanto, a ambos os lados da relação jurídica que envolvia a administração de bens ou interesses, obrigados, em virtude disso, a prestar contas. Seu objetivo primordial não era a invocação de crédito ou desfalque ocorrido, mas pura e simplesmente a exigência ou prestação de contas.[84] O Código de Processo Civil de 2015 alterou em profundidade os procedimentos especiais, não contemplando mais a tradicional "ação de prestação de contas", que não resta impossibilitada, mas se sujeita ao procedimento comum. Permanece apenas a hipótese, enquanto procedimento especial, de exigir contas, regulada pelos arts. 550 a 553 do CPC/15. Algumas de suas características originais, no entanto, perduram.

3.2. PROCEDIMENTO

O art. 550 indica que: "Aquele que afirmar ser titular do direito de exigir contas requererá a citação do réu para que as preste ou ofereça contestação no prazo de 15 (quinze) dias". As **partes**, portanto, envolvidas nessa demanda serão o devedor, que se recusa a prestar contas e pagar eventual saldo devido, que pode ser demandado pelo credor, que tem o direito de exigi-las. As hipóteses legais em relação à figura do credor são várias, como no caso do advogado (art. 34, XXI, Lei 8.906/94), curador (art. 1755, Código Civil); gestor de negócios (art. 861, Código Civil), inventariante (art. 618, VII, CPC/15), manda-

---

[84] MARINONI, Luiz Guilherme, ARENHART. *Curso de Processo Civil.* v. 5, Procedimentos Especiais, São Paulo: RT, 2010, p. 84.

tário (art. 668, Código Civil), dentre outros.⁸⁵ Destaca-se haver interesse processual quando "a parte que não saiba em quanto importa seu crédito líquido, nascido em virtude de vínculo legal ou negocial gerado pela administração de bens ou interesses alheios, levada a efeito por um em favor do outro".⁸⁶

O art. 550, § 1º, exige que o autor indique, "detalhadamente, as razões pelas quais exige as contas, instruindo-a com documentos comprobatórios dessa necessidade, se existirem". A **causa de pedir**, portanto, necessariamente deve apresentar a origem da relação legal ou negocial que gera o direito a exigir contas. A exigência de prova documental já se apresentava pela dicção do art. 320, do CPC/15, de forma que a repetição revela-se desnecessária, pois, a final, o legislador insere a locução "se existirem", dando conta de que pode haver alguma relação negocial verbal ou de que as provas documentais se encontrem com o réu.

O **pedido** formulado pelo autor possui natureza declaratória e condenatória; isto é, pede que seja *declarada* a obrigação do requerido de prestar contas (examinada a partir da relação jurídica exposta) e a subsequente *condenação* ao pagamento de eventuais diferenças caso resulte saldo positivo ao credor. Sempre se deve lembrar que temos a aplicação subsidiária do regramento destinado ao procedimento comum (art. 318, parágrafo único, CPC/15), inclusive no que diz respeito aos requisitos da inicial (art. 319), com destaque para o inciso VII (opção do autor pela realização ou não de audiência de conciliação ou de mediação). Revela-se inadequada a noção de que a audiência de conciliação ou de mediação seria destinada apenas ao procedimento comum. A par do que dispõe o art. 3º, § 3º, do CPC/15, os métodos de solução consensual de conflitos devem sempre ser estimulados, a partir da compreensão da Justiça enquanto um sistema multiportas. Embora não se possa afirmar peremptoriamente que a mencionada audiência se realizará em todos os procedimentos especiais, não se verifica nenhuma incompatibilidade de sua ocorrência na ação de exigir contas.⁸⁷

---

⁸⁵ V. Súmula 259, STJ: A ação de prestação de contas pode ser proposta pelo titular de conta-corrente bancária. "No entanto, não é todo e qualquer contato bancário que permite a prestação". ALVIM, Angélica Arruda; ASSIS, Araken de; ALVIM, Eduardo Arruda; LEITE, George Salomão (coord.). *Comentários ao Código de Processo Civil*. São Paulo: Saraiva, 2016, p. 676.

⁸⁶ NERY JR., Nelson; NERY, Rosa Maria de Andrade. *Comentários ao Código de Processo Civil*. São Paulo: RT, 2015, p. 1367.

⁸⁷ É a conclusão de SOARES, Marcos José Porto. A (im)possibilidade da mediação nos procedimentos especiais. *Revista de Processo: RePro*, São Paulo, v. 42, n. 264, p. 523-543, fev. 2017.

Citado, o réu possui duas alternativas: pode apresentar contas ou apresentar contestação, no prazo legal de 15 dias (art. 550, *caput*). Caso preste contas, o autor terá quinze dias para se manifestar (art. 550, § 2º), que deverá ser *fundamentada e específica* (§ 3º), para que possa permitir ao juízo a valoração das contas apresentadas. Apresenta-se, então, a possibilidade do julgamento conforme o estado do processo, nos termos dos arts. 354 e seguintes, CPC/15, especialmente na ausência de contestação do pedido (§ 4º). Caso o réu opte por contestar, o juiz decidirá se ele tem ou não o dever de prestar contas. Verifica-se que a decisão proferida nos termos do art. 550, § 5º, revela-se de mérito, encerrando a *primeira fase* da ação de exigir contas, atacável pela via do agravo de instrumento (art. 1.015, II), sendo descabida a aplicação do princípio da fungibilidade recursal.[88]

Superada a primeira fase, se necessário, aplica-se o disposto no art. 551: "As contas do réu serão apresentadas na forma adequada, especificando-se as receitas, a aplicação das despesas e os investimentos, se houver". A forma adequada é a que observa os parâmetros técnicos contábeis mínimos para lançamento de receitas e despesas, permitindo a compreensão da conta, aplicando-se igualmente às contas eventualmente apresentadas pelo autor. O autor poderá impugnar (de forma específica e fundamentada – art. 551, § 2º) as contas (agora na segunda fase, portanto), sem que haja impedimento para que o juiz determine a realização de prova pericial nessa etapa.

Esgotada a segunda fase, o juiz proferirá sentença, na qual "apurará o saldo e constituirá título executivo judicial" (art. 552). Portanto, havendo crédito, poderá ser promovido o cumprimento de sentença, nos termos dos arts. 513 e seguintes do CPC. Com esta última etapa, completam-se, portanto, as três fases da ação de exigir contas – a primeira corresponde à declaração da (in)existência do dever de prestá-las; a segunda contém a efetiva prestação; a terceira é o cumprimento da sentença. Cada fase contém objeto que lhe é próprio, superada a

---

[88] É o entendimento do enunciado 177 do Fórum Permanente de Processualistas Civis. Nesse sentido: "APELAÇÃO CÍVEL MANDATOS. AÇÃO DE EXIGIR CONTAS. PRIMEIRA FASE. RECURSO CABÍVEL. Com a alteração legislativa apresentada no Código de Processo Civil de 2015, contra a decisão interlocutória que julga procedente a primeira fase da Ação de Exigir Contas para condenar o réu a prestar contas (art. 550, § 5º, do CPC/15), por ser de mérito, é cabível o recurso de Agravo de Instrumento (art. 1.015, inc. II, do CPC/15). Inaplicabilidade do princípio da fungibilidade recursal. Precedentes. NÃO CONHECERAM DO APELO. UNÂNIME". (Apelação Cível nº 70077420628, Décima Quinta Câmara Cível, Tribunal de Justiça do RS, Relator: Otávio Augusto de Freitas Barcellos, Julgado em 14/11/2018). Reconhece-se que o tema é polêmico, e há doutrina nacional no sentido de que, em pairando dúvida, não pode se acoimar de 'erro grosseiro' a interposição do recurso de apelação nesse caso.

primeira fase, já não é mais possível discutir o dever de prestar contas se este foi reconhecido.[89]

O art. 553, de seu turno, prevê que: "As contas do inventariante, do tutor, do curador, do depositário e de qualquer outro administrador serão prestadas em apenso aos autos do processo em que tiver sido nomeado". Nada mais natural que, em sendo a obrigação de prestar contas fruto de processo judicial, que estas sejam examinadas em conjunto com aquela demanda, uma vez que podem haver consequências no caso de não pagamento (v. parágrafo único, art. 553: "Se qualquer dos referidos no *caput* for condenado a pagar o saldo e não o fizer no prazo legal, o juiz poderá destituí-lo, sequestrar os bens sob sua guarda, glosar o prêmio ou a gratificação a que teria direito e determinar as medidas executivas necessárias à recomposição do prejuízo"). Caso o processo original já tenha se encerrado, o juiz que examinou a causa será o competente para o exame da questão, por prevenção (art. 59, CPC/15).[90]

---

[89] MARINONI, Luiz Guilherme, ARENHART, Sérgio Cruz, MITIDIERO, Daniel. *Novo Código de Processo Civil Comentado*, São Paulo: RT, 2015, p. 595.

[90] ALVIM, Angélica Arruda; ASSIS, Araken, ALVIM, Eduardo Arruda, LEITE, George Salomão (coord.). *Comentários ao Código de Processo Civil*, São Paulo: Saraiva, 2016, p. 679.

4. Ações possessórias

Guilherme Tanger Jardim

4.1. NOÇÕES GERAIS DA TUTELA POSSESSÓRIA

Quando se fala em proteção jurídica da posse,[91][92] a primeira indagação é aquela já feita, há muito, por Ihering: "Por que a posse é protegida?".[93] A resposta é simples: protege-se a posse em virtude dos efeitos gerados no mundo jurídico, a fim de que o bem possuído atinja, com segurança, sua finalidade social e econômica à satisfação de nossas necessidades.[94] Ainda, a proteção possessória tem como vetor jurídico fundamental a necessidade de "conservação do fático" (*quieta non movere*), que impõe o respeito às situações jurídicas e à posse dos indivíduos.[95]

Partindo-se da premissa traçada por Raymond de Fresquet de que: "*Le Droit est la science de la direction des actions humaines au point de*

---

[91] Cujo conceito é apresentado, modo indireto, pelo artigo 1.196 do CCB/02 (Considera-se possuidor todo aquele que tem de fato o exercício, pleno ou não, de algum dos poderes inerentes à propriedade), que tem natureza de "(...) simples fato, mas que produz conseqüências legais. (...)" (NADER, Paulo. *Curso de direito civil: direito das coisas*. Vol. 4, 7. ed. Rio de Janeiro: Forense, 2016, p. 32), e que "(...) constitui direito autônomo em relação à propriedade e deve expressar o aproveitamento dos bens para o alcance de interesses existenciais, econômicos e sociais merecedores de tutela." (Enunciado nº 492, V Jornada de Direito Civil).

[92] Frisa-se que não se pode confundir posse com outro fenômeno factual: a detenção. Enquanto a posse revela o exercício fático do uso, do gozo, da disposição ou da recuperação da coisa, detenção se verifica pelo mesmo exercício fático, porém, acompanhado de "fator de degradação" previsto em lei. São exemplos de detenção as situações previstas no artigo 1.198 do CCB/02 (Considera-se detentor aquele que, achando-se em relação de dependência para com outro, conserva a posse em nome deste e em cumprimento de ordens ou instruções suas.) e no artigo 1.208 também do CCB/02 (Não induzem posse os atos de mera permissão ou tolerância ...). É o caso, por exemplo, do caseiro em relação ao imóvel pelo qual é responsável e do motorista particular em relação ao veículo para o qual foi contratado a pilotar. De outra parte, é possível a conversão da detenção em posse, desde que rompida a subordinação, na hipótese de exercício em nome próprio dos atos possessórios. (Enunciado nº 301, IV Jornada de Direito Civil).

[93] IHERING, Rudolf Von. *Sul Fondamento della Protezione del Possesso*. Milano: Francesco Vilardi Editore, 1872, p. 03.

[94] FIGUEIRA Jr., Joel. *Liminares nas ações possessórias*. 2. ed. São Paulo: RT, 1999, p. 67.

[95] PONTES DE MIRANDA. *Tratado de direito privado*. t. 10, Campinas: Bookseller, 2001, p. 313.

vu e du juste ou de l'injuste",[96] deve-se concluir que, como regra, a posse justa[97] é a que se revela merecedora de proteção jurídica.[98]

Para repelir-se a violação da posse, o consagrado jurista português Antonio Ribeiro de Liz Teixeira escreveu que: "Todo o possuidor tem um acção para ser mantido na sua posse *ad retinnendam possessionem*, quando n'ella é perturbado por alguém, e outra para ser n'ella restabelecido *ad recuperandam*".[99] [100]

No direito pátrio, a Constituição Federal de 1988, que estabelece (com *status* de direito fundamental)[101] o direito de propriedade (artigo 5°, XXII),[102] não tem dispositivo semelhante em relação à posse. A disciplina da posse e a correspondente tutela jurídica se dão implícita e indiretamente, na medida e em consideração àquilo que ela repre-

---

[96] FRESQUET, Raymond de. *Traité Élémentaire de Droit Romain*. t. I, Paris: Étienne Giraud Libraire, 1855, p. 01.

[97] "É justa a posse que não for violenta, clandestina ou precária." (art. 1.200 do CCB/02).

[98] MALFATTI, Alexandre. *Direito Processual Civil: procedimentos especiais*. Rio de Janeiro: Elsevier, 2008, p. 77.

[99] TEIXEIRA, Antonio Ribeiro de Liz. *Curso de Direito Civil*. 2. ed. Coimbra: Editora da Universidade de Coimbra, p. 54.

[100] A proteção possessória teve origem e recebeu forte influência do direito romano. Nesse período histórico, o pretor exarava uma ordem, a requerimento do indivíduo interessado na tutela possessória, com cominação de uma sanção para a hipótese de desobediência, mediante a análise do *ius possessionis*. Os interditos possessórios romanos (*interdicta*) se dividiam em três espécies. As *interdicta retinandae possessionis* correspondiam às atuais ações de manutenção de posse em caso de turbação. As *uti possidetis* eram destinadas aos bens imóveis e as *utrubi*, aos bens móveis. A diferença entre ambas, portanto, residia na natureza do bem objeto da ação. De mais a mais, as *interdicta recuperandae possessionis* permitiam a reintegração de posse em caso de esbulho e eram divididas em subespécies. As *unde vi* se referiam aos casos em que o esbulho era praticado com emprego de arma (*armata*) ou com agressão sem o emprego de arma (*cottidiana*). As *clandestina possessionis* se referiam aos casos de clandestinidade e as de *precario* às hipóteses de abuso de confiança. Além disso, as *utrubi* tinham como objeto os bens móveis, independentemente do vício objetivo que maculava a posse. Por fim, as *interdicta adipiscendae possessionis* não eram verdadeiras ações possessórias, correspondendo às atuais ações de imissão na posse. Não se confundiam, portanto, com os interditos proibitórios, os quais não foram previstos nos interditos possessórios romanos. (...) Tais remédios possessórios exerceram influência na formação das modernas ações de reintegração de posse. (GAMA, Guilherme Calmon Nogueira da; CASTRO, Diana Loureiro Paiva de. Proteção possessória no novo Código de Processo Civil: notas à luz da Lei 13.105/2015. *REPRO*, Vol. 249, nov/2015).

[101] A noção de propriedade enquanto direito fundamental encontra raízes na própria ideia de liberdade. Mais precisamente, no raciocínio que reconhece a liberdade do homem pelo natural domínio que exerce sobre seu corpo, sobre si mesmo. (LEAL, Roger Stiefelmann. A propriedade como direito fundamental: Breves notas introdutórias. *Revista de Informação Legislativa*, Brasília, a. 49, n. 194, abr./jun. 2012, p. 54).

[102] A propriedade, como direito fundamental, está explicitamente assegurada na Constituição Federal. É um direito individual que garante ao seu titular o poder de usar, gozar, dispor e reivindicar. A sua especificação, no entanto, reporta a sua função social. Significa que os poderes mencionados não podem ser exercidos de forma ilimitada. Isso está expresso quando a Constituição trada da ordem econômica, que se fundamenta no trabalho humano e na livre iniciativa, e enuncia seus princípios (art. 170). Entre eles está a propriedade privada (inciso II) e a função social da propriedade (inciso III).

senta como concretização do principio da função social das propriedades.[103]

Como instrumentos de proteção judicial[104] da posse, o Código de Processo Civil vigente desenha ações, de procedimento especial, tratadas[105] por "ações possessórias".[106] Tais ações viabilizam a tutela da posse como efeito resultante do "fato de possuir" (*ius possessionis*), não podendo ser confundidas com as ações que visam à defesa do "direito à posse" (*ius possidendi*), estas últimas, via de regra, fundadas na propriedade.[107] Portanto, distintas são as ações possessórias (fundadas na posse) das petitórias (fundadas na propriedade).[108]

No juízo possessório não se admite discussão a respeito do domínio da coisa, objeto da ação.[109] O Código Civil de 1916 dispunha, em seu artigo 505, não obstar a manutenção de reintegração na posse a alegação de domínio ou de outro direito sobre a coisa, ressalvando, porém, que o juiz não deveria julgar a posse em favor daquele a quem evidentemente não pertencesse o domínio. Apesar de o atual Código Civil não haver contemplado regra semelhante àquela do aludido artigo 505 do CCB/16, prevalece tal vedação no artigo 557 do CPC/15,[110] impedindo-se que a matéria dominial seja trazida no

---

[103] ZAVASCKI, Teori Albino. A Tutela da Posse na Constituição e no Novo Código Civil. *Revista Direito e Democracia*, vol.5, n.1, 2004, p. 07/28.

[104] Para os casos de esbulho e turbação da posse, o artigo 1.210, § 1º, do CCB/02 autoriza o possuidor a se valer da forma mais antiga de solução de conflitos: a autotutela, que consiste no sacrifício integral do interesse de uma das partes envolvida no conflito em razão do exercício da força pela parte vencedora (NEVES, Daniel Amorim Assumpção. *Manual de Direito Processual Civil*. 2. ed. rev., atual. e ampl. São Paulo: Método, 2010, p. 5/6). Como requisitos ao emprego da "defesa" (para os casos de turbação) ou do "desforço" (para os casos de esbulho), o mencionado dispositivo legal estabelece dois requisitos: (a) que a autotutela possessória seja realizada de maneira imediata e (b) que a reação seja proporcional à agressão à posse. Preenchidas tais exigências, inexistirá qualquer ilegalidade ou abuso de direito o fato da parte se utilizar de suas próprias forças para se reintegrar ou manter na posse. (JERGS – Recurso Cível nº 71001267202).

[105] No Capítulo III do Título III do Livro I da Parte Especial.

[106] À luz da Súmula nº 228 do STJ, não é possível o ajuizamento de ação possessória para proteção de direitos autorais, considerando a natureza imaterial desses direitos.

[107] GAIO JÚNIOR, Antônio Pereira. *Direito Processual Civil*. v. II. Belo Horizonte: Del Rey, 2008, p. 334.

[108] *La categoria dele "azioni possessorie" si contrappone alla categoria delle "azioni petitorie": queste ultime possono esse refatte valere solo da chi affermi titolare Del diritto di proprietà o di um diritto reale di godimento.* (TORRENTE, Andrea; SCHLESINGER, Piero. *Manuale di Diritto Privato*, Ventesima edizione. Milano: Giuffré Editore, 2011, p. 355).

A *exceptio proprietatis*, como defesa oponível às ações possessórias típicas, foi abolida pelo Código Civil de 2002, que estabeleceu a absoluta separação entre os juízos possessório e petitório. (Enunciado nº 79, I Jornada de Direito Civil).

[109] "(...) Reintegração de Posse. Pretensão fundada na alegação de domínio pelo dono da coisa. Inadmissibilidade, se a posse está sendo desfrutada por outro. (...)" (RT, 785/422).

[110] Art. 557. Na pendência de ação possessória é vedado, tanto ao autor quanto ao réu, propor ação de reconhecimento do domínio, exceto se a pretensão for deduzida em face de terceira pessoa.

processo possessório ou que, na pendência deste, seja promovida ação de reconhecimento do domínio,[111] salvo se a ação petitória for ajuizada em face de terceira pessoa ou for ajuizada antes da ação possessória.[112] [113] A vedação constante do artigo 557 do CPC/15 também não alcança hipóteses em que o proprietário alegue a titularidade do domínio apenas como fundamento para pleitear a tutela possessória,[114] valendo da propriedade como meio de prova sobre as qualidades da posse que ele pretende proteger.

4.2. PROTEÇÃO DA POSSE EM SEDE DE COGNIÇÃO SUMÁRIA (LIMINAR POSSESSÓRIA)

Reza a primeira parte do artigo 562 do Código de Processo Civil que: "Estando a petição inicial devidamente instruída, o juiz deferirá, sem ouvir o réu, a expedição do mandado liminar de manutenção ou de reintegração, (...)". A dicção do referido dispositivo autoriza o juiz a deferir a proteção possessória pretendida *inaudita altera parte*, ou seja, ao início do procedimento possessório e antes mesmo da participação do réu na relação processual.[115] Tal provimento é lastreado em cognição (no plano vertical) sumária[116] e, por isso, tem efeitos meramente provisórios, podendo ser revogado a qualquer tempo no curso do procedimento.[117]

---

[111] "(...) Discussões acerca de domínio são descabidas em ação de natureza possessória, a teor do disposto no artigo 557 do CPC/15. (...)" (TJRS – Apelação Cível nº 70075702811); "(...) pretensão de declaração de domínio deduzida pelos autores esbarra na redação contida no art. 923 do CPC/73, correspondente ao atual art. 557 do CPC/15, que veda expressamente a qualquer das partes, na pendência de demanda possessória, intentar ação de reconhecimento de domínio. (...)" (TJRS – Apelação Cível nº 70073420036).

[112] STJ – REsp 139.916/DF.

[113] O artigo 557 do CPC/15 não obsta a cumulação pelo autor de ação reivindicatória e de ação possessória, se os fundamentos forem distintos. (Enunciado nº 65 do Fórum Permanente de Processualistas Civis).

[114] STJ – EREsp 1134446/MT.

[115] Fenômeno tratado por contraditório "diferido" ou "postergado". Não há, no caso, violação à garantia do contraditório, que fica diferido, isso é, adiado para momento posterior. (MEDINA, José Miguel Garcia. *Novo Código de Processo Civil Comentado*: com remissões e notas comparativas ao CPC/1973. 3. ed. São Paulo: Revista dos Tribunais, 2015, p. 60).

[116] "(...) Exige-se apenas um começo de prova do requerente (...)" (RF, 60/20). Em se tratando de cognição incompleta, destinada a um convencimento superficial e a orientar uma decisão de caráter eminentemente provisório, a reintegração liminar não se compadece com a exigência de uma prova cabal, completa e extreme de dúvidas. Tal prova deverá ser feita durante a instrução, com vista á decisão final. (GONÇALVES, Carlos Roberto. *Direito Civil: direito das coisas*. v. 5, 13. ed. São Paulo: Saraiva Educação, 2018, p. 159).

[117] Liminar. Possessória. Revogação. Sobrevindo novos elementos, nada impede que a liminar concedida em demanda possessória seja modificada ou revogada. Recurso não provido (TJSP – Agravo Regimental nº 0190438-03. 2011.8.26.0000/5000).

Entretanto, para que a liminar prevista no procedimento possa ser deferida ao demandante, é indispensável que a violação à posse tenha ocorrido há menos de ano e dia.[118] Tal conclusão pode ser extraída do *caput* do artigo 558 do CPC/15: "Regem o procedimento de manutenção e de reintegração de posse as normas da Seção II deste Capítulo quando a ação for proposta dentro de ano e dia da turbação ou do esbulho afirmado na petição inicial. (...)".

Daí surge a distinção entre ação possessória de "força nova" e de "força velha", sendo a primeira aquela na qual a posse foi violada há menos de ano e dia[119] (posse nova) e a segunda, aquela em que a posse foi violada há mais de ano e dia (posse velha). Versando a demanda sobre "posse nova" (ação de força nova), haverá o deferimento do provimento liminar.[120] Tendo a posse, porém, sido violada há mais de ano e dia, a posse simples (*gewere*) torna-se uma posse definitiva (*rechtegewere*)[121] e não se poderá, em principio, deferir a proteção possessória *initio litis*.[122]

A ação possessória de "força velha" será processada pelo rito comum (como determina o parágrafo único do artigo 558 do CPC/15) e, em que pese não seja possível o deferimento da proteção possessória *initio litis* com amparo no *caput* do artigo 562 do CPC/15, como já visto, o autor poderá se valer da técnica de tutela provisória prevista, de modo geral, às ações de rito comum.[123] Entretanto, a tutela provisória

---

[118] Prazo de natureza decadencial e que não se altera "(...) pelo fato de o possuidor ser menor, interdito, pessoa de direito público, ausente, etc. (...)" (RODRIGUES, Manuel. *A posse*. 3. ed. Coimbra: Almedina, 1980, p. 347).

[119] "(...) O termo inicial da contagem do prazo de ano e dia a definir o rito da possessória é variável conforme o caso. Em se tratando de esbulho/turbação praticados na clandestinidade, o prazo é a data da ciência da ofensa à posse, salvo negligência do possuidor. (...) Tratando-se de esbulho/turbação permanentes, isto é, aquela em que o infrator pratica a ofensa e permanece em poder da coisa, o prazo de ano e dia conta da turbação/esbulho originariamente praticados. Por outro lado, se o esbulho/turbação forem repetidos, com o ofensor da posse praticando o atentado variadas vezes, mas não permanecendo em poder da coisa, o termo inicial é a data do último ato. (...)" (GAJARDONI, Fernando da Fonseca. *Processo de Conhecimento e Cumprimento de Sentença: comentários ao CPC de 2015*. v. 2. ed. Rio de Janeiro: Forense; São Paulo: Método, 2018).

[120] AGRAVO DE INSTRUMENTO. LIMINAR EM REINTEGRAÇÃO DE POSSE. ESBULHO. POSSENOVA. Caracterização. Provas dos autos que favorecem a tese de que a posse é nova. Presença dos requisitos legais para a concessão da liminar para reintegração de posse. Decisão mantida. Agravo improvido." (TJSP – Agravo de Instrumento n° 0007535-97.2011.8. 26.0000).

[121] MERÊA, Paulo. *Estudos de Direito Hispânico Medieval*, Tomo II, Coimbra: Editora da Universidade de Coimbra, 1953, p. 191.

[122] Tratando-se de posse velha, não há falar em concessão da liminar de reintegração de posse com base no art. 561 do CPC/2015, cujo rito aplica-se somente ao esbulho com menos de ano e dia. (TJRS – Agravo de Instrumento n° 70078346764).

[123] STJ – AgRg no REsp 1139629/RJ. TJRS – Agravo de Instrumento n° 70076651702. "Ainda que a ação possessória seja intentada além de "ano e dia" da turbação ou esbulho, e, em razão disso, tenha seu trâmite regido pelo procedimento ordinário (CPC, art. 924), nada impede que o juiz conceda a tutela possessória liminarmente, mediante antecipação de tutela, desde que presentes

desenhada pelo legislador às ações que não têm previsão procedimental específica de técnica de cognição sumária demandará o preenchimento de requisitos distintos daqueles exigíveis às liminares típicas do procedimento possessório.[124] Enquanto a liminar possessória reclama os requisitos objetivos do artigos 561, *caput*, e 558, *caput*, ambos do CPC/15,[125] a tutela provisória geral reclamará o preenchimento dos requisitos do artigo 300, *caput*, do CPC/15 (para os casos de urgência)[126] ou os do artigo 311 do CPC/15 (para os casos de evidência).

Quando for ré da ação possessória pessoa jurídica de direito público, não será deferida a medida liminar sem prévia audiência dos seus representantes judiciais,[127] [128] sob pena de nulidade da decisão.[129]

Para os casos em que o magistrado não esteja plenamente convencido acerca do preenchimento dos requisitos necessários ao deferimento da proteção liminar à posse, poderá designar audiência de justificação prévia (art. 562, *caput*, CPC/15)[130] a fim de permitir esclarecimento das circunstâncias fáticas do ocorrido e verificação do efetivo preenchimento dos requisitos autorizadores da liminar possessória.[131]

---

os requisitos autorizadores do art. 273, I ou II, bem como aqueles previstos no art. 461-A e §§, todos do CPC." (Enunciado nº 238, III Jornada de Direito Civil). Frisa-se que tal enunciado foi cunhado ao tempo do CPC/73, mas que ainda se mantém hígido desde que adaptado às técnicas de tutela provisória gerais previstas no CPC/15.

[124] "(...) O deferimento de medida liminar de natureza possessória, nos termos dos artigos 554 e seguintes do Novo Código de Processo Civil, necessita do implemento dos requisitos do artigo 561, independentemente de restarem configuradas as condições do artigo 300 do NCPC. (...)" (TJRS – Agravo de Instrumento nº 70079453742).

[125] "(...) Para o deferimento da liminar possessória é necessária a presença dos requisitos do art. 561 do CPC/2015, a saber: a) posse anterior; b) esbulho praticado pelo réu; c) data do esbulho; d) perda da posse, na ação de reintegração. (...)" (TJRS – Agravo de Instrumento nº 70077009934).

[126] "(...) Para o deferimento da liminar possessória é necessária a presença dos requisitos do art. 561 do CPC, a saber: a) posse anterior; b) turbação ou esbulho praticado pelo réu; c) data da turbação ou do esbulho; d) perda da posse, na ação de reintegração. No caso em tela, tratando-se de posse velha, se aplicam os requisitos referentes à tutela de urgência (art. 300, CPC/15) (...)" (TJRS – Agravo de Instrumento nº 70079012340).

[127] Artigo 562, parágrafo único, do CPC/15.

[128] Cassio Scarpinella Bueno entende que tal regra é "(...) flagrantemente inconstitucional porque viola a isonomia que deve presidir as relações dos particulares e das pessoas e direito público e que é princípio vetor da administração pública. Nada há que autorize a distinção (...) porque inexiste nenhuma presunção de que pessoas de direito público não turbem ou não esbulhem a posse dos particulares. (...)" (BUENO, Cassio Scarpinella. *Manual de direito processual civil*: volume único. 4. ed. São Paulo: Saraiva Educação, 2018, p. 566/567).

[129] TJRS – Agravo de Instrumento nº 194206702.

[130] "(...) Quando o julgador entender não haver prova suficiente para o deferimento da medida liminar de reintegração ou de manutenção de posse, a marcação deaudiência de justificação prévia (art. 562, segunda parte, do CPC) é de rigor. (...)" (TJRS – Agravo de Instrumento nº 70080439870).

[131] TJRS – Agravo de Instrumento nº 70076983832.

Quanto à obrigatoriedade ou não da designação de audiência de justificação da posse, antes de o magistrado indeferir a liminar possessória, a jurisprudência nacional é dissonante. Veja-se, à

Na solenidade, poderá o magistrado colher o depoimento do autor, bem como ouvir testemunhas por ele trazidas.[132] Caso entenda necessário, o juiz poderá, ainda, substituir a audiência por inspeção judicial[133] para melhor compreender as *nuances* do caso concreto.

No litígio coletivo[134] pela posse de imóvel, quando o esbulho ou a turbação afirmados na petição inicial houver ocorrido há mais de ano e dia, o juiz, antes de apreciar o pedido de concessão de tutela provisória, deverá designar audiência de mediação,[135] a se realizar em até 30 (trinta) dias, intimando-se o Ministério Público para comparecer à audiência; a Defensoria Pública quando houver parte beneficiária de gratuidade da justiça; e os órgãos responsáveis pela política agrária e pela política urbana da União, de Estado ou do Distrito Federal e de Município onde se situe a área objeto do litígio, a fim de se manifestarem sobre seu interesse no processo e sobre a existência de possibilidade de solução para o conflito possessório.[136]

A decisão que defere ou indefere a liminar possessória (típica do procedimento ou lastreada nas regras gerais de tutela provisória) desafia recurso de agravo de instrumento, na forma prevista no artigo 1.015, I, do CPC/15, e será executada (caso haja recalcitrância do réu) segundo as regras do cumprimento provisório de sentença.[137]

---

guisa de exemplo, os seguintes julgados: "(...) Antes de indeferir liminar pleiteada em ação de reintegração de posse, incumbe ao julgador designar audiência de justificação prévia, destinada à comprovação dos requisitos para a concessão da medida possessória de forma inaudita altera parte. Inteligência do artigo 562, *caput*, *in fine*, do Novo Código de Processo Civil. Precedentes desta corte. Decisão agravada desconstituída para que seja determinada, na origem, audiência de justificação prévia. (...)" (TJRS – Agravo de Instrumento nº 70077336055); "(...) O art. 928 do CPC não obriga o juiz, em qualquer circunstancia, a mandar realizar a justificação, na hipótese de indeferimento da liminar de manutenção ou reintegração de posse. .(...)" (STJ – REsp 9.485/SP).

[132] "(...) Demonstrado pela prova documental e pelas testemunhas ouvidas em audiência de justificação prévia, que os agravantes há anos vinham utilizando a estrada situada junto à divisa dos imóveis rurais dos contendores. O bloqueio da passagem dos agravantes, nestas condições, constitui esbulho, passível de concessão da liminar. (...)" (TJRS – Agravo de Instrumento nº 70044812840).

[133] RT, 631/189.

[134] Quando o Código de Processo Civil fala em litígio coletivo, considera os litígios nos quais uma grande quantidade de pessoas se apossa de determinado bem imóvel. Mas não faz qualquer discriminação quanto à posição da coletividade nos polos da ação: ela pode tanto atuar como autora da ação ou como ré, conforme as circunstâncias se apresentem. O dispositivo também não faz qualquer restrição quanto ao tipo de litígio ao qual pode ser aplicado, deduzindo-se daí que vale tanto para questões urbanas, quanto rurais. (NERY JÚNOR, Nelson; ANDRADE NERY, Rosa Maria de. *Comentários ao Código de Processo Civil – Novo CPC*, São Paulo: Revista dos Tribunais, 2015, p. 565, n. 2).

[135] A audiência de mediação referida no art. 565 (e seus parágrafos) deve ser compreendida como a sessão de mediação ou de conciliação, conforme as peculiaridades do caso concreto.(Enunciado nº 67 do Fórum Permanente de Processualistas Civis).

[136] Artigo 565 do CPC/15.

[137] Artigo 297, parágrafo único, do CPC/15.

Por fim, vale a lembrança de que, deferida ou não a liminar possessória (ou a tutela provisória, para os casos de "posse velha"), a ação seguirá até final julgamento, a bem de um contraditório pleno às partes e da observância do direito fundamental ao processo justo.[138]

4.3. AÇÕES POSSESSÓRIAS ENQUANTO AÇÕES DÚPLICES

O artigo 556 do CPC/15 permite que o réu, na própria contestação e sem a necessidade de reconvenção, possa se voltar contra o autor, demandando proteção possessória e indenização. Assim, outorga-se ao réu o direito de requerer duas tutelas na própria contestação.[139]

Com essa norma, o legislador atribui o caráter dúplice aos interditos possessórios, ou seja, trata essas ações como aquelas em que não se distingue a posição ativa da passiva entre os sujeitos da relação processual. Nas ações dúplices não há, na verdade, nem autor nem réu, no rigor técnico dessas expressões. Nas ações simples, há nítida diferença de atitudes de cada parte: só o autor pede; e o réu apenas resiste ao pedido do autor. Somente por meio de reconvenção é que se torna possível ao réu a formulação de pedido contra o autor. Mas aí o que se tem não é mais defesa, e sim a propositura de nova ação, dentro dos autos já existentes.[140]

Nas ações possessórias, sob o fundamento da economia processual, a sentença tanto pode outorgar a tutela possessória ao autor como ao réu,[141] o que é diferente de apenas julgar improcedente o pedido do autor.

A proteção à posse do réu, contudo, não é dispensada *ex officio* pelo juízo. Depende de expresso requerimento na contestação, porque

---

[138] "(...) o processo justo é pautado pela colaboração do juiz para com as partes. O juiz é paritário no diálogo e assimétrico apenas no momento da imposição de suas decisões. (...) Em segundo lugar, constitui processo capaz de prestar tutela jurisdicional adequada e efetiva, em que as partes participam em pé de igualdade e com paridade de armas, em contraditório, com ampla defesa, com direito à prova, perante juiz natural, em que todos os seus pronunciamentos são previsíveis, confiáveis e motivados, em procedimento público, com duração razoável e, em sendo o caso, com direito à assistência jurídica integral e formação de coisa julgada." (SARLET, Ingo Wolfgang; MARINONI, Luiz Guilherme; MITIDIERO, Daniel. *Curso de Direito Constitucional*. 3. ed. São Paulo: Revista dos Tribunais, 2014, p. 702/703).

[139] MARINONI, Luiz Guilherme; ARENHART, Sérgio Cruz. *Curso de Processo Civil*. Vol. 5, São Paulo: Revista dos Tribunais, 2011, p. 94.

[140] THEODORO JÚNIOR, Humberto. *Curso de Direito Processual Civil*. Vol. II, 52. ed. Rio de Janeiro: Forense, 2018, p. 141.

[141] "(...) A ação possessória tem natureza dúplice e mesmo ante a concessão de liminar é possível assegurar proteção possessória ao réu quando em pedido reverso demonstra ter sido o ofendido na sua posse com preenchimento dos requisitos do art. 561 do CPC. (...)" (TJRS – Agravo de Instrumento nº 70076713403).

aqui prevalece o princípio do *ne procedat iudex ex officio*,[142] insculpido no artigo 2° do CPC/15. Logo, a ação possessória somente será dúplice se o réu também demandar, na contestação, proteção possessória e/ou o ressarcimento dos danos sofridos.[143] Entretanto, a ação possessória pode ser convertida em indenizatória (desapropriação indireta) – ainda que ausente pedido explícito nesse sentido – a fim de assegurar tutela alternativa equivalente ao particular, quando a invasão coletiva consolidada inviabilizar o cumprimento do mandado reintegratório deferido em favor da Fazenda Pública.[144]

4.4. FUNGIBILIDADE ENTRE OS PROCEDIMENTOS POSSESSÓRIOS

O fenômeno da fungibilidade autoriza o que se entende por "substituição instrumental". No âmbito possessório, permite a substituição de uma ação possessória por outra.[145]

Prevista expressamente no artigo 554 do CPC/15,[146] a fungibilidade das ações possessórias decorre do princípio da instrumentalidade das formas e da maleabilidade presente no mundo dos fatos,[147] ou seja, da sutil diferença que pode existir entre uma situação de esbulho e uma situação de turbação ou entre esta e a simples ameaça.[148] Por vezes, também, o autor promove ação possessória em razão de determinada conduta do réu, e este modifica o estado de fato no curso do processo, impondo ao juiz, constatada tal circunstância, a concessão da tutela possessória pertinente.[149] [150]

---

[142] THEODORO JUNIOR, Humberto. *Curso de Direito Processual Civil*. Vol. II, 52. ed. Rio de Janeiro: Forense, 2018, p. 142.

[143] TJMG – Recurso n° 105960502632570011.

[144] STJ – REsp 1.442.440-AC.

[145] "(...) A propositura de uma ação possessória em vez de outra não obstará a que o juiz conheça do pedido e outorgue a proteção legal correspondente àquela, cujos requisitos estejam provados (...)" (TJSP – 0032235.16.2009.8.26.0451).

[146] Art. 554. A propositura de uma ação possessória em vez de outra não obstará a que o juiz conheça do pedido e outorgue a proteção legal correspondente àquela cujos pressupostos estejam provados.

[147] GAMA, Guilherme Calmon Nogueira da; CASTRO, Diana Loureiro Paiva de. Proteção possessória no novo Código de Processo Civil: notas à luz da Lei 13.105/2015. *REPRO*, Vol. 249, nov/2015.

[148] GRECO FILHO, Vicente. *Direito Processual Civil Brasileiro. Processo de Execução a Procedimentos Especiais*, 16. ed. São Paulo: Saraiva, 2003, p. 224.

[149] MARCATO, Antonio Carlos. *Procedimentos Especiais*. 16. ed. São Paulo: Saraiva, 2016, p. 152/153.

[150] "(...) O princípio da fungibilidade permite o recebimento do interdito proibitório como reintegração de posse quando evidenciado que o esbulho já ocorreu. (...)" (TJRS – Agravo de Instrumento n° 70070199476).

Por isso, o sistema jurídico faz ler todo pedido de manutenção de posse, de reintegração de posse ou de proteção contra a ameaça perpetrada, como pedido de proteção possessória,[151] dando interpretação elástica ao "princípio da congruência",[152] resultado da combinação dos artigos 141 e 492 do CPC/15.[153]

Importante ressalva à fungibilidade deve ser feita quanto às ações petitórias. Como se trata de exceção no sistema, a fungibilidade deve ser interpretada restritivamente, somente atingindo os interditos possessórios, de sorte que ao juízo é defeso a conversão de ação possessória em petitória[154] e vice-e-versa.[155]

Por fim, fungibilidade entre as possessórias somente poderá ser operada antes do trânsito em julgado da sentença. Após a consumação da coisa julgada quanto à espécie de proteção possessória deferida,[156] não mais será possível a alteração do conteúdo decisório, para fins de futura execução.

4.5. CUMULAÇÃO DE PEDIDOS NAS AÇÕES POSSESSÓRIAS

Em nosso sistema processual prevalece a regra da indisponibilidade do procedimento, segundo a qual as partes não podem alterar a espécie procedimental prevista para determinada situação litigiosa.[157]

Partindo-se dessa premissa, poder-se-ia imaginar que à proteção possessória, porque disciplinada em procedimento especial, não seria possível a cumulação de outros pedidos, sob pena de transmutação do rito (de especial a comum), tal como previsto no artigo 327, § 2º, do CPC/15.[158]

---

[151] PONTES DE MIRANDA, Francisco Cavalcanti. *Comentários ao Código de Processo Civil*, Tomo XIII, 2. ed. Atualização Sérgio Bermudes, Rio de Janeiro: Forense, 2004, p. 151.

[152] STJ – AgRg no Ag 1327010/RJ.

[153] Art. 141. O juiz decidirá o mérito nos limites propostos pelas partes, sendo-lhe vedado conhecer de questões não suscitadas a cujo respeito a lei exige iniciativa da parte. Art. 492. É vedado ao juiz proferir decisão de natureza diversa da pedida, bem como condenar a parte em quantidade superior ou em objeto diverso do que lhe foi demandado.

[154] NERY JÚNOR, Nelson; ANDRADE NERY, Rosa Maria de. *Código de Processo Civil Comentado*, 16. ed. São Paulo: Revista dos Tribunais, 2016, p. 1.486. "(...) Mostra-se descabida a conversão de ação possessória em petitória, porquanto incompatíveis entre si, não havendo falar em aplicação da fungibilidade (...)" (TJRS – Apelação Cível nº 70056770258).

[155] TARS – Apelação Cível nº 189016918; TJRS – Agravo de Instrumento nº 70068772532.

[156] CIMARDI, Cláudia Aparecida. *Proteção processual da posse*, 2. ed. São Paulo: Revista dos Tribunais, 2008, p. 169.

[157] STJ- REsp 993.535/PR.

[158] Art. 327. (...) § 2º Quando, para cada pedido, corresponder tipo diverso de procedimento, será admitida a cumulação se o autor empregar o procedimento comum, sem prejuízo do emprego

Todavia, o artigo 555 da lei processual em vigência autoriza o autor (ou o réu em face do autor, dada a natureza dúplice da ação, tal como anteriormente exposto) a cumular ao pedido possessório o de (a) condenação em perdas e danos[159] e (b) indenização dos frutos.[160] Essa possibilidade, como em todos os casos de cumulação de pedidos, visa à economia processual, pois ilógico exigir-se que o possuidor intentasse nova demanda para obter tais desdobramentos da violação da posse e da proteção possessória pretendida.[161]

Assim, percebe-se que o referido dispositivo legal deixa clara a viabilidade de cumulação objetiva sem prejuízo do rito especial.[162] Entretanto, para que a possessória possa manter-se regida pelo procedimento especial, as hipóteses previstas no *caput* e incisos do artigo 555 do CPC/15 devem ser interpretadas de maneira taxativa (*numerus clausus*) frente à natureza excepcional dessa cumulação.[163] Caso haja o desejo ou a necessidade de a parte formular, junto com o pedido de proteção à posse, pedido distinto do de condenação em perdas e danos e do de indenização dos frutos (*por exemplo, no caso do pedido de resolução de contrato de promessa de compra e venda cumulado com o de reintegração de posse*), tal cumulação só será admitida sob o procedimento comum e desde que respeitados os requisitos gerais à cumulação de pedidos expressos no § 1º do art. 327 do CPC/15.

Cuidado especial deve-se ter com a dicção do parágrafo único do artigo 555 do CPC/15, que permite ao autor requerer a imposição de medida necessária e adequada para (a) evitar nova turbação ou esbulho e (b) cumprir-se a tutela provisória ou final deferida. Apesar de aparentar ser, também, hipótese de cumulação de pedidos, trata-se, na verdade, de autorização legal para que o magistrado – uma vez

---

das técnicas processuais diferenciadas previstas nos procedimentos especiais a que se sujeitam um ou mais pedidos cumulados, que não forem incompatíveis com as disposições sobre o procedimento comum.

[159] Compreendendo tanto os danos sofridos pelo possuidor pela violação possessória, quanto os que a propria coisa tenha sofrido (STJ – REsp 2.845/RS).

[160] Segundo as regras previstas nos artigos 1.214 a 1.216 do CCB/02.

[161] WAMBIER, Luiz Rodrigues; TALAMINI, Eduardo. *Curso avançado de processo civil.* Vol. 3, – Processo Cautelar e Procedimentos Especiais – 14. ed. rev. e atual. São Paulo: Revista dos Tribunais, 2015, p. 274/280.

[162] FABRÍCIO, Adroaldo Furtado. *Comentários ao Código de Processo Civil,* Vol. VIII, Tomo III, 3. ed. Rio de Janeiro: Forense, 1988, p. 395.

[163] As disposições excepcionais são estabelecidas por motivos ou considerações particulares, contra outras normas jurídicas, ou contra o Direito comum; por isso não se estendem além dos casos e tempos que designam expressamente. (MAXIMILIANO, Carlos. *Hermenêutica e Aplicação do Direito.* 17. ed. Rio de Janeiro: Forense, 1998, p. 225/227).

requerida a execução (provisória[164] ou definitiva[165]) da decisão concessiva da proteção possessória – empregue a técnica executiva mais adequada à proteção da posse, esteja ela prevista no ordenamento legal (técnica executiva típica) ou não (técnica executiva atípica), diante das particularidades do caso concreto. Tal regra, que apenas reforça a previsão geral do artigo 139, IV, do CPC/15,[166] não exige que a parte aponte a técnica a ser empregada; não obriga o juízo e empregar eventual técnica sugerida pela parte; bem como não viola o princípio da congruência.[167]

4.6. AÇÕES POSSESSÓRIAS EM ESPÉCIE

Muito embora o Código de Processo Civil albergue diversos procedimentos que possam ser utilizados na defesa da posse, tais como os embargos de terceiro e a oposição, três são os procedimentos previstos exclusivamente à tutela possessória: a ação de manutenção de posse, a ação de reintegração de posse e a ação de interdito proibitório.

4.6.1. Ação de manutenção de posse

A ação de manutenção de posse busca a cessação de atos de turbação, fenômeno que pode ser definido como um "embaraço no desenvolver da posse".[168] O turbado continua a possuir,[169] mas a extensão do seu poder fático fica limitada.[170] Ausente a comprovação da turbação, não há que se falar em manutenção.[171]

Estando a petição inicial devidamente instruída e preenchidos os requisitos previstos nos artigos 561 e 558 do CPC/15, o magistrado

---

[164] Da decisão liminar (art. 297, parágrafo único, do CPC/15) ou da sentença atacada por recurso não dotado de efeito suspensivo (art. 520, *caput*, do CPC/15).

[165] Da sentença transitada em julgado.

[166] "Art. 139. O juiz dirigirá o processo conforme as disposições deste Código, incumbindo-lhe: (...) IV - determinar todas as medidas indutivas, coercitivas, mandamentais ou sub-rogatórias necessárias para assegurar o cumprimento de ordem judicial, inclusive nas ações que tenham por objeto prestação pecuniária; (...)".

[167] STJ – REsp 900.419/SP.

[168] RIZZARDO, Arnaldo. *Direito das Coisas*. Rio de Janeiro: Forense, 2006, p. 104.

[169] Mister sublinhar-se que a preexistência da posse é pressuposto à turbação. Nesse sentido: APELAÇÃO CÍVEL. POSSE. BENS IMÓVEIS. AÇÃO DE MANUTENÇÃO DE POSSE. Manutenção de posse. Não comprovada a posse anterior da parte autora e a ameaça de agressão à sua posse, impõe-se a improcedência do pedido inicial da ação, pois não preenchidos os requisitos do art. 927 do CPC/73. APELAÇÃO DESPROVIDA. (TJRS – Apelação Cível n° 70078622222)

[170] GONÇALVES, Carlos Roberto. *Direito Civil: direito das coisas*. Vol. 5, 13. ed. São Paulo: Saraiva Educação, 2018, p. 131.

[171] TJRS – Agravo de Instrumento n° 70047537162.

deferirá, sem ouvir o réu, a expedição do mandado liminar de manutenção de posse.[172] Caso contrário, determinará que o autor justifique previamente o alegado, citando-se o réu para comparecer à audiência que for designada.

Do ponto de vista da defesa do réu, é possível opor-se a *exceptio vitiose possessionis*, ou exceção de posse viciosa. O remédio destina-se à alegação de que a posse do autor, que pretende a manutenção, apresenta algum vício de constituição ou adveniente no tempo, como é o caso da violência, clandestinidade ou precariedade.[173]

4.6.2. Ação de reintegração de posse

No direito pátrio, a ação de reintegração de posse representa o instrumento processual adequado à restituição da posse àquele que a tenha perdido em razão de esbulho. A pretensão contida na ação de reintegração de posse é a reposição do possuidor à situação pregressa ao ato de exclusão da posse, recuperando o poder fático de ingerência socioeconômica sobre a coisa. Não é suficiente o incômodo e a perturbação, essencial é que a agressão provoque a perda da possibilidade do controle e atuação material no bem antes possuído.[174]

Conforme admitido de forma geral, o esbulho se concretiza não só em face dos atos de violência, mas também com a recusa em restituir a coisa quando a isto se é obrigado.[175]

Reintegrar equivale a integrar novamente, o que envolve um restabelecimento de alguém na posse de bem do qual foi injustamente afastado ou retirado.[176] O objeto da ação é a restituição do bem e, no particular, tem caráter executivo (execução real). Pode ser cumulado ao pedido reintegratório o pedido condenatório ao pagamento de indenização por perdas e danos. Tal ação pode ser intentada pelo possuidor ou seus herdeiros, contra o autor do esbulho ou contra terceiro receptador.[177]

---

[172] "(...) Comprovadas a posse anterior e a turbação ocorrida dentro de ano e dia, o juiz deve determinar desde logo a expedição do mandado de manutenção de posse (art. 562 do CPC/2015). (...)" (TJRS – Agravo de Instrumento nº 70077499218).

[173] PENTEADO, Luciano de Camargo. *Direito das Coisas*. São Paulo: Revista dos Tribunais, 2008, pp.476/477.

[174] FARIAS, Cristiano Chaves de; ROSENVALD, Nelson. *Direitos Reais*. 6. ed. Rio de Janeiro: Editora Lumen Juris, 2010, p. 126.

[175] RIZZARDO, Arnaldo. *Direito das Coisas*. Rio de Janeiro: Forense, 2006, p. 106.

[176] Idem, p. 105.

[177] PENTEADO, Luciano de Camargo. *Direito das Coisas*. São Paulo: Revista dos Tribunais, 2008, p. 477.

Os artigos 560 a 566 do Código de Processo Civil estabelecem regime procedimental único às ações de manutenção e reintegração de posse, embora os escopos de ambas sejam diversos.

A demanda reintegratória e a de manutenção de posse devem ser de iniciativa da parte esbulhada ou turbada, que deve realizar a provocação do órgão judiciário pelo oferecimento de petição inicial, a qual deve observar os requisitos dos artigos 319 e 320 do CPC/15. A inicial deve ainda estar instruída com a prova da posse e do ato violador. Embora não se trate de documento obrigatório à propositura da ação, trata-se de prova essencial para que possa ser deferida liminarmente a proteção possessória.[178]

Não se pode ajuizar ação reintegratória sem que seu objeto seja perfeitamente individualizado e delimitado. Do contrário, a sentença que eventualmente venha a acolher o pedido não poderá ser executada.[179]

Questão importante diz com a competência para o processamento e julgamento da demanda possessória. É possível definir-se a competência como o conjunto de regras que limitam exercício legítimo da jurisdição, com objetivos afetos à organização das tarefas e à racionalização do trabalho[180] e como garantia para os cidadãos, que podem prever, com relativa segurança, no órgão da jurisdição estatal em que terão suas causas decididas, a existência de seu juiz natural.[181]

No âmbito interno, a distribuição da competência é feita em diversos níveis jurídico-positivos.[182] Antes disso, porém, o legislador atribui ao juízo nacional, abstratamente, o poder de apreciar determinadas causas em detrimento ou alternativamente a juízos estrangeiros. Trata-se da competência internacional, que, na realidade, não é problema afeto à competência, mas à própria jurisdição: quando se diz que nenhum juízo brasileiro é competente para conhecer de

---

[178] MARINONI, Luiz Guilherme; ARENHART, Sérgio Cruz. *Curso de Processo Civil*. Vol. 5, São Paulo: Revista dos Tribunais, 2011, p.107.

[179] MALFATTI, Alexandre. *Direito Processual Civil*: procedimentos especiais. Rio de Janeiro: Elsevier, 2008, p. 89/90.

[180] VALCANOVER, Fabiano Haselof. Apontamentos acerca da competência interna no novo Código de Processo Civil (PL 8046/2010). *RIDB*, Ano 2 (2013), n° 14, p. 17.694.

[181] SILVA, Ovídio A. Baptista da. *Comentários ao Código de Processo Civil*. Vol. 1, São Paulo: Revista dos Tribunais, 2000, p 394.

[182] Assim considerados: a) na Constituição Federal, especialmente a determinação da competência de cada uma das Justiças e dos Tribunais Superiores da União; b) na lei federal (Código de Processo Civil, Código de Processo Penal etc.), principalmente as regras sobre o foro competente (comarcas); c) nas Constituições estaduais, a competência originária dos tribunais locais; d) nas leis de organização judiciária, as regras sobre competência de juízo (varas especializadas etc.). (CINTRA, Antonio Carlos de Araújo; GRINOVER, Ada Pellegrini; DINAMARCO, Cândido Rangel. *Teoria geral do processo*. 26. ed. São Paulo: Malheiros, 2010, p. 252).

determinada causa, não se está fazendo uma distribuição da jurisdição, mas simplesmente afirmando que falta à autoridade brasileira o próprio poder a ser exercido.[183] As regras de "competência internacional", tratadas acertadamente pelo Código de Processo Civil como "limites da jurisdição nacional", dividem-se em duas espécies: (a) regras de competência internacional concorrente (artigos 21 e 22 do CPC/15) e (b) regras de competência internacional exclusiva (artigo 23 do CPC/15). As primeiras (concorrente) regulam as hipóteses onde a demanda pode ser proposta tanto perante autoridade judiciária brasileira, quanto estrangeira. Já as últimas (exclusiva) estabelecem, de modo imperativo, quais as demandas que somente podem ser aforadas perante juízo nacional. No que pertine às ações possessórias, percebe-se que toda demanda dessa natureza que verse sobre imóvel situado em território brasileiro deve ser proposta, exclusivamente, perante autoridade judiciária brasileira (artigo 23, I, CPC). Sobre as possessórias mobiliárias, incidem as regras de competência internacional concorrente, previstas nos artigos 21, I e III, e 22, III, do CPC/15.

Em se tratando de competência interna (distribuída pelo legislador às autoridades judiciárias nacionais), a competência para o processamento e o julgamento das ações possessórias, como regra geral, será definida pelo objeto para o qual o autor reclama proteção: se bem móvel ou imóvel.

Versando sobre coisas móveis, a ação possessória deverá observar o regramento contido no artigo 46 do CPC/15, salvo se houver cláusula válida de eleição de foro em contrato regulando a questão de modo distinto. Tais regras são de competência relativa e, por isso, submetem-se às respectivas características.

Na hipótese de se tratar de possessória imobiliária, a demanda deverá ser proposta no foro da situação do imóvel (*foro rei sitae*), como determina o artigo 47, § 2º, do CPC/15, aplicando-se a prevenção quando o imóvel se achar situado em mais de um Estado, comarca, seção ou subseção judiciária, na forma posta no artigo 60 do mesmo diploma legal. Tal competência é absoluta, diversamente do que ocorre nas possessórias mobiliárias.

O artigo 292 do CPC/15 não especifica qual o valor a ser atribuído às ações possessórias, mas aponta, no inciso IV, que o valor da causa na ação reivindicatória será "o valor de avaliação da área ou do bem objeto do pedido". Tendo em vista que a ação reivindicatória apresenta fundamento distinto do da possessória, a jurisprudên-

---

[183] CINTRA, Antonio Carlos de Araújo; GRINOVER, Ada Pellegrini; DINAMARCO, Cândido Rangel. *Teoria geral do processo*. 26. ed. São Paulo: Malheiros, 2010, p. 252.

cia recente do Tribunal de Justiça do Estado do Rio Grande do Sul tem entendido que "Não é o valor do imóvel o parâmetro norteador do valor da causa em ações em que se discute exclusivamente a posse (...)"[184] e que, por isso, "O valor da causa possessória é imensurável, podendo ser fixado até mesmo o de alçada. (...)".[185] Em sentido um pouco diverso, o Enunciado nº 178 do Fórum Permanente de Processualistas Civis aponta que: "O valor da causa nas ações fundadas em posse, tais como as ações possessórias, os embargos de terceiro e a oposição, deve considerar a expressão econômica da posse, que não obrigatoriamente coincide com o valor da propriedade".

Quanto à legitimidade ativa às ações possessórias, evidentemente que o possuidor é o legitimado para a sua propositura. Isso se infere do *caput* do artigo 1.210 do Código Civil.[186]

De outra parte, fundamental a ressalva de que o detentor não tem legitimidade ao manejo de ação possessória, pois seria um desvio das realidades da vida dar a proteção possessória ao que exerce um poder em nome de outra pessoa.[187] Porém, pode o detentor (art. 1.198 do Código Civil), no interesse do possuidor, exercer a autodefesa do bem sob seu poder.[188]

Relativamente à posse desdobrada em direita e indireta,[189] tanto o possuidor indireto,[190] quanto o direto,[191] têm legitimidade para a propositura de demanda possessória em face de terceiro e entre si.[192]

A posse sobre os bens públicos de uso comum, como estradas e pontes, tanto pode ser defendida em Juízo pelo poder Público[193] como pelos particulares que habitualmente se valem de ditos bens. A legitimidade, na espécie, é tanto para agir isoladamente, como em litisconsórcio.[194] Também, vale a lembrança de que, em ação possessória entre

---

[184] TJRS – Apelação Cível nº 70078266723.
[185] TJRS – Agravo de Instrumento nº 70079113130.
[186] Art. 1.210. O possuidor tem direito a ser mantido na posse em caso de turbação, restituido no de esbulho, e segurado de violência iminente, se tiver justo receio de ser molestado.
[187] FULGÊNCIO, Tito. *Da posse e das ações possessórias*. 12. ed. Rio de Janeiro: Forense, 2015, p. 13.
[188] Enunciado nº 493, V Jornada de Direito Civil.
[189] Para uma distinção entre posse direta e indireta, ver artigo 1.197 do CCB/02.
[190] TJRS – Apelação Cível nº 70041904236.
[191] TJRS – Apelação Cível nº 70035558071.
[192] Art. 1.197 do CCB/02.
[193] "O ente público tem posse jurídica dos bens públicos que lhe assegura proteção possessória. O particular somente pode exercer posse exclusiva de bem público mediante autorização, concessão ou permissão obtida por vias regulares e a ocupação irregular caracteriza esbulho do bem comum e autoriza reintegração. (...)" (TJRS – Apelação Cível nº 70080411705).
[194] THEODORO JUNIOR, Humberto. *Curso de Direito Processual Civil*. Vol. II, 52. ed. Rio de Janeiro: Forense, 2018, p. 132.

particulares, é cabível o oferecimento de oposição pelo ente público, alegando-se incidentalmente o domínio de bem imóvel como meio de demonstração da posse.[195]

Outrossim, o particular, como regra, não pode propor ação possessória em face da Fazenda Pública, na medida em que a Súmula nº 619 do STJ dispõe que: "A ocupação indevida de bem público configura mera detenção, de natureza precária, insuscetível de retenção ou indenização por acessões e benfeitorias". Contudo, é possível o manejo de interditos possessórios entre particulares sobre bem público dominical.[196]

No que tange à legitimidade passiva, podem ser réus da ação o autor da ameaça, da turbação ou do esbulho, assim como o terceiro que recebeu a coisa esbulhada, sabendo que o era.[197]

A participação do(a) cônjuge ou companheiro(a) do autor ou do réu somente é indispensável nos casos de compos se ou de ato por ambos praticados.[198]

Citado o réu na possessória, poderá ele oferecer resposta, que consistirá em contestação onde poderá simplesmente resistir ao pedido do autor ou requerer, como visto anteriormente, proteção possessória em face do dele, processando-se a causa, a partir daí, pelo procedimento comum (art. 566 do CPC/15).

Porém, se o réu provar, em qualquer tempo, que o autor provisoriamente mantido ou reintegrado na posse carece de idoneidade financeira para, no caso de sucumbência, responder por perdas e danos, o juiz designar-lhe-á o prazo de 5 (cinco) dias para requerer caução, real ou fidejussória, sob pena de ser depositada a coisa litigiosa, ressalvada a impossibilidade da parte economicamente hipossuficiente.[199] De igual sorte, a prestação da aludida caução prevista poderá ser determinada pelo juiz, caso o réu obtenha a proteção possessória, nos termos no artigo 556 do CPC/15.[200]

4.6.3. Ação de interdito proibitório

Enquanto as ações de manutenção e reintegração têm escopo à obtenção de provimento jurisdicional que ponha fim, respectivamente,

---

[195] STJ – EREsp 1.134.446-MT.
[196] STJ – REsp 1.296.964-DF.
[197] TJRS – Apelação Cível nº 70065944530.
[198] Art. 73, § 1º, do CPC/2015.
[199] Artigo 559 do CPC/15.
[200] Enunciado nº 180 do Fórum Permanente de Processualistas Civis.

à turbação ou ao esbulho, o interdito proibitório caracteriza-se pela sua natureza preventiva,[201] buscando a imposição, ao réu, de um veto (preceito de não turbar ou não esbulhar) e uma cominação de pena pecuniária, caso ele transgrida a ordem judicial (artigo 567 do CPC/15).[202]

A concessão do mandado proibitório deriva necessariamente do reconhecimento, pelo juiz, da pertinência do justo receio demonstrado pelo autor em ver sua posse na iminência de ser molestada pelo réu.[203] Para que esse temor seja capaz de provocar a proteção da posse, deve estar embasado em dados objetivos. Sob esse enfoque, não basta o receio infundado ou estritamente subjetivo, ainda que existente. O que importa é a seriedade da ameaça, sua credibilidade, sua opinião para infundir num espírito normal o estado de receio.[204]

Ademais disso, no interdito proibitório não poderá haver fato consumado, pois a hipótese passaria a ser de esbulho e, consequentemente, demandaria o manejo de ação de reintegração de posse.[205]

O réu, por sua vez, poderá alegar em contestação que o autor não tem posse (ainda que seja proprietário da coisa); que não há ameaça; que o receio do possuidor não tem qualquer fundamento sério; ou, ainda, prescrição, para o caso de propositura da possessória após dez anos da ameaça, com base no art. 205 do Código Civil.[206]

O mandado proibitório deferido, tanto em sede liminar quanto em sentença, tem natureza mandamental, uma vez que o magistrado determinará ao réu que se abstenha de concretizar a agressão, sob pena de incidência de multa pecuniária (técnica indutiva por coerção). Tal multa deve ser fixada em valor capaz de estimular o demandado a não levar a cabo a ameaça.

Caso a turbação ou o esbulho venham a se concretizar, além da incidência da referida multa, converter-se-á o mandado interdital em ordem de reintegração ou manutenção (resultado da combinação dos preceitos contidos nos artigos 554 e 568 do CPC/15).

---

[201] "(...) O interdito proibitório, que é ação tipicamente possessória, tem caráter preventivo, na medida em que visa a impedir que se concretize uma ameaça à posse. (TJRS – Apelação Cível nº 70079627725).

[202] MARCATO, Antonio Carlos. *Procedimentos Especiais*. 16. ed. São Paulo: Saraiva, 2016, p. 163.

[203] Idem.

[204] FABRICIO, Adroaldo Furtado. *Comentários ao Código de Processo Civil*. Vol. Vll, Tomo III, Rio de Janeiro : Forense, 1980, pp. 572/5733.

[205] CAMPOS, Antonio Macedo de. *Procedimentos Especiais*. São Paulo: Sugestões Literárias, 1980, p. 59.

[206] GAZALLE, Gustavo Kratz. *Posse e Ações possessórias*. São Paulo: Saraiva, 2009, p 69.

Com o trânsito em julgado da sentença de procedência do interdito proibitório, para decretar a proibição ao réu de consumar atos de esbulho ou de turbação, como também para cominar pena pecuniária, posteriores atos de agressão à posse não podem dar ensejo à expedição de mandado de reintegração ou de manutenção de posse. Nessa hipótese, tem o possuidor que ajuizar nova ação possessória – de caráter repressivo – pois não pode aproveitar para este fim a sentença proferida no interdito proibitório.[207]

---

[207] CIMARDI, Claudia Aparecida. *Proteção processual da posse*. 2. ed. São Paulo: Revista dos Tribunais, 2008, p. 163.

5. Da ação de divisão e da demarcação de terras particulares

Hilbert Obara

5.1. NOÇÕES GERAIS

As ações em comento são de procedimento especial e têm previsão legal desde o art. 569 até o art. 598 do Código de Processo Civil. O Código prevê atos procedimentais específicos e a aplicação subsidiária das regras do procedimento comum do processo de conhecimento. A especificidade procedimental decorre da adaptação do instrumento para melhor atender ao direito material a ser tutelado na hipótese de procedência do pedido da ação.

As ações de divisão e demarcação de terras particulares estão previstas no mesmo capítulo (capítulo IV do título III do Código de Processo Civil), porém são diferentes. São ações que prescindem da identidade de partes e não podem ter a mesma causa de pedir e pedido, como referido. Em consequência, a previsão legal é de procedimentos distintos com abertura para a possibilidade de cumulação.[208] Entretanto, a cumulação referida pelo Código trata, na realidade, de sucessão procedimental dentro dos mesmos autos, pois primeiro há a demarcação e só depois a divisão.[209] Dificultosa, para não dizer inviável, seria a divisão sem o conhecimento dos limites daquilo que se deve dividir.

A ação é direito autônomo e abstrato. Conquanto, para fins didáticos, é possível utilizar a teoria eclética de Liebman para dizer que

---

[208] O Código de Processo Civil, em seu art. 570, registra: "É lícita a cumulação dessas ações, caso em que deverá processar-se primeiramente a demarcação total ou parcial da coisa comum, citando-se os confinantes e os condôminos".

[209] THEODORO JR., Humberto: "Na verdade, não há uma perfeita cumulação de ações, no sentido tradicional, mas uma sucessão de ações, dentro de um só processo, já que primeiro se procede à demarcação com os confinantes, e, uma vez completada esta, passa-se à divisão da área demarcada entre os comunheiros. Não há identidade de objeto, nem de partes, mas duas ações sucessivas (NCPC, art. 572, *caput* e § 1º; CPC anterior, arts. 948 e 949)". In: *Breves Comentários ao Novo Código de Processo Civil*. Coordenadores: WAMBIER, Teresa Arruda Alvim; DIDIER JR., Fredie; TALAMINI, Eduardo e DANTAS, Bruno. São Paulo: Revista dos Tribunais. 2015, p. 1409.

a ação de demarcação tem como condição[210] a existência de dois ou mais imóveis lindeiros sem confrontação precisa, ou seja, a real possibilidade de confusão de limites, ou risco de confusão dos limites dos prédios confinantes.[211] A ação de divisão, por sua vez, só terá interesse jurídico quando presente bem imóvel comum indiviso. Em ambas as situações, com a inviabilidade de demarcação ou divisão consensual.

Os objetos das ações são relacionados a bens imóveis urbanos ou rurais. Nada obstante, enquanto a demarcação é inerente ao direito de vizinhança, a divisão é pertinente ao direito de propriedade.[212] Em outras palavras, na demarcação, o objetivo é o esclarecimento dos limites do imóvel, pressupondo propriedades distintas, porém contíguas, entre os litigantes a serem demarcados. A relação processual tem no polo ativo o proprietário do imóvel a ser demarcado e, no polo passivo, os confinantes. De outra banda, na divisão, o objetivo é fracionar o imóvel, pressupondo a copropriedade. A relação processual tem no polo ativo o proprietário, primeiro interessado na partilha, e no polo passivo os demais condôminos. Mais especificadamente, o pedido da ação de demarcação é de fixação de novos limites entre os imóveis confinantes ou aviventar os limites apagados, desfazendo ou evitando confusão sobre a propriedade dos imóveis[213] e o pedido da ação de divisão é de extinguir a copropriedade do imóvel, partilhando e delineando o quinhão de cada comunheiro. Há, destarte, na ação de demarcação conteúdo preponderantemente declaratório e na ação de divisão a preponderância é constitutiva.[214]

---

[210] WAMBIER, Luiz: "O aspecto primordial para que se configure o interesse jurídico para essa ação é a existência de dois ou mais imóveis confrontantes e a inexistência de limites certos entre eles". In: *Curso Avançado de Processo Civil. Processo Cautelar e Procedimentos Especiais.* 14. ed. São Paulo: Revista dos Tribunais, 2015, p. 350.

[211] NERY JUNIOR, Nelson e NERY, Rosa Maria de Andrade: "São requisitos para o exercício da ação demarcatória: a) terem as partes, autor e réu, direito real sobre a coisa demarcanda, prédio rural ou urbano; b) haver contiguidade de prédios; c) haver confusão entre os limites, ou risco de haver confusão entre os limites dos prédios confinantes". In: *Código de Processo Civil Comentado e Legislação Extravagante.* 13. ed. rev. ampl. e atual., São Paulo: Revista dos Tribunais, 2013, p. 1414.

[212] THEODORO JR., Humberto: "Tanto o direito de dividir o imóvel comum como o direito de demarcá-lo têm sede no direito civil, sendo o primeiro inerente á propriedade e o segundo, uma das manifestações dos chamados direitos de vizinhança". In: *Breves Comentários ao Novo Código de Processo Civil.* Coordenadores: WAMBIER, Teresa Arruda Alvim; DIDIER JR., Fredie; TALAMINI, Eduardo e DANTAS, Bruno. São Paulo: Revista dos Tribunais, 2015, p. 1407.

[213] Consta no art. 569 do Código de Processo Civil: "Cabe: I – ao proprietário a ação de demarcação, para obrigar o seu confinante a estremar os respectivos prédios, fixando-se novos limites entre eles ou aviventando-se os já apagados;".

[214] MEDINA, José Miguel Garcia: "De todo modo, parece-nos inegável que a decisão que acolhe o pedido de demarcação, embora como regra apresente-se como declaratória, poderá ser constitutiva (cf. comentário ao art. 581 do CPC/2015). A ação de divisão de condomínio é, a nosso ver, constitutiva (cf. comentário ao art. 596 do CPC/2015)". In: *Novo Código de Processo Civil Comentado.* 3. ed. São Paulo: Revista dos Tribunais, 2015, p. 571.

5.2. PARTICULARIDADES

O Código de Processo Civil inova[215] ao permitir expressamente a escritura pública da demarcação e da divisão, desde que haja maioridade e capacidade dos interessados.[216] Na hipótese de acordo de demarcação ou divisão consensual, expresso em documento particular, é cabível a homologação judicial para o devido registro imobiliário.[217]

Ambas as ações, em que pese diferentes, possuem o caráter dúplice. Significa que qualquer um dos lindeiros tem legitimidade para propor a ação de demarcação, tendo os outros que constituir o polo adverso, e qualquer um dos condôminos pode ser autor ou réu na ação que visa à divisão. Porém, todos devem integrar a relação processual.[218]

A questão de verificação da divisibilidade do imóvel é inerente, exclusivamente, à ação de divisão. Se o imóvel for indivisível, só restará a possibilidade de adjudicação por um dos condôminos, mediante pagamento do valor econômico correspondente ao quinhão de cada um dos outros coproprietários ou a venda do bem,[219] com a

---

[215] BUENO, Cássio Scarpinella: "O art. 571 introduz importante novidade, sugerida desde o Anteprojeto, ao admitir a possibilidade de a demarcação e a divisão serem feitas extrajudicialmente por escritura pública nas condições que especifica". In: *Novo Código de Processo Civil Anotado*. Saraiva: 2015, p. 382.

[216] Art. 571 do Código de Processo Civil: "A demarcação e a divisão poderão ser realizadas por escritura pública, desde que maiores, capazes e concordes todos os interessados, observando-se, no que couber, os dispositivos deste Capítulo".

[217] THEODORO JR., Humberto: "Se o caso se resolver por meio de acordo por documento particular, o que se torna viável em face dos arts. 842 e 2015 do CC/2002, bem como do art. 57 da Lei 9.099/1995, o negócio jurídico deverá submeter-se à homologação judcial para que possa ser levado ao Reistro de Imóveis (Lei 6.015/1973, art. 157, I, 23)". In: *Breves Comentários ao Novo Código de Processo Civil*. Coordenadores: WAMBIER, Teresa Arruda Alvim; DIDIER JR., Fredie; TALAMINI, Eduardo e DANTAS, Bruno. São Paulo: Revista dos Tribunais: 2015, p. 1410. No mesmo sentido: THEODORO JR., Humberto. *Curso de Direito Processual Civil*. Vol. II, 50. ed., Rio de Janeiro: Forense: 2016, p. 179.

[218] MARINONI, Luiz; ARENHART, Sergio; MITIDIERO, Daniel: "Tanto a ação de demarcação como a ação de divisão são ações dúplices – qualquer um dos confinantes pode pedir a demarcação, qualquer um dos condôminos pode postular a dissolução do condomínio. Qualquer um deles pode figurar indistintamente como demandante e demandado. O direito à tutela do direito é comum a todos os confinantes e a todos os condôminos". In: *Novo Código de Processo Civil Comentado*. São Paulo: Revista dos Tribunais 2015, p. 615.

[219] NERY JUNIOR, Nelson e NERY, Rosa Maria de Andrade: "Pressupõe-se, nesse caso, que o imóvel seja divisível, Se o imóvel objeto da compropriedade é indivisível, os consortes podem adjudicá-lo a um só, indenizando os outros, ou, se não for essa a vontade deles, vendê-lo, repartindo-se o preço, tudo em conformidade e na esteira do que esta prescrito nos CC 1322 e 504 (CC/1916 632 e 1139)". In: *Código de Processo Civil Comentado e Legislação Extravagante*. São Paulo: Revista dos Tribunais, 2013, p. 1414. WAMBIER, Luiz, no mesmo sentido: "O requisito essencial da ação de divisão é que o imóvel seja divisível. Se for indivisível por determinação legal (como, por exemplo, dispõe o art. 65 da Lei 4.504/1964 – Estatuto da Terra, que proíbe a divisão de imóvel em áreas de dimensão inferior ao módulo rural) ou a divisão torná-lo impróprio ao seu destino, a solução será a adjudicação do imóvel a um só condômino, ou a venda, repartindo-se o preço

divisão dos haveres apurados. Ou seja, a impossibilidade de divisão geodésica, objeto da ação de divisão, permitirá a divisão econômica. De qualquer forma, a divisão econômica será realizada seguindo procedimento diverso.[220]

Na sistemática do Código anterior havia discussão sobre a possibilidade de dispensa das perícias previstas para os procedimentos referidos. Em face da inovação legislativa decorrente da Lei 10.267/2001, que tornou obrigatório o georreferenciamento para o registro de desmembramentos, parcelamento, remembramentos e transferências de imóveis rurais, surgiu entendimento de que não haveria necessidade de perícia quando houvesse sido realizado o georreferenciamento.[221] Hoje o Código atual permite expressamente a dispensa da prova pericial para a demarcação de limites quando tiver sido realizado o georreferenciamento e respectiva averbação.[222] Em sendo assim, caberá ao juiz averiguar a necessidade de perícia judicial no caso concreto, mas, se for constatada a necessidade, será imprescindível a nomeação de um ou mais peritos para levantar o traçado da linha demarcanda.[223] Houve alteração da regra do Código anterior que exigia a nomeação de dois arbitradores e um agrimensor. A alteração deu maior abertura para que o juiz, analisando as peculiaridades do caso concreto, faça a nomeação mais adequada.

No Código de 1973, havia a previsão expressa de cumulação do pedido demarcatório com o reintegratório, para a hipótese de configuração do esbulho. O Código atual silencia a respeito, o que, todavia, não implica óbice para a cumulação. O mais célere e efetivo, sem qual-

---

(art. 1322 do CC)". In: *Curso Avançado de Processo Civil*. Vol. 3, Processo Cautelar e Procedimentos Especiais. São Paulo: Revista dos Tribunais, 2015, p. 354/355.

[220] Art. 730 do Código de Processo Civil: "Nos casos expressos em lei, não havendo acordo entre os interessados sobre o modo como se deve realizar a alienação do bem, o juiz, de ofício ou a requerimento dos interessados ou do depositário, mandará aliená-lo em leilão, observando-se o disposto na Seção I deste Capítulo e, no que couber, o disposto nos arts. 879 a 903".

[221] THEODORO JR., Humberto: "De qualquer maneira, havendo georreferenciamento averbado no registro imobiliário, a sentença da primeira fase do procedimento quase sempre encontrará naquele registro elementos suficientes para definir a linha demarcanda. Mesmo assim, restará relevante o trabalho técnico para a segunda fase (dita executiva), destinada á materialização da linha divisória no solo, mediante documentação e homologação judiciais, atos que não prescindem do concurso da ciência da agrimensura para se consumar". In: *Breves Comentários ao Novo Código de Processo Civil*. Coordenadores: WAMBIER, Teresa Arruda Alvim; DIDIER JR., Fredie; TALAMINI, Eduardo e DANTAS, Bruno. São Paulo: Revista dos Tribunais, 2015, p. 1412.

[222] Art. 573 do Código de Processo Civil: "Tratando-se de imóvel georreferenciado, com averbação no registro de imóveis, pode o juiz dispensar a realização de prova pericial".

[223] O Código de Processo Civil, em seu art. 579, ressalta: "Antes de proferir a sentença, o juiz nomeará um ou mais peritos para levantar o traçado da linha demarcanda". E no art. 580: "Concluídos os estudos, os peritos apresentarão minucioso laudo sobre o traçado da linha demarcanda, considerando os títulos, os marcos, os rumos, a fama da vizinhança, as informações de antigos moradores do lugar e outros elementos que coligirem".

quer prejuízo procedimental, continua sendo a opção pela cumulação, inclusive com pedido indenizatório, quando for o caso.[224]

5.3. PROCEDIMENTO DA AÇÃO DE DEMARCAÇÃO

O proprietário que desejar a demarcação é legítimo ativo. Na hipótese de haver coproprietários no imóvel, é desejável que haja a integralização de todos no polo ativo. Contudo, é lícito a qualquer deles, individualmente, propor a ação de demarcação, caso em que deverá ocorrer a citação dos demais condôminos, sob pena de nulidade, para, querendo, integrarem o polo ativo.[225]

A petição inicial, sob pena de inépcia, deve conter os requisitos gerais do art. 319 do Código de Processo civil e mais:

a) a prova documental da propriedade;
b) a identificação do imóvel que se pretende demarcar;
c) os limites a serem constituídos, aviventados ou renovados;
d) a nomeação de todos os confinantes.[226]

Estando em ordem a petição inicial, o juiz determinará a citação dos réus, com previsão expressa[227] de que seja feita pelo correio. O Código de Processo Civil atual modificou regra anterior que determinava a citação por edital dos réus que residissem fora da comarca, afastando a discussão a respeito da constitucionalidade da norma.[228] A citação por edital é necessária apenas para os eventuais interessados incertos ou desconhecidos.[229]

---

[224] THEODORO JR., Humberto: "O CPC de 1973 previa a possibilidade de se formular cumulativamente a queixa de esbulho, de maneira a impor ao confinante não só a restituição de área invadida, em relação à divisa do imóvel do autor, como também dos rendimentos e reparações cabíveis (art. 951). O novo Código silenciou-se sobre a matéria, o que não equivale ao veto da cumulação em causa. Continua ela possível dentro das regras comuns de cumulação de ações, já que a demarcatória segue o procedimento comum em seu primeiro estágio. " In: *Curso de Direito Processual Civil*. Vol. II, 50. ed. Rio de Janeiro: Forense, 2016, p. 184.

[225] O Código de Processo Civil, em seu art. 575, giza: "Qualquer condômino é parte legítima para promover a demarcação do imóvel comum, requerendo a intimação dos demais para, querendo, intervir no processo".

[226] O Código de Processo Civil, em seu art. 574, traça: "Na petição inicial, instruída com os títulos da propriedade, designar-se-á o imóvel pela situação e pela denominação, descrever-se-ão os limites por constituir, aviventar ou renovar e nomear-se-ão todos os confinantes da linha demarcanda".

[227] O Código de Processo Civil, em seu art. 576, determina: "A citação dos réus será feita por correio, observado o disposto no art. 247".

[228] WAMBIER, Luiz, a propósito, leciona: "Ofenderia o contraditório e a ampla defesa (art. 5º, LV, da CF) admitir citação por edital de réus com identidade e paradeiros conhecidos e que estejam em local acessível". In: *Curso Avançado de Processo Civil*. Vol. 3, Processo Cautelar e Procedimentos Especiais. 14. ed. São Paulo: Revista dos Tribunais, 2015, p. 352/353.

[229] Logo após o *caput* do art. 576, há no Código de Processo Civil, parágrafo único dispondo: "Será publicado edital, nos termos do inciso III do art. 259".

O prazo para contestar deixou de ser de vinte dias e passou a ser o mesmo do procedimento comum, qual seja, de quinze dias. No entanto, continua sendo prazo comum, o que significa que se for caso de litisconsortes com procuradores, de escritórios de advocacia distintos, o prazo não será contado em dobro, fugindo da regra do art. 229 do Código de Processo Civil.[230]

Na dilação probatória, o juiz verificará a necessidade de perícia. Designada a perícia e nomeados os peritos, será realizada a perícia e apresentado o laudo respectivo. Após a apresentação do laudo, oportunizada a manifestação das partes, o juiz proferirá sentença. A sentença procedente determinará o traçado da linha demarcanda.[231]

Na fase executiva, após o trânsito em julgado, será perfectibilizada a demarcação e colocação de marcos pelo perito judicial.[232] Após, os peritos elaborarão relatório do trabalho do qual as partes poderão se manifestar no prazo comum de quinze dias.[233]

A manifestação das partes objetiva o apontamento de erro no trabalho, com requerimento de correção e retificação correspondente. Sempre observando o contraditório, em seguida à(s) manifestação(ões) da(s) parte(s), o juiz pode acolher ou não algum apontamento. Se acolher, determinará a consequente correção e retificação. Em seguida, será lavrado o auto de demarcação, com a assinatura do juiz e dos peritos, sobrevindo sentença homologatória da demarcação.[234]

5.4. PROCEDIMENTO DA AÇÃO DE DIVISÃO

Qualquer um dos condôminos tem legitimidade ativa para promover a ação, pois lhe assiste o interesse em ter o reconhecimento da exclusividade do seu imóvel. No polo passivo, deverá necessariamente constar todos os demais coproprietários. Ou seja, se algum dos condôminos não integrar a relação jurídica processual, haverá nulidade do processo.[235]

---

[230] No art. 577 do Código de Processo Civil consta: "Feitas as citações, terão os réus o prazo comum de 15 (quinze) dias para contestar".

[231] O Código de Processo, em seu art.. 581, salienta: "A sentença que julgar procedente o pedido determinará o traçado da linha demarcanda".

[232] No art. 582 do Código de Processo Civil está posto: "Transitada em julgado a sentença, o perito efetuará a demarcação e colocará os marcos necessários".

[233] No art. 586 do Código de Processo Civil consta que: "Juntado aos autos o relatório dos peritos, o juiz determinará que as partes se manifestem sobre ele no prazo comum de 15 (quinze) dias".

[234] Está realçado no art. 587 do Código de Processo Civil: "Assinado o auto pelo juiz e pelos peritos, será proferida a sentença homologatória da demarcação".

[235] WAMBIER, Luiz, aduz: "A falta de qualquer condômino ocasiona a nulidade de todo o processo, porque, faltando algum, a divisão certamente estará favorecendo os que integrarem a re-

A petição inicial deve atender aos requisitos gerais do art. 319 do Código de Processo Civil e mais os específicos do art. 588 do mesmo Código. Há de constar na causa de pedir a origem e as características peculiares do imóvel. Além da indicação de todos os condôminos pelos motivos supramencionados, ainda é imprescindível a especificação dos que estão estabelecidos no imóvel com benfeitorias e culturas de cada um e das benfeitorias comuns. Tudo isso sem prejuízo da prova documental específica consistente no título de domínio da parte autora.[236]

São semelhantes ao procedimento da demarcação as questões relativas às citações, prazos de contestação, realização de perícia e procedimento bifásico.[237] Contudo, para o trabalho de campo, todos os condôminos serão intimados a apresentar, no prazo de dez dias, os seus pedidos de quinhões, embasados nos seus títulos.[238] Sobre tais pedidos, as outras partes podem oferecer impugnação no prazo de quinze dias.[239] Se houver impugnações, o juiz deverá decidir a respeito antes da determinação de perícia. Posteriormente, será realizada a perícia com proposição de divisão, através de laudo fundamentado.[240]

As partes poderão manifestar-se sobre o laudo, no prazo de quinze dias. Em seguida, o juiz decidirá sobre a partilha.[241] Após, a execução da demarcação dos quinhões seguirá, em linhas gerais, o procedimento anterior,[242] com apresentação de planta e organização de memorial descritivo.[243]

---

lação jurídica processual. A divisão implica a consideração de todos os quinhões – e, portanto, exige a presença do titular de cada quinhão". In: *Curso Avançado de Processo Civil*. Vol. 3, Processo Cautelar e Procedimentos Especiais, 14. ed. São Paulo: Revista dos Tribunais, 2015, p. 355.

[236] Consta do art. 588 do Código de Processo Civil: "A petição inicial será instruída com os títulos de domínio do promovente e conterá: I – a indicação da origem da comunhão e a denominação, a situação, os limites e ascaracterísticas do imóvel; II – o nome, o estado civil, a profissão e a residência de todos os condôminos, especificando-se os estabelecidos no imóvel com benfeitorias e culturas; III – as benfeitorias comuns".

[237] O art. 589 do Código de Processo Civil determina o rito da ação de demarcação: "Feitas as citações como preceitua o art. 576, prosseguir-se-á na forma dos arts. 577 e 578".

[238] Consta no art. 591 do Código de Processo Civil: "Todos os condôminos serão intimados a apresentar, dentro de 10 (dez) dias, os seus títulos, se ainda não o tiverem feito, e a formular os seus pedidos sobre a constituição dos quinhões".

[239] A determinação de oitiva, após a apresentação dos pedidos de quinhões, está posta no art. 592 do Código de Processo Civil: "O juiz ouvirá as partes no prazo comum de 15 (quinze) dias".

[240] Sublinha o art. 595 do Código de Processo Civil: "Os peritos proporão, em laudo fundamentado, a forma da divisão, devendo consultar, quanto possível, a comodidade das partes, respeitar, para adjudicação a cada condômino, a preferência dos terrenos contíguos às suas residências e benfeitorias e evitar o retalhamento dos quinhões em glebas separadas".

[241] Figura no art. 596 do Código de Processo Civil: "Ouvidas as partes, no prazo comum de 15 (quinze) dias, sobre o cálculo e o plano da divisão, o juiz deliberará a partilha".

[242] No parágrafo único do art. 596 do Código de Processo Civil: "Em cumprimento dessa decisão, o perito procederá à demarcação dos quinhões, observando, além do disposto nos arts. 584 e 585, as seguintes regras: I – as benfeitorias comuns que não comportarem divisão cômoda serão adju-

Como no procedimento anteriormente descrito, as partes serão intimadas do trabalho pericial para a indicação de erros e incorreções, com a análise judicial, respeitando o contraditório e providências corretivas quando for o caso. Em seguida será lavrado, pelo escrivão, o auto de divisão, acompanhado de uma folha de pagamento (título a ser levado para registro) para cada condômino. O juiz e os peritos assinam o auto. Em seguida o juiz profere a sentença homologatória da divisão.[244]

No procedimento da ação de divisão há duas outras especificidades dignas de nota. O procedimento poderá ser abreviado se não houver impugnação aos pedidos de constituição de quinhões. Caso em que o juiz realizará a divisão geodésica do imóvel.[245] E é lícito a qualquer dos confinantes do imóvel dividendo demandar a restituição dos terrenos que lhes tenham sido usurpados.[246]

---

dicadas a um dos condôminos mediante compensação; II – instituir-se-ão as servidões que forem indispensáveis em favor de uns quinhões sobre os outros, incluindo o respectivo valor no orçamento para que, não se tratando de servidões naturais, seja compensado o condômino aquinhoado com o prédio serviente; III – as benfeitorias particulares dos condôminos que excederem à área a que têm direito serão adjudicadas ao quinhoeiro vizinho mediante reposição; IV – se outra coisa não acordarem as partes, as compensações e as reposições serão feitas em dinheiro".

[243] No art. 597 do Código de Processo Civil está disposto: "Terminados os trabalhos e desenhados na planta os quinhões e as servidões aparentes, o perito organizará o memorial descritivo".

[244] Nos parágrafos do art. 597 do Código de Processo civil é assinalado: § 1º Cumprido o disposto no art. 586, o escrivão, em seguida, lavrará o auto de divisão, acompanhado de uma folha de pagamento para cada condômino. § 2º Assinado o auto pelo juiz e pelo perito, será proferida sentença homologatória da divisão.

[245] No § 1º do art. 529 do Código de Processo Civil está mencionado: "Não havendo impugnação, o juiz determinará a divisão geodésica do imóvel".

[246] O art. 594 do Código de Processo Civil consigna: "Os confinantes do imóvel dividendo podem demandar a restituição dos terrenos que lhes tenham sido usurpados".

6. Ação de dissolução parcial da sociedade personificada no processo civil contemporâneo

Alexandra Mattos
Valternei Melo

6.1. NOÇÕES GERAIS

A ação de dissolução de sociedade é um tema de suma importância no âmbito do ordenamento jurídico brasileiro, notadamente porque guarda relação direta com as práticas societárias existentes no país, gerando reflexos diretos no funcionamento da economia.

A despeito de tal importância, cumpre ressaltar que o Código de Processo Civil de 1973 não tratou de tal espécie de ação, remetendo a sua disciplina para o Código de Processo Civil de 1939. Isso porque a redação do artigo 1.218, VII, do Código de Processo Civil de 1973 justamente aludia, ao regulamentar a dissolução e liquidação das sociedades, aos artigos 655 a 674 do Título XXXVIII do Código de Processo Civil de 1939. Nesse contexto, não é difícil constatar que o tema em debate estava claramente desatualizado, clamando por uma renovação legal. O novo Código de Processo Civil visou a atender, portanto, a necessidade de uma regulamentação da dissolução societária mais consentânea com as características atuais do ordenamento jurídico brasileiro.[247]

A regulação da matéria na novel e atual legislação processualista demonstra o objetivo de o legislador conjugar normas de direito material e direito processual, para fins de padronizar um tema com-

---

[247] Vale esclarecer que o procedimento especial analisado no presente trabalho vale tão somente para a dissolução parcial da sociedade, ou seja, para resolução de um ou mais sócios, de modo que a dissolução total da sociedade ainda é regulamentada pelo Código de Processo Civil de 1939, notadamente pelo que dispõe o artigo 1.046, § 3º, do Código de Processo Civil de 2015, o qual assim dispõe: "Art. 1.046. Ao entrar em vigor este Código, suas disposições se aplicarão desde logo aos processos pendentes, ficando revogada aLei nº 5.869, de 11 de janeiro de 1973. § 3º Os processos mencionados no art. 1.218 da Lei nº 5.869, de 11 de janeiro de 1973, cujo procedimento ainda não tenha sido incorporado por lei submetem-se ao procedimento comum previsto neste Código".

plexo e pouco conhecido pelos operadores do direito, objetivando propiciar segurança jurídica às partes, e de evitar tanto a imprevisibilidade das decisões quanto a violação à proibição da decisão não surpresa, as quais estão diretamente atreladas ao princípio do contraditório, uma vez que impõe ao juiz o dever de provocar as partes para o debate ao longo do processo, inclusive quanto às questões cognoscíveis de ofício.

A ação de dissolução de sociedade tende a ser morosa dentro do Poder Judiciário brasileiro, notadamente em razão da dificuldade que os magistrados têm de enfrentar um tema que envolve, no mais das vezes, complexas discussões técnicas que perpassam vários campos do conhecimento (administração, contabilidade, economia etc.). A isso se soma o fato, de natureza circunstancial, de ainda serem raras as comarcas estaduais dotadas de vara especializada em direito empresarial, de modo que o tema acaba sendo decidido por um juiz de direito atuante nas varas cíveis ou judiciais, a depender da comarca de atuação, sem a necessária experiência e contato com o tema que permita dar o tratamento adequado às respectivas controvérsias.

A bem da verdade, este tema não recebeu, por muito tempo, a devida atenção por parte do legislador brasileiro – inclusive por força do descaso legislativo que marcou sua evolução. A recente inclusão, no âmbito do Direito Processual Civil, de uma disciplina específica para a dissolução *parcial,* tende a mudar esse cenário, na medida em que fornece material capaz de dar maior notoriedade à matéria. Talvez agora, com a novidade, sejam amenizadas as dificuldades que o tratamento judicial das desavenças societárias, que tanto prejudicam o fomento das atividades empresariais no país, sempre enfrentou. Para tanto, contudo, será necessário, antes, que sejam resolvidos os diversos problemas que o texto legal apresenta.

Não obstante, nota-se que a dissolução parcial da sociedade é um tema discutido e conhecido dentro do âmbito doutrinário e jurisprudencial há muito tempo.[248] A realidade das relações societárias encarregou-se de manter o tema vivo no foro. A questão, portanto, era a necessidade de uma atualização do tratamento da matéria, notadamente porque aquele realizado pelo Código de Processo Civil de 1939 – que, frise-se, não tratava da dissolução *parcial*, mas apenas da dissolução *total* das sociedades – necessitava ser posto de acordo com a evolução histórica e cultural da sociedade brasileira, muito diversa daquela existente na primeira metade do século XX.

---

[248] COELHO, Fábio Ulhoa. A ação de dissolução parcial de sociedade. *Revista de Informação Legislativa*. n. 190, 2011, p. 141.

Nesse sentido, vale destacar o posicionamento de Fabio Ulhoa Coelho, o qual pondera que a regulamentação das ações de dissoluções parciais societárias, anterior à redação do Código de Processo Civil de 2015, clamava por urgente e necessária modificação. Isso porque, até a promulgação da Lei Federal nº 13.105 de 2015 (Código de Processo Civil de 2015), os operadores de direito recorriam à legislação processual de 1939 como fonte subsidiária para tratar do tema, o que representava, por um lado, um problema técnico (já que as regras daquele diploma tratavam da dissolução total apenas) e, por outro, um enorme retrocesso, já que o lapso temporal da legislação processualista de 1939 até os dias atuais compreendia mais de meio século de história e evolução cultural. A introdução de uma regulamentação específica das ações de dissolução parcial de sociedades, pela lei processual contemporânea, representa, assim, um novo marco na história do direito processual civil atrelado ao direito substancial empresarial.[249]

O Código de Processo Civil de 1939, não é demais acrescentar, possuía um nítido viés individualista;[250] [251] na medida em que estava claramente alinhado com as disposições do Código Comercial de 1850.[252] Tal viés, contudo, mostrou-se, ao longo do século XX, incongruente com outros valores, princípios e objetivos que foram sendo agregados à legislação em geral e, em particular, ao direito empresarial, tais como a percepção da importância da *empresa* para o desenvolvimento das atividades econômicas – que culminou, inclusive, na ideia de que a atividade empresarial possui uma função social, e, por conta disso, deve ser preservada tanto quanto possível.[253]

O Código Civil de 2002, nesse sentido, agasalhando a evolução doutrinária e jurisprudencial, introduziu a "novidade" legislativa a respeito do tema, em seus artigos de 1.028 a 1.032, contidos na Seção V

---

[249] COELHO, Fábio Ulhoa. *Curso de Direito Comercial*: direito de empresa. 15. ed. São Paulo: Saraiva, 2013, v. 2, p. 503.

[250] Tanto isso era assim que o artigo 335, 5, do referido Código Comercial previa a possibilidade de dissolução da sociedade pela mera vontade de um dos sócios, desde que o contrato fosse por prazo determinado: "Art. 335. As sociedades reputam-se dissolvidas: 1 – Expirando o prazo ajustado da sua duração. 2 – Por quebra da sociedade, ou de qualquer dos sócios. 3 – Por mútuo consenso de todos os sócios. 4 – Pela morte de um dos sócios, salvo convenção em contrário a respeito dos que sobreviverem. 5 – Por vontade de um dos sócios, sendo a sociedade celebrada por tempo indeterminado. Em todos os casos deve continuar a sociedade, somente para se ultimarem as negociações pendentes, procedendo-se à liquidação das ultimadas".

[251] VALVERDE, Trajano de Miranda. A evolução do direito comercial brasileiro. *Revista Forense*, Rio de Janeiro, v. 92, p. 637, dez/1942.

[252] AMARAL, Guilherme Rizzo. *Comentários às alterações do novo CPC* (versão eletrônica). São Paulo: Revista dos Tribunais, 2016, sem paginação.

[253] COELHO, Fábio Ulhoa. A ação de dissolução parcial de sociedade. *Revista de Informação Legislativa*. n. 190, 2011, p. 143.

do Capítulo I do Subtítulo II do Livro II, no âmbito dos quais tratou da resolução da sociedade em relação a um sócio. A possibilidade, como anotou a doutrina, decorre da compreensão do contrato de sociedade como um contrato plurilateral, caracterizado pela convergência de objetivos de seus integrantes, da qual decorre a conclusão de que o rompimento de uma das relações não deve, por si só, ser motivo para que todas as demais relações também se desfaçam.[254] De acordo com a disciplina da legislação civil, são quatro as hipóteses que justificam a extinção parcial do vínculo societário: a morte, o exercício do direito de retirada, a exclusão judicial e a dissolução parcial.

O novo Código de Processo Civil representa, portanto, a culminância de um processo histórico que, iniciado pela construção doutrinária e jurisprudencial, resultou no tratamento dado pela legislação civil e, agora, numa específica disciplina procedimental. A lacuna, outrora suprida pela aplicação problemática das regras do Código de Processo Civil de 1939, foi agora colmatada.

6.2. ELEMENTOS DE DIREITO MATERIAL E DIREITO PROCESSUAL PARA COMPREENSÃO DO TEMA

As normas de natureza processual não possuem um fim em si mesmo. Hoje, após longa evolução doutrinária, compreende-se que se faz necessária a convergência entre direito material e direito processual. Nesse sentido, Hernando Morales Molina refere que as normas de direito processual estão a serviço das normas de direito material, pois efetivam a concretização no plano da sua existência.[255]

A importante missão do processualista contemporâneo é justamente fazer a adaptação entre o direito e o processo, fazendo a adequação entre a técnica (direito processual) e objeto (direito material).[256] Isso porque as relações entre o direito e o processo são intensas, de modo que a perfeita cognição do processo depende da perfeita identificação do direito.[257]

---

[254] GONÇALVEZ NETO, Alfredo de Assis; FRANÇA, Erasmo Valladão Azevedo e Novaes (coord.). *Tratado de direito empresarial; empresa individual de responsabilidade limitada e sociedade de pessoas*, São Paulo: Revista dos Tribunais, 2016, v. 2, p. 324.

[255] "Si las normas procesales son instrumentales, pues no tienen un fin or si mismas sino que están al servicio de la norma substancial, siendo es ala única razón del derecho procesal, tienen que estar acordes y ser armónicas con los princípios fundamentales de la norma substancial" (MORALES MOLINA, Hernando. "La pruebaen el Derecho colombiano". RUDOLFFI, Sergio Dunlop (Coord.). *Nuevas Orientaciones de la Prueba*. Santiago: Editorial Jurídica de Chile, 1981, p. 18.)

[256] BEDAQUE. José Roberto dos Santos. *Direito e Processo. Influência do direito material sobre o direito processual*. São Paulo: Malheiros, 2011, p.22.

[257] "Stabilire i rapporti tra l'uno è il problema fondamentable, che dobiamo risolvere per la conoscenza del diritto processuale; in oltre parole, risolvere le loro implicazioni. Diritto e processo è

É a partir dessa visão que se deve interpretar o tratamento dado pelo legislador ao tema no novo Código de Processo Civil, na medida em que se percebe que foram amalgamados, em alguns poucos artigos, tanto elementos de direito material quanto de direito processual.

Acerca das relações entre direito e processo, bem como da influência que o direito material exerce sobre o direito processual, a doutrina é unânime ao entender que direito e processo não podem andar separadamente, e sim devem conviver de forma harmônica, uma vez que ambos possuem uma relação de interdependência cuja aplicação adequada de direito material e de direito processual constitui um dos caminhos para se assegurarem os direitos materiais das partes através da prestação jurisdicional adequada e efetiva, atrelada ao formalismo valorativo presente no direito processual contemporâneo.[258]

Por isso o atual Código de Processo Civil estabelece diretrizes de direito material no âmbito das ações de dissolução parcial de sociedade, uma vez que o Processo Civil serve para proporcionar a garantia de um direito material através da instrumentalização adequada a cada caso específico. Trata-se, ademais, de conjugação salutar frente à necessidade de dar concretude aos princípios previstos na Constituição Federal de 1988, atinentes à atividade empresarial.[259]

6.3. PRINCIPAIS ASPECTOS DA AÇÃO DE DISSOLUÇÃO PARCIAL DE SOCIEDADE NO NOVO CÓDIGO DE PROCESSO CIVIL

A ação de dissolução[260] [261] *parcial* de sociedade, prevista nos artigos 599 a 609 do Código de Processo Civil de 2015, pode ter por objeto o desfazimento do vínculo que une um ou mais sócios entre si, ou a

---

pertanto uma vecchia formula, chi mi sembra singolarmente utile per ricercare, in profondità, i principi del processo civile" (CARNELUTTI, Francesco. *Diritto e Processo*. Nápoles: Morano Editore, 1958, p. 3).

[258] OLIVEIRA, Carlos Alberto Alvaro de. Os direitos fundamentais a efetividade e a segurança jurídica em perspectiva dinâmica. In: *Revista Magister de Direito Civil e Processual Civil*. Porto Alegre, v. 4, n. 21, p. 109-110, 2007.

[259] WAMBIER, Teresa Arruda Alvim; DIDIER JUNIOR, Fredie; TALAMINI, Eduardo; DANTAS, Bruno (coords.). *Breves comentários ao novo código de processo civil*. São Paulo: Revista dos Tribunais, 2015, p. 1.496.

[260] A crítica da doutrina a respeito do uso da expressão "dissolução" merece ser considerada: "A ação prevista neste Capítulo V é denominada 'dissolução parcial de sociedade'. A doutrina já criticava o uso dessa expressão tendo em vista que não há efetiva 'dissolução' da sociedade (v. coments. CPC 599, abaixo). Como se não bastasse, o procedimento criado para essa ação não confere com a denominação que lhe foi dada. Basta ver, pelos incisos do CPC 599, que a ação pode ter como objeto não só a resolução da sociedade em relação a um sócio, mas também pode contentar-se apenas com a apuração dos haveres. Ora, se em alguns casos basta a apuração de

apuração dos haveres do ex-sócio, sem que disso resulte, contudo, a extinção de todos os liames que existem na base da relação societária. Disso advém a consequência de que a sociedade, enquanto ente dotado de personalidade jurídica própria, persistirá na sua existência e funcionamento com os sócios remanescentes (inclusive na hipótese de restar apenas um, quando a subsistência do ente social será mantida provisoriamente, tendo em vista a previsão contida nos artigos 1.033, IV, do Código Civil e 206, I, "d", da Lei Federal nº 6.404 de 1976, pelo prazo de 180 dias ou até a data da realização da assembleia geral ordinária subsequente).

A disciplina legal, contudo, não escapou da crítica doutrinária. É que o tratamento dado à matéria e as escolhas feitas pelo legislador acabaram por gerar, em alguns casos, mais dúvidas do que soluções, notadamente diante da já mencionada conjugação de normas de caráter processual e material, bem como da sobreposição de novas regras àquelas que já existiam no Código Civil. Ainda, o tratamento conjunto da "ação de dissolução parcial de sociedade *strictu sensu* e da ação de apuração de haveres", não obstante a existência de "questões processuais sensíveis, como a legitimação ativa e passiva, que são e sempre foram ontologicamente distintas nestas duas demandas", gerou diversos problemas interpretativos e operacionais.[262]

Ainda, é relevante destacar, à luz das disposições dos artigos 14 e 1.046 do Código de Processo Civil, as dificuldades relacionadas, em termos de direito intertemporal, à aplicação das regras que disciplinam a ação de dissolução parcial de sociedade, notadamente diante da constatação, já mencionada, de que o regramento estabelecido pelo legislador mescla normas de natureza processual e material. Não obstante o desafio que tal problemática representa, pode-se dizer, com apoio na doutrina, que o novo procedimento de dissolução parcial pode ser aplicado às ações que já se encontram em andamento, uma vez que as hipóteses previstas nos parágrafos do artigo 1.046 do novel Código de Processo Civil destinam-se a situações às quais não se

---

haveres, então nesse caso não faz sentido que a ação seja denominada 'dissolução de sociedade'" (NERY JUNIOR, Nelson; NERY, Rosa Maria de Andrade. *Código de processo civil comentado* [livro eletrônico]. 3. ed. São Paulo: Revista dos Tribunais, 2018, sem página).

[261] É preciso considerar, ainda, a distinção que se faz entre a "dissolução-ato" e a "dissolução-procedimento", sendo a primeira relacionada aos fatos ou acontecimentos que dão causa ao procedimento de extinção da estrutura societária e a segunda ao procedimento propriamente dito, composto, via de regra, de três fases: dissolução propriamente dita, a liquidação e a extinção. Nesse sentido: COELHO, Fábio Ulhoa. *Curso de direito comercial*. São Paulo: Saraiva, 2007, v. 2, p. 452-453. Ainda: ESTRELLA, Hernani. *Apuração de Haveres de sócio*. 3. ed. Rio de Janeiro: Forense, 2001, p. 83.

[262] FRANÇA, Erasmo Valladão Azevedo e Novaes; ADAMEK, Marcelo Vieira von. *Da ação de dissolução parcial de sociedade: comentários breves ao CPC/2015*. São Paulo: Malheiros, 2016, p. 18.

amoldam o novo procedimento. Assim, por exemplo, deverá o juiz, caso a ação ainda não tenha sido recebida, determinar que a parte autora emende a inicial, a fim de adequá-la aos novos requisitos.[263]

6.4. HIPÓTESES DE CABIMENTO E OBJETOS DA AÇÃO DE DISSOLUÇÃO PARCIAL DE SOCIEDADE

Em linhas gerais, pode-se dizer que a ação em comento tem cabimento em três hipóteses, quais sejam: a retirada, a exclusão ou a morte do sócio. Com efeito, o artigo 599 da novel legislação processual civil estabelece, nesse sentido, as hipóteses nas quais cabe o ajuizamento da "ação de dissolução parcial" de sociedade: desfazimento do vínculo societário (inciso I) em razão da morte, exclusão ou exercício do direito de retirada,[264] ou apuração de haveres (inciso II), de modo cumulado ou de modo isolado (inciso III).[265]

É de se destacar, no ponto, que as regras ora mencionadas têm sua aplicação voltada, precipuamente – mas não exclusivamente –, às chamadas "sociedades contratuais" (tais como as sociedades limitadas, as sociedades em nome coletivo, a sociedade em comandita simples e a sociedade simples). Tal advertência mostra-se relevante porque, em relação às chamadas "sociedades institucionais" – tais como a sociedade anônima –, não há, em princípio, razão para a utilização da ação de dissolução parcial.[266] Diz-se "em princípio" porque, hoje, não

---

[263] SILVA, João Paulo Hecker da. Dissolução parcial de sociedade e novo CPC: breves questões de direito intertemporal. *in*: YARSHELL, Flávio Luiz; PESSOA, Fabio Guidi Tabosa (coord.). *Direito intertemporal*. Salvador: Juspodivm, 2016, p. 347-364.

[264] Segundo a lição da doutrina, "o termo 'retirada' é frequentemente utilizado como sinônimo de 'recesso'. Preferimos reservar este último, todavia, para os casos em que se abre, ao sócio dissidente de determinada deliberação, a faculdade de retirar-se da sociedade mediante o pagamento de seus haveres (exemplos: art. 1.077 do CC; art. 137 da Lei 6.404/1976). E o termo 'retirada' propriamente dito, para os casos em que se permite ao sócio denunciar o vínculo societário a qualquer momento, ao seu alvedrio". GONÇALVEZ NETO, Alfredo de Assis; FRANÇA, Erasmo Valladão Azevedo e Novaes (coord.). *Tratado de direito empresarial; empresa individual de responsabilidade limitada e sociedade de pessoas*. São Paulo: Revista dos Tribunais, 2016, v. 2, p. 327.

[265] Daí por que a doutrina menciona que "sob a rubrica em análise ("da ação de dissolução parcial de sociedade"), o Código disciplina basicamente duas modalidades distintas de demandas: a ação para a dissolução parcial da sociedade e a ação para apuração de haveres. Elas podem ser cumuladas em um só processo, ou podem ser deduzidas de forma autônoma". MARINONI, Luiz Guilherme; ARENHART, Sérgio Cruz; MITIDIERO, Daniel. *Novo curso de processo civil* [livro eletrônico]. 3. ed. São Paulo: Revista dos Tribunais, 2017, v. 3, sem página.

[266] A propósito, o Superior Tribunal de Justiça chegou a entender, no passado, pela incompatibilidade de tal espécie de pedido no âmbito das relações típicas de uma sociedade anônima, como se constata a partir da decisão cuja ementa restou assim redigida: "Sociedade anônima. Dissolução parcial. Precedentes da Corte. 1. É incompatível com a natureza e o regime jurídico das sociedades anônimas o pedido de dissolução parcial, feito por acionistas minoritários, porque reguladas em lei especial que não contempla tal possibilidade. 2. Recurso especial conhecido e provido. (BRASIL. Superior Tribunal de Justiça. Recurso especial n. 419.174/SP. Recorrente: Luiz Kirchner S.A.

se discute mais a possibilidade de dissolução parcial quando se está diante de sociedades dessa espécie,[267] como bem reflete a exceção contida no § 2º do mesmo dispositivo (que, frise-se, tem por âmbito de abrangência apenas a sociedade anônima de *capital fechado*).

No que diz respeito aos possíveis objetos da demanda, como já mencionado, a estrutura legal da ação de dissolução parcial de sociedade, nos termos do que está previsto no Código de Processo Civil em vigor – inserida no âmbito dos procedimentos especiais –, deixa clara a opção do legislador no sentido de que eles podem envolver não apenas a pretensão de extinção do vínculo societário ("resolução"), mas também a de apuração dos chamados "haveres do sócio", cujo vínculo foi resolvido ou por ato judicial ou extrajudicial sempre que houver discordância quanto aos valores devido ao ex-sócio.[268]

Pode-se dizer, então, que, a partir das disposições legais, o pedido na ação de dissolução parcial de sociedade pode ser "complexo" ou "simples" na medida em que pode envolver ou apenas a pretensão de dissolução do vínculo societário, ou a apuração dos haveres do sócio (situações em que o pedido é visto como "simples"), ou, ainda, ambas as pretensões (quando, então, o pedido pode ser visto como "complexo",[269] e do qual resultará a existência de duas fases distintas: uma de natureza desconstitutiva e outra condenatória, sendo essa última realizada no bojo de uma verdadeira liquidação de sentença).

Indústria de Borracha. Recorrido: Ludwig Kirchner – Espólio e outros. Rel. Ministro Carlos Alberto Menezes Direito. 15 de agosto de 2002)". Tal decisão, posteriormente, sofreu alteração, quando do julgamento dos embargos de divergência, em decisão cuja ementa restou assim redigida: "COMERCIAL. SOCIEDADE ANÔNIMA FAMILIAR. DISSOLUÇÃO PARCIAL. INEXISTÊNCIA DE *AFFECTIO SOCIETATIS*. POSSIBILIDADE. MATÉRIA PACIFICADA. I. A 2ª Seção, quando do julgamento do EREsp n. 111.294/PR (Rel. Min. Castro Filho, por maioria, DJU de 10.09.2007), adotou o entendimento de que é possível a dissolução de sociedade anônima familiar quando houver quebra da *affectio societatis*. II. Embargos conhecidos e providos, para julgar procedente a ação de dissolução parcial. (BRASIL. Superior Tribunal de Justiça. Embargos de divergência em Recurso Especial nº 419.174/SP. Recorrente: Luiz Kirchner S.A. Indústria de Borracha. Recorrido: Ludwig Kirchner – Espólio e outros. Rel. Ministro Aldir Passarinho Junior, 2ª Seção, 28.05.2008)".

[267] Nesse sentido: "Dissolução parcial de sociedade anônima. Precedente da Segunda Seção. 1. Como já decidiu a Segunda Seção desta Corte, é possível a dissolução parcial de Sociedade Anônima, com a retirada dos sócios dissidentes, após a apuração de seus haveres em função do valor real do ativo e do passivo (EREsp nº 111.294/PR, Relator o Ministro Castro Filho, julgado em 28/6/06). 2. Recurso especial conhecido e provido. (BRASIL. Superior Tribunal de Justiça. Recurso especial n. 651.722/PR. Recorrente: Cláudio Luiz Vianna. Recorrido: Blokton Empreendimentos Comerciais. Rel. Ministro Carlos Alberto Menezes Direito. 25 de setembro de 2006)".

[268] BERTOLDI, Marcelo; RIBEIRO, Marcia Carla Pereira. *Curso avançado de direito comercial* (livro eletrônico), 3. ed. São Paulo: Revista dos Tribunais, 2016, sem página.

[269] WAMBIER, Teresa Arruda Alvim; CONCEIÇÃO, Maria Lúcia Lins; RIBEIRO, Leonardo Ferres da Silva; MELLO, Rogerio Licastro Torres de. *Primeiros comentários ao novo código de processo civil* (livro eletrônico). 2. ed. São Paulo: Revista dos Tribunais, 2016, sem páginas.

Chama a atenção, no contexto dessa disciplina daquilo que pode ser objeto da demanda, a previsão de que ela pode-se destinar apenas à apuração dos haveres – o que, para alguns, seria o principal objeto desta espécie de ação.[270] Nessa específica situação, salta aos olhos a total inadequação da utilização da nomenclatura adotada no Capítulo V da lei processual, uma vez que de dissolução não se tratará. Assim, para tais situações, e tendo em vista a natureza da pretensão deduzida em juízo – eminentemente declaratório-condenatória[271] –, nada impede que a parte apresente seu pedido como sendo de uma mera ação de apuração de haveres.

Nesse ponto é relevante destacar que a escolha do legislador conduz à conclusão de que a apuração de haveres, dada a autonomia que lhe foi conferida, não pode mais ser vista como uma decorrência automática do pedido de dissolução – como uma espécie de pedido implícito –, devendo, ao contrário, ser explícito, sob pena de não poder ser tratado, na eventual decisão que conceder a dissolução, pelo julgador.[272]

Nesse contexto, tem-se, dada a relação que pode haver, em termos de precedência lógica, que em alguns casos será necessário cumular o pedido de apuração de haveres com o pedido de dissolução. É o caso, por exemplo, da exclusão judicial de sócio.[273]

Ainda a respeito das hipóteses de cabimento da ação de dissolução, é digno de nota que há, na doutrina, entendimento no sentido de que ela não pode ser utilizada, por absoluta falta de interesse de agir, quando a sociedade em questão é daquelas ditas "despersonificadas", tais como as chamadas "sociedades de fato".[274]

---

[270] MARINONI, Luiz Guilherme; ARENHART, Sérgio Cruz; MITIDIERO, Daniel. *Novo curso de processo civil* [livro eletrônico]. 3. ed. São Paulo: Revista dos Tribunais, 2017, v. 3, sem página.

[271] A propósito, Eduardo Lamy refere que "assim, enquanto a ação que busca a resolução parcial da sociedade somada à apuração de haveres é de natureza constitutiva e condenatória, a ação que busca apenas a dissolução tem natureza apenas constitutiva, e aquela que pretende apenas apurar haveres devidos terá caráter declaratório e condenatório". SILVA, Ricardo Alexandre da; LAMY, Eduardo. *Comentários ao código de processo civil: artigos 539 ao 673*. São Paulo: Revista dos Tribunais, 2016, v. 9, p. 445.

[272] FRANÇA, Erasmo Valladão Azevedo e Novaes; ADAMEK, Marcelo Vieira von. *Da ação de dissolução parcial de sociedade: comentários breves ao CPC/2015*. São Paulo: Malheiros, 2016, p. 76.

[273] Idem, p. 25-26.

[274] Assim: "Considerando-se que o Código de Processo Civil de 2015 não incluiu as sociedades de fato entre aquelas que possam ser objeto da ação de dissolução parcial (art. 599, I), e ante a circunstância de que tais sociedades, não sendo empresárias, não podem ser registradas nos órgãos competentes, será carecedor de interesse processual o autor que ajuizar ação para dissolução parcial dessa modalidade societária (arts. 330, III; 485, VI, do CPC/2015). Exceção deve ser feita às sociedades anônimas com capital fechado, desde que respeitados os requisitos previstos no § 2º, que abaixo comentamos." (WAMBIER, Teresa Arruda Alvim; DIDIER JUNIOR, Fredie; TALAMINI, Eduardo; DANTAS, Bruno (coords.). *Breves comentários ao novo código de processo civil* [livro eletrônico]. 3. ed. São Paulo: Revista dos Tribunais, 2016, sem página).

6.5. LEGITIMIDADES ATIVA E PASSIVA PARA A AÇÃO DE DISSOLUÇÃO PARCIAL DE SOCIEDADE

O artigo 600[275] do Código de Processo Civil dispõe sobre as pessoas que podem mover a ação de dissolução. A legitimidade ativa, nesse contexto, variará conforme a causa de pedir invocada como fundamento para a ação.[276] Desse modo, por exemplo, se o motivo para a apresentação do pedido de dissolução em juízo for a morte do sócio, competirá a seus sucessores ou ao espólio ingressar com a demanda. Poderá também a sociedade ingressar com a ação quando não houver, de acordo com o contrato social, a possibilidade de exclusão extrajudicial. São várias as hipóteses, cuja compreensão pressupõe que se leve em consideração as disposições de direito material. Daí por que se diz que tal espécie de legitimidade "depende, em grande medida, da hipótese que fundamenta a demanda".[277]

Nesse sentido, é de se observar que os incisos I a III guardam íntima relação com as disposições relativas ao direito sucessório, em consonância com o disposto no artigo 1.028[278] do Código Civil. As hipóteses neles prevista, contudo, dizem respeito, a bem da verdade, apenas à legitimação para o pedido de *apuração de haveres*, e não propriamente de dissolução de vínculo societário,[279] uma vez que, em tais casos, os sucessores não ingressaram na sociedade nem há vínculo societário estabelecido entre estes e os demais sócios.

Na hipótese do inciso IV, a lei atribui legitimidade ao sócio que exerceu seu direito de retirada, motivadamente ou não, desde que os demais sócios não tenham providenciado a alteração contratual no

---

[275] "Art. 600. A ação pode ser proposta: I – pelo espólio do sócio falecido, quando a totalidade dos sucessores não ingressar na sociedade; II – pelos sucessores, após concluída a partilha do sócio falecido; III – pela sociedade, se os sócios sobreviventes não admitirem o ingresso do espólio ou dos sucessores do falecido na sociedade, quando esse direito decorrer do contrato social; IV – pelo sócio que exerceu o direito de retirada ou recesso, se não tiver sido providenciada, pelos demais sócios, a alteração contratual consensual formalizando o desligamento, depois de transcorridos 10 (dez) dias do exercício do direito; V – pela sociedade, nos casos em que a lei não autoriza a exclusão extrajudicial; ou VI – pelo sócio excluído. Parágrafo único. O cônjuge ou companheiro do sócio cujo casamento, união estável ou convivência terminou poderá requerer a apuração de seus haveres na sociedade, que serão pagos à conta da quota social titulada por este sócio".

[276] MEDINA, José Miguel Garcia. *Novo código de processo civil comentado* [livro eletrônico]. 3. ed. São Paulo: Revista dos Tribunais, 2017, sem página.

[277] MARINONI, Luiz Guilherme; ARENHART, Sérgio Cruz; MITIDIERO, Daniel. *Novo curso de processo civil* [livro eletrônico]. 3. ed. São Paulo: Revista dos Tribunais, 2017, v. 3, sem página.

[278] "Art. 1.028. No caso de morte de sócio, liquidar-se-á sua quota, salvo: I – se o contrato dispuser diferentemente; II – se os sócios remanescentes optarem pela dissolução da sociedade; III – se, por acordo com os herdeiros, regular-se a substituição do sócio falecido".

[279] MARINONI, Luiz Guilherme; ARENHART, Sérgio Cruz; MITIDIERO, Daniel. *Novo curso de processo civil* [livro eletrônico]. 3. ed. São Paulo: Revista dos Tribunais, 2017, v. 3, sem página.

prazo de até dez dias contados da data em que aquele exerceu o direito. É preciso, ao tratar dessa específica hipótese, adotar uma interpretação que não inviabilize, para o sócio que se retirou, o exercício do próprio direito. Diz-se isso porque a redação dada ao dispositivo pode levar à conclusão de que a retirada ou o recesso, que são atos unilaterais, dependem do ajuizamento de demanda judicial. O mais adequado, portanto, é admitir que o sócio que se retirou possa ajuizar ação visando à apuração dos haveres, independentemente de os demais sócios terem, ou não, tomado alguma providência quanto à alteração do contrato social.[280]

Os incisos V e VI do artigo 600 do Código de Processo Civil, que tratam da situação de exclusão societária, outorgam à sociedade a legitimidade para propor a dissolução (inciso V), quando não for possível a exclusão extrajudicial, ou, ao sócio excluído, a legitimidade para a apuração de haveres (hipótese do inciso VI).

No que diz respeito ao polo passivo da ação, o artigo 601, *caput*, da novel legislação processual estabelece que tanto a sociedade quanto os sócios serão citados, criando, com isso, uma indesejada hipótese genérica de litisconsórcio necessário,[281] que, frise-se, nem sempre se revelará útil ou necessária. Diz-se isso porque deve ser à luz do pedido deduzido que se deverá avaliar, de um ponto de vista lógico ou ontológico, se os sócios e a sociedade, em conjunto ou separadamente, devem compor o polo passivo.[282] Por outro lado, no âmbito do Superior Tribunal de Justiça,[283] o entendimento que preponderou, e que

---

[280] FRANÇA, Erasmo Valladão Azevedo e Novaes; ADAMEK, Marcelo Vieira von. *Da ação de dissolução parcial de sociedade*: comentários breves ao CPC/2015. São Paulo: Malheiros, 2016, p. 36.

[281] SILVA, Ricardo Alexandre da; LAMY, Eduardo. *Comentários ao código de processo civil*: artigos 539 ao 673. São Paulo: Revista dos Tribunais, 2016, v. 9, p. 459.

[282] FRANÇA, Erasmo Valladão Azevedo e Novaes; ADAMEK, Marcelo Vieira von. *Da ação de dissolução parcial de sociedade: comentários breves ao CPC/2015*. São Paulo: Malheiros, 2016, p. 48.

[283] "PROCESSUAL CIVIL. COMERCIAL. AÇÃO DE DISSOLUÇÃO PARCIAL DE SOCIEDADE LIMITADA. CITAÇÃO DA PESSOA JURÍDICA. DESNECESSIDADE. PARTICIPAÇÃO DE TODOS OS SÓCIOS. ALEGAÇÃO DE OFENSA A DISPOSITIVOS DE LEI FEDERAL. AUSÊNCIA DE PREQUESTIONAMENTO. INCIDÊNCIA DAS SÚMULAS N. 282 e 356/STF. EXCLUSÃO DO SÓCIO MAJORITÁRIO. POSSIBILIDADE NO CASO CONCRETO. PRINCÍPIO DA PRESERVAÇÃO DA EMPRESA. TEORIA DO FATO CONSUMADO. ALEGAÇÃO DE VIOLAÇÃO DOS PRINCÍPIOS DA RAZOABILIDADE E PROPORCIONALIDADE. IMPOSSIBILIDADE. 1. Na ação de dissolução parcial de sociedade limitada, é desnecessária a citação da pessoa jurídica se todos os que participam do quadro social integram a lide. 2. A ausência de prequestionamento nas instâncias ordinárias inviabiliza o conhecimento de recurso especial fundado em violação de lei federal. Incidência das Súmulas n. 282 e 356/STF. 3. Em circunstâncias excepcionais, é possível a exclusão do sócio majoritário a pedido de minoritário, a fim de prestigiar o princípio da preservação da empresa. Teoria do fato consumado que se adota como fundamento para manter o sócio minoritário no quadro societário. 4. Não se conhece de recurso especial por violação dos princípios da razoabilidade e proporcionalidade, naturalmente vagos e imprecisos. Somente quando os princípios jurídicos se apresentam como norma de direito positivo é que se abre espaço para o conhecimento do recurso constitucional fundamentado na violação da lei que os abriga.

agora se reflete no parágrafo único, foi no sentido de que a ausência de participação da sociedade não deveria conduzir à nulidade do processo quando constatado que houve a participação dos sócios.[284]

6.6. PRINCIPAIS CARACTERÍSTICAS DO PROCEDIMENTO

De acordo com o entendimento jurisprudencial que se consagrou durante a vigência do Código de Processo Civil de 1973, o procedimento que então deveria ser empregado na ação de dissolução *parcial* de sociedade era o ordinário.[285] A razão de ser daquele entendimento repousava na constatação de que o procedimento ordinário era, a teor do disposto no artigo 271 do referido Código, aquele destinado a todos os casos, salvo quando houvesse previsão específica – e esse não era o caso da pretensão de dissolução parcial de sociedade.

O atual Código de Processo Civil, diferentemente do entendimento que se consagrou ao tempo da legislação processual anterior, reflete a preocupação do legislador em criar um procedimento capaz de refletir, tanto quanto possível, as necessidades do direito material.

---

5. Recursos especiais não conhecidos. (BRASIL. Superior Tribunal de Justiça. Recurso especial n. 1.121.530/RN. Recorrente: Marinaldo de Almeida Lima e Eduardo José de Farias. Recorrido: os mesmos. Rel. Ministro Marco Buzzi, 13 de setembro de 2011)".

[284] WAMBIER, Teresa Arruda Alvim; DIDIER JUNIOR, Fredie; TALAMINI, Eduardo; DANTAS, Bruno (coords.). *Breves comentários ao novo código de processo civil*. São Paulo: Revista dos Tribunais, 2015, p. 1506.

[285] Nesse sentido, uma importante decisão do Superior Tribunal de Justiça: "DIREITO PROCESSUAL CIVIL. RECURSO ESPECIAL. AÇÃO DE APURAÇÃO DE HAVERES. NEGATIVA DE PRESTAÇÃO JURISDICIONAL. NÃO OCORRÊNCIA. AUSÊNCIA DE PEDIDO E IMPOSSIBILIDADE DE SUA DEDUÇÃO A PARTIR DA CAUSA DE PEDIR. JULGAMENTO *EXTRA PETITA*. OCORRÊNCIA. PRESCRIÇÃO. PRAZO DECENAL. INOCORRÊNCIA. RITO PROCESSUAL. AUSÊNCIA DE REGRAMENTO ESPECIAL. PROCEDIMENTO ORDINÁRIO. AUSÊNCIA DE PREJUÍZO CONCRETO. NULIDADE AFASTADA. 1. Ação de apuração de haveres ajuizada em 21/7/2005. Recurso especial concluso ao Gabinete em 3/9/2009. 2. Demanda em que se discute a existência de violação de julgamento *extra petita* decorrente da declaração de dissolução parcial de sociedade em ação de apuração de haveres, bem como prazo prescricional e o rito procedimental aplicáveis à ação. 3. Ausentes os vícios do art. 535 do CPC, rejeitam-se os embargos de declaração. 4. A ausência de pedido expresso, bem como de causa de pedir que permita deduzi-lo, impede a declaração da dissolução parcial da empresa, situação de fato já consolidada, por ofender o princípio da adstrição e importar em julgamento *extra petita*. 5. Aplica-se às ações de apuração de haveres o prazo prescricional decenal, por ausência de regra específica. 6. A apuração de haveres decorrente de dissolução parcial não é regulada especificamente por lei, porquanto a própria dissolução parcial representa criação doutrinária e jurisprudencial, aos poucos incorporada no direito posto. 7. Diante da inexistência de regras objetivas, aplica-se o procedimento ordinário à ação de apuração de haveres – ação de natureza eminentemente condenatória. 8. Apesar da aplicação de rito especial de forma indevida, deve-se analisar a nulidade a partir das lentes da economia processual, efetividade, respeito ao contraditório e ausência de prejuízo concreto. 9. Recurso especial parcialmente provido. (BRASIL. Superior Tribunal de Justiça. Recurso especial n. 1.139.593/SC. Recorrente: Neusa Maria Faria Peressoni e outros. Recorrido: Roger Maisonnave. Rel. Ministra Nancy Andrighi, 22 de abril de 2014)".

A preocupação, contudo, não foi suficiente para salvar a escolha. Diz-se isso porque parte significativa da doutrina entende que a opção não se mostra mais justificável, como relatado por Flávio Luiz Yarshell e Felipe do Amaral Matos,[286] uma vez que as inúmeras modificações e avanços ocorridos ao final do século passado e ao início do atual, no âmbito do procedimento comum (tais como a consagração da técnica da antecipação dos efeitos da tutela, a possibilidade de prosseguimento da fase executiva nos próprios autos etc.), terminaram por esvaziar a utilidade ou a necessidade de um procedimento especial. Ainda, tem-se sustentado que o procedimento introduzido ostentaria inegável ordinariedade, sendo que apenas as regras de direito material seriam "especiais",[287] razão pela qual a escolha legislativa se mostraria incompreensível.

De todo modo, o procedimento da ação se desenvolve mediante apresentação de petição inicial, que deve observar as disposições dos artigos 319 e 320 do Código de Processo Civil, acompanhada de cópia do contrato social (artigo 599, § 1º), podendo, na hipótese de lhe faltar algum requisito, ser emendada (artigo 321). Dependendo do pedido e da causa de pedir, alguns documentos deverão acompanhar a petição inicial, como no caso da ação proposta pelos sucessores que não pretendem ingressar na sociedade (artigo 600, inciso I).

Uma vez citados, a sociedade e os sócios poderão concordar, expressamente,[288] com o pedido de dissolução, hipótese em que deverá ser prolatada decisão de imediato a respeito, a teor do disposto no artigo 603 do Código de Processo Civil, passando o processo à fase de liquidação. Como incentivo à tal concordância, a lei processual estabeleceu um "incentivo": ausência de condenação em honorários e rateio das custas em proporção correspondente à participação social.

Não havendo concordância, os réus poderão oferecer contestação, cujas matérias são as mais amplas possíveis, bem como reconvenção. Deste momento em diante e até a decisão que reconheça o direito aos haveres, o procedimento adquire feição ordinária,[289] a teor do que

---

[286] YARSHELL, Flávio Luiz; MATOS, Felipe do Amaral. O procedimento especial de dissolução (parcial) de sociedade. *In*: YARSHELL, Flávio Luiz; PEREIRA, Guilherme Setoguti J. (coord.). *Processo societário*. São Paulo: Quartier Latin, 2012, p. 211-238.

[287] FRANÇA, Erasmo Valladão Azevedo e Novaes; ADAMEK, Marcelo Vieira von. *Da ação de dissolução parcial de sociedade: comentários breves ao CPC/2015*. São Paulo: Malheiros, 2016, p. 18.

[288] Não se poderá, segundo a doutrina, interpretar a "ausência de contestação" com a "concordância". Nesse sentido: WAMBIER, Teresa Arruda Alvim; DIDIER JUNIOR, Fredie; TALAMINI, Eduardo; DANTAS, Bruno (coords.). *Breves comentários ao novo código de processo civil*. São Paulo: Revista dos Tribunais, 2015, p. 1.508.

[289] SILVA, Ricardo Alexandre da; LAMY, Eduardo. *Comentários ao código de processo civil*: artigos 539 ao 673. São Paulo: Revista dos Tribunais, 2016, v. 9, p. 464.

dispõe o § 2º do dispositivo em questão, com a possibilidade de ampla produção probatória.

Sobrevindo sentença que reconheça o direito aos haveres, estes deverão ser apurados com a observância do procedimento liquidatório delineado nos artigos 604 a 609, e, na falta de disposição para alguma situação específica, do disposto quanto à liquidação prevista nos artigos 509 e seguintes do Código de Processo Civil.[290] A bem da verdade, o juiz deverá, de imediato, fixar a data em que ocorreu a dissolução parcial, os critérios a serem empregados para a apuração dos haveres, com estrita observância do contrato social – desde que as eventuais disposições sejam válidas –, e, ainda, nomear o perito que se encarregará de verificar o montante devido ao ex-sócio. Ainda, incumbe-lhe assegurar o adiantamento da parte incontroversa, caso ela exista, mediante determinação à sociedade que a deposite em juízo.

Calha destacar, no âmbito da fase de apuração dos haveres, as regras que tratam da data da resolução do vínculo societário (artigo 605), que variará em conformidade com o ato ou fato gerador da extinção do liame social (incisos I a V), contudo, não encerram todas as hipóteses concebíveis, haja vista a existência de outras previstas no ordenamento vigente (tais como a do artigo 1.026 do Código Civil). Ainda merece destaque a regra do artigo 606, segundo a qual ao juiz incumbe fixar, na hipótese de omissão do contrato social, como critério de apuração dos haveres, o "valor patrimonial" a ser apurado em "balanço de determinação" (com o que, segundo a doutrina, se introduziu uma "aberrante" regra, em total desconformidade com a prática vigente[291]).

Do conjunto das disposições ora analisadas tem-se, claramente, a impressão de que o legislador procurou adequar o importante instituto da dissolução *parcial* de sociedade tanto em relação à atual conjuntura legal, notadamente quanto ao disposto no Código Civil e, inclusive, na Constituição Federal – a partir da qual, segundo a doutrina, é possível sustentar uma leitura "constitucional" do direito societário, caracterizada pela *fundamentalização* dos direitos dos agentes econômicos[292] – quanto à social (importância econômica da atividade empresarial). Suas boas intenções, é de se dizer, não foram suficientes para que a disciplina legal resultasse imune à crítica, haja vista a exis-

---

[290] WAMBIER, Teresa Arruda Alvim; DIDIER JUNIOR, Fredie; TALAMINI, Eduardo; DANTAS, Bruno (coords.). *Breves comentários ao novo código de processo civil*. São Paulo: Revista dos Tribunais, 2015, p. 1.510.

[291] FRANÇA, Erasmo Valladão Azevedo e Novaes; ADAMEK, Marcelo Vieira von. *Da ação de dissolução parcial de sociedade*: comentários breves ao CPC/2015. São Paulo: Malheiros, 2016, p. 69.

[292] BOTREL, Sergio. *Direito societário constitucional*. São Paulo: Atlas, 2009, p. 11.

tência de alguns equívocos que, como já dito, mais criam dúvidas do que entregam soluções. Competirá à doutrina e à jurisprudência colmatar os lapsos legislativos, a fim de conformar o regramento à melhor técnica e, principalmente, à necessidade de assegurar a melhor solução para as controvérsias societárias.

7. Ação de inventário e partilha

Augusto Tanger Jardim
Fernanda Nunes Barbosa

7.1. CONSIDERAÇÕES INICIAIS

Partindo-se da premissa de que "o direito de ação deve, necessariamente, contar com procedimento e técnicas processuais idôneas à particular tutela do direito substancial, uma vez que, de outra maneira, ainda que o direito seja reconhecido, a tutela do direito não será efetivamente prestada",[293] previu o legislador processual procedimentos especiais para atender a uma situação bastante peculiar (do ponto de vista dos atos processuais típicos de um processo de conhecimento) e, ao mesmo tempo, comum (dada a inevitabilidade do fato que ocasiona a necessidade de tutela). A situação de que se fala é a morte de uma pessoa natural.[294] Diante da morte, a pessoa natural perde a personalidade jurídica, deixando de ter, por decorrência desse efeito, capacidade para ser sujeito de direitos e obrigações, nos termos dos arts. 1º, 2º e 6º do Código Civil brasileiro. No entanto, mesmo que a pessoa natural não possa mais ser a sua titular, alguns dos direitos e obrigações existentes enquanto viva (em especial, mas não exclusivamente, os de caráter patrimonial) continuam produzindo efeito no mundo jurídico.[295]

---

[293] MARINONI, Luiz Guilherme; ARENHART, Sérigo Cruz; MITIDIERO, Daniel. *Novo Curso de Processo Civil.* v.3, 2. ed. São Paulo: Revista dos Tribunais, 2016, p. 39/40.

[294] O Código de Processo Civil prevê, em seu Art. 672, excepcionalmente, a possibilidade de cumulação de inventários para a partilha de heranças de pessoas diversas, quando houver: I – identidade de pessoas entre as quais devam ser repartidos os bens; II – heranças deixadas pelos dois cônjuges ou companheiros; III – dependência de uma das partilhas em relação à outra. Na hipótese do inciso III, o parágrafo único do mesmo artigo possibilita ao juiz, se a dependência de uma das partilhas for apenas parcial, por haver outros bens a partilhar, ordenar a sua tramitação separada, caso melhor convenha ao interesse das partes ou à celeridade processual.

[295] Em regra, são as situações jurídicas de conteúdo patrimonial, isto é, baseadas no critério da avaliação econômica, que constituem o objeto da sucessão *causa mortis*. No entanto, é indiscutível a atribuição de efeitos *post mortem* a situações jurídicas de natureza extrapatrimonial, relacionadas a aspectos da personalidade do morto, tais como seu direito moral de autor, sua honra, seu

Da necessidade de que bens, direitos e obrigações sejam destinados a quem detenha personalidade jurídica, o legislador viu a inadequação do processo de conhecimento pelo procedimento comum para tutelar judicialmente[296] os interesses envolvidos nesta situação. Isso porque as atividades procedimentais úteis à tutela do direito perseguido passam, em linhas gerais, por (1) indicar o fato que reclama tutela (abrir o inventário juntando o atestado de óbito do autor da herança), (2) identificar os bens, direitos e deveres do autor da herança, (3) identificar os legítimos interessados nos bens e direitos deixados pelo autor da herança, (4) cumprir as obrigações deixadas pelo autor da herança e geradas pelo espólio, (5) partilhar e transferir entre os legitimados o saldo patrimonial (patrimônio líquido) do espólio. Para levar a efeito tais tarefas, o legislador concebeu, assim, um processo dividido em duas fases. Uma orientada para atender aos itens 1 a 4; outra para dar cumprimento ao item 5.

Diante da diferença entre os atos praticados em uma e outra fase, vislumbrou-se a pertinência de uma divisão de fases procedimentais em um mesmo processo. Na primeira fase (que pode ser desenvolvida pelo procedimento do inventário ou do arrolamento [sumário[297] ou comum (também chamado de sumariíssimo)[298]]), o foco dos atos processuais está orientado para o reconhecimento dos sujeitos e bens e direitos envolvidos no processo. Na segunda fase (partilha), já tendo sido resolvidas essas questões, o processo se ocupa de dar cumprimento aos direitos reconhecidos no processo sobre os referidos bens.

---

corpo etc. Os questionamentos aqui seriam diversos, como a transmissibilidade de tais direitos, a sua disponibilidade pelos sucessores e a possibilidade de que esses pleiteassem judicialmente indenização por perdas e danos. Limitaremo-nos, por uma questão de recorte metodológico, a afirmar a inequívoca existência de um "centro de interesses a ser tutelado, embora não mais exista o seu titular", sem adentrarmos nas tormentosas questões relativas à natureza jurídica desses efeitos e ao rol de legitimados para exercer os respectivos direitos. Para um maior aprofundamento, confira-se NEVARES, Ana Luiza Maia. *A função promocional do testamento*: tendências do direito sucessório. Rio de Janeiro: Renovar, 2009, pp. 112-138, em especial p. 127.

[296] Existe ainda a possibilidade de ser adotado procedimento extrajudicial para a busca (em sentido amplo) dos mesmos direitos que se ocupam os procedimentos ora investigados, conforme abordaremos adiante.

[297] Arrolamento sumário: Arts. 659 à 663 do CPC/2015. O arrolamento constitui-se em "procedimento de inventário com a redução de atos solenidades e prazos, exigindo-se, para tanto, que todos os herdeiros sejam maiores e capazes e celebrem partilha amigável, mediante a prova da quitação dos tributos relativos aos bens do espólio e às suas rendas". (CARVALHO, Luiz Paulo Vieira de. *Direito das Sucessões*. 2. ed. São Paulo: Atlas, 2015, p. 870).

[298] Arrolamento comum ou simples: Art. 664 e 665 do CPC/2015. O arrolamento comum constitui-se em procedimento de inventário que exige, como condição, que os bens do espólio apresentem valor igual ou inferior a um mil (1.000) salários mínimos (CARVALHO, Luiz Paulo Vieira de. *Direito das Sucessões*. 2. ed, São Paulo: Atlas, 2015, p. 872-873). Segundo MARINONI, ARENHART e MITIDIERO, "cabe arrolamento sumariíssimo quando o valor dos bens do espólio for igual ou inferior a mil salários mínimos". MARINONI, Luiz Guilherme; ARENHART, Sérigo Cruz; MITIDIERO, Daniel. *Novo Código de Processo Civil Comentado*. São Paulo: Revista dos Tribunais, 2015, p. 661.

Uma característica marcante dos procedimentos estudados é a reduzida amplitude cognitiva. Significa dizer que, nos autos que tratam de inventário (e menos ainda em sede de arrolamento) e partilha não será admitida a produção de prova testemunhal, pericial, ou afins. Limitam-se, portanto, no campo probatório, à demonstração dos fatos por meio de documentos (art. 612 do CPC/15). Em havendo a necessidade de se produzir prova de natureza diversa – ou em sendo a questão controversa de fato e de direito estranha à ação de inventário e partilha –, esta deverá ser discutida e julgada em sede de ação autônoma (vias ordinárias), a exemplo das questões relativas à anulabilidade de ato jurídico, "já que o ato anulável, conforme ninguém ignora, subsiste e prevalece enquanto não seja desconstituído por sentença em ação proposta com essa finalidade específica".[299] [300]

Feitas essas considerações iniciais, passa-se a explorar os procedimentos propostos no presente capítulo. Para tal desiderato, opta-se por discorrer inicialmente sobre o procedimento do inventário judicial e partilha de bens, por serem os mais complexos e completos, para, ao final, chamar a atenção para os traços distintivos dos procedimentos de arrolamento comum e arrolamento sumário.

7.2. DO INVENTÁRIO

A transmissão do patrimônio de alguém que perde a personalidade jurídica em face da morte (art. 6º do CC/02) depende da adoção de medidas por parte de quem possui interesse na aludida transferência patrimonial. Assim, um ponto a ser desvendado é a definição de quem possui *legitimidade* para adotar as medidas necessárias.

O CPC/15[301] outorga legitimidade para requerer a abertura do inventário a quem estiver na posse e na administração do espólio e, concorrentemente, ao cônjuge ou o companheiro supérstite; ao herdeiro; ao legatário; ao testamenteiro; ao cessionário do herdeiro ou do legatário; ao credor do herdeiro, do legatário ou do autor da herança; ao Ministério Público, havendo herdeiros incapazes; à Fazenda Pública,

---

[299] BARBOSA MOREIRA, *RBDP* 44/145 *apud* NERY JR., Nelson; NERY, Rosa Maria de Andrade. *Código de Processo Civil Comentado*, 16. ed. São Paulo: Revista dos Tribunais, 2016, p. 1549.

[300] Sinala a doutrina que: "No regime anterior, tais questões eram chamadas impropriamente de "questões de alta indagação". Na verdade, a complexidade da questão era irrelevante para definir se ela poderia ou não ser julgada dentro do inventário. Em parte por conta da nomenclatura, diversas teorias foram aventadas para definir os contornos desse conceito jurídico. (CABRAL, Antonio do Passo, CRAMER, Ronaldo. *Comentários ao novo Código de Processo Civil*. 2. ed. Rio de Janeiro: Forense, 2016)

[301] Arts. 615 e 616 do CPC/15.

quando tiver interesse, e ao administrador judicial da falência do herdeiro, do legatário, do autor da herança ou do cônjuge ou companheiro supérstite.

Qualquer um desses legitimados tem o direito de requerer ao juízo[302] competente a abertura do inventário, dando notícia do falecimento do autor da herança (juntando a respectiva certidão de óbito[303]).

Um dos traços distintivos do processo de inventário e partilha (que conduzem à necessidade de um procedimento especial) é a inexistência de um polo passivo da demanda nos moldes do que ocorre no procedimento comum (embora possam – e costumeiramente acontece – existir interesses contrapostos de forma veemente). Isso porque não se trata de um *pedido* formulado em face de outra pessoa, mas de um processo vocacionado a regular situações jurídicas decorrentes da necessidade (em face do óbito do autor da herança) de transferência patrimonial entre diversos titulares de direitos.

Quando da propositura de qualquer demanda, um dos problemas processuais a ser resolvido diz respeito à definição *do juízo competente* para processá-la e julgá-la. Com o inventário ocorre o mesmo.

Para que essa pergunta seja respondida, é necessário transcorrer um percurso desde saber se o Poder Judiciário brasileiro possui jurisdição para a causa até definir qual juiz, dentre todos aqueles que atuam no Brasil, irá efetivamente se ocupar do processo.

No que tange ao inventário, o Código de Processo Civil vigente impõe que o inventário e a partilha de bens situados no Brasil (ainda que o autor da herança seja de nacionalidade estrangeira ou tenha domicílio fora do território nacional) é de competência exclusiva da autoridade judiciária brasileira, com exclusão de qualquer outra (art. 23, II, CPC/15). Assim, a princípio, o Poder Judiciário brasileiro não reconhecerá a validade de decisão proferida em sede de inventário e partilha por tribunal estrangeiro que disponha sobre bens imóveis existentes no Brasil – o que também é vedado pelo art. 12, § 1º, da LINDB –,

---

[302] Existe, ainda, a possiblidade de o inventário e a partilha de bens serem realizados extrajudicialmente, por meio de escritura pública lavrada por um tabelião, quando todos os envolvidos forem capazes (ainda que por emancipação) e concordes (art. 610, §§ 1º e 2º, do CPC/15) e não houver testamento ou interessado incapaz (art. 610, *caput*, do CPC/15). O procedimento terá início com uma petição, necessariamente assinada por advogado, dirigida ao Tabelião de Notas, com a finalidade de propor a lavratura de escritura pública de Inventário Extrajudicial, observando o que determina a Resolução n. 35/2007 do CNJ. Nos termos do art. 1º da referida Resolução, "é livre a escolha do tabelião de notas, não se aplicando as regras de competência do Código de Processo Civil".

[303] Art. 615, parágrafo único, do CPC/15.

com a consequência de a sentença estrangeira[304] em questão não poder ingressar, como título, no registro de imóveis. *Contrario sensu*, passando a óbito brasileiro ou estrangeiro que não possua tais bens no país, o processo de inventário não terá tramitação necessária junto ao Poder Judiciário nacional.

Definida a competência exclusiva do Poder Judiciário sobre o inventário dos bens situados no Brasil, dada a complexidade da sua estrutura, impõe definir qual justiça será encarregada de julgar as demandas dessa natureza. A estrutura do Poder Judiciário brasileiro, propugnada pela Constituição Federal, pauta-se pela criação de "Justiças" especializadas em razão de determinadas matérias ou interesses de determinados sujeitos. Assim, em linhas gerais, o constituinte dedicou às causas trabalhistas, eleitorais e militares estruturas judiciais próprias, vocacionadas para atender aos propósitos específicos e especiais das causas das respectivas matérias. As demais causas foram destinadas à "Justiça Comum".

Entretanto, no âmbito da Justiça Comum, procedeu-se a uma cisão estrutural entre a Justiça Comum Estadual e a Justiça Comum Federal. Também em sentido amplo (na medida em que um aprofundamento teórico desviaria do tema proposto para análise), à Justiça Comum Federal foram destinadas as demandas nas quais se constate o interesse da União, enquanto à Justiça Comum Estadual, por exclusão, foram designadas todas as causas cuja competência não seja atribuída a uma Justiça Especial, ou à Justiça Comum Federal. Assim, o processo de inventário (por não se tratar de matéria afeita às relações de trabalho, às questões eleitorais ou às questões militares; tampouco, repercutir em interesse direto da União[305]) deverá ser proposto perante a Justiça Comum Estadual.

Superada a identificação do órgão judiciário competente para julgar o inventário, faz-se necessário apontar qual o local onde a demanda deverá ser proposta. No Brasil, cada estado da federação é responsável pela organização do Poder Judiciário Estadual atuante em seu território. A fim de aproximar a prestação da tutela jurisdicional de todas as pessoas, o território geográfico do estado é dividido em comarcas (que podem ou não coincidir com o espaço de um município), tendo por sede o respectivo foro. Em se tratando de processo

---

[304] Lembremos que o ingresso de decisão estrangeira no país dá-se por meio de sua homologação, via STJ, nos termos dos art. 105, I, *i*, da CF/88 e 961, 964 e 965 do CPC/2015.

[305] Ainda que existam créditos da União a serem exigidos antes da partilha de bens em um inventário, não haverá o deslocamento da competência para a Justiça Comum Federal, pois a tutela jurisdicional veiculada na demanda não possui correlação direta (apenas reflexa) com os interesses da União.

de inventário, quem define a comarca (foro) onde o pedido será proposto é o *caput* do artigo 48 do CPC/15.[306] Estabelece o mencionado diploma processual que: "O foro de domicílio do autor da herança,[307] no Brasil, é o competente para o inventário, a partilha, a arrecadação, o cumprimento de disposições de última vontade, a impugnação ou anulação de partilha extrajudicial e para todas as ações em que o espólio for réu, ainda que o óbito tenha ocorrido no estrangeiro".[308] No entanto, adverte o parágrafo único do artigo 48 do CPC/15, que se o autor da herança não possuía domicílio certo, é competente: o foro de situação dos bens imóveis; havendo bens imóveis em foros diferentes, qualquer destes; não havendo bens imóveis, o foro do local de qualquer dos bens do espólio. É possível perceber a natureza relativa da competência de foro dos processos de inventário, em face da pluralidade de opções dadas pelo legislador quanto ao foro competente para processar e julgar o inventário.

Por fim, identificado qual o foro onde deve ser proposto o inventário, é importante saber se no foro competente existe, ou não, vara especializada para tratar de questões dessa natureza. Na medida em que uma comarca aumenta de tamanho (em número de pessoas, mas especialmente em número de processo) deixa de ser designado um único juízo para julgar todas as causas. A fim de atender ao excessivo encargo de processos, surgem, logicamente, duas opções: ou são criadas duas varas com competência plena (varas judiciais), ou são divididos os processos segundo o direito material envolvido.

A segunda opção, em geral, é a que traz maior eficiência à prestação da tutela jurisdicional. Isso porque a especialização obtida reverte-se em resposta mais célere e mais adequada aos direitos perseguidos. Desse modo, costuma-se dividir a competência exercida no âmbito de

---

[306] Por sua vez, o CC/02 também define, em seu art. 1.785, que: "A sucessão abre-se no lugar do último domicílio do falecido".

[307] Autor da Herança é a pessoa que faleceu e deixou bens a inventariar. Registre-se que, mesmo falecendo alguém sem deixar bens a inventariar e partilhar, sugere-se a abertura de inventário (o chamado *inventário negativo*), cuja finalidade será dúplice: primeiro, permitir que o eventual viúvo ou viúva possa realizar novo casamento sem a imposição do regime da separação legal de bens, como determina o art. 1.641, I, na hipótese do art. 1.523, I, ambos do CC/02; segundo, evitar que possíveis credores do *de cujus* decidam cobrar de seus herdeiros legais débitos que por esses não seriam devidos em razão do que determina o art. 1.792 do CC/02, *in verbis*: "Art. 1.792. O herdeiro não responde por encargos superiores às forças da herança; incumbe-lhe, porém, a prova do excesso, salvo se houver inventário que a escuse, demostrando o valor dos bens herdados". Entre outros, veja-se: TEPEDINO, Gustavo; BARBOZA, Heloisa Helena; BODIN DE MORAES, Maria Celina. *Código Civil interpretado conforme a Constituição da República*. Rio de Janeiro: Renovar, 2014, p. 550.

[308] Situação análoga ocorre com o ausente (arts. 22 a 39 do Código Civil – CC/02), pois o seu inventário e a partilha dos seus bens serão propostos no foro de seu último domicílio (art. 49 do CPC/15).

uma comarca em varas cíveis e varas criminais e, nessa dicotomia, evidentemente, às varas cíveis toca o julgamento dos inventários e partilhas de forma obrigatória. Porém, é comum que existam, em comarcas de médio e de grande porte, além de varas cíveis, varas especializadas em direito de família e sucessões. Em havendo vara especializada sobre o tema, os inventários não poderão ser julgados por vara cível. Tal comando se constitui em regra de competência absoluta (em razão da matéria) que, se violada, gera invalidade do processo conhecível a qualquer tempo e grau de jurisdição.

Apresentado o pedido de abertura do inventário pelo juízo competente, o juiz nomeará *inventariante*, que, intimado, prestará compromisso de bem e fielmente desempenhar a função no prazo de cinco dias (art. 617, parágrafo único, do CPC/15). Até que o inventariante preste compromisso, quem estiver na posse e na administração do espólio será considerado administrador provisório[309] do espólio (representando-o ativa e passivamente), conforme art. 613 do CPC/15. A partir da assinatura do compromisso até a homologação da partilha, a administração da herança é exercida pelo inventariante (art. 1.991 do CC/02).

Acerca de *quem* será investido na função de inventariante, o CPC/15 indica uma ordem de preferência (art. 617 do CPC/15).[310] Ao menos em tese, procura o legislador dar preferência aos sujeitos que possuam maior interesse no desenvolvimento do processo, pois, *a priori*, têm maiores chances de receber parcela do patrimônio partilhável.

O inventariante terá, dentre as suas incumbências típicas, de: representar[311] o espólio ativa e passivamente, em juízo ou fora dele; administrar o espólio, velando-lhe os bens com a mesma diligência que teria se seus fossem; prestar as primeiras e as últimas declarações

---

[309] O administrador provisório é obrigado a trazer ao acervo os frutos que desde a abertura da sucessão percebeu, tem direito ao reembolso das despesas necessárias e úteis que fez e responde pelo dano a que, por dolo ou culpa, der causa (art. 614 do CPC/15).

[310] Eis a ordem sugerida pelo Código: "I – o cônjuge ou companheiro sobrevivente, desde que estivesse convivendo com o outro ao tempo da morte deste; II – o herdeiro que se achar na posse e na administração do espólio, se não houver cônjuge ou companheiro sobrevivente ou se estes não puderem ser nomeados; III – qualquer herdeiro, quando nenhum deles estiver na posse e na administração do espólio; IV – o herdeiro menor, por seu representante legal; V – o testamenteiro, se lhe tiver sido confiada a administração do espólio ou se toda a herança estiver distribuída em legados; VI – o cessionário do herdeiro ou do legatário; VII – o inventariante judicial, se houver; VIII – pessoa estranha idônea, quando não houver inventariante judicial".

[311] Adverte Orlando Gomes que: "Não se trata propriamente de *representação*, eis que o *espólio* não é pessoa jurídica, mas de uma atividade de administração de um patrimônio em cujo desdobramento o administrador não age em nome próprio ou alheio, em seu benefício ou de outrem, mas *objetivamente* para alcançar o fim transpessoal de manter a integridade pessoal da herança até a partilha" (GOMES, Orlando. *Sucessões*. 16. ed. Rio de Janeiro: Forense, 2015, Item 224).

pessoalmente ou por procurador com poderes especiais; exibir em cartório, a qualquer tempo, para exame das partes, os documentos relativos ao espólio; juntar aos autos certidão do testamento, se houver; trazer à colação os bens recebidos pelo herdeiro ausente, renunciante ou excluído; prestar contas de sua gestão ao deixar o cargo ou sempre que o juiz lhe determinar;[312] requerer a declaração de insolvência (art. 618 do CPC/15). Pode ainda, o inventariante, alienar bens de qualquer espécie; transigir em juízo ou fora dele; pagar dívidas do espólio; desde que antes da realização do ato os interessados sejam ouvidos e que o autorize o juiz (art. 619 do CPC/15).

Salvo se nomeado inventariante dativo (hipótese em que haverá remuneração pelo espólio), o inventariante exercerá suas tarefas de forma gratuita, possuindo apenas o direito de verem ressarcidas as despesas que praticar, de forma justificada, em nome do espólio (inclusive com a contratação de advogado, o que será indispensável tanto para o inventário judicial como para o extrajudicial).

Caso o inventariante não cumpra com os deveres legalmente previstos, poderá (de ofício ou a requerimento das partes) ser removido dessa função. O pedido de remoção correrá em apenso aos autos do inventário[313] (art. 623, parágrafo único, do CPC/15) e terá por fundamento (art. 622 do CPC/15) uma das seguintes condutas do inventariante: I – não prestar, no prazo legal, as primeiras ou as últimas declarações; II – não der ao inventário andamento regular, se suscitar dúvidas infundadas ou se praticar atos meramente protelatórios; III – se, por culpa sua, bens do espólio se deteriorarem, forem dilapidados ou sofrerem dano; IV – não defender o espólio nas ações em que for citado, se deixar de cobrar dívidas ativas ou se não promover as medidas necessárias para evitar o perecimento de direitos; V – não prestar contas ou se as que prestar não forem julgadas boas; VI – sonegar, ocultar ou desviar bens do espólio.

Requerida a remoção, o inventariante será intimado para, no prazo de quinze dias, defender-se e produzir provas. Após este prazo, com a apresentação ou não de defesa por parte do inventariante, o juiz decidirá se o mantém ou o remove, em decisão, como não poderia

---

[312] "Incluem-se na prestação não somente os gastos efetuados, como os *frutos* que houver percebido desde a abertura da sucessão, compreendidos os do cônjuge meeiro." (GOMES, Orlando. *Sucessões*. 16. ed. Rio de Janeiro: Forense, 2015, Item 228).

[313] "Tal incidente não tem efeito suspensivo expressamente previsto em lei, mas, dependendo do estágio em que o procedimento principal se encontre, é muito comum que o juiz determine que o inventário fique parado aguardando o desfecho da impugnação" (CABRAL, Antonio do Passo, CRAMER, Ronaldo. *Comentários ao novo Código de Processo Civil*. 2. ed. Rio de Janeiro: Forense, 2016).

deixar de ser, devidamente fundamentada.[314] Na hipótese de removê-lo, o juiz nomeará outro (observada a ordem preferencial estabelecida no art. 617 do CPC/15), devendo, o inventariante removido, entregar imediatamente ao substituto os bens do espólio, sob pena de, em não o fazendo, ser "compelido mediante mandado de busca e apreensão ou de imissão na posse, conforme se tratar de bem móvel ou imóvel, sem prejuízo da multa a ser fixada pelo juiz em montante não superior a três por cento do valor dos bens inventariados" (art. 625 do CPC/15). Em face dessa decisão, cabe a interposição de agravo de instrumento (art. 1.015, parágrafo único, do CPC/15).

Dentre os deveres do inventariante, do ponto de vista procedimental, o que primeiro lhe será exigido é a apresentação das *"primeiras declarações"*. A petição[315] de "primeiras declarações" corresponde à manifestação do inventariante (juntada dentro do prazo de vinte dias a contar da data em que prestou compromisso) em que são apresentados os dados do autor da herança,[316] dos herdeiros e do cônjuge/companheiro;[317] a qualidade dos herdeiros e o grau de parentesco com

---

[314] Assim o determinam os arts. 93, IX, da CF/88 e 489 do CPC/2015: Art. 93, IX, da CF: "Lei complementar, de iniciativa do Supremo Tribunal Federal, disporá sobre o Estatuto da Magistratura, observados os seguintes princípios: [...] IX. todos os julgamentos dos órgãos do Poder Judiciário serão públicos, e fundamentadas todas as decisões, sob pena de nulidade, podendo a lei limitar a presença, em determinados atos, às próprias partes e a seus advogados, ou somente a estes, em casos nos quais a preservação do direito à intimidade do interessado no sigilo não prejudique o interesse público à informação; [...]". Art. 489 do CPC/2015: "São elementos essenciais da sentença: I – o relatório, que conterá os nomes das partes, a identificação do caso, com a suma do pedido e da contestação, e o registro das principais ocorrências havidas no andamento do processo; II – os fundamentos, em que o juiz analisará as questões de fato e de direito; III – o dispositivo, em que o juiz resolverá as questões principais que as partes lhe submeterem. § 1º Não se considera fundamentada qualquer decisão judicial, seja ela interlocutória, sentença ou acórdão, que: I – se limitar à indicação, à reprodução ou à paráfrase de ato normativo, sem explicar sua relação com a causa ou a questão decidida; II – empregar conceitos jurídicos indeterminados, sem explicar o motivo concreto de sua incidência no caso; III – invocar motivos que se prestariam a justificar qualquer outra decisão; IV – não enfrentar todos os argumentos deduzidos no processo capazes de, em tese, infirmar a conclusão adotada pelo julgador; V – se limitar a invocar precedente ou enunciado de súmula, sem identificar seus fundamentos determinantes nem demonstrar que o caso sob julgamento se ajusta àqueles fundamentos; VI – deixar de seguir enunciado de súmula, jurisprudência ou precedente invocado pela parte, sem demonstrar a existência de distinção no caso em julgamento ou a superação do entendimento. § 2º No caso de colisão entre normas, o juiz deve justificar o objeto e os critérios gerais da ponderação efetuada, enunciando as razões que autorizam a interferência na norma afastada e as premissas fáticas que fundamentam a conclusão. § 3º A decisão judicial deve ser interpretada a partir da conjugação de todos os seus elementos e em conformidade com o princípio da boa-fé".

[315] Nos termos do § 2º do art. 620 do CPC/15, "As declarações podem ser prestadas mediante petição, firmada por procurador com poderes especiais, à qual o termo se reportará".

[316] Indicando: o nome, o estado, a idade e o domicílio do autor da herança, o dia e o lugar em que faleceu e se deixou testamento.

[317] Indicando: o nome, o estado, a idade, o endereço eletrônico e a residência dos herdeiros e, havendo cônjuge ou companheiro supérstite, além dos respectivos dados pessoais, o regime de bens do casamento ou da união estável.

o inventariado; a relação completa e individualizada de todos os bens do espólio, inclusive aqueles que devem ser conferidos à colação,[318] e dos bens alheios que nele forem encontrados[319] (art. 620 do CPC/15).

Diante da apresentação dos herdeiros nas primeiras declarações, faz-se evidente a citação dos mesmos[320] para que possam fazer valer os seus interesses em juízo. Contudo, não são apenas os herdeiros e o cônjuge/companheiro que serão chamados a participar do processo. Também serão citados os legatários e intimados a Fazenda Pública, o Ministério Público, se houver herdeiro incapaz ou ausente, e o testamenteiro, se houver testamento (art. 626 do CPC/15).

---

[318] Conforme bem lecionam Giselda Maria Fernandes Novaes Hironaka e João Ricardo Brandão Aguirre, "Diferem a colação e a redução das doações, posto que uma tem por escopo garantir a observância do equilíbrio entre as quotas dos sucessores descendentes, ao passo que a outra objetiva reintegrar a parte indisponível do patrimônio do falecido que foi desfalcada pela excessiva doação. Assim, quem deseja efetuar uma doação deverá sempre ter em mente que esta não poderá ultrapassar a metade de seu patrimônio, posto que a outra metade deve ser resguardada aos herdeiros do futuro autor da herança. Dois, e distintos, são os momentos, então: aquele que verifica a invasão da parte indisponível, determinando a redução da doação, e aquele atinente ao equilíbrio das legítimas, determinando a colação do bem. *Colação de bens doados*, portanto, não se confunde com *redução de doação inoficiosa*, quer dizer, aquela doação que excedeu à parte que poderia ser disposta, conforme dispõe o art. 2.007 do CC. Este dispositivo deve ser lido e interpretado em consonância com o art. 549 do CC, que considera nula a doação inoficiosa, na parte que exceder o que o doador poderia ter disponível para testar". HIRONAKA, Giselda Maria Fernandes Novaes; AGUIRRE, João Ricardo Brandão. Quais os parâmetros vigentes para a realização das colações das doações realizadas em adiantamento da legítima? (artigo, no prelo).

[319] Descrevendo-se: a) os imóveis, com as suas especificações, nomeadamente local em que se encontram, extensão da área, limites, confrontações, benfeitorias, origem dos títulos, números das matrículas e ônus que os gravam; b) os móveis, com os sinais característicos; c) os semoventes, seu número, suas espécies, suas marcas e seus sinais distintivos; d) o dinheiro, as joias, os objetos de ouro e prata e as pedras preciosas, declarando-se-lhes especificadamente a qualidade, o peso e a importância; e) os títulos da dívida pública, bem como as ações, as quotas e os títulos de sociedade, mencionando-se-lhes o número, o valor e a data; f) as dívidas ativas e passivas, indicando-se-lhes as datas, os títulos, a origem da obrigação e os nomes dos credores e dos devedores; g) direitos e ações; h) o valor corrente de cada um dos bens do espólio. Nos termos do § 1º do art. 620 do CPC/15, "O juiz determinará que se proceda: I – ao balanço do estabelecimento, se o autor da herança era empresário individual; II – à apuração de haveres, se o autor da herança era sócio de sociedade que não anônima".

[320] O tema da citação por edital dos herdeiros residentes fora da comarca onde tramita o inventário, após ser excluído do texto legal (possuía previsão no art. 999, § 1º, do CPC/73), recebeu análise do Superior Tribunal de Justiça da seguinte forma: "O propósito recursal consiste em definir se é válida a citação por edital dos herdeiros que não residem na comarca em que tramita a ação de inventário, ainda que sejam eles conhecidos e estejam em local certo e sabido. A regra do art. 999, § 1º, do CPC/73, que autoriza a citação por edital daqueles que residem em comarca distinta daquela em que tramita a ação de inventário, não deve ser interpretada de forma assistemática, devendo, em observância ao modelo constitucional de processo e à garantia do contraditório, ser lida em sintonia com as hipóteses de cabimento da citação editalícia, previstas no art. 231 do mesmo diploma, que sempre devem ser consideradas excepcionais. Na hipótese, tendo sido declinados na petição inicial todos os dados pessoais indispensáveis à correta identificação dos herdeiros, inclusive os seus respectivos endereços, devem ser eles citados pessoalmente, por carta com aviso de recebimento, vedada apenas a citação por oficial de justiça, que comprometeria a garantia a razoável duração do processo." (REsp 1584088/MG, Rel. Ministra Nancy Andrighi, Terceira Turma, julgado em 15/05/2018, DJe 18/05/2018).

As partes são citadas[321] para, no prazo comum de quinze dias, apresentarem *impugnação às primeiras declarações*. A insurgência pode recair quanto à descrição dos bens (erros, omissões e sonegação), à nomeação do inventariante ou à qualidade de quem foi incluído no título de herdeiro (art. 627 do CPC/15). Caso seja necessária a produção de provas que não a documental[322] (quando se debate acerca da qualidade de quem foi incluído no título de herdeiro), o juiz remeterá o requerente às vias ordinárias, mandando reservar, em poder do inventariante, o quinhão do herdeiro excluído até que se decida o litígio (art. 627, § 3º, do CPC/15). Do contrário, julgará as impugnações depois de ouvidas as partes interessadas (art. 9º do CPC/15).

No mesmo prazo para apresentar impugnação às primeiras declarações (quinze dias a contar da citação), os herdeiros são obrigados a informar (trazer à colação) os bens que receberam do autor (ou, caso não mais os possuam, os respectivos valores) da herança em vida (art. 639 do CPC/15) a fim de possibilitar que sejam igualadas,[323] na proporção prevista em lei, as legítimas (art. 2.002 do CC/02) dos descendentes e do cônjuge sobrevivente, obrigando também os donatários que, ao tempo do falecimento do doador, já não possuírem os bens doados (art. 2.003 do CC/02). São pressupostos para que seja exigível a colação: a ocorrência de doação de ascendente comum ou de um cônjuge ao outro; a participação do donatário na sucessão do doador e o concurso entre o donatário e outros descendentes do doador, do mesmo grau.[324] Importante referir que os bens doados integrantes da parte disponível do patrimônio do *de cujus* (desde que não a excedam, computado o seu valor ao tempo da doação) não necessitam ser colacionados (art. 2.005 do CC/02); bem como que a dispensa da

---

[321] "A citação dos interessados residentes dentro ou fora da comarca será feita, em regra, pelo correio (art. 274). Quando houver interessados incertos ou desconhecidos, abre-se a possibilidade de citação por edital (art. 259, III, do CPC/2015). O mandado será acompanhado de cópia das primeiras declarações, as quais também serão remetidas à Fazenda Pública, ao Ministério Público, ao testamenteiro – se houver – e ao advogado da parte que já esteja representada nos autos (art. 626, § 4º)" (DONIZETTI, Elpídio. *Novo Código de Processo Civil Comentado*. 3. ed. São Paulo: Atlas, 2018, comentário ao art. 626 do CPC/15).

[322] A doutrina costuma identificar essas como "questões de alta indagação". Sobre o tema, ensina Orlando Gomes que: "chamam-se *questões de alta indagação*, porque exigem, quanto à matéria de fato, a produção de provas que o desviariam da sua finalidade. São de alta indagação as questões a respeito da nulidade do testamento, da doação, da partilha em vida, da deserdação, da indignidade, do reconhecimento de filho, de sonegados, da venda de ascendente a descendente, entre outras". (GOMES, Orlando. *Sucessões*. 16. ed. Rio de Janeiro: Forense, 2015, Item 230).

[323] Caso exista doação superior ao permitido, dispõe o art. 2.007 do CC/02 que são sujeitas à redução (pela restituição ao monte do excesso assim apurado) as doações em que se apurar excesso (verificado este com base no valor que os bens doados tinham no momento da liberalidade) quanto ao que o doador poderia dispor naquele momento.

[324] GOMES, Orlando. *Sucessões*. 16. ed. Rio de Janeiro: Forense, 2015, Item 234.

colação pode ser outorgada pelo doador em testamento, ou no próprio título da liberalidade (art. 2.006 do CC/02). Também não serão colacionados[325] "os gastos ordinários do ascendente com o descendente, enquanto menor, na sua educação, estudos, sustento, vestuário, tratamento nas enfermidades, enxoval, assim como as despesas de casamento, ou as feitas no interesse de sua defesa em processo-crime" (art. 2.010 do CC/02).

Na hipótese de herdeiro negar que tenha recebido bens do autor da herança quando em vida (oposição), é permitido às partes interessadas apresentar manifestação, no prazo de quinze dias, a contar da comunicação da negativa, demonstrando e provando a existência da doação. Em sendo necessária somente a produção de prova documental, o juiz decidirá com base nas alegações e provas trazidas ao feito. Sendo improcedente a oposição, o herdeiro apresentará os aludidos bens em quinze dias, sob pena de expedição de ordem para "sequestrar-lhe, para serem inventariados e partilhados, os bens sujeitos à colação ou imputar ao seu quinhão hereditário o valor deles, se já não os possuir" (art. 641, § 1º, CPC/15).

Outrossim, se for necessária a produção de prova nos autos, a questão será remetida às vias ordinárias,[326] por meio da ação de sonegados, o que, conforme aponta a doutrina,[327] é raríssimo de acontecer em razão de que o pretenso sonegador, ao tomar consciência das sanções que poderá sofrer nos campo civil e criminal (neste último caso,

---

[325] A jurisprudência amplia o rol de bens dispensados de colação como é possível observar na seguinte ementa: "AGRAVO INTERNO NO AGRAVO EM RECURSO ESPECIAL. INVENTÁRIO. VALORES DEPOSITADOS EM PLANO DE PREVIDÊNCIA PRIVADA (VGBL). DISPENSA DE COLAÇÃO. NATUREZA DE SEGURO DE VIDA. DECISÃO MANTIDA. RECURSO DESPROVIDO. 1. O Tribunal de origem, ao concluir que o Plano de Previdência Privada (VGBL), mantido pela falecida, tem natureza jurídica de contrato de seguro de vida e não pode ser enquadrado como herança, inexistindo motivo para determinar a colação dos valores recebidos, decidiu em conformidade com o entendimento do Superior Tribunal de Justiça. 2. Nesse sentido: REsp 1.132.925/SP, Rel. Ministro Luis Felipe Salomão, Quarta Turma, DJe de 06/11/2013; REsp 803.299/PR, Rel. Ministro Antonio Carlos Ferreira, Rel. p/ acórdão Ministro Luis Felipe Salomão, Quarta Turma, DJe de 03/04/2014; EDcl no REsp 1.618.680/MG, Rel. Ministra Maria Isabel Gallotti, DJe de 1º/08/2017. 3. Inexistindo no acórdão recorrido qualquer descrição fática indicativa de fraude ou nulidade do negócio jurídico por má-fé dos sujeitos envolvidos, conclusão diversa demandaria, necessariamente, incursão na seara fático-probatória dos autos, providência vedada no recurso especial, a teor do disposto na Súmula 7/STJ. 4. Agravo interno não provido." (AgInt nos EDcl no AREsp 947.006/SP, Rel. Ministro Lázaro Guimarães (Desembargador Convocado do TRF 5ª Região), Quarta Turma, julgado em 15/05/2018, DJe 21/05/2018).

[326] No prazo de 10 anos, nos termos do art. 205 do CC/02, contados do encerramento do inventário. Nesse sentido: "A prescrição da ação de sonegados, de dez anos, conta-se a partir do encerramento do inventário, pois, até essa data, podem ocorrer novas declarações, trazendo-se bens a inventariar." (STJ. REsp. 1390022/RS; Rel. p/ acórdão Min. João Otávio de Noronha; J. 19.08.2014, Terceira Turma).

[327] Assim: CARVALHO, Luiz Paulo Vieira de. *Direito das Sucessões*. 2. ed . São Paulo: Atlas, 2015, p. 899.

a ação de apropriação indébita – art. 168 do CP) acaba por preferir, após intimado no bojo do inventário, apresentar justificativa plausível. Caso julgada procedente a demanda cível, reconhecendo-se a sonegação dos bens,[328] o herdeiro que dolosamente os sonegou sofrerá a imposição da *pena de sonegados*, perdendo o direito que sobre eles lhe cabia (art. 1.992 do CC/02) e, se o herdeiro for inventariante,[329] será removido da função (art. 1.993 do CC/02). Os bens sonegados serão objeto de sobrepartilha (art. 2.022 do CC/02).

No que respeita a identificação dos herdeiros, ainda existe a possibilidade que alguém, entendendo possuir direito sobre a herança e, sentindo-se preterido, peça (antes da partilha) a sua admissão no inventário (art. 628 do CPC/15). Caso o pedido de admissão não dependa de produção de prova nos autos, o juiz, após ouvir as partes no prazo de quinze dias, decidirá. Em havendo a necessidade de produção de prova complexa (ou seja, diversa da documental), o juiz remeterá o requerente às vias ordinárias, mandando reservar, em poder do inventariante, o quinhão do herdeiro excluído até que se decida o litígio.

Superado o debate a respeito das primeiras declarações, inicia-se a fase de *avaliação do acervo patrimonial*. Inicialmente, a Fazenda Pública, no prazo de quinze dias, após definidas as questões envolvendo as primeiras declarações, informará ao juízo o valor dos bens de raiz descritos nas primeiras declarações (art. 629 do CPC/15).

Ouvidas as partes acerca da avaliação da Fazenda Pública, existe a possibilidade de dispensa da avaliação por parte de perito nomeado pelo juiz ou por parte de avaliador judicial quando exista a concordância das partes com o valor apresentado pela Fazenda Pública para fins de cálculo do imposto (art. 634). Da mesma forma, não será necessária a avaliação por avaliador judicial quando, sendo capazes todas as partes, a Fazenda Pública, intimada pessoalmente, concordar de forma expressa com o valor atribuído nas primeiras declarações aos bens do espólio (art. 633 do CPC/15), ou quando: *i.* se tratar de títulos ou de mercadorias que tenham cotação em bolsa, comprovada por certidão ou publicação no órgão oficial; *ii.* se tratar de títulos da dívida pública, de ações de sociedades e de títulos de crédito negociá-

---

[328] Segundo Elpídio Donizetti, "para a maioria da doutrina, deve ficar comprovado que o inventariante agiu com a intenção de ocultar os bens, ou seja, de prejudicar o acervo hereditário. Na jurisprudência, o entendimento é também pela necessidade de prova do dolo do inventariante" (DONIZETTI, Elpídio. *Novo Código de Processo Civil Comentado*. 3. ed. São Paulo: Atlas, 2018, comentário ao art. 621 do CPC/15).

[329] Segundo o Art. 1.996 do CC/02 "Só se pode arguir de sonegação o inventariante depois de encerrada a descrição dos bens, com a declaração, por ele feita, de não existirem outros por inventariar e partir, assim como arguir o herdeiro, depois de declarar-se no inventário que não os possui". Ou seja, depois de apresentadas as últimas declarações.

veis em bolsa, cujo valor será o da cotação oficial do dia, comprovada por certidão ou publicação no órgão oficial; *iii.* se tratar de veículos automotores ou de outros bens cujo preço médio de mercado possa ser conhecido por meio de pesquisas realizadas por órgãos oficiais ou de anúncios de venda divulgados em meios de comunicação, caso em que caberá a quem fizer a nomeação o encargo de comprovar a cotação de mercado (art. 871 do CPC/15).

Assim, os autos serão remetidos à Fazenda para apresentação de avaliação dos bens e, somente se houver discordância quanto aos valores estimados, será determinada avaliação dos bens objeto de insurgência por meio de avaliador judicial ou perito designado pelo juiz, nos termos dos arts. 630 a 632 do CPC/15.

No entanto, caso a atuação do avaliador judicial ou do perito designado seja necessária, as partes terão o prazo de quinze dias para impugnar o laudo de avaliação apresentado. Encaminhada a impugnação, o juiz decidirá de plano, recaindo a impugnação sobre o valor dado pelo perito. Em sendo julgada procedente a impugnação, o juiz determinará que o perito retifique a avaliação, observando os fundamentos da decisão (art. 635, § 2º, do CPC/15).

Definidos os contornos da avaliação dos bens do espólio, o inventariante apresentará o termo de *últimas declarações*, oportunidade em que poderá corrigir eventuais equívocos ou deficiências das primeiras declarações. As partes terão a oportunidade de controverter a respeito das últimas declarações, no prazo comum de quinze dias.

Decididas todas as questões pendentes, os autos serão remetidos à Fazenda Pública a fim de ser realizado o *cálculo do tributo* devido em função da transferência dos bens do espólio. Realizado o cálculo, que deve respeitar as súmulas editadas pelo STF sobre o tema,[330] as partes serão ouvidas no prazo comum de cinco dias, podendo questionar o valor do cálculo, bem como formular pedido de isenção do tributo.[331] Em seguida, será ouvida a Fazenda Pública a respeito da manifestação das partes (art. 638 do CPC/15).

---

[330] Súmula 112 do STF: "O imposto de transmissão *causa mortis* é devido pela alíquota vigente ao tempo da abertura da sucessão"; Súmula 113 do STF: "O imposto de transmissão *causa mortis* é calculado sobre o valor dos bens na data da avaliação"; Súmula 114 do STF: "O imposto de transmissão *causa mortis* não é exigível antes da homologação do cálculo"; Súmula 115 do STF: "Sobre os honorários do advogado contratado pelo inventariante, com a homologação do juiz, não incide o imposto de transmissão *causa mortis*"; e Súmula 331 do STF: "É legítima a incidência do imposto de transmissão *causa mortis* no inventário por morte presumida".

[331] O STJ possui precedente (tema 391 de recurso repetitivo) no sentido de ser possível a discussão da isenção do tributo em sede de inventário (sendo vedada essa possibilidade quando veiculada em arrolamento de bens) quando a questão de fato se achar provada por documento (REsp 1150356/SP, Rel. Ministro Luiz Fux, Primeira Seção, julgado em 09/08/2010, DJe 25/08/2010).

Definidos os sujeitos envolvidos no processo (com as respectivas classes), os bens integrantes do espólio (com a respectiva avaliação) e o valor do imposto incidente sobre a transferência patrimonial, o processo encontra-se apto para que seja iniciada a fase de partilha.[332]

No entanto, antes de realizar a partilha dos bens, haverá o *pagamento dos credores do espólio*. Para que os credores do espólio possam realizar os seus créditos, é necessário que formulem (em petição) pedido de habilitação durante o procedimento do inventário,[333] fazendo acompanhar prova literal[334] de dívida vencida e exigível (art. 642 do CPC/15) ou de dívida líquida e certa, ainda não vencida (art. 644 do CPC/15). A habilitação será distribuída por dependência e autuada em apenso aos autos do inventário.

Nos autos da habilitação, as partes do inventário serão ouvidas. Caso reconheçam a dívida, "o juiz, ao declarar habilitado o credor, mandará que se faça a separação de dinheiro ou, em sua falta, de bens suficientes para o pagamento" (art. 642, § 2º, do CPC/15). Contudo, caso não haja concordância de todas as partes, o pedido de habilitação será remetido às vias ordinárias, sendo reservados bens suficientes para "pagar o credor quando a dívida constar de documento que comprove suficientemente a obrigação e a impugnação não se fundar em quitação" (art. 643 do CPC/15).

Considerando os créditos habilitados e reservados, o juiz separará tantos bens quantos forem necessários para o pagamento dos créditos e mandará aliená-los (art. 642, § 3º, do CPC/15).

7.3. DA PARTILHA

Pagas as dívidas do espólio, passa-se à *partilha dos bens* remanescentes. Ensina Arnaldo Rizzardo[335] que, com a partilha, há o fim

---

[332] Nas palavras de Juliana da Fonseca Bonates: "O espólio é uma universalidade de bens, e a partilha constitui ato uno e incondicional, dispondo sobre a destinação de todos os bens conhecidos, muito embora nada impeça o levantamento antecipado de quantias em dinheiro, ou a venda de algum bem – ou porque de difícil conservação, ou porque a operação é necessária para fazer face às despesas do inventário. Mas todos os adiantamentos deverão ser considerados em uma sentença única, assim como os bens doados em antecipação de partilha e levados à colação". (BONATES, Juliana da Fonseca. Questões sobre a partilha extrajudicial em face da Lei 11.441/2007. In. COLTRO, Antonio Carlos Mathias; DELGADO, Mário Luiz. *Separação, divórcio, partilhas e inventários extrajudiciais*: questionamentos sobre a Lei 11.441/2007. 2. ed. São Paulo: Método, 2010, p. 364)

[333] Caso não tenha sido o credor que atuou para a abertura do inventário.

[334] Segundo já se pronunciou o STJ: "A prova literal, embora não deva comprovar peremptoriamente a existência do débito, é preciso que dela se presuma de maneira satisfatoriamente clara o direito do credor" (REsp 1569592/MT, Rel. Ministro Paulo de Tarso Sanseverino, Terceira Turma, julgado em 24/04/2018, DJe 30/04/2018).

[335] RIZZARDO, Arnaldo. *Direito das sucessões*. 9. ed. Rio de Janeiro: Forense, 2015, cap. XLVII, item 3.

da comunhão hereditária *pro indiviso*, deixando de existir o espólio, ou simplesmente um acervo, e surgindo partes especificadas, com a individuação das titularidades. Destaca-se que, quanto ao seu objeto, "a partilha limita-se à parte líquida, ou ao que restou após os pagamentos referidos, à separação do patrimônio destinado à meação, e à porção que foi consumida em testamentos e legados".[336]

Os atos destinados à partilha de bens serão realizados nos mesmos autos do inventário, constituindo, do ponto de vista processual, uma fase do processo vocacionada à elaboração de um esboço de partilha, seguida de debates a seu respeito e retificações ordenadas pelo juiz e ultimada pelo então lançamento da partilha.[337]

A partilha, no bojo do inventário,[338] pode ser feita de forma consensual ou litigiosa. A partilha consensual pressupõe que os herdeiros sejam capazes e poderá ser realizada por termo nos autos do inventário, ou escrito particular, homologado pelo juiz (art. 2.015 do CC/02). A partilha litigiosa será sempre judicial e será definida por decisão do juiz.

Inicialmente, é relevante estabelecer as *diretrizes* que as partes e o juízo devem seguir quando da formulação da partilha. A esse propósito serve o artigo 648 do CPC/15, ao estabelecer que na partilha deve ser buscada: *i.* a máxima igualdade possível quanto ao valor, à natureza e à qualidade dos bens; *ii.* a prevenção de litígios futuros; *iii.* a máxima comodidade dos coerdeiros, do cônjuge ou do companheiro, se for o caso. Em sentido análogo, dispõe o art. 2.017 do CC/02 que: "No partilhar os bens, observar-se-á, quanto ao seu valor, natureza e qualidade, a maior igualdade possível".

O procedimento de partilha inicia pela intimação das partes para que formulem o *pedido de quinhão* no prazo comum de quinze dias. Após a formulação do respectivo pedido, deve o juiz oportunizar que as partes conheçam dos pedidos apresentados e possam sobre eles se manifestar (à luz do art. 9º do CPC/15, que consagra o princípio da vedação da decisão surpresa) de modo a influir na decisão a ser tomada.

---

[336] RIZZARDO, Arnaldo. *Direito das sucessões*. 9. ed. Rio de Janeiro: Forense, 2015, cap. XLVII, item 4.

[337] Idem, cap. XLVII, item 10.

[338] Existe a possibilidade de a partilha ser realizada de forma extrajudicial, "feita por escritura pública, para ser trazida aos autos do inventário judicial ou do arrolamento. Também constitui parte final da escritura pública de inventário, quando não houver testamento e as partes forem capazes e concordes, sendo uma espécie de partilha amigável *post mortem*". (OLIVEIRA, Euclides de; AMORIM, Sebastião. *Inventário e partilha*: teoria e prática. 24. ed. São Paulo : Saraiva, 2016, p. 281).

Após decidir as questões suscitadas pelas partes, o juiz designará partidor[339] para a apresentação de *esboço de partilha*, o qual deverá conter os mesmos elementos da partilha definitiva. Pautado pela decisão que julgou os pedidos de quinhão, o esboço observará os pagamentos na seguinte ordem: I – dívidas atendidas; II – meação do cônjuge; III – meação disponível; IV – quinhões hereditários, a começar pelo coerdeiro mais velho (art. 651 do CPC/15).

Do esboço de partilha, as partes serão intimadas para, no prazo comum de quinze dias, se manifestarem. Depois de resolvida eventual controvérsia, a partilha será lançada nos autos (art. 652 do CPC/15) por meio do *auto de orçamento*[340] e das folhas de pagamento de cada parte[341] (art. 653 do CPC/15).

De regra,[342] o julgamento por sentença da partilha depende de prévio pagamento do imposto de transmissão *causa mortis* e da juntada aos autos de certidão ou informação negativa de dívida para com a Fazenda Pública (art. 654 do CPC/15). No entanto, poderá ser julgada a partilha sem o prévio pagamento dos tributos dela decorrentes se o respectivo pagamento estiver devidamente garantido.

Uma vez julgada a partilha, fica o direito de cada um dos herdeiros circunscrito aos bens do seu quinhão (art. 2.023 do CC/02), ficando os co-herdeiros reciprocamente obrigados a indenizar-se no caso de evicção dos bens aquinhoados (art. 2.024 do CC/02), exceto se houver convenção em contrário ou se a evicção se der por culpa do evicto ou por fato posterior à partilha (art. 2.025 do CC/02). Havendo

---

[339] Aponta Rizzardo que: "Dada a impessoalidade do funcionário judicial, mais remota a ocorrência de eventuais favorecimentos a alguns herdeiros, com prejuízo aos demais, especialmente aos desprovidos de capacidade plena. No entanto, nada impede que se apresente um esboço de como deverá ser a partilha. Se não resulta prejuízo algum aos incapazes, nada opondo o Ministério Público e o curador, não se mostra nulo o despacho homologatório, ou aquele que manda reduzir a termo o instrumento particular de partilha, pois sobre as propostas e os dados dirigidos ao juiz intimam-se previamente todos os participantes do inventário" (RIZZARDO, Arnaldo. *Direito das sucessões*. 9. ed. Rio de Janeiro: Forense, 2015, capítulo XLVII, item 5.3). Além disso, é possível que, em havendo concordância das partes, o esboço (plano) de partilha seja apresentado de forma amigável, nos termos do art. 657 do CPC/15.

[340] O auto de orçamento mencionará, *in verbis* (art. 653 do CPC/15): a) os nomes do autor da herança, do inventariante, do cônjuge ou companheiro supérstite, dos herdeiros, dos legatários e dos credores admitidos; b) o ativo, o passivo e o líquido partível, com as necessárias especificações; c) o valor de cada quinhão; II – de folha de pagamento para cada parte, declarando a quota a pagar-lhe, a razão do pagamento e a relação dos bens que lhe compõem o quinhão, as características que os individualizam e os ônus que os gravam.

[341] Uma folha de pagamento para cada parte declarará a quota a pagar-lhe, a razão do pagamento e a relação dos bens que lhe compõem o quinhão, as características que os individualizam e os ônus que os gravam (art. 653 do CPC/15).

[342] Estabelece o artigo 192 do Código Tributário Nacional (CTN) que: "nenhuma sentença de julgamento de partilha ou adjudicação será proferida sem prova da quitação de todos os tributos relativos aos bens do espólio, ou às suas rendas".

irresignação quanto à sentença, podem as partes sucumbentes interpor recurso de apelação, dotado de efeito suspensivo (arts. 1.009 e 1.012 do CPC/15).

A materialização da sentença de partilha se dá por meio da expedição de *formal de partilha* ou *certidão de pagamento* do quinhão hereditário. Formal de partilha corresponde a um conjunto de documentos[343] entregue à parte, essenciais para demonstrar a regularidade da transmissão dos bens. Quando o quinhão hereditário não exceder a cinco vezes o salário-mínimo, o formal de partilha poderá ser substituído por certidão de pagamento do quinhão hereditário (art. 655, parágrafo único, do CPC/15). Neste caso, em vez de um conjunto de documentos será transcrita a sentença de partilha transitada em julgado na certidão.

Após o trânsito em julgado da decisão de partilha, com a consequente extinção do processo de inventário e o desaparecimentos das figuras do espólio e do inventariante,[344] a mesma ainda poderá ser corrigida (de ofício ou a requerimento da parte, a qualquer tempo) convindo todas as partes, quando tenha havido erro de fato na descrição dos bens (art. 656 do CPC/15).[345] Ou poderá ser rescindida, tratando-se de partilha amigável, no caso de coação, de erro, de dolo ou de intervenção de incapaz; e, tratando-se de partilha julgada por sentença, também nos casos de aquela ser realizada sem as formalidades legais ou de preterir herdeiro[346] ou incluir aquele que não o seja (art. 658 do CPC/15, *ação rescisória de partilha*).

É possível que a partilha transitada em julgado ainda venha a ser modificada em razão da alteração dos bens existentes ou conhecidos quando da sua elaboração. Neste caso, operar-se-á a chamada *sobrepartilha* de tais bens. Dispõe o artigo 2.022 do CC/02 que: "Ficam

---

[343] À luz do art. 655 do CPC/15, as peças que integram o formal de partilha são: o termo de inventariante e título de herdeiros; a avaliação dos bens que constituíram o quinhão do herdeiro; o pagamento do quinhão hereditário; a quitação dos impostos; a sentença.

[344] MARINONI, Luiz Guilherme; ARENHART, Sérigo Cruz; MITIDIERO, Daniel. *Novo Código de Processo Civil Comentado*. São Paulo: Revista dos Tribunais: 2015, p. 656.

[345] Adverte Rizzardo que: "Não basta a mera discordância de herdeiros, ou interessados, para impedir a retificação. A oposição deverá vir fundamentada, evidenciando os prejuízos decorrentes aos demais herdeiros. Qualquer alteração de extensão de área importará em pagamento da taxa judiciária e do imposto de transmissão sobre a parcela acrescentada. Deve-se, também, traçar o plano de partilha do excedente de área acrescentado, impondo-se, aí, a intimação de todos os herdeiros". (RIZZARDO, Arnaldo. *Direito das sucessões*. 9. ed. Rio de Janeiro: Forense:2015, capítulo XLVII, item 15)

[346] "Cabe ação rescisória de partilha quando o herdeiro preterido está sob a autoridade da coisa julgada (art. 658, III, CPC). Não estando, porque não participou da ação de inventário, não cabe a ação rescisória de partilha – dispõe o herdeiro preterido nesse caso da ação de petição de herança (art. 1.824, CC)". (MARINONI, Luiz Guilherme; ARENHART, Sérigo Cruz; MITIDIERO, Daniel. *Novo Código de Processo Civil Comentado*. São Paulo: Revista dos Tribunais, 2015, p. 657).

sujeitos a sobrepartilha os bens sonegados e quaisquer outros bens da herança de que se tiver ciência após a partilha". O artigo 669 do CPC/15 amplia o rol de bens suscetíveis à sobrepartilha ao incluir os bens litigiosos, assim como os de liquidação difícil ou morosa, e os bens situados em lugar remoto da sede do juízo onde se processa o inventário. Do ponto de vista procedimental, a sobrepartilha é um incidente que ocorre no próprio processo de inventário e de partilha (art. 670 do CPC/15).

7.4. DO ARROLAMENTO

Pretendendo adequar a técnica processual ao direito que se pretende tutelar, o Código de Processo Civil põe à disposição das partes o processo de arrolamento. Tendo finalidade idêntica à do inventário (regular as relações jurídicas pendentes da pessoa natural que perdeu sua personalidade jurídica em razão da morte), o arrolamento assume duas formas vocacionadas a atender a maior simplicidade na realização dos direitos: o arrolamento comum e o arrolamento sumário. Enquanto o inventário é o meio processual adotado quando há menores ou incapazes, ou maiores e capazes que não concordarem com a partilha amigável; o arrolamento comum terá lugar quando, em havendo interesse contraposto entre as partes quanto à partilha,[347] o valor dos bens do espólio for igual ou inferior a 1.000 (mil) salários mínimos, e o arrolamento sumário será possível quando, independentemente do valor do monte-mor, todos os herdeiros são maiores e capazes, e estiverem de acordo no tocante à partilha.[348] Percebe-se que a complexidade da causa resta reduzida em comparação com o processo de inventário, na medida em que, em um dos casos (arrolamento comum), o valor patrimonial em disputa é reduzido e, em outro (arrolamento sumário), inexiste controvérsia quanto à partilha dos bens, tampouco se faz necessária a tutela de eventual interesse de incapaz. Diante dessas particularidades é totalmente desejável que o procedimento previsto para prestar tutela aos direitos envolvidos seja igualmente simplificado.

Dentre as distinções procedimentais (em relação ao inventário) que alcançam o arrolamento comum está a concentração de atos por parte do inventariante. Isso porque cabe ao inventariante nomeado, independentemente de assinatura de termo de compromisso, apre-

---

[347] Art. 665. O inventário processar-se-á também na forma do art. 664, ainda que haja interessado incapaz, desde que concordem todas as partes e o Ministério Público.
[348] RIZZARDO, Arnaldo. *Direito das sucessões*. 9. ed. Rio de Janeiro: Forense: 2015, cap. XL, item 14.

sentar, com suas declarações, a atribuição de valor aos bens do espólio e o plano da partilha (art. 664 do CPC/15).

Havendo controvérsia (por parte do Ministério Público ou qualquer das partes) quanto à estimativa realizada pelo inventariante, o juiz nomeará avaliador, que oferecerá laudo em dez dias. Ato contínuo, será marcada audiência para se deliberar sobre a partilha, decidindo o juiz, de plano, todas as reclamações e mandando pagar as dívidas não impugnadas.

Já no arrolamento sumário, os herdeiros, na petição inicial, requererão ao juiz a nomeação do inventariante que designarem; declararão os títulos dos herdeiros e os bens do espólio e atribuirão valor a esses bens para fins de partilha (art. 660 do CPC/15). Outro ponto distintivo reside na desnecessidade de avaliação dos bens para fins de partilha (somente para fins de cálculo de imposto de transmissão),[349] salvo se o credor do espólio, regularmente notificado, impugnar a estimativa feita, caso em que se promoverá a avaliação dos bens a serem reservados (art. 663, parágrafo único, do CPC/15). Também no sentido de simplificar o procedimento, é vedada a discussão de questões relativas ao lançamento, ao pagamento ou à quitação de taxas judiciárias e de tributos incidentes sobre a transmissão da propriedade dos bens do espólio (art. 662 do CPC/15).

---

[349] Art. 662, § 2º, do CPC. O imposto de transmissão será objeto de lançamento administrativo, conforme dispuser a legislação tributária, não ficando as autoridades fazendárias adstritas aos valores dos bens do espólio atribuídos pelos herdeiros.

8. Embargos de terceiros

Dárcio Franco Lima Júnior

8.1. OBJETIVO

A relação jurídico-processual se desenvolve entre o autor, o réu e o Estado-juiz, de modo que a sujeição aos efeitos da aludida relação não deveria alcançar outras pessoas além dos referidos sujeitos processuais. Assim, inclusive, o art. 506 do Código de Processo Civil de 2015: *"A sentença faz coisa julgada às partes entre as quais é dada, não prejudicando terceiros"*.

É notória, contudo, a existência de situações em que consequências – diretas, indiretas ou reflexas – do comando contido no julgado acabam atingindo eventualmente terceiros estranhos à relação processual.[350] Por isso mesmo, inclusive, o ordenamento jurídico contempla diversos institutos de intervenção de terceiros e, inclusive, a possibilidade de interposição de recurso por terceiro interessado (art. 996 do Código de Processo Civil de 2015).

É em tal contexto, justamente, que se inserem os embargos de terceiro, remédio jurídico posto à disposição daquele que, de forma ilegítima, venha a sofrer atos constritivos originários de pleito que lhe é estranho, instrumento disciplinado nos arts. 674 a 681 do Código de Processo Civil de 2015.

Como bem ensina Humberto Theodoro Júnior: "No direito pátrio, os embargos de terceiro visam resguardar àquele que, não integrando determinada relação processual, vê-se diante da constrição judicial de seu patrimônio resultante de decisão proferida naquela mesma relação processual".[351]

---

[350] No dizer de Humberto Dalla Bernardina de Pinho, "se esse terceiro não guardar nenhuma relação com o processo, com a lide ou com as partes nela envolvidas, a atividade jurisdicional terá extrapolado seus limites legais, atingindo, ainda que indiretamente, pessoas que não poderiam ser prejudicadas pela decisão judicial" (Direito processual civil contemporâneo, 5. ed. São Paulo: Saraiva, 2018, edição em *ebook*, capítulo "8", item "8.1").

[351] *Curso de direito processual civil*. vol. III, 51. ed. Rio de Janeiro, 2018, edição em *ebook*, item "527" do § 54). E prossegue: "O procedimento permite proteger tanto a propriedade como a posse e

Por isso mesmo, destaca Elpídio Donizetti, ao comentar o art. 674 do Código de Processo Civil de 2015, que o objeto dos embargos de terceiro "será sempre um ato judicial (de jurisdição), que poderá emanar-se de um processo cognitivo ou de execução, não se limitando ao processo civil, sendo admissíveis em qualquer procedimento onde houver ato de constrição judicial, seja no processo penal (art. 129 do CPP), trabalhista ou falimentar (art. 93 da Lei nº 11.101/2005)".[352]

De resto, importante observar que, nos termos do art. 675 do Código de Processo Civil de 2015, "os embargos podem ser opostos a qualquer tempo no processo de conhecimento enquanto não transitada em julgado a sentença e, no cumprimento de sentença ou no processo de execução, até 5 (cinco) dias depois da adjudicação, da alienação por iniciativa particular ou da arrematação, mas sempre antes da assinatura da respectiva carta".[353]

8.2. LEGITIMIDADE

No que tange à legitimidade das partes no âmbito de embargos de terceiro, a questão é relativamente singela em seu aspecto passivo.

Em princípio, conforme ensina Humberto Theodoro Júnior, "legitimado passivo é o exequente – isto é, aquele que promove a execução

---

podem fundamentar-se quer em direito real, quer em direito pessoal, dando lugar apenas a uma cognição sumária sobre a legitimidade ou não da apreensão judicial. Pode servir, também, para excluir a constrição de determinado bem do próprio executado, mas que foi dado em garantia real a um terceiro (na relação entre o credor e o devedor executado) que não participou do processo no qual houve dita constrição".

[352] *Novo código de processo civil comentado.* 3. ed. São Paulo, Atlas, 2018, edição em *ebook*, comentários ao art. 674 do CPC/2015. E prossegue o autor: "Um exemplo ajuda a ilustrar o cabimento dos embargos de terceiro: terceiro que não seja responsável pelo cumprimento da obrigação e não sendo parte no processo de execução sofre os efeitos da penhora. Nesse caso, pode valer-se dos embargos de terceiro, posto que sofreu os efeitos do ato judicial. Se a ofensa à posse fosse decorrente de ato de particular, a ação adequada seria a possessória" (ob. cit., comentários ao art. 674 do CPC/2015). Por outro lado, os embargos de terceiro não são admissíveis fora do contexto especificado, como se vê, exemplificativamente, de julgado do Tribunal de Justiça do Estado do Rio Grande do Sul: "APELAÇÃO CÍVEL. EMBARGOS DE TERCEIRO. LIMITE DA MATÉRIA PASSÍVEL DE CONHECIMENTO. O art. 674 do CPC/2015 estabelece a matéria passível de discussão em embargos de terceiro: quem, não sendo parte no processo, sofrer constrição ou ameaça de constrição sobre bens que possua ou sobre os quais tenha direito incompatível com o ato constritivo, poderá requerer seu desfazimento ou sua inibição por meio de embargos de terceiro. *Descabida, portanto, a discussão, nesta via, de pedido de liberação de valores remanescentes de arrematação ou legitimidade postulatória da parte embargante nos autos da execução.* APELO DESPROVIDO". (Apelação Cível n. 70076455906, 19. C. C., rel. Des. Mylene Maria Michel, julg. em 12.7.2018),

[353] Observa Humberto Dalla Bernardina de Pinho: "Há, então, duas formas de se contar o prazo: no processo de conhecimento, a qualquer tempo, enquanto não transitada em julgado a sentença, e, em processo originário de execução ou em fase de cumprimento de sentença, em até cinco dias após a arrematação, a adjudicação ou a remição de bens, mas sempre antes da respectiva carta" (ob. cit., cap. 8, item 8.5).

e provoca, em seu proveito, o ato constritivo impugnado –, segundo a regra do art. 677, § 4°, do NCPC. Às vezes, também o executado pode enquadrar-se nessa categoria, quando, v.g., a nomeação de bens partir dele. A participação do devedor, em qualquer caso, é de ser sempre admitida, desde que postulada como assistente, na forma dos arts. 119 a 124 do NCPC".[354]

Relativamente à legitimação ativa, contudo, a questão assume maior relevância, merecendo menção a disciplina prevista no art. 674 do Código de Processo Civil de 2015: "Art. 674. Quem, não sendo parte no processo, sofrer constrição ou ameaça de constrição sobre bens que possua ou sobre os quais tenha direito incompatível com o ato constritivo, poderá requerer seu desfazimento ou sua inibição por meio de embargos de terceiro. § 1° Os embargos podem ser de terceiro proprietário, inclusive fiduciário, ou possuidor. § 2° Considera-se terceiro, para ajuizamento dos embargos: I – o cônjuge ou companheiro, quando defende a posse de bens próprios ou de sua meação, ressalvado o disposto no art. 843; II – o adquirente de bens cuja constrição decorreu de decisão que declara a ineficácia da alienação realizada em fraude à execução; III – quem sofre constrição judicial de seus bens por força de desconsideração da personalidade jurídica, de cujo incidente não fez parte; IV – o credor com garantia real para obstar expropriação judicial do objeto de direito real de garantia, caso não tenha sido intimado, nos termos legais dos atos expropriatórios respectivos.".

Como se vê, em princípio, a legitimidade ativa, nos termos do § 1° do aludido dispositivo legal, é do proprietário ou possuidor dos bens sujeitos à constrição indevida.[355]

---

[354] Ob. cit., item "531" do § 54. Note-se a jurisprudência do Tribunal de Justiça do Estado do Rio Grande do Sul (grifou-se): "APELAÇÃO CÍVEL. EMBARGOS DE TERCEIRO. LEGITIMIDADE PASSIVA. Ausência de interesse em recorrer por parte da embargada já excluída da lide. O legitimado para figurar no polo passivo dos embargos de terceiro é o credor, a quem aproveita o processo executivo, mormente quando não foi o devedor quem indicou o bem a penhora. Não há falar em ilegitimidade ativa, pois quando da penhora do bem o embargante detinha a sua posse. Hipótese em que a prova dos autos demonstra que a alienação dos direitos disponíveis sobre o automóvel alienado fiduciariamente ocorreu antes da penhora. Ausência de prova de má-fé do terceiro adquirente. Ônus sucumbenciais a cargo do embargante, por aplicação do princípio da causalidade. APELAÇÃO DE RAQUEL E TANIA REGINA CONHECIDA EM PARTE E PROVIDA. APELAÇÃO DE TATIANA DA COSTA LEMOS PARCIALMENTE PROVIDA". (Apelação Cível n. 70073899528, da 11ª C.C., rel. o Des. Antônio Maria Rodrigues de Freitas Iserhard, j. em 24.10.2018).

[355] Por outro lado, o executado não pode, em nome próprio, defender o bem de terceiro, cumprindo a este último o ajuizamento dos respectivos embargos. Assim a jurisprudência do Tribunal de Justiça do Estado do Rio Grande do Sul: "AGRAVO DE INSTRUMENTO. PROMESSA DE COMPRA E VENDA. AÇÃO DE RESCISÃO CONTRATUAL. AÇÃO DE COBRANÇA. CUMPRIMENTO DE SENTENÇA. PENHORA SOBRE BEM DE TERCEIRO. ILEGITIMIDADE DA EXECUTADA. Em sede de cumprimento de sentença, o executado não possui legitimidade

Não obstante, o § 2º do referido dispositivo legal entendeu de explicitar algumas situações de legitimação ativa, inclusive para afastar eventuais dúvidas, a exemplo da situação do cônjuge que busca resguardar a sua posse sobre bens próprios ou de sua meação, mas indevidamente alcançados por constrição judicial em processo em que não é parte (inc. I).[356]

Adverte Elpídio Donizetti que "não se trata, contudo, de rol taxativo, mas meramente exemplificativo, em virtude da previsão genérica introduzida no *caput*".[357]

8.3. COMPETÊNCIA

A questão da competência é singela, considerado o caráter dependente dos embargos de terceiro relativamente à demanda da qual decorreu o ato de constrição impugnado.

Por isso mesmo, dispõe o art. 676 do Código de Processo Civil de 2015 que "os embargos serão distribuídos por dependência ao juízo que ordenou a constrição e autuados em apartado".

Ainda o aludido dispositivo legal explicita, em seu parágrafo único, que, "nos casos de ato de constrição realizado por carta, os embargos serão oferecidos no juízo deprecado, salvo se indicado pelo juízo deprecante o bem constrito ou se já devolvida a carta". Ou seja: em constrição realizada por carta (precatória ou de ordem, por exemplo), em princípio, a competência para o processamento dos embargos de terceiro será do próprio juízo deprecado, de quem partiu o ato constritivo supostamente indevido; contudo, no caso de indicação do bem constrito pelo próprio juízo deprecante, ou ainda na hipótese em que já houver ocorrido a devolução da carta pelo juízo deprecado, caberá ao juízo deprecante o processamento dos embargos de terceiro.

---

para defender a posse ou a propriedade de terceiros envolvendo os bens penhorados. Incidindo a penhora sobre bens alheios, cabe ao terceiro interessado a propositura de embargos de terceiro objetivando a defesa da posse ou propriedade. AGRAVO DE INSTRUMENTO DESPROVIDO". (Agravo de Instrumento n. 70074121930, 19. C.C., rel. o Des. Marco Antonio Angelo, julg. em 09.11.2017).

[356] Importante a observação de Humberto Theodoro Júnior (ob. cit., item "529" do § 54): "O cônjuge não poderá interpor embargos de terceiros em defesa de meação ou dos bens reservados quando a ação for proposta diretamente contra ele, na qualidade de litisconsorte, sob a afirmação, na inicial, de que se trata de dívida contraída pelo consorte a bem da família (art. 73, § 1º, III). É que, nesse caso, a questão da responsabilidade da meação ou dos bens reservados já, de início, integra o objeto da lide, de maneira que não poderá ser subtraído ao alcance do julgamento da causa principal. Aqui, sim, estará o cônjuge jungido a defender-se apenas nos embargos de devedor. Também não poderá fazê-lo na hipótese do art. 843 do NCPC, que trata da penhora de bem indivisível do casal. O montante que compete ao cônjuge que não é parte na execução recairá sobre o produto da alienação do bem, não se podendo impedir a constrição".

[357] Ob. cit., comentários ao art. 674 do CPC/2015.

8.4. PROCEDIMENTO

Como bem refere Humberto Dalla Bernardina de Pinho, "os embargos de terceiro têm natureza de ação própria, mesmo quando se ligam ao processo de execução. São sempre processo autônomo em face de atos praticados no processo executivo, mas possuem caráter nitidamente acessório, pois só existem e se justificam diante de demanda que tenha emitido ordem para a apreensão do patrimônio de terceiro".[358]

Embora dependentes do feito principal, os embargos de terceiro serão autuados separadamente, nos termos do art. 676 do Código de Processo Civil de 2015.

O procedimento dos embargos de terceiro, pleito de natureza incidental, observará, essencialmente, o rito comum, ressalvadas as regras específicas estabelecidas na legislação processual.

Destaca-se, no ponto, o art. 677 do Código de Processo Civil de 2015, exigindo que a parte embargante, ao distribuir a petição inicial, faça prova sumária da posse ou do domínio do bem e de sua qualidade de terceiro, com a apresentação de documentos ou oferecimento de rol de testemunhas.

À semelhança do rito das ações possessórias, admite-se, portanto, a realização de audiência preliminar para a coleta de prova testemunhal capaz de respaldar a pretensão posta na petição inicial, como se vê, inclusive, do § 1º do aludido dispositivo legal.

Considerado o caráter dependente dos embargos de terceiro relativamente ao feito do qual partiu o ato constritivo, a citação da parte embargada, em princípio, será realizada diretamente na pessoa do respectivo procurador já constituído nos autos principais, dispensando-se, assim, a necessidade de citação por mandado ou por carta; contudo, acaso não possua o embargado procurador constituído no feito principal, a citação será pessoal (§ 3º do art. 677 do Código de Processo Civil de 2015).

Nos termos do art. 678, se o juízo considerar suficientemente provado o domínio ou a posse,[359] determinará, em sede liminar, conforme

---

[358] Ob. cit., capítulo "8", item "8.2").

[359] A análise do pleito liminar deve observar os requisitos da tutela de urgência, previstos no art. 300 do Código de Processo Civil de 2015. Assim a jurisprudência do Tribunal de Justiça do Estado do Rio Grande do Sul (grifou-se): "Agravo de Instrumento. Responsabilidade civil em acidente de trânsito. Embargos de terceiro. Penhora de motocicleta. Ausência de qualquer restrição junto ao prontuário do veículo ao tempo em que realizado o negócio. Adquirente de boa fé. *caso dos autos em que presentes os* requisitos previstos pelo artigo 300 do código de processo civil para a concessão da antecipação de tutela. Probabilidade do direito alegado e perigo de dano ou resultado útil ao processo demonstrados. possibilidade de manutenção liminar da posse do bem. decisão

o caso, a suspensão de medidas constritivas, ou a manutenção da posse, relativamente aos bens objeto dos embargos de terceiro,[360] desde que exista requerimento da parte embargante em tal sentido.[361]

No caso específico de atos constritivos originários de demanda executiva, observa Humberto Theodoro Júnior que "o efeito dos embargos sobre a execução forçada, quando ocorre concessão de liminar, é a suspensão do processo principal. Isto quando, naturalmente, os embargos versarem sobre todos os bens constritos ou ameaçados de constrição. Se forem parciais, a execução prosseguirá com referência aos bens não embargados".[362]

De outra parte, dispõe o art. 679 do Código de Processo Civil de 2015 que a parte embargada será citada para contestar o feito no prazo de quinze dias,[363] e que, posteriormente, a tramitação dos embargos observará o procedimento comum.[364]

A eventual procedência dos embargos de terceiro importará em desconstituição ou cancelamento do ato de constrição judicial, reconhecendo-se, conforme o caso, o domínio, ou firmando-se a manutenção ou reintegração na posse do bem ou direito em favor do embargante (art. 681 do Código de Processo Civil de 2015).

Importante observar que a decisão de julgamento dos embargos de terceiro, demanda de caráter incidental, possui natureza de sentença, e, como tal, admite impugnação recursal em sede de apelação (art. 1.009).

---

parcialmente modificada. Unânime. Deram parcial Provimento ao recurso." (Agravo de Instrumento n. 70079520565, 11ª C.C., rel. Des. Katia Elenise Oliveira da Silva, julg. em 03.4.2019).

[360] Importante observar que o juízo, sopesando as circunstâncias do caso, poderá condicionar o deferimento da medida à prestação de caução pelo embargante, nos termos do art. 678, parágrafo único, do Código de Processo Civil de 2015.

[361] Ou seja: a tutela liminar, em sede de embargos de terceiro, depende de pleito expresso da parte embargante.

[362] Ob. cit., item "537" do § 54. Note-se também a jurisprudência do Tribunal de Justiça do Estado do Rio Grande do Sul (grifou-se): "AGRAVO DE INSTRUMENTO. DIREITO PRIVADO NÃO ESPECIFICADO. EMBARGOS DE TERCEIRO. LIMINAR. SUSPENSÃO DA EXECUÇÃO. ART. 678, CPC. REQUISITOS PREENCHIDOS. Conforme art. 678, do CPC, quando reconhecido suficientemente provado o domínio ou a posse, o magistrado determinará a suspensão das medidas constritivas sobre os bens litigiosos objeto dos embargos de terceiro. No caso dos autos, a embargante logrou demonstrar tanto o domínio quanto o exercício da posse sobre o bem constrito, sendo impositiva a reforma da decisão singular, com determinação de suspensão da execução. DADO PROVIMENTO AO RECURSO, por decisão monocrática." (Agravo de Instrumento n. 70078850658, 18. Câmara Cível, relator o Desembargador Nelson José Gonzaga, julg. em 24.1.2019).

[363] Observa Humberto Dalla Bernardina de Pinho: "Na contestação, como regra, poderá ser alegada qualquer matéria de defesa, sendo o processo de cognição plena" (ob. cit., cap. "8", item 8.7).

[364] Adverte Humberto Theodoro Júnior que "pode haver julgamento de plano, nos casos de revelia e quando as questões a decidir forem apenas de direito ou quando as provas forem puramente documentais" (ob. cit., item "536" do § 54).

9. Oposição

Felipe Camilo Dall'Alba
Fernando Rubin

9.1. NOÇÕES GERAIS

No CPC atual, ao contrário do CPC de 1973, a oposição não é mais considerada uma intervenção de terceiros, mas sim um procedimento especial.

A própria disposição da matéria muda de lugar dentro do *codex*, já que as intervenções de terceiros (assistência, *amicus curiae*, denunciação da lide, desconsideração da personalidade jurídica e chamamento ao processo) passam a ser regulamentadas a partir do art. 119 do CPC/2015, enquanto a oposição tem a sua regulamentação específica definida a partir do art. 682.[365]

A *ratio* do novo Código, ao que parece, foi tratar a oposição como procedimento especial, e não como intervenção de terceiros, à medida que a oposição provoca, de fato, uma nova ação, cabendo ao Estado-juiz proferir decisão final e de mérito, que resolva a lide originária e a nova lide constituída, a partir do procedimento especial de oposição.[366]

Seja como for, poucas foram as mudanças.[367] A oposição regula o ingresso de uma parte em processo pendente, nos casos em que esta

---

[365] A respeito da intervenção de terceiros, consultar: USTÁRROZ, Daniel. *Intervenção de terceiros.* Porto Alegre: Livraria do Advogado, 2018.

[366] ORDEM DOS ADVOGADOS DO BRASIL – OAB/RS. *Novo Código de Processo Civil Anotado.* Ano de 2015, Comentários aos arts. 682 a 686 por Pedro Garcia Verdi, p. 463.

[367] AGRAVO DE INSTRUMENTO. DIREITO PÚBLICO NÃO ESPECIFICADO. CONSELHO TUTELAR. AÇÃO CIVL PÚBLICA QUE VISAVA À NULIDADE DE PROCESSO ELEITORAL PARA CONSELHO TUTELAR DO MUNICÍPIO DE TAPES. OPOSIÇÃO. NÃO CONHECIDA. MANUTENÇÃO DA DECISÃO. INCABIMENTO. 1. O novo Código de Processo Civil, não obstante alocar o instituto da Oposição como procedimento especial e não mais como modalidade de intervenção de terceiros (Código de 73), não trouxe nenhuma novidade em relação aos requisitos, mostrando-se cabível, portanto, quando for possível decidir a titularidade do direito ou objeto da ação principal. 2. Caso dos autos em que a própria opoente sustenta que o objeto jurídico deduzido na oposição não mantém qualquer relação com aquele formulado na ação principal.

parte tenha pretensão excludente da ação do autor e da defesa do réu, e objetiva excluir o autor e o réu acerca do direito ou coisa, objeto do litígio.[368] Assim, consta no art. 682 do CPC: quem pretender, no todo ou em parte, a coisa ou o direito sobre o que controvertem autor e réu poderá, até ser proferida a sentença, oferecer oposição contra ambos.

Para ilustrar bem o instituto da posição, pode-se utilizar, como exemplo, um caso julgado pelo Tribunal de Justiça do Rio Grande do Sul, em que Tício e Caio são, respectivamente, autor e réu, na ação de resolução contratual cumulada com pedido de reintegração de posse e de indenização. As partes disputavam a posse do caminhão GM/Chevrolet. O opoente ofereceu oposição em face do autor e do réu, na ação de reintegração de posse cumulada com indenização. Na espécie, o opoente alegou que, em razão do litígio entre os opostos, viu seu caminhão retido no depósito de veículos do Detran, em decorrência da restrição judicial originária da ação ajuizada por Tício, em face de Caio. O opoente aduziu, na ação de oposição, que o referido caminhão lhe pertencia e que desde a aquisição estava na posse do bem mansa e pacificamente.[369]

É importante, para ilustrar o instituto, dar mais um exemplo concreto, em uma ação de reintegração de posse, em que os opostos estão discutindo a posse. Em sede de oposição, a opoente reclama para si a posse do bem em face do contrato de arrendamento, o que autoriza a sua intervenção, sendo que a procedência do pedido decorre da improcedência do pedido inicial da ação reintegratória, uma vez comprovada a existência do contrato.[370]

---

3. Essência do instituto da oposição consubstanciada na intervenção de terceiro, deduzindo pretensão coincidente com aquela posta em juízo entre autor e réu da demanda principal, dizendo ser titular do objeto em disputa. 4. Demanda principal que versa sobre direito difuso, especificamente das crianças e adolescentes tuteladas pelo Conselho Tutelar do Município de Tapes. AGRAVO DE INSTRUMENTO DESPROVIDO. (Agravo de Instrumento n. 70071412472, Quarta Câmara Cível, Tribunal de Justiça do RS, Relator: Antônio Vinícius Amaro da Silveira, Julgado em 26/04/2017).

[368] ALVIM, Arruda. *Manual de direito processual civil*. São Paulo: Revista dos Tribunais, 2005, p. 137. v. 2.

[369] APELAÇÃO CÍVEL. DIREITO PRIVADO NÃO ESPECIFICADO. INTERVENÇÃO DE TERCEIROS. OPOSIÇÃO. A oposição incumbe ao terceiro que pretende, no todo ou em parte, a coisa ou o direito em disputa pelo demandante e demandado (art. 56 do CPC). No caso concreto, o opoente adquiriu o veículo e recebeu da pessoa em nome de quem estava registrado no órgão de trânsito amplos poderes sobre o bem. Assim, não produzindo os réus qualquer prova capaz de provar que adquiriram licitamente o veículo, impõe-se a procedência do pedido formulado na oposição. Sentença mantida. APELAÇÃO DESPROVIDA. (Apelação Cível n. 70057709479, Décima Nona Câmara Cível, Tribunal de Justiça do RS, Relator: Marco AntonioAngelo, Julgado em 26/06/2014).

[370] Apelação Cível n. 70063804694, Décima Oitava Câmara Cível, Tribunal de Justiça do RS, Relator: Heleno Tregnago Saraiva, Julgado em 18/6/2015.

Trata-se, como se vê, de casos clássicos de oposição, pois o autor ajuizou a oposição dizendo que o bem disputado não era nem do autor nem do réu, e sim dele mesmo. Athos Gusmão Carneiro, acertadamente, referia que o oponente ajuíza uma ação declaratória negativa contra o autor e uma condenação contra o réu da ação originária.

9.2. PRESSUPOSTOS

O ajuizamento da oposição pressupõe alguns requisitos: em primeiro lugar, tem que haver um processo judicial já instaurado;[371] em segundo lugar, o processo deve estar em curso; em terceiro lugar, o opoente tem que se dizer titular de uma relação jurídica, em face da coisa ou do direito, incompatível com a relação jurídica objeto do primeiro processo.[372]

9.3. PROCEDIMENTO

A oposição obedece ao procedimento comum[373] e, para o ajuizamento da oposição, devem estar presentes as condições da ação e os pressupostos processuais (CPC, art. 683), bem como a petição inicial deve respeitar os requisitos dos arts. 319 e 320 do CPC.

---

[371] Frise-se que já decidiu o STJ que a existência de lide pendente entre autor e réu só é requisito processual para a admissão da oposição no momento de sua propositura. Porém, protocolada a petição de oposição, ela pode ser apreciada independentemente da superveniência de sentença na ação principal ou mesmo da sua existência. Portanto, se mesma pretensão pode ser veiculada tanto antes (oposição interventiva) quanto depois da audiência (oposição autônoma), não há motivo razoável para sustentar que, no primeiro caso, ela deva ser fulminada pelo advento da sentença na ação principal e, no segundo caso, deva ela prosseguir para julgamento independente.

[372] MARINONI, Luiz Guilherme; ARENHART, Sérgio Cruz; MITIDIERO, Daniel. *Curso de direito processual civil*. v. 3. São Paulo: Revista dos Tribunais, 2017, p. 242. Então, de acordo com o Tribunal de Justiça do Estado do Rio Grande do Sul: "não se configura de 'oposição', uma vez que esta modalidade de intervenção pressupõe haver identidade de objeto entre aquele da ação e o da oposição e também que a pretensão do oponente seja incompatível com a pretensão de ambos os opostos. Identidade esta que, *stricto sensu*, não se evidencia modo absoluto, porque, muito embora autora e opoente anunciem a vida em união estável com o falecido, se trata de duas relações jurídicas distintas, independentes e, em tese, não excludentes. Não se trata de uma só união estável em debate, mas de duas, não necessariamente excludentes. Logo, descabida a oposição. Fosse, ou não, cabível oposição no caso (e até, em face, da fungibilidade, poder-se-ia superar o descabimento da oposição e admitir o debate no bojo de duas ações autônomas), outro obstáculo (este intransponível) se ergue ao êxito da pretensão de N. É que a petição que inaugura seu pleito é absolutamente inepta. Veja-se que, tendo ela sustentado, na fundamentação de sua peça de abertura, que o direito alegado pela autora da outra ação pertencia unicamente a ela, opoente, porque viveu em união estável com o falecido durante 8 anos, encaminhou, paradoxalmente, ao final, o seu pedido requerendo exclusivamente a procedência total da 'oposição' apenas para que ela (N.) integrasse o polo passivo da lide ajuizada por C., por ser seu esse legítimo direito. Não formulou, portanto, como se lhe impunha, qualquer pedido no sentido de que fosse declarada sua união estável com o falecido!!! Nesse contexto, é INEPTA sua petição"..

[373] MARINONI, Luiz Guilherme; ARENHART, Sérgio Cruz; MITIDIERO, Daniel. *Curso de direito processual civil*. v. 3, São Paulo: Revista dos Tribunais, 2017, p. 243.

Registre-se, outrossim, que regra geral à oposição é admitida em qualquer processo de conhecimento.[374] Porém, segundo Arruda Alvim, a oposição não é cabível na ação civil pública,[375] no processo de execução, seja calcado em título judicial, seja em título extrajudicial,[376] bem como não se a admite, nos embargos do devedor.

9.4. LEGITIMIDADE

De acordo com o art. 683, parágrafo único do CPC: "distribuída a oposição por dependência, serão os opostos citados, na pessoa de seus respectivos advogados, para contestar o pedido no prazo comum de 15 (quinze) dias". O prazo para os opostos contestarem é de 15 dias; não tem aplicação, como se vê, da regra da dobra do prazo. Ademais, se alguém faz valer sua pretensão de oposição, necessariamente deverá deduzi-la contra autor e réu, portanto, formando um litisconsórcio necessário.[377] Porém, litisconsorte é simples e não unitário, pois o juiz não há de decidir a lide de modo uniforme, em relação a todos.

Inclusive, de acordo com o art. 684 do CPC, se um dos opostos reconhecer a procedência do pedido, contra o outro prosseguirá o oponente. Autonomia de movimentos e atos serão considerados, em suas relações com o oponente, como litigantes diversos.

---

[374] ALVIM. Arruda. *Manual de direito processual civil.* v. 2 São Paulo: Revista dos Tribunais, 2005, p. 138.

[375] APELAÇÃO CÍVEL. AÇÃO POPULAR VISANDO INVALIDAR ATO SUPOSTAMENTE LESIVO AO PATRIMÔNIO PÚBLICO. INTERVENÇÃO DE TERCEIRO. AÇÃO DE OPOSIÇÃO. DESCABIMENTO. FALTA DE INTERESSE PROCESSUAL. INDEFERIMENTO DA INICIAL E EXTINÇÃO DO PROCESSO. SENTENÇA TERMINATIVA CONFIRMADA. "A oposição é incompatível com as ações coletivas. Primeiro porque o objeto de proteção é, obviamente, coletivo, ou seja, pertence a uma coletividade de pessoas, individualizáveis ou não, inexistindo interessado ou entidade que seja seu titular exclusivo, até sob pena de perder sua natureza coletiva. Segundo, porque o ente legitimado não defende, em regra, direito próprio, o que também justificaria a impossibilidade da oposição." (Lições de doutrina). Assim, cumpre reconhecer a falta de interesse processual na presente demanda, pois a municipalidade ajuizou a presente ação de oposição quando, na verdade, devia ter ingressado nos autos da própria ação popular, consoante a regra legal do inciso III do artigo 7º da Lei 4717/1965. APELO DESPROVIDO. (Apelação Cível nº 70074238973, 22ª C. C., Tribunal de Justiça do RS, Rel. Miguel Ângelo da Silva, Julg. 24/08/2017).

[376] APELAÇÃO. LOCAÇÃO DE IMÓVEL. EXECUÇÃO DE TÍTULO EXECUTIVO EXTRAJUDICIAL. IMPENHORABILIDADE DO IMÓVEL. COISA JULGADA. INTERVENÇÃO DE TERCEIROS. OPOSIÇÃO. IMPROPRIEDADE DA VIA PROCEDIMENTAL ELEITA. EXTINÇÃO. DECISÃO MANTIDA. A questão acerca da impenhorabilidade do imóvel encontra-se abrangida pela coisa julgada, buscando o oponente, em manifesto intuito protelatório, valer-se do instituto da oposição, incompatível com o rito da execução, para levantar a constrição. Reconhecimento da inadequação da via procedimental eleita que se impõe mantido. Precedentes jurisprudenciais. Extinção da ação. Decisão mantida. APELAÇÃO DESPROVIDA. (Apelação Cível nº 70058991845, 16ª C. C., Tribunal de Justiça do RS, Relator: EduardoKraemer, Julgado em 23/06/2016).

[377] MEDINA, José Miguel Garcia. *Direito processual civil moderno.* São Paulo: Revista dos Tribunais: 2016, p. 866.

9.5. JULGAMENTO

Conforme o art. 685 do CPC, admitido o processamento, a oposição será apensada aos autos e tramitará simultaneamente à ação originária, sendo ambas julgadas pela mesma sentença, a qual, em razão do evento complexo, deverá possuir fundamentação completa, respeitada a dicção dos arts. 11 e 489.[378] Se a oposição for oferecida antes do início da audiência, será apensada aos autos principais, representando, desta forma, autenticamente, o papel de intervenção de terceiros em processo alheio. Assim, já decidiu o Tribunal de Justiça do Estado do Rio Grande do Sul que, "conforme exegese do art. 685 do CPC/2015 (reproduzindo disposição do art. 59 do CPC/1973), a oposição deve ser apensada aos autos, tramitando simultaneamente à ação originária, sendo ambas julgadas pela mesma sentença. Na hipótese, o julgamento apartado da oposição configura nulidade processual absoluta, ao impor a desconstituição da sentença, conforme entendimento jurisprudencial desta Corte".[379]

Outrossim, se a oposição for proposta após o início da audiência de instrução, o juiz suspenderá o curso do processo no final da produção das provas, salvo se concluir que a unidade da instrução atende melhor ao princípio da duração razoável do processo (art. 685, parágrafo único).[380] No CPC anterior, a suspensão era de 90 dias; no CPC atual, não há um prazo fixo.[381] Porém, conforme já decidiu o TJRS, só é cabível a oposição até ser proferida sentença de mérito (CPC, art. 682).[382]

Por fim, ratifica-se por oportuno que a oposição é prejudicial em relação à ação principal, portanto, como regra deve ser julgada junta-

---

[378] RUBIN, Fernando. *Sentença, recursos, regimes de preclusão e formação da coisa julgada no Novo CPC.* Porto Alegre: Paixão Editores, 2018, p. 79 ss.

[379] Apelação Cível n. 70075635763, Vigésima Câmara Cível, Tribunal de Justiça do RS, Relator: Dilso Domingos Pereira, Julgado em 31/01/2018.

[380] APELAÇÃO CÍVEL. RESPONSABILIDADE CIVIL. OPOSIÇÃO. PREVENÇÃO. Versando o presente feito sobre oposição, torna-se prevento o Relator que julgou a ação principal, pois a modalidade de intervenção de terceiro, conforme previsão do CPC/73, será distribuída por dependência à ação principal, impondo-se a declinação da competência ao Relator da Apelação Cível n. 70042381830. DÚVIDA DE COMPETÊNCIA SUSCITADA. (Apelação Cível n. 70076807809, Décima Câmara Cível, Tribunal de Justiça do RS, Relator: Paulo Roberto Lessa Franz, Julgado em 04/06/2018.

[381] ALVIM, Arruda. *Manual de direito processual civil.* v.2. São Paulo: Revista dos Tribunais, 2005, p. 140-141.

[382] Apelação Cível n. 70051572147, Sexta Câmara Cível, Tribunal de Justiça do RS, Relator: Luís Augusto Coelho Braga, Julgado em 23/04/2015. Em sentido contrário, advogando que cabe oposição depois de prolatada sentença: MARINONI, Luiz Guilherme, ARENHART, Sérgio Cruz e MITIDIERO, Daniel. *Curso de direito processual civil,* v. 3. São Paulo: Revista dos Tribunais, 2017, p. 243.

mente com a ação principal e em primeiro lugar (art. 686), salvo, certamente, na hipótese da intervenção autônoma, prevista no art. 685, parágrafo único, do CPC.[383]

---

[383] MEDINA, José Miguel Garcia. *Direito processual civil moderno*, São Paulo: Revista dos Tribunais, 2016, p. 867.

10. Habilitação

Felipe Camilo Dall'Alba

10.1. NOÇÕES GERAIS

A morte, como regra,[384] não é causa de extinção do processo, de modo que, ocorrendo a morte de qualquer das partes, dar-se-á a sucessão pelo seu espólio ou pelos seus sucessores (CPC, art. 110). Portanto, a habilitação ocorre quando, por falecimento de qualquer das partes, os interessados tiverem de sucedê-la no processo (CPC, art. 687). Assim, "não habilitada a sucessão ou espólio do autor falecido no curso do feito, deve o feito ser extinto em relação a ele, nos termos do artigo 313, § 2º, II, do CPC/2015".[385]

10.2. LEGITIMIDADE

Ocorrendo a morte de uma das partes, são legitimados para requerer a habilitação: a parte, em relação aos sucessores do falecido; os sucessores do falecido, em relação à parte (CPC, art. 688). Proceder-se-á à habilitação nos autos do processo principal, na instância em que estiver, suspendendo-se, a partir de então, o processo (CPC, art. 689).

Outrossim, como já decidiu o Tribunal de Justiça do Estado do Rio Grande do Sul: "com a morte da parte suspende-se o processo (CPC/2015, art. 313, inciso I, e § 1º), possibilitando-se assim a sucessão

---

[384] Exemplo de um caso em que não houve habilitação: APELAÇÃO CÍVEL. *AÇÃO DE DIVÓRCIO LITIGIOSO. FALECIMENTO DO AUTOR. PEDIDO DE HABILITAÇÃO DA SUCESSÃO. IMPOSSIBILIDADE. ILEGITIMIDADE PARA FIGURAR O POLO ATIVO DA DEMANDA.* Caso dos autos em que o autor da *ação* de divórcio faleceu antes mesmo da citação da ré, ocorrendo naturalmente a ruptura da sociedade conjugal, nos termos do artigo 1.571 do Código de Processo Civil. A *sucessão* carece de interesse processual para figurar o polo ativo, haja vista o caráter personalíssimo da *ação*. Apelação não conhecida. (Apelação Cível n. 70078174414, Oitava Câmara Cível, Tribunal de Justiça do RS, Relatora: Liselena Schifino Robles Ribeiro, Julgado em 29/08/2018).

[385] Ação Rescisória n.70074715871, Décimo Grupo de Câmaras Cíveis, Tribunal de Justiça do RS, Relator: Walda Maria Melo Pierro, Julgado em 31/08/2018.

processual pelo seu espólio ou pelos seus sucessores (CPC/2015, art. 110). Deixando o falecido exequente bens a inventariar, incumbe aos sucessores a abertura do inventário correspondente, seja através da via judicial (caso existente interessado incapaz), ou mediante escritura pública (CPC/2015, art. 610 e § 1º). A habilitação dos sucessores do de cujus, que deixou patrimônio suscetível de abertura de inventário, não prescinde da realização do inventário, sem o qual não será possível a regularização processual, com a nomeação do inventariante, representante do espólio ativa e passivamente nas ações em que este for parte (CPC/2015, art. 75, inciso VII)".[386] Também já decidiu o mesmo tribunal que "a inexistência de outros bens deixados pelo de cujus que não o crédito da ação ordinária ora executado, autoriza a habilitação dos herdeiros junto ao processo executivo, sendo desnecessário, para tanto, a abertura de processo de inventário. Hipótese de interpretação *contrario sensu* do artigo 75, inciso VII, combinado com as disposições constantes nos artigos 688, II, e 689, todos do Código de Processo Civil".[387]

10.3. PROCEDIMENTO

O início da habilitação dá-se por meio de uma petição. Assim, recebida a petição, o juiz ordenará a citação dos requeridos para se pronunciarem no prazo de 5 (cinco) dias (CPC, art. 690), sendo que a citação será pessoal, se a parte não tiver procurador constituído nos autos (CPC, art. 690, parágrafo único). Nessa esteira, o Tribunal de Justiça do Estado do Rio Grande do Sul já entendeu que, uma vez que a sucessão não foi intimada para regularizar a situação processual, a sentença deve ser anulada.[388] Também já decidiu o mesmo Tribunal: "inviável aplicar aos autores a pena de revelia para o caso de não ser promovida a habilitação da sucessão, devendo ser observado o artigo 313, § 2º, II, do CPC, com a fixação de prazo para regularização da representação, sob pena de extinção da ação sem julgamento de mérito".[389]

Como regra, o juiz decidirá o pedido de habilitação imediatamente nos próprios autos, salvo se este for impugnado e houver

---

[386] Agravo de Instrumento n. 70073924474, Quarta Câmara Cível, Tribunal de Justiça do RS, Relator: Eduardo Uhlein, Julgado em 29/11/2017.

[387] Agravo de Instrumento n. 70072772973, Vigésima Quinta Câmara Cível, Tribunal de Justiça do RS, Relator: Helena Marta Suarez Maciel, Julgado em 29/08/2017.

[388] Apelação Cível n. 70077948701, Décima Câmara Cível, Tribunal de Justiça do RS, Relator: Marcelo Cezar Muller, Julgado em 25/10/2018.

[389] Agravo de Instrumento n. 70077924140, Décima Primeira Câmara Cível, Tribunal de Justiça do RS, Relator: Antônio Maria Rodrigues de Freitas Iserhard, Julgado em 24/10/2018.

necessidade de dilação probatória diversa da documental, caso em que determinará que o pedido seja autuado em apartado e disporá sobre a instrução (CPC, art. 691). Dessa feita, como diz Miguel Garcia Medina, "acolhido o pedido de habilitação, o juiz proferirá decisão declaratória, prosseguindo-se o espólio ou sucessor no processo, que se encontrava suspenso, ou se rejeitado o pedido e não havendo outros sucessores o juiz observa o disposto no § 2º do art. 313 do CPC/2015".[390]

Por fim, transitada em julgado a sentença de habilitação, o processo principal retomará seu curso, e cópia da sentença será juntada aos autos respectivos (CPC, art. 692).

---

[390] MEDINA, José Miguel Garcia. *Direito processual civil moderno*. São Paulo: Revista dos Tribunais, 2016, p. 868.

11. Homologação do penhor legal e regulação de avaria grossa

Felipe Camilo Dall'Alba

11.1. NOÇÕES DA HOMOLOGAÇÃO DO PENHOR LEGAL

O penhor é um direito real que tem a função de garantir o pagamento de uma dívida, de modo que o credor pignoratício, que recebe a coisa, passa a ser o seu depositário.

Frise-se que o penhor pode resultar de lei ou de um contrato.[391] Registre-se, outrossim, que a situação regulada pelo CPC diz respeito não ao penhor contratual, mas ao penhor derivado da lei. As hipóteses de penhor legal estão previstas no Código Civil. Assim, são credores pignoratícios, independentemente de convenção: a) os hospedeiros, ou fornecedores de pousada ou alimento, sobre bagagens, móveis, joias ou dinheiro que os seus consumidores ou fregueses tiverem consigo na respectiva casa ou estabelecimento, pelas despesas ou consumo que aí tiverem feito; b) o dono do prédio rústico ou urbano, sobre os bens móveis que o rendeiro ou inquilino estiver guarnecendo o mesmo prédio, pelos aluguéis ou rendas (Código Civil, art. 1.467).

Nessa senda, a homologação do penhor legal pode se dar pela via judicial ou extrajudicial. Desse modo, de acordo com Marinoni, Arenhart e Mitidiero, poderá o credor, de plano e independentemente de provimento judicial (em medida de justiça de mão própria autorizada por lei), apossar-se dos bens descritos no artigo indicado, solicitando, apenas posteriormente, a intervenção judicial (ou extrajudicial), no intuito de chancelar sua conduta urgente.[392] O Tribunal de Justiça do Estado do Rio Grande do Sul decidiu que "o inadimplemento do aluguel autoriza o locador a se valer da prerrogativa prevista no art. 1.467 do CC, retendo mercadorias ou objetos do devedor até o valor

---

[391] GOMES, Orlando. *Direitos Reais*, Rio de Janeiro: Forense, 1999, p. 357.
[392] MARINONI, Luiz Guilherme, ARENHART, Sérgio Cruz, MITIDIERO, Daniel. *Curso de processo civil*. v. 3, São Paulo: Revista dos Tribunais, 2017, p. 267.

da dívida, quando iminente o risco de prejuízo. Ato contínuo, no entanto, deve o proprietário do estabelecimento requerer a homologação do penhor judicialmente, como forma de consolidar o direito real de garantia disposto no art. 1.467 do CC. Deixando o credor, por mais de um ano, de requerer a homologação judicial do penhor, a posse das mercadorias, por força da sua precariedade, converte-se em injusta e autoriza a reintegração pretendida pela requerente, pois configurado o esbulho".[393]

Desse modo, tomado o penhor legal, requererá o credor, ato contínuo, a homologação (CPC, art. 703). Marinoni, Arenhart e Mitidiero entendem que o prazo para ajuizar a homologação, após o apossamento, é de 30 dias.[394]

11.2. PROCEDIMENTO JUDICIAL DO PENHOR LEGAL

Na petição inicial, instruída com o contrato de locação ou a conta pormenorizada das despesas, a tabela dos preços e a relação dos objetos retidos, o credor pedirá a citação do devedor para pagar ou contestar na audiência preliminar que for designada (CPC, art. 703, § 1º).

Para garantir o direito de defesa, o devedor pode apresentar resposta, sendo que o art. 704 do CPC dispõe sobre o seu conteúdo: a) nulidade do processo; b) extinção da obrigação; c) não estar a dívida compreendida entre as previstas em lei ou não estarem os bens sujeitos a penhor legal; d) alegação de haver sido ofertada caução idônea rejeitada pelo credor.

O procedimento especial vai até a audiência preliminar, pois a partir desse momento, observar-se-á o procedimento comum (CPC, art. 705).

11.3. VIA EXTRAJUDICIAL DO PENHOR LEGAL

Como já foi dito anteriormente, a homologação do penhor legal poderá ser promovida, também, pela via extrajudicial, mediante requerimento do credor a notário de sua livre escolha (CPC, art. 703, § 2º).

Por isso, recebido o requerimento, o notário promoverá a notificação extrajudicial do devedor para, no prazo de 5 (cinco) dias, pagar

---

[393] Apelação Cível n. 70075048736, Vigésima Câmara Cível, Tribunal de Justiça do RS, Relator: Dilso Domingos Pereira, Julgado em 11/10/2017.
[394] MARINONI, Luiz Guilherme; ARENHART, Sérgio Cruz; MITIDIERO, Daniel. *Curso de processo civil*. v. 3, São Paulo: Revista dos Tribunais, 2017.

o débito ou impugnar sua cobrança, alegando por escrito uma das causas previstas no art. 704, hipótese em que o procedimento será encaminhado ao juízo competente para decisão (CPC, art. 703, § 3º).

Como efeito, transcorrido o prazo sem manifestação do devedor, o notário formalizará a homologação do penhor legal por escritura pública (CPC, art. 703, § 4º).

11.4. SENTENÇA QUE HOMOLOGA OU NÃO O PENHOR LEGAL

Por fim, homologado judicialmente o penhor legal, consolidar-se-á a posse do autor sobre o objeto (CPC, art. 706), ou, sendo negada a homologação, o objeto será entregue ao réu, ressalvado ao autor o direito de cobrar a dívida pelo procedimento comum, salvo se acolhida a alegação de extinção da obrigação (CPC, art. 706, § 1º). Contra a sentença caberá apelação, e, na pendência de recurso, poderá o relator ordenar que a coisa permaneça depositada ou em poder do autor (CPC, art. 706, § 2º).

11.5. NOÇÕES DA REGULAÇÃO DE AVARIA GROSSA

Segundo o CCo, todas as despesas extraordinárias feitas a bem do navio ou da carga, conjunta ou separadamente, e todos os danos acontecidos àquele ou a esta, desde o embarque e a partida até a sua volta e desembarque, são reputadas avarias (art. 761). As avarias são de duas espécies: avarias grossas ou comuns, e avarias simples ou particulares. A importância das primeiras é repartida proporcionalmente entre o navio, seu frete e a carga; e a das segundas é suportada, ou só pelo navio, ou só pela coisa que sofreu o dano ou deu causa à despesa (CCo, art. 763). Desse modo, o CCo dispõe no art. 764 quais são as avarias grossas e, no art. 766, quais são as avarias simples.

11.6. PROCEDIMENTO DA REGULAÇÃO DE AVARIA GROSSA

O CPC disciplinou o procedimento de regulação de avarias nos arts. 707 ao 711.[395] Em primeiro lugar, inexistindo consenso acerca da nomeação de um regulador de avarias, o juiz de direito da comarca do primeiro porto, onde o navio houver chegado, provocado por qual-

---

[395] MEDIDA, José Miguel Garcia. *Procedimentos especiais de jurisdição contenciosa e voluntária*, p. 878.

quer parte interessada, nomeará um com notório conhecimento (CPC, art. 707). Após, o regulador declarará justificadamente se os danos são passíveis de rateio na forma de avaria grossa e exigirá das partes envolvidas a apresentação de garantias idôneas, para que possam ser liberadas as cargas aos consignatários (CPC, art. 708).

Outrossim, a parte que não concordar com o regulador, quanto à declaração de abertura da avaria grossa, deverá justificar suas razões ao juiz, que decidirá no prazo de 10 (dez) dias.

Ademais, se o consignatário não apresentar garantia idônea a critério do regulador, este fixará o valor da contribuição provisória, com base nos fatos narrados e nos documentos que instruírem a petição inicial, que deverá ser caucionado sob a forma de depósito judicial ou de garantia bancária. Inclusive, recusando-se o consignatário a prestar caução, o regulador requererá ao juiz a alienação judicial de sua carga, na forma dos arts. 879 a 903. De qualquer modo, é permitido o levantamento, por alvará, das quantias necessárias ao pagamento das despesas da alienação a serem arcadas pelo consignatário, mantendo-se o saldo remanescente em depósito judicial até o encerramento da regulação.

Dessa feita, as partes deverão apresentar, nos autos, os documentos necessários à regulação da avaria grossa em prazo razoável a ser fixado pelo regulador (CPC, art. 709). O regulador apresentará o regulamento da avaria grossa no prazo de até 12 (doze) meses, contado da data da entrega dos documentos nos autos pelas partes, podendo o prazo ser estendido a critério do juiz (CPC, art. 710). Oferecido o regulamento da avaria grossa, dele terão vistas as partes pelo prazo comum de 15 (quinze) dias, e, não havendo impugnação, o regulamento será homologado por sentença (CPC, art. 710, § 1º). Havendo impugnação ao regulamento, o juiz decidirá no prazo de 10 (dez) dias, após a oitiva do regulador (CPC, art. 710, § 2º).

12. Das ações de família

12.1. NOÇÕES GERAIS

**Luis Alberto Reichelt
Ana Carolina de Oliveira Quintela**

O Código de Processo Civil de 2015 inova ao destinar um capítulo específico para tratar das ações de família projetando um procedimento que atende os conflitos de caráter contencioso. Porém, a ênfase se encontra na tônica que se demonstra desde os artigos que inauguram esse Código, revelando que a mudança nessas ações se dá pela proposição do legislador em incentivar a solução consensual das demandas familiares,[396] com que se ocupam as regras estabelecidas pelos artigos 693 a 699 do Capítulo X "Das ações de família" do CPC.

12.2. CLASSIFICAÇÃO

As ações de família seguirão, no que couber, as regras disciplinadas por leis específicas, como é o caso das ações de alimentos e quando houver criança e adolescente, compreendendo-se, portanto, como um rol exemplificativo aquele elencado no art. 693, CPC, sem prejuízo da ressalva importante presente no parágrafo único.

O universo das ações de família a serem aqui consideradas pode ser construído a partir de um recorte de dois níveis. Sob essa ótica, tem-se, em primeiro lugar, que as regras constantes do Código de Processo Civil são aplicáveis, por força da disposição expressa do art. 693 do CPC, às demandas de jurisdição contenciosa relativas a divórcio, separação, reconhecimento e extinção de união estável, guarda,

---

[396] "Nesse rito especial, o NCPC prioriza soluções pacificadoras, como a mediação e conciliação, sejam elas judiciais ou extrajudiciais. Sinaliza o Código, ao dar prioridade a esse sistema, que a decisão de autoridade do juiz, com base na lei, ficará adstrita quase sempre aos casos em que não for possível obter o consenso." (THEODORO JR, Humberto. *Curso de Direito Processual civil.* Vol. II. 50. ed. Rio de Janeiro: Forense, 2016. p. 368).

visitação e filiação. De outro lado, parece adequada a afirmação de que "todas as ações de família que não forem contempladas na listagem trazida pelo parágrafo único do art. 693 tramitarão pelo rito especial".[397] Essa também é a orientação do Enunciado nº 72 do Forum Permanente de Processualistas Civis, ao dispor no sentido de que o rol do art. 693 não é exaustivo, sendo aplicáveis os dispositivos previstos no Capítulo X a outras ações de caráter contencioso envolvendo o Direito de Família.

De outra banda, vale anotar que as ações previstas no *caput* do art. 693 do CPC seguem as regras processuais específicas previstas no Código e se distinguem das demais, previstas no parágrafo único, no que diz respeito à tutela de alimentos, na Lei nº 5.478/1968 (Lei de Alimentos) e Lei nº 11.804/1990 (Lei dos Alimentos Gravídicos) e Lei nº 8.069/1990 (Estatuto da Criança e do Adolescente). A disciplina do Código de Processo Civil é aplicável a tais ações de maneira subsidiária e supletiva.

O procedimento especial no caso das ações de família pode ser convertido de modo que se utilize o procedimento comum. De outro lado, vale anotar que o enunciado nº 672 do Forum Permanente de Processualistas Civis prevê ser admissível a cumulação do pedido de alimentos com os pedidos relativos às ações de família, valendo-se o autor desse procedimento especial, sem prejuízo da utilização da técnica específica para concessão de tutela provisória prevista na Lei de Alimentos.

12.3. A BUSCA PELA AUTOCOMPOSIÇÃO DE LITÍGIOS E AS AÇÕES DE FAMÍLIA

Torna-se diferenciado o procedimento das ações de família pela inserção obrigatória de uma fase processual de tentativa de resolução consensual, conforme orientação do art. 697, reforçada pelo art. 27 da Lei de Mediação (Lei nº 13.140/2015).

O Código avança em um viés de adequação,[398] comprometido com a ideia de um *modelo multiportas de solução de conflitos*,[399] moldando-se

---

[397] CALMON, Rafael. Direito das famílias e processo civil: interação, técnicas e procedimentos sob o enfoque do Novo CPC. São Paulo: Saraiva, 2017. p. 64.

[398] "Isto significa que o Código representa, na verdade, o sistema legal de adequação do processo, como instrumento, aos sujeitos que o acionaram, ao objeto sobre o qual atua, e aos fins da respectiva função judiciária, polarizado sempre para a declaração e realização do direito em concreto" (LACERDA, Galeno. O código como sistema de adequação legal do processo. *Revista do Instituto dos Advogados do Rio Grande do Sul*. Porto Alegre, Corag, 1976. p.161-170 Edição comemorativa do cinquentenário 1926-1976. p. 170).

[399] LESSA NETO, João Luiz. *O novo CPC (LGL\2015\1656) adotou o modelo multiportas!!! E agora?!*. *Revista de Processo*, n. 244 (2015): 427-441.

às particularidades de cada relação jurídica e o seu objeto, buscando concretizar o direito material por meio de uma prestação jurisdicional adequada e efetiva.

Pode-se considerar que esse modelo teve início em 2010 com a implementação de uma política nacional para o tratamento adequado de conflitos no âmbito do Poder Judiciário, reforçando a ideia de um Tribunal Multiportas, disponibilizando ao jurisdicionado uma maior qualificação dos meios autocompositivos (pré-processuais e processuais) de resolução de conflitos, com especial ênfase para a conciliação e a mediação.

Nesse caminho, aprovou-se o novo Código de Processo Civil e a Lei de Mediação (Lei nº 13.140/2015), que regula a mediação em âmbito judicial e extrajudicial. No que diz respeito à temática das ações de família, os três textos normativos dialogam diante das proposições feitas pelo Código.

Essa compreensão prévia permite que se identifique nas ações de família a preocupação em dissociar em um procedimento dois momentos cruciais: a fase autocompositiva e a fase contenciosa.

Para além das dificuldades estruturais do sistema judiciário para atender a essas demandas,[400] impõe-se debater acerca da perspectiva de formação de uma cultura de fomento ao acesso à justiça mediante o uso da autocomposição como método de resolução de conflitos. Nesse sentido, cumpre registrar desde logo o paradoxo presente na circunstância de na fase autocompositiva as partes serem *compelidas* a participar de um procedimento mediativo, o qual se coloca como etapa prévia a ser observada em relação a um posterior possível embate litigioso.

Avançando nessa perspectiva, pode-se dizer que o procedimento das ações de família constitui-se em uma fórmula *híbrida* de resolução de conflitos familiares. Isso pode ser facilmente constatado nos casos em que a marcha processual na própria fase autocompositiva: o que se vê é a provocação do juízo por meio da propositura de uma ação, a possibilidade de deferimento de tutela provisória e a prolação de uma decisão que homologa o termo de entendimento na forma do art. 487, III, "b", do CPC, que passará a ter força de título executivo judicial na

---

[400] Sobre o ponto, ver MARCATO, Antônio Carlos. *Procedimentos Especiais*. 16. ed. São Paulo: Atlas, 2016. p. 254-255: "afastado qualquer laivo de misoneísmo, o conhecimento empírico autoriza a conclusão de que fatores exógenos poderão influir negativamente, como eventuais dificuldades na criação e composição dos centros judiciários (v. art. 165), com conciliadores ou mediadores aptos a atender comarcas remotas ou com poucos profissionais qualificados, ou, ainda, a conhecida sobrecarga de trabalho imposta aos servidores forenses, que poderá ser agravada com a necessidade de instalação e realização dessas audiências (...)".

forma do art. 515, II ou III, do mesmo diploma legal, dependendo do caso.

É singular a forma como o CPC adotou o modelo multiportas. Cumpre reiterar, aqui, a crítica à previsão quanto à obrigatoriedade da realização da audiência de conciliação ou de mediação presente nos arts. 695 e 334 do CPC. Há, aqui, risco de desrespeito a um dos vetores fundamentais do microssistema forjado a partir da Resolução CNJ nº 125/2010, que é o princípio da autonomia da vontade, já que imposta a realização de audiência que talvez sequer seja de interesse das partes.

De outro lado, em sede de ações de família, o legislador foi além, prevendo no art. 695, § 1º, que o mandado de citação conterá apenas os dados necessários à audiência e deverá estar desacompanhado de cópia da petição inicial, assegurado ao réu o direito de examinar seu conteúdo a qualquer tempo. Aqui devem ser analisados princípios fundamentais que tocam o processo e princípios norteadores dos métodos autocompositivos, nesse caso, a mediação. Em breve análise, o desconhecimento do réu a respeito do conteúdo da petição inicial, processualmente, é sanado pela permissão presente no próprio § 1º supracitado, embora possa ser analisado sob o viés da ausência de isonomia no tratamento das partes, ainda, do cerceamento de defesa. No entanto, no que diz respeito a tentativa de autocomposição por meio da mediação, pode-se ler a intenção do legislador em afastar uma possível postura defensiva do réu em relação às alegações do autor, "o réu, ao ser citado, não recebe cópia da petição inicial, para que possa comparecer à audiência de espírito desarmado",[401] de modo que se venha a "evitar o acirramento dos ânimos", mantida, porém, a possibilidade de acesso aos autos à parte para que busque conhecimento e possa exercer o contraditório.[402]

Apesar das boas intenções veiculadas na fórmula em questão, é digna de dúvida a sua efetividade. O comparecimento das partes a uma audiência de mediação sem estarem devidamente informadas a respeito do seu objeto parece contraditório com o espírito presente na principiologia da Resolução CNJ nº 125/2010 e do próprio Código de Processo Civil, que em seu art. 166 abraça, dentre outras orientações, o princípio da decisão informada como um dos seus vetores.

---

[401] A citação é de Claudio Cintra Zarf, in WAMBIER, Teresa Arruda Alvim, DIDIER JR., Fredie, TALAMINI, Eduardo; DANTAS, Bruno (org.). *Breves Comentários ao Novo Código de Processo Civil.* São Paulo: Revista dos Tribunais, 2015, p. 1.604.

[402] Essa é a posição de Ivanise Tratz Martins, in CUNHA, José Sebastião Fagundes. *Código de Processo Civil comentado.* São Paulo: Revista dos Tribunais: 2016. p. 970.

Diferentemente do que acontece na estrutura da dialética processual, privilegia-se na mediação as narrativas pessoais das partes. Trata-se de um modelo dialógico diferente do que se tem em petições veiculadas no contencioso processual, que veiculam traduções e enquadramentos jurídicos realizados pelos patronos da causa com vistas à defesa de interesses que se apresentam como incompatíveis entre si. Em um caso e noutro, preservada estará a isonomia de tratamento das partes em relação a oportunidade de manifestação, seja durante todo o processo mediativo, seja na fase do contencioso processual.

Outra ressalva importante diz respeito à forma como o sistema lida com a autonomia de vontade das partes e a voluntariedade delas em relação à permanência em mediação. Por mais que o CPC imponha o *comparecimento* das partes em uma primeira sessão de mediação, ele não obriga as partes a *permanecerem* no processo mediativo. A qualquer tempo as partes podem solicitar o encerramento da mediação, que também pode ser estabelecido por determinação dos mediadores. "Por isso a importância da compreensão do método consensual para a tomada de decisão quanto ao prosseguimento nesse caminho, sendo assim, a obrigatoriedade vai até o limite apresentado pela voluntariedade quanto à permanência na mediação".[403]

A fase autocompositiva será conduzida, preferencialmente, por mediadores judiciais e em caso de suspensão do processo poderá ser conduzida por mediadores extrajudiciais, art. 9º da Lei nº 13.140/2015 (Lei de Mediação). Portanto, a interferência direta do Juiz ocorrerá após a realização dessa etapa, em caso de entendimento, na homologação do termo de entendimento, ou na direção do processo caso não se chegue a um entendimento, conforme art. 697 do CPC.

12.4. PROCEDIMENTO

Na busca de compreensão do regime jurídico aplicável em sede de ações de família, cumpre anotar, inicialmente, a existência de algumas normas dispostas de maneira heterotópica que são de considerável importância. Nesse sentido, vale lembrar, inicialmente, que as regras de competência jurisdicional aplicáveis passaram por substanciais alterações. Nesse sentido, fazendo menção às normas aplicáveis em sede de competência jurisdicional, Rafael Calmon lembra que "não mais existe a chamada 'competência de gênero', assegurando

---

[403] QUINTELA, Ana Carolina de Oliveira. Controle de Juridicidade no âmbito da mediação judicial e o respeito aos Direitos Fundamentais das partes. Disponível em: <http://ebooks.pucrs.br/edipucrs/anais/simposio-de-processo/assets/2016/06.pdf>.

tratamento diferenciado à mulher. Para toda e qualquer ação será competente, nesta ordem, o foro do domicílio do guardião de filho incapaz, do último domicílio do casal, casa não haja filho incapaz, ou do domicílio do réu, se nenhuma das partes residir nesse local".[404]

Da mesma forma, anota Antônio Carlos Marcato a necessidade de observância de outras normas processuais específicas, como a exigência de tramitação do processo em segredo de justiça (art. 189, II, do CPC), ou, ainda, a existência de limitações porventura aplicáveis no âmbito do depoimento pessoal (art. 388, parágrafo único, do CPC).[405] Vale lembrar, ainda, que a lei prevê a possibilidade de adoção de providencias em sede de tutela provisória no âmbito das ações de família (arts. 294 a 311), as quais são consideradas compatíveis com a previsão de obrigatoriedade da realização da audiência de mediação.

Do ponto de vista do regime jurídico previsto de maneira expressa pelo legislador no capítulo X do Título III do Livro I da Parte Especial do CPC, observa-se que, de modo geral, a busca pela solução consensual da controvérsia é meta a ser observada no rito das ações de família, e se constitui na grande marca diferencial do rito a ser observado. Essa é a tônica imposta pelo próprio art. 697 do CPC, segundo o qual não realizado o acordo, passarão a incidir, a partir de então, as normas do procedimento comum.

O atendimento a essa meta, por sua vez, pode ser alcançada de inúmeras maneiras. Uma delas é a prevista nos *caputs* dos arts. 694 e 695 do CPC, contemplando tal dinâmica como uma primeira fase do procedimento, anterior à apresentação de contestação, sem excluir, por certo, a possibilidade de providências referentes à tutela provisória. Outra alternativa a ser considerada é a de que as partes ou o próprio juízo possam entender oportuna, a qualquer tempo, a suspensão do processo enquanto os litigantes se submetem a mediação extrajudicial ou a atendimento multidisciplinar na forma do previsto no parágrafo único do art. 694 do CPC.[406] Uma ulterior possibilidade, ainda, é a de realização de mediação judicial a qualquer tempo, conforme preceitua o art. 139, V, do CPC, aplicável também às ações de família.

---

[404] CALMON, Rafael. *Direito das famílias e processo civil: interação, técnicas e procedimentos sob o enfoque do Novo CPC*. São Paulo: Saraiva, 2017.
[405] MARCATO, Antônio Carlos. *Procedimentos Especiais*. 16. ed. São Paulo: Atlas, 2016. p. 253.
[406] Defende MARCATO, Antônio Carlos. *Procedimentos Especiais*. 16. ed. São Paulo: Atlas, 2016, p. 256, que "apensar do silêncio do parágrafo quanto ao período de suspensão, este não poderá exceder a seis meses (...)". Respeitando a posição em sentido contrário, tem-se que não se justifica tamanha rigidez na contagem de prazo, especialmente nos casos em que as próprias partes, de livre vontade, trouxerem notícia aos autos no sentido de que as sessões de mediação gradualmente passam a produzir efeito, sob o argumento de que a recuperação da comunicação entre elas é objetivo que pode reclamar a necessidade de paralisação do feito por período maior do que esse.

Atendendo ao critério utilizado no art. 165, § 3º, do CPC, vislumbra-se como mais provável o uso da mediação em casos de conflitos objeto das ações de família, uma vez que as mesmas tem por objeto não raro relações jurídicas cuja existência se prolonga no tempo. Isso não exclui a possibilidade de que a lide a ser enfrentada seja relativa a um episódio pontual, de modo a se revelar recomendável o emprego da conciliação como meio de solução de conflitos. Nessa trilha, Rafael Calmon faz essa observação ao tratar da possibilidade de conciliação em caso de uma ação de família em que se discutam preponderantemente aspectos patrimoniais, a depender da indicação do juiz ou particularidade do caso.[407]

A complexidade dos conflitos objeto das ações de família, bem como a exigência de atendimento rigoroso aos princípios que norteiam a atividade de mediação pautam o constante do art. 696 do CPC, que assegura que a audiência de mediação e conciliação poderá dividir-se em tantas sessões quantas sejam necessárias para viabilizar a solução consensual, sem prejuízo de providências jurisdicionais para evitar o perecimento do direito.

Nesse contexto, e em consonância com o art. 695, § 4º, do CPC, importante mencionar a imprescindível participação dos advogados ou defensores públicos na sessão de mediação.[408] O profissional que acompanhará as partes nessa fase tem, previamente, um papel informativo quanto os aspectos fundamentais da autocomposição, servindo como um agente responsável pela verificação da juridicidade dos atos praticados durante as sessões de mediação, exercendo verdadeira função essencial à justiça.

O art. 698 do CPC reitera previsão estabelecida pelo art. 178 da mesma codificação acerca da política a ser observada com vistas à intervenção do Ministério Público nas ações de família. Nesse sentido, a atuação do *parquet* somente ocorrerá quando houver interesse de incapaz, uma vez que não se justifica que demandas que versem, por exemplo, exclusivamente sobre partilha de bens com partes capazes sejam remetidas com vista ao Ministério Público.[409] Sem prejuízo disso, o Ministério Público deverá ser ouvido previamente à homologação de todo e qualquer acordo em matéria de ações de família.

---

[407] CALMON, Rafael. *Direito das famílias e processo civil*: interação, técnicas e procedimentos sob o enfoque do Novo CPC. São Paulo: Saraiva, 2017. p. 66.
[408] Na trilha do que lembra THEODORO JR, Humberto. *Curso de Direito Processual civil*. Vol. II, 50. ed. Rio de Janeiro: Forense, 2016. p. 372 registre-se que a presença de advogado ou defensor público não é obrigatória nos casos em que implementada mediação extrajudicial.
[409] CALMON, Rafael. *Direito das famílias e processo civil*: interação, técnicas e procedimentos sob o enfoque do Novo CPC. São Paulo: Saraiva, 2017.

Os acordos alcançados nas ações de família ensejam o surgimento de títulos executivos de diferentes ordens. O art. 515 do CPC, que trata dos títulos executivos judiciais, contempla em tal rol no seu inciso II, *a decisão homologatória de autocomposição judicial*, e, no seu inciso III, *a decisão homologatória de autocomposição extrajudicial de qualquer natureza*. O art. 784 do CPC, por sua vez, ao dispor sobre os títulos executivos extrajudiciais, estabelece em seu inciso IV ser título executivo *o instrumento de transação referendado pelo Ministério Público, pela Defensoria Pública, pela Advocacia Pública, pelos advogados dos transatores ou por conciliador ou mediador credenciado por tribunal*.

Essas conclusões restam confirmadas em se considerando o previsto na Lei nº 13.140/2015, que em seu art. 3º, § 2º, dispõe no sentido de que *o consenso das partes envolvendo direitos indisponíveis, mas transigíveis, deve ser homologado em juízo, exigida a oitiva do Ministério Público*, fórmula que se mostra adequada em se tratando de boa parte das questões objeto de ações de família. Segundo o *caput* do art. 20 da referida lei, *o procedimento de mediação será encerrado com a lavratura do seu termo final, quando for celebrado acordo ou quando não se justificarem novos esforços para a obtenção de consenso, seja por declaração do mediador nesse sentido ou por manifestação de qualquer das partes*, em fórmula que é complementada pelo constante do parágrafo único do mesmo comando legal ao dispor que *o termo final de mediação, na hipótese de celebração de acordo, constitui título executivo extrajudicial e, quando homologado judicialmente, título executivo judicial*.

12.5. A PROVA NAS AÇÕES OU INCIDENTES DE ALIENAÇÃO PARENTAL

Juliana Leite Ribeiro do Vale

Nas ações ou incidentes de alienação parental todos os meios de prova são, por óbvio, admitidos para provar a verdade da alegação de alienação parental, como preceitua o artigo 369 do CPC. Alguns meios de prova, no entanto, são mais aptos que outros.

Dentre os meios mais comuns, atualmente a *prova documental* tem ganhado relevância, pois se tem admitido, de acordo com o artigo 422 do CPC, áudios, vídeos, imagens, mensagens, fotos que demonstrem a tentativa de um dos genitores de desqualificar ou ridicularizar o outro no exercício da parentalidade. Ainda é possível demonstrar falsas denúncias contra genitor(a), seus familiares ou qualquer ato que busque dificultar a convivência com a criança ou adolescente.

Quem pretenda utilizar uma postagem com vídeo, texto, foto, imagem, ou mesmo mensagem de texto, voz ou mensagem eletrônica como prova documental é importante convertê-las à forma impressa, conforme artigo 439 do CPC, para evitar o seu desaparecimento ou alteração. Para dar maior garantia, o ideal é que seja lavrada uma ata notarial (artigo 384 do CPC). Esse instrumento, lavrado no Tabelionato de Notas, revestido de caráter público, dá maior segurança e credibilidade à prova.

Nos casos de alienação parental, há relatos de que o comportamento da criança ou adolescente é um quando na presença do genitor alienador e outro quando ele não está presente. Nesse sentido, gravações e filmagens de conversas feitas por um dos interlocutores, mesmo sem o consentimento dos demais participantes,[410] pode ser um importante meio de prova.

Importante, também, nos casos envolvendo alienação parental, conforme dispõe a própria Lei da Alienação Parental, Lei 12.318/10, a *prova pericial*. Assim dispõe o artigo 5º: "havendo indício da prática de ato de alienação parental, em ação autônoma ou incidental, o juiz, se necessário, determinará perícia psicológica ou biopsicossocial".

Dentre as perícias mais comuns nesses casos estão a psicológica, realizada por um psicólogo, e a social, realizada por um assistente social. Em muitos casos, no entanto, há necessidade de médicos (especialmente psiquiatras) e pedagogos.

Segundo o artigo 375 do CPC, "o juiz aplicará as regras de experiência comum subministradas pela observação do que ordinariamente acontece e, ainda, as regras de experiência técnica, ressalvado, quanto a estas, o exame pericial", daí a importância da perícia para identificação da alienação parental.

Nesse sentido, o resultado da perícia influenciará diretamente a decisão judicial. Não existe hierarquia entre as provas, de forma que não há falar que a prova pericial é superior às demais, mas considerando que o resultado da prova pericial apresentará uma regra da experiência técnica, o juiz acaba por ficar vinculado a esse resultado no momento de julgar o caso.

Não se pode deixar de mencionar, finalmente, a importância da *prova oral – prova testemunhal* e *depoimento pessoal*.

A primeira delas é a *prova testemunhal*, pois muitas situações só poderão ser comprovadas por testemunhas que tenham presenciado

---

[410] Nesse sentido a posição do Superior Tribunal de Justiça: BRASIL. Superior Tribunal de Justiça. AgRg no AREsp 721244. Relator Ministro Jorge Mussi. Quinta Turma. DJe 07.06.2017.

atos praticados pelo(a) genitor(a) alienador(a) que importem em atos típicos de alienação parental (art. 2º da Lei 12.318/10).

Já o *depoimento pessoal* pode ganhar importância quando se pensa no depoimento da criança ou adolescente vítima dos atos de alienação parental. O art. 699 do CPC estabelece que "quando o processo envolver discussão sobre fato relacionado a abuso ou a alienação parental, o juiz, ao tomar o depoimento do incapaz, deverá estar acompanhado por especialista". No mesmo sentido, criou-se escuta especializada e o depoimento especial, a partir da publicação da Lei nº 13.431/2017.

Como, nem o Código de Processo Civil, nem o Estatuto da Criança e do Adolescente estabelecem quais os especialistas, entende-se que o juiz deverá contar com o auxílio de psicólogos, psiquiatras, assistentes sociais, pedagogos que auxiliem a minimizar ao máximo pontenciais danos que depoimentos em juízo podem causar a crianças e adolescentes.

13 . Ação monitória

Juliano Colombo

13.1. CABIMENTO

A vigência do Código de Processo Civil de 2015 eleva o valor e alarga a amplitude para a utilização da ação monitória (originariamente inserida no Código de 1973 somente em 1995 pela Lei 9.079), bem como consolida o entendimento jurisprudencial sobre esta demanda de rito especial. Estando a obrigação evidenciada em uma prova escrita, a tutela deverá ser alcançada sem a natural morosidade do procedimento comum.[411] Aquela que antes estava autorizada para a exigência de quantia, bem como diante de obrigações de entrega de coisa móvel, agora passa a incorporar todas as obrigações previstas pelo ordenamento civil. Obrigações de quantia, de fazer ou não fazer, bem como a obrigação de entrega de coisa móvel ou imóvel (fungível ou infungível) poderão ser exigidas no procedimento monitório, desde que presente o requisito da prova escrita sem eficácia de título executivo, conforme estabelece o art. 700 do Código de Processo Civil.[412] Objetiva-se abreviar, com esta ação de procedimento especial, a for-

---

[411] Acerca do procedimento monitório como técnica e aceleração da realização dos direitos, assim referem Marinoni, Arenhart e Mitidiero: "O legislador infraconstitucional concebe o procedimento monitório como técnica destinada a propiciar a aceleração da realização dos direitos e assim como instrumento capaz de evitar o custo inerente à demora do procedimento comum. Partindo da premissa de que um direito evidenciado, mediante prova escrita, em regra não deve sofrer contestação, o procedimento monitório objetiva, através da inversão do ônus de instaurar a discussão a respeito da existência ou inexistência do direito, desestimular as defesas infundadas e permitir a tutela do direito sema as delongas do procedimento comum" (MARINONI, Luiz Guilherme; ARENHART, Sérgio Cruz; MITIDIERO, Daniel. *Novo curso de processo civil*: tutela dos direitos mediante procedimentos diferenciados. São Paulo: Revista dos Tribunais, 2017, v. 3, p. 247). No mesmo sentido ver TALAMINI, Eduardo. *Tutela monitória*. 2. ed. São Paulo: Revista dos Tribunais, 2001.

[412] Sobre o conceito de prova escrita e a cognição exercida pelo juiz, aprofundado o estudo de TALAMINI, Eduardo. *Prova escrita e cognição sumária na ação monitória*. Revista de Processo, São Paulo, v. 278 (2018): 411-431. PDF. Disponível em: <http://www.rtonline.com.br/>. Acesso em: mai. 2018; CRUZ E TUCCI, José Rogério. *Prova escrita na ação monitória*. Doutrinas Essenciais de Processo Civil, São Paulo, v. 4 (2011): 571-583. PDF. Disponível em: <http://www.rtonline.com.br/>. Acesso em: mai. 2018.

mação do título executivo judicial, a partir da utilização de uma prova escrita que, a depender da postura processual adotada pelo réu, poderá ser transfigurada de forma célere em título executivo judicial.[413] A partir da constatação da prova escrita, tem-se uma tutela que será concedida inicialmente sem a oitiva da parte contrária, postergando o contraditório para o momento dos embargos à ação monitória, conforme autoriza o art. 9º, parágrafo único, inciso III, do Código de Processo Civil.[414] Qualifica-se, portanto, como uma faculdade conferida ao credor, que poderia valer-se da ação de procedimento comum, entretanto deseja encurtar a formação do título executivo.

Quanto à prova escrita, impende ressaltar que a inexistência desta impedirá a utilização da via especial. Aqui, ponto importante e inovador deve ser ressaltado. O Código de Processo Civil de 2015 estabelece em seu art. 700, § 1º, a possibilidade da utilização da denominada "prova oral documentada", a partir da utilização da ação de produção antecipada de provas para a formação da prova escrita. Nesta perspectiva, com a utilização da ação prevista no art. 381 do Código de Processo Civil, o credor poderá, previamente, buscar a formação da prova escrita, para então utilizar-se do procedimento monitório. Nesta linha, exemplificativamente, o depoimento testemunhal fundado na existência de uma obrigação poderá ser reduzido a termo na referida ação e servir de requisito para o ajuizamento da monitória. Ressalte-se, neste contexto, que a prova escrita exigida na monitória é a necessária tão somente para a expedição do mando monitório, aquela merecedora de fé, ou seja, que demonstre razoável grau de probabilidade do direito do autor.[415] Não se exige aqui que a prova escrita

---

[413] Assim refere Humberto Theodoro Júnior: "Trata-se, portanto, de um caso de tutela jurisdicional diferenciada, que ocorre quando a lei oferece mais de um remédio processual para que o destinatário possa optar, segundo as conveniências do caso concreto. Ao escolher esse procedimento, o que a parte tem em mira é abreviar o caminho para chegar à execução forçada, o que talvez lhe seja possível, sem passar por todo o percurso complicado do procedimento comum, se o réu, como é provável, não se interessar pela discussão da obrigação." (THEODORO JR, Humberto. *Curso de Direito Processual Civil: procedimentos especiais*. Rio de Janeiro: Forense, 2016, v. II, p. 386).

[414] Conforme refere Antonio Carlos Marcato: "Essa particular tutela de evidência, concedida inaudita altera parte (CPC, art. 9º, III) com base, exclusivamente, na prova documental apresentada pelo autor (*rectius*: prova escrita sem eficácia de título executivo – art. 700), vem consubstanciada no mandado monitório, decisão dotada de eficácia similar àquela da sentença condenatória, ou seja, provimento jurisdicional idêntico, por natureza, àquele contido em uma sentença condenatória, cujos efeitos ficam acobertados pela autoridade da coisa julgada material se e quando não opostos – ou integralmente rejeitados – embargos pelo réu (art. 701, §§ 2º e 3º)." (MARCATO, Antonio Carlos. *Procedimentos Especiais*. 17. ed. São Paulo: Atlas, 2017, p. 267).

[415] Relevante o estudo desenvolvido por Fabiana Marcello Gonçalves Mariotini e Humberto Dalla que analisa se o instituto da estabilização trazido no bojo do novo sistema processual torna desnecessária a existência do procedimento especial monitório encontrado em DALLA, Humberto; MARIOTINI, Fabiana Marcello Gonçalves. Ação monitória: o embrião da estabilização das tute-

demonstre que o direito do credor "(...) estreme de dúvida, como se fosse um direito líquido e certo; ao contrário, a prova escrita necessita fornecer ao juiz apenas certo grau de probabilidade acerca do direito alegado em juízo".[416] O direito do credor, bem como o fato constitutivo do seu direito poderão ser objeto de maior aprofundamento e demonstração apenas na hipótese do oferecimento dos embargos à ação monitória por parte do réu. Insere-se aqui um contraditório de iniciativa do réu, um contraditório eventual,[417] em situação específica e pontual frente à regra geral do contraditório prévio próprio do procedimento comum.[418] Caso o magistrado conclua, pela análise da inicial, que a prova juntada pelo demandante sequer possui adequado índice de probabilidade a ensejar e fundamentar o procedimento monitório,[419] orientado pela norma fundamental processual de primar pelo julgamento meritório, deverá intimar o autor para adequar a petição aos requisitos do procedimento comum, conforme estabelece o art. 700, § 5º, do Código de Processo Civil. Interessante reproduzir, ainda, o Enunciado 188 do Fórum Permanente dos Processualistas Civis que assim determina "Com a emenda da inicial, o juiz pode entender idônea a prova e admitir o seguimento da ação monitória".[420]

---

las antecipadas. É justificável a existência autônoma das ações monitórias após o NCPC? *Revista de Processo*. São Paulo, v. 271 (2017): 231-255. PDF. Disponível em: <http://www.rtonline.com.br/>. Acesso em: mai. 2018.

[416] MARINONI, Luiz Guilherme; ARENHART, Sérgio Cruz; MITIDIERO, Daniel. Op. cit., p. 250.

[417] Sobre o tema ver CALAMANDREI, Piero. *El procedimento monitório*, Tradução de Sentis Melendo, Buenos Aires: Bibliográfica Argentina, 1946, em especial p. 24.

[418] Nas palavras de Alexandre de Freitas Câmara: "É que não se pode reputar admissível, no modelo constitucional de processo brasileiro, estabelecer obstáculos ao exercício do contraditório prévio (ressalvados, apenas, aqueles casos em que este desnaturaria a decisão, como ocorre com as medidas de urgência e da decisão liminar que se profere no procedimento monitório, nos precisos termos do parágrafo único do art. 9º do CPC/2015)." (CÂMARA, Alexandre Freitas. *Levando os padrões decisórios a sério*: formação e aplicação de precedentes e enunciados de súmulas, São Paulo: Altas, 2018, p. 343 – Edição VitalSource Bookshelf).

[419] Entre as provas aceitas pelos tribunais, pode-se citar diversas teses consolidas no Superior Tribunal de Justiça, conforme edição n. 18 do informativo "Jurisprudência em Teses", entre elas pode-se citar: "Considera-se como prova escrita apta à instrução da ação monitória todo e qualquer documento que sinalize o direito à cobrança e que seja hábil a convencer o juiz da pertinência da dívida, independentemente de modelo predefinido"; "A duplicata ou a triplicata sem aceite são documentos idôneos para instruir a ação monitória"; "A nota fiscal, acompanhada da prova do recebimento da mercadoria ou da prestação do serviço, pode instruir a ação monitória."; "Não há impedimento legal para que o credor, possuidor de título executivo extrajudicial, utilize o processo de conhecimento ou a ação monitória para a cobrança."; "É admissível a ação monitória fundada em cheque prescrito. (Súmula n. 299/STJ)"; "Em ação monitória fundada em cheque prescrito, ajuizada em face do emitente, é dispensável menção ao negócio jurídico subjacente à emissão da cártula. (Tese julgada sob o rito do art. 543-C do CPC/1973 – TEMA 564) (Súmula n. 531/STJ)"; Edição n. 21: "O contrato de abertura de crédito em conta-corrente, acompanhado do demonstrativo de débito, constitui documento hábil para o ajuizamento de ação monitória". O informativo "Jurisprudência em Teses" está disponível em: <http://www.stj.jus.br/>. Acesso em: maio de 2018.

[420] Aprovado no III Fórum Permanente de Processualistas Civis ocorrido no Rio de Janeiro entre 25 e 27 de abril de 2014.

Outro ponto a ser destacado reside na possibilidade de um título executivo extrajudicial, ainda dotado de carga executiva, instruir uma ação monitória. O *caput* do art. 700 é expresso ao afirmar a existência da prova escrita sem eficácia de título executivo. Ocorre que conforme a redação do art. 785 do Código de Processo Civil, mesmo o credor cristalizando o seu direito em um título executivo extrajudicial, nada impede que este opte pelo procedimento comum, no intuito de formar o título executivo judicial. Como consequência lógica e razoável, o credor poderia optar pelo ajuizamento de uma ação monitória, mesmo tendo em suas mãos um título com eficácia executiva. Inegável reconhecer que tal argumento ganha força a partir da redação do art. 785 do Código de Processo Civil.[421]

13.2. PROCEDIMENTO: PARTES, CAUSA DE PEDIR E PEDIDO

No âmbito da legitimidade ativa, aquele que se apresentar como credor da obrigação, seja originário, cessionário ou sub-rogado, poderá figurar no polo ativo da demanda monitória, tanto a pessoa física, como a pessoa jurídica. Na legitimidade passiva, o devedor da obrigação de quantia, da obrigação de fazer ou não fazer ou ainda da obrigação de entrega de coisa, deverá figurar no polo passivo, assim como demais coobrigados.[422] A citação poderá ocorrer por qualquer modalidade do procedimento comum, conforme determina o § 7º do art. 700. O requisito da capacidade do devedor foi expressamente exigido pelo *caput* do art. 700 do Código de Processo Civil, sendo incabível a monitória contra incapazes.[423] Ponto consolidado pelo atual Código, reside na possibilidade da ação monitória em face da Fazenda Pública, expressamente admitida pelo art. 700, § 6º, repetindo entendimento

---

[421] Na mesma linha, segue o pensamento de Luiz Henrique Volpe Camargo: "Assim, onde se lê no art. 700 'prova escrita sem eficácia de título executivo' deve-se ler 'prova escrita sem eficácia de título executivo' judicial. Significa então que a regra do art. 700 é compatível com o art. 785, que diz que 'a existência de título executivo extrajudicial não impede a parte de optar pelo processo de conhecimento, a fim de obter título executivo judicial'. No caso, o interesse do credor na utilização do procedimento especial monitório é o de buscar a formação de um título executivo judicial." (CAMARGO, Luiz Henrique Volpe. Art. 700. In: STRECK, Lenio Luiz; NUNES, Dierle; CUNHA, Leonardo (orgs.). *Comentários ao Código de Processo Civil*. São Paulo: Saraiva, 2017, p. 954).

[422] Neste sentido refere Humberto Theodoro Júnior: "Havendo vários coobrigados, solidariamente responsáveis pela dívida, a ação monitória torna-se manejável contra todos, em litisconsórcio passivo, ou contra cada um deles isoladamente, visto que o litisconsórcio, na espécie, não é necessário". (THEODORO JR, Humberto. Op. cit., p. 389).

[423] Em sentido contrário Luiz Henrique Volpe Camargo: "O ajuizamento da ação pelo procedimento monitório contra incapaz é admissível, com uma ressalva: desde que, antes da análise de que trata o art. 701, *caput*, o juiz determine a oitiva do Ministério Público (art. 178, II, c/c art. 279)" (CAMARGO, Luiz Henrique Volpe. Op. cit., p. 955).

sumulado pelo Superior Tribunal de Justiça no enunciado 339.[424] Neste particular, não sendo apresentados embargos pela Fazenda Pública, poderá ocorrer a remessa necessária (conforme as hipóteses do art. 496 do Código de Processo Civil), forte no art. 701, § 4º. Com o julgamento da remessa necessária, será efetivado o cumprimento de sentença em face da Fazenda Pública

A causa de pedir da ação monitória reside no descumprimento da obrigação, esta comprovada pela existência da prova escrita. O pedido caminha no sentido de que seja determinada a expedição do mandado monitório, ou seja, do mandado de pagamento, do fazer ou não fazer, ou ainda o mandado para a entrega do bem. Presentes os requisitos, bem como sendo evidente o direito do autor, a partir da prova escrita juntada, o juiz deferirá a expedição de mandado de pagamento, de entrega de coisa ou para execução de obrigação de fazer ou de não fazer, concedendo ao réu o prazo de 15 (quinze) dias para o cumprimento e o pagamento de honorários advocatícios de cinco por cento do valor atribuído à causa, conforme estabelece o art. 701. Da decisão que determina a expedição do mandado monitório não caberá agravo de instrumento, em virtude de ausência de autorização legal pelo art. 1.015 do Código de Processo Civil, bem como pela falta de interesse, em virtude da abertura do prazo dos embargos monitórios, com efeito suspensivo *ope legis*.[425]

Em suas atitudes, o réu poderá efetuar o cumprimento do mandado monitório no prazo de 15 dias, ficando isento de custas, respondendo apenas pelos honorários de 5%, tudo conforme o art. 701, *caput* e § 1º. Permanecendo revel o réu, o mandado inicial converte-se em mandado executivo, restando abreviada a formação do título executivo judicial, na forma do art. 701, § 2º, do Código de Processo Civil, seguindo-se como cumprimento de sentença.

Na eventualidade de serem oferecidos os embargos à ação monitória, resta instaurado o procedimento comum que será resolvido por uma sentença que confirma ou não o mandado monitório.[426] Os

---

[424] Súmula 339 do Superior Tribunal de Justiça: "É cabível ação monitória contra a Fazenda Pública".

[425] THEODORO JR, Humberto. Op. cit., p. 398.

[426] Neste linha refere Humberto Dalla Bernardina de Pinho: "Em uma segunda fase, em que o rito se transforma naturalmente em comum, devido à oposição de embargos, são admissíveis quaisquer meios de prova. Fica, a partir desse momento, assegurada ao réu a iniciativa de abrir o pleno contraditório sobre a pretensão do autor, eliminando todo e qualquer risco de prejuízo que pudesse decorrer da sumariedade na primeira fase" (PINHO, Humberto Dalla Bernardina. *Direito processual civil contemporâneo*: processo de conhecimento, procedimentos especiais, processo de execução, processo nos tribunais e disposições finais e transitórias. 4. ed. São Paulo: Saraiva, 2017, v. 2, p. 398).

embargos serão opostos no prazo de 15 dias nos próprios autos e independem de segurança do juízo, conforme estabelece o art. 702 e parágrafos do Código de Processo Civil, podendo veicular qualquer matéria passível de alegação como defesa no procedimento comum. Após o oferecimento dos embargos poderia ser aprazada audiência de conciliação ou mediação almejando a solução do conflito dada a prevalência, agora, do procedimento comum. Veiculando como fundamento dos embargos o excesso de execução, a disciplina aqui desenhada é idêntica ao caso da impugnação ao cumprimento de sentença e dos embargos à execução, qual seja, a obrigatoriedade de declaração de imediato do valor que o embargante entende como correto, podendo ser constituído título executivo judicial no que tange à parcela incontroversa, tudo conforme o art. 702, §§ 2º, 3º e 7º, do Código de Processo Civil. A peculiaridade aqui especificada é a de que os embargos monitórios suspendem a eficácia do mandado monitório inicial, de acordo com o que referido pelo art. 702, § 4º, do Código de Processo Civil. Ainda há a previsão de apelação em face da sentença que acolhe ou rejeita os embargos, bem como a possibilidade de reconvenção na ação monitória e a condenação em litigância de má-fé, tanto do autor, como do réu, tudo conforme os §§ 6º, 9º, 10 e 11 do art. 702 do Código de Processo Civil. Cumpre afirmar, ainda, a possibilidade da ação rescisória contra a decisão que expede o mandado monitório, após a sua formação em título executivo judicial formado pela inércia do devedor em não apresentar embargos ou cumprir o mandado, na forma do art. 701, § 3º, do Código de Processo Civil. O parcelamento judicial previsto no art. 916 do Código de Processo Civil fica possibilitado na ação monitória, conforme prevê o at. 701, § 5º, do mesmo diploma. Assim, no prazo para embargos, reconhecendo o crédito do exequente e comprovando o depósito de trinta por cento do valor em execução, acrescido de custas e de honorários de advogado, o devedor poderá requerer que lhe seja permitido pagar o restante em até 6 (seis) parcelas mensais, acrescidas de correção monetária e de juros de um por cento ao mês. Exercido o direito subjetivo ao parcelamento judicial, fica afastada a possibilidade de oposição dos embargos à ação monitória.

14. Da restauração de autos

Guilherme Beux Nassif Azem

Como bem observa Antonio Carlos Marcato, "À soma de todos os escritos que exteriorizam os atos processuais dá-se o nome de 'autos', frequentemente confundidos, em linguagem atécnica, com o próprio processo, quando, na verdade, representam a sua documentação".[427] Para Pontes de Miranda, "os autos são a concretização gráfica do processo".[428]

O Código de Processo Civil não descura do fato de que os autos, físicos ou virtuais, podem, por diversos motivos, desaparecer, total ou parcialmente. Estabelece, para remediar tal infortúnio, um procedimento especial, previsto nos artigos 712 a 718.

Uma vez verificado o desaparecimento dos autos – eletrônicos ou não – pode o juiz, de ofício, qualquer das partes[429] ou o Ministério Público, se for o caso, promover-lhes a restauração. Existindo autos suplementares, o procedimento será desnecessário, neles prosseguindo o processo.[430]

A lei processual não estabelece prazo para o procedimento. Assim, o Superior Tribunal de Justiça já assentou a impossibilidade de ato de tribunal fazê-lo.[431]

---

[427] MARCATO, Antonio Carlos. *Procedimentos especiais*. 8. ed. rev., atual. e ampl. São Paulo: Malheiros Editores, 1999, p., 210.

[428] MIRANDA, Pontes de. *Comentários ao Código de Processo Civil*. Rio de Janeiro: Forense, 1977, tomo XV, p. 152.

[429] Já reconheceu o TJRS que "a cessionária é parte legítima para propor a ação de restauração de autos, haja vista o interesse em ver seu crédito adimplido, o que restou inviabilizado quando do extravio dos autos da execução que originou o precatório, cujo crédito foi parcialmente cedido". (Apelação Cível nº 70060169935, Vigésima Quinta Câmara Cível, Tribunal de Justiça do RS, Relator: Laís Ethel Corrêa Pias, Julgado em 22/07/2014).

[430] CPC, art. 712 e parágrafo único.

[431] "RECURSO ESPECIAL. AÇÃO DE RESTAURAÇÃO DE AUTOS. NEGATIVA DE PRESTAÇÃO JURISDICIONAL. AUSÊNCIA. PRAZO PARA PROPOSITURA DA AÇÃO. PROVIMENTO DA CORREGEDORIA LOCAL. NORMA DE NATUREZA PROCESSUAL. USURPAÇÃO DE COMPETÊNCIA DA UNIÃO. VIOLAÇÃO DO DEVIDO PROCESSO LEGAL. JULGAMENTO: CPC/15. 1. Ação de restauração de autos proposta em 03/07/2014, de que foi extraído o pre-

O procedimento, à luz da legislação, é simples. De acordo com o art. 713 do CPC, na petição inicial, declarará a parte o estado do processo ao tempo do desaparecimento dos autos, oferecendo: I – certidões dos atos constantes do protocolo de audiências do cartório por onde haja corrido o processo; II – cópia das peças que tenha em seu poder; III – qualquer outro documento que facilite a restauração.

As partes da ação cujos autos desapareceram deverão integrar a ação de restauração. Prevê o art. 714 do CPC a citação da parte para, querendo, contestar o pedido no prazo de 5 (cinco) dias, cabendo-lhe exibir as cópias, as contrafés e as reproduções dos atos e dos documentos que estiverem em seu poder.[432]

---

sente recurso especial, interposto em 22/11/2016 e concluso ao gabinete em 12/01/2018. 2. O propósito recursal é dizer se o Tribunal de origem pode, por meio de provimento da respectiva Corregedoria, estabelecer prazo para o requerimento de restauração de autos. 3. Devidamente analisadas e discutidas as questões de mérito, e suficientemente fundamentado o acórdão recorrido, de modo a esgotar a prestação jurisdicional, não há falar em violação do art. 1.022, II, do CPC/15. 4. A opção do legislador, em caso de extravio ou destruição dos autos, é pela sua recomposição, a partir das peças e elementos apresentados, para que seja retomado o curso do processo até a solução do litígio, e não pelo ajuizamento de outra ação idêntica à principal, retrocedendo ao estágio inicial. 5. O CPC/73, assim como o CPC/15, não prevê prazo para a propositura da ação de restauração de autos, daí porque a Corregedoria local fixou termo final para o seu ajuizamento, sob pena de a parte perder o direito à restauração dos autos e ser obrigada a propor novamente a ação principal. 6. Embora com o nobre intuito de evitar que os processos desaparecidos ficassem indefinidamente suspensos, o Tribunal de origem criou verdadeiro prazo decadencial para o exercício do direito de requerer a restauração dos respectivos autos. 7. A criação de prazo decadencial é norma que impõe limite ao exercício do direito pela parte e, consequentemente, à prestação da atividade jurisdicional pelo Estado, razão pela qual não pode ser considerada mera regra de procedimento. 8. Normas puramente procedimentais não podem adentrar aspectos típicos do processo, como competência, prazos, recursos ou provas; são normas que versam apenas sobre questões internas do órgão jurisdicional (interna corporis), de simples organização judiciária, a exemplo da autuação, distribuição e protocolo, custas processuais, lavratura de certidões, informações estatísticas, etc. 9. Tal previsão, ademais, viola a garantia do devido processo legal, na sua vertente substancial, porquanto não é razoável que o silêncio do legislador possa ser interpretado pelo Órgão jurisdicional em prejuízo da parte que não deu causa ao desaparecimento dos autos, sequer em favor daquela que se beneficia da suspensão do processo. 10. Ao estabelecer prazo para a propositura da ação de restauração de autos com a apresentação dos documentos necessários, a Corregedoria local editou norma processual – cuja competência legislativa foi atribuída, pela Constituição Federal, privativamente à União (art. 22, I, CF/88) – em ofensa ao devido processo legal, e violou os arts. 1.063 e seguintes do CPC/73 (arts. 712 e seguintes do CPC/15). 11. Recurso especial conhecido em parte e, nessa extensão, provido". (STJ, REsp 1722633/MA, Rel. Ministra NANCY ANDRIGHI, TERCEIRA TURMA, julgado em 07/08/2018, DJe 10/08/2018).

[432] Conforme já entendeu o TJRS, "O art. 714 do NCPC é cristalino em enunciar que todas as partes que litigaram nos autos desaparecidos irão compor a ação de restauração de autos, devendo ser citada para contestar o pedido, apresentar cópias, contrafés ou reproduções dos atos que estiverem em seu poder, assim não há falar em ilegitimidade passiva da autora do processo desaparecido. O fato de alegar não ter dado causa ao desaparecimento dos autos, por si só, não afasta a legitimidade da agravante para litigar na presente demanda, uma vez que a causa do desaparecimento será averiguada tão somente para responsabilização pelas custas da restauração e pelos honorários do advogado, nos termos do art. 718 do CPC/2015". AGRAVO DE INSTRUMENTO DESPROVIDO. UNÂNIME. (Agravo de Instrumento nº 70079770509, Vigésima Câmara Cível, Tribunal de Justiça do RS, Relator: Glênio José Wasserstein Hekman, Julgado em 13/03/2019).

Não haverá, necessariamente, lide.[433] Se a parte concordar com a restauração, lavrar-se-á o auto que, assinado pelas partes e homologado pelo juiz, suprirá o processo desaparecido. Se a parte não contestar ou se a concordância for parcial, observar-se-á o procedimento comum.[434]

Com já apontou o STJ: "No procedimento de restauração de autos, todos os interessados devem cooperar exibindo as cópias dos documentos que estiverem em seu poder e quaisquer outros documentos que possam facilitar a sua reconstituição, visando recolocar o processo no estado em que se encontrava antes de os autos terem sido extraviados".[435] Sem dúvidas, especial relevo assume, em tal procedimento, a norma prevista no art. 6º do CPC.[436]

Caso a perda dos autos tiver ocorrido depois da produção das provas em audiência, o juiz, se necessário, mandará repeti-las. Serão reinquiridas as mesmas testemunhas, que, em caso de impossibilidade, poderão ser substituídas de ofício ou a requerimento. Não havendo certidão ou cópia do laudo, far-se-á nova perícia, sempre que possível pelo mesmo perito. Não havendo certidão de documentos, esses serão reconstituídos mediante cópias ou, na falta dessas, pelos meios ordinários de prova.[437]

Com o objeto de retratar com a maior fidelidade possível o havido nos autos desparecidos ou extraviados, prevê o Código que os serventuários e os auxiliares da justiça não podem se eximir de depor como testemunhas a respeito de atos que tenham praticado ou assistido. Outrossim, se o juiz houver proferido sentença da qual ele próprio ou o escrivão possua cópia, esta será juntada aos autos e terá a mesma autoridade da original.[438]

Reputa-se indevida, na decisão da ação de restauração, a incursão, ainda que breve, ao mérito da causa principal.[439] Julgada a res-

---

[433] Na lição de José Miguel Garcia Medina, "Pode não haver lide, e ambas as partes terem interesse em restaurar os autos. Nada impede que o autor e réu o requeiram em conjunto, ou ao requerimento de uma não se oponha a outra. Nesse caso, o incidente é resolvido por decisão o que homologará o negócio jurídico processual". (MEDINA, José Miguel Garcia. *Novo Código de Processo Civil Comentado*. 5. ed. rev., atual. e ampl. São Paulo: Revista dos Tribunais, p. 715/716).

[434] Com esse exato teor, os §§ 1º e 2º do art. 714.

[435] STJ, REsp 1411713/SE, Rel. Ministro OG FERNANDES, SEGUNDA TURMA, julgado em 21/03/2017, DJe 28/03/2017.

[436] "Art. 6º Todos os sujeitos do processo devem cooperar entre si para que se obtenha, em tempo razoável, decisão de mérito justa e efetiva".

[437] CPC, art. 715, *caput* e §§ 1º, 2º e 3º.

[438] CPC, art. 715, §§ 4º e 5º.

[439] STJ, REsp 780.390/SP, Rel. Ministro TEORI ALBINO ZAVASCKI, PRIMEIRA TURMA, julgado em 02/04/2009, DJe 15/04/2009.

tauração, seguirá o processo os seus termos. Aparecendo os autos originais, neles se prosseguirá, sendo-lhes apensados os autos da restauração.[440]

Caso o desaparecimento dos autos tiver ocorrido no tribunal, o processo de restauração será distribuído, sempre que possível, ao relator do processo. Quanto aos atos nele realizados, a restauração far-se-á no juízo de origem. Após, remetidos os autos ao tribunal, nele completar-se-á a restauração e proceder-se-á ao julgamento.[441]

Quem houver dado causa ao desaparecimento dos autos responderá pelas custas da restauração e pelos honorários de advogado, sem prejuízo da responsabilidade civil ou penal em que incorrer.[442] Já decidiu o STJ – ainda que sob a égide do CPC/73 – que a ausência de contestação da parte requerida não inibe a fixação de honorários advocatícios, que devem ser imputados à parte que deu causa ao desaparecimento dos autos.[443]

---

[440] CPC, art. 716, *caput* e parágrafo único.
[441] CPC, art. 717, *caput*, e §§ 1º e 2º.
[442] CPC, art. 718.
[443] STJ, Pet 3.753/SC, Rel. Ministro LUIZ FUX, PRIMEIRA TURMA, julgado em 25/08/2009, DJe 17/09/2009. Cabe destacar que não há significativa diferença de redação entre o art. 1069 do CPC/73 e o art. 718 do CPC/15. De qualquer modo, já sob o manto do diploma processual vigente, vejamos decisão do TJRS: "APELAÇÃO CÍVEL. ALIENAÇÃO FIDUCIÁRIA. AÇÃO DE RESTAURAÇÃO DE AUTOS. ÔNUS SUCUMBENCIAIS. Em tendo uma das partes rés dado causa ao desaparecimento dos autos, deve responder pelas custas da restauração e pelos honorários advocatícios, conforme o artigo 718 do CPC/2015. APELO IMPROVIDO" (Apelação Cível nº 70072588403, Décima Quarta Câmara Cível, Tribunal de Justiça do RS, Relator: Miriam A. Fernandes, Julgado em 28/03/2019).

15. Procedimentos de jurisdição voluntária

Jefferson Carús Guedes

Regulamentados no Capítulo XV do Título III do CPC/2015, os procedimentos de jurisdição voluntária constituem, como é claro, espécie dos procedimentos especiais.

Logo na Seção I daquele capítulo estão disciplinadas as Disposições Gerais aplicáveis a toda jurisdição voluntária. Merece destaque apenas o art. 725, que ampliou o rol exemplificativo (embora parte da doutrina insista em sua taxatividade) desses procedimentos. São inúmeras as hipóteses em que se pode demandar em juízo pretensões não contenciosas.

Embora não se identifique lesão nas pretensões submetidas à jurisdição voluntária, Pontes de Miranda afirma que há ação e processo.[444] Arruda Alvim discorda desse posicionamento, negando a presença de processo, de contenciosidade, de pretensão e, por consequência, de partes.[445] Ainda assim, usaremos a denominação de interessado (*parte*), como forma de identificação neste trecho da obra.[446]

Fato é que a lei se manteve silente quanto ao conceito de jurisdição voluntária ante sua complexidade, que envolve séria divergência doutrinária.

15.1. NOÇÕES GERAIS

O art. 719 do CPC/2015 estabelece que os procedimentos de Jurisdição Voluntária são regidos pelas disposições constates da Seção

---

[444] PONTES DE MIRANDA, F. C. *Comentários ao Código de Processo Civil*, t. XVI, cap. I, item 2, p. 6 e 12. O autor, como em sua tradicional teoria, afirmava que na jurisdição voluntária "há a pretensão à tutela jurídica, há o direito, a pretensão e a ação de direito material e há a 'ação' (remédio processual)".

[445] ALVIM NETTO, José Manoel de Arruda. *Manual de Direito Processual Civil*: parte geral. 7. ed. item n. 57, p. 221 e p. 223. Admite, contudo, a existência de *dissenso*.

[446] Pontes de Miranda afirmava que na Jurisdição Voluntária existem partes em sentido próprio. Francisco Cavalcanti Pontes de Miranda. Comentários ao Código de Processo Civil, t. XVI, Disposições Gerais, item 2, p. 7-11.

I do Capítulo XV do Título III da nova lei processual, quando esta não estabelecer procedimento especial. Assim, está submetida a três ordens distintas de normas procedimentais, são elas: a) as gerais do CPC, notadamente do processo de conhecimento (art. 318); b) as normas gerais contidas nas Disposições Gerais da Seção I da Jurisdição Voluntária (art. 719 ao art. 725) e; c) as normas próprias de cada procedimento de Jurisdição Voluntária com disciplina específica.[447]

Também são três categorias de procedimentos especiais de jurisdição voluntária no CPC/2015, quais sejam: a) os específicos dos arts. 726 ao 770; b) aqueles previstos no rol não taxativo do art. 725 e; c) os esparsos (leis especiais).

Se há pelo menos três ordens normativas a reger a jurisdição voluntária, a relação entre elas deve observar as regras da Teoria Geral do Direito, de modo que a regra especial preponde sobre a geral.

15.2. FASES LÓGICAS E INTERESSADOS (*PARTES*)

Sobre a iniciativa processual, dispõe o art. 720 que o procedimento terá início por provocação do interessado, do Ministério Público ou da Defensoria Pública, que devem formular o **pedido** devidamente instruído com os documentos necessários e com a indicação da providência judicial. Logo, a iniciativa caberá apenas ao interessado e, por exceção (legitimação extraordinária), ao Ministério Público ou à Defensoria Pública.

O CPC/2015 inova ao atribuir legitimidade ativa à Defensoria Pública para proposição dos pedidos de jurisdição voluntária em favor de seu público alvo (CF, art. 134). Quanto à legitimidade do Ministério Público, na hipótese desse artigo atua como parte (substituto processual), legitimado pela presença de interesse coletivo nos termos do parágrafo único do art. 81 do CDC.

Na jurisdição voluntária o princípio da demanda é mitigado,[448] de forma que a prestação jurisdicional poderá ser requerida de ofício pelo juiz,[449] sobretudo em razão da necessidade urgente de se resguardar determinados direitos ou interesses, que exorbitam a esfera privada e atingem a ordem pública.[450]

---

[447] CASTRO FILHO, José Olympio de. *Comentários ao Código de Processo Civil*. 2. ed. v. X, art. 1.103, item 3, p. 16.
[448] LIMA, Alcides de Mendonça. *Comentários ao Código de Processo Civil*. v. XII, item 3, p. 34.
[449] PONTES DE MIRANDA, F. C. *Comentários ao Código de Processo Civil*. t. XVI, Disposições Gerais, item 1, p. 18.
[450] LIMA, Alcides de Mendonça. *Comentários ao Código de Processo Civil*. v. XII, item 3, p. 35.

A jurisdição será provocada mediante petição inicial, que deverá atender, além dos requisitos estabelecidos no art. 720, aqueles dos arts. 319 e 320 e as exigências do art. 287.[451]

Os procedimentos de jurisdição voluntária exigem capacidade postulatória para que sejam formulados perante a autoridade jurisdicional. Portanto, regra geral, é indispensável a presença de advogado, quando a iniciativa for particular. Ademais, pressupõem trâmite "especialíssimo", não se compatibilizando, inicialmente, com o rito dos juizados especiais, nos quais há a possibilidade de o interessado demandar sem procurador constituído.[452]

Nos termos do art. 721, serão citados todos os interessados (*partes*), bem como intimado o Ministério Público, nos casos do art. 178, para que se manifestem, querendo, no prazo de 15 (quinze) dias.

Diferentemente da jurisdição contenciosa, os interessados (*partes*) não serão citados para propriamente se defender, mas, de forma mais ampla, para concordar, discordar, confessar, prestar esclarecimentos e, eventualmente, apresentar sua discordância.[453] Não significa dizer que não haverá possibilidade de *resistência* ao direito perquirido,[454] apenas que, nesses casos, transmutar-se-á da jurisdição voluntária para a contenciosa.

A citação é ato necessário e indispensável para a formação da relação jurídica, nos termos do art. 238. A despeito das peculiaridades da jurisdição voluntária, o procedimento exige o respeito ao contraditório e à ampla defesa, garantias constitucionais que não podem ser suprimidas.

No mesmo raciocínio, a falta de intimação do Ministério Público, nos casos em que se identificar alguma das hipóteses do art. 178, é causa de nulidade.[455] Na prática, avalia cada caso submetido à sua análise e se manifesta sobre a existência ou não de interesse que justifique sua intervenção.

A legitimidade passiva será identificada, via de regra, pela própria lei, mas nem todos os procedimentos preveem expressamente quem deverá ser "citado". Nesses casos, observar-se-á o princípio ge-

---

[451] CASTRO FILHO, José Olympio de. *Comentários ao Código de Processo Civil*, 5. ed. v. X, item 7, p. 36.
[452] TRF3, Primeira Seção, Rel. Des. Nelton dos Santos, CC – CONFLITO DE COMPETÊNCIA – 9740, j. 19/07/2007, DJU 19/10/2007)
[453] PRATA, Edson. *Comentários ao Código de Processo Civil*, v. 7, item 3, p. 25.
[454] LIMA, Alcides de Mendonça. *Comentários ao Código de Processo Civil*, v. XII, item 5, p. 44.
[455] "Art. 279. É nulo o processo quando o membro do ministério público não for intimado a acompanhar o feito em que deva intervir".

ral de legitimidade do interessado (*parte*),, devendo o juiz apreciá-los preliminarmente, porquanto os efeitos da decisão repercutirão sobre os requeridos, ainda que não se lhes aplique os efeitos da coisa julgada.[456]

De um modo geral, poderá o requerido se manifestar nos autos de forma ampla, interpondo recursos e requerendo a produção de provas, salvo nos casos específicos em que a dilação probatória e o amplo contraditório forem incompatíveis com o trâmite e a natureza da medida pleiteada.

A doutrina diverge sobre a possibilidade de reconvenção e sobre a revelia. Quanto à revelia, parece mais razoável reconhecer seu descabimento ante a inexistência de lide e, consequentemente, de contestação.

Ao juiz é estabelecido prazo para que profira decisão sobre o **pedido** formulado pelo requerente (*caput* do art. 723). Trata-se do prazo de 10 dias, iniciados a partir da conclusão do procedimento para sentença.

Quanto à regra do parágrafo único daquele artigo, bem observam Guilherme Marinoni e Nelson Nery Junior que dispõe sobre a possibilidade de julgamento por equidade, "ao arrepio da legalidade estrita, podendo decidir escorado na conveniência e oportunidade, critérios próprios do poder discricionário, portanto inquisitorial, bem como de acordo com o bem comum".[457] A equidade é "verdadeiro poder de criar a norma cabível no caso concreto"[458] e é aplicada apenas nos casos expressos em lei, tal como o art. 723.

15.3. COISA JULGADA E RECURSOS

A decisão que põe fim à cognição jurisdicional constitui sentença, contra a qual cabe apelação (art. 724) e deve observar todos os pressupostos e requisitos aplicáveis ao processo contencioso, conforme disciplina o art. 489 do CPC/2015.[459] Afinal, quanto maior a liberdade de decidir do juiz, maior será a necessidade de se declinar todos os motivos que justificaram seu convencimento, de modo a se evitar arbitrariedades e imparcialidades.

A recorribilidade não retira o caráter não contencioso ou de baixa contenciosidade das decisões da jurisdição voluntária.[460] O interesse

---

[456] LIMA, Alcides de Mendonça. *Comentários ao Código de Processo Civil*. v. XII, item 4, p. 42.

[457] NERY JUNIOR, Nelson; NERY, Rosa Maria de Andrade. *Comentários ao Código de Processo Civil*, art. 723, item n. 2, p. 1557.

[458] Idem.

[459] Estabelece os elementos essenciais da sentença

[460] MARQUES, José Frederico. *Ensaio sobre a Jurisdição Voluntária*. revista e atualizada, § 29, item 4, p. 313-314.

recursal decorre da sucumbência, aqui analisada em sentido amplo, quer por ter havido julgamento de mérito, quer por ter sido decidia questão incidental. Embora nos procedimentos de jurisdição voluntária a ausência de litígio afaste inicialmente a sucumbência, é possível vislumbrar hipóteses em que há interesse recursal, a desafiar quaisquer das espécies recursais.

A regra do CPC/2015 é a de que o recurso de apelação será recebido nos efeitos devolutivo e suspensivo. É o que se denota do art. 1.012, *caput*, e § 1º, do CPC/2015 ao dizer que "a apelação terá efeito suspensivo" e que "além de outras hipóteses previstas em lei, começa a produzir efeitos imediatamente após a sua publicação" nos casos nos incs. I ao VI daquele dispositivo. Aliás, do inc. VI ressai a única hipótese expressamente prevista no CPC/2015 de procedimento de jurisdição voluntária em que a sentença não terá efeito suspensivo, qual seja, no caso de decretação de interdição.

É de se considerar, todavia, o posicionamento adotado por Edson Prata, porquanto pautado em indiscutível razoabilidade. Entende o jurista que "a apelação poderá ser recebida em ambos os efeitos, tudo dependendo da conveniência ou oportunidade, avaliada criteriosamente pelo magistrado".[461]

Na jurisdição voluntária, não se aplicam os efeitos da preclusão de forma rígida, como na jurisdição contenciosa.

Seus procedimentos fazem coisa julgada formal, mas não fazem coisa julgada material. Era o que previa expressamente o art. 1.111 do CPC/1973, segundo o qual a sentença poderia ser modificada, sem prejuízo dos efeitos já produzidos, se ocorrerem circunstâncias supervenientes que justificassem sua alteração, a exemplo de cessação da causa incapacitante que justificou a interdição. Daí decorria, logicamente, a impossibilidade e/ou desnecessidade de ajuizamento de ação rescisória, conforme precedentes do Supremo Tribunal Federal (TRF1, Terceira Seção, Rel. Des. Carlos Moreira Alves, AR 1997.01.00.061288-6, j. 17/12/2013, DJF1 13/01/2014).

O CPC/2015 não reproduziu a regra do revogado art. 1.111. Sobre esse ponto esclarece Bruno Freire e Silva que, sendo a jurisdição voluntária atividade eminentemente administrativa, em que o ato final será de homologação, aprovação ou autorização, consolidou-se o entendimento pela inexistência de coisa julgada material.[462]

---

[461] PRATA, Edson. *Comentários ao Código de Processo Civil*. v. 7, item 3, p. 42.
[462] SILVA, Bruno Freire e. CABRAL, Antonio do Passo; CRAMER, Ronaldo (coord.). *Comentários ao Novo Código de Processo Civil*. 2. ed. art. 722-724, item 1, p. 1034.

Mesmo sob a égide do CPC/2015, admite-se ação anulatória em tais hipóteses, com respaldo no art. 966, § 4°, do CPC/2015. Esse § 4° deve ser interpretado em conjunto com todo o ordenamento processual, pelo que o pronunciamento jurisdicional que não se limita à homologação, mas resolve mérito e transita em julgado, é passível de ação rescisória.

Destaque-se, todavia, que a discussão sobre o meio de desconstituir as sentenças da jurisdição voluntária permanece objeto de debate doutrinário.

15.4. PROCEDIMENTOS NOMINADOS NO ARTIGO 725

Nos termos do art. 725 do CPC/2015, são regidos pelas normas gerais da jurisdição voluntária a: a) emancipação; b) sub-rogação; c) alienação, arrendamento ou oneração de bens de crianças ou adolescentes, de órfãos e de interditos; d) alienação, locação e administração da coisa comum; e) alienação de quinhão em coisa comum; f) extinção de usufruto, quando não decorrer da morte do usufrutuário, do termo da sua duração ou da consolidação, e de fideicomisso, quando decorrer de renúncia ou quando ocorrer antes do evento que caracterizar a condição resolutória; g) a expedição de alvará judicial; h) homologação de autocomposição extrajudicial, de qualquer natureza ou valor. Trata-se, como se verá adiante, de rol meramente exemplificativo.

Nesse dispositivo inovou apenas ao acrescentar duas novas hipóteses à jurisdição voluntária, quais sejam, a expedição de alvará judicial e a homologação de autocomposição extrajudicial de qualquer natureza ou valor.

Entre os procedimentos de jurisdição voluntária não descritos no CPC/2015 podem ser citados: a) opção de nacionalidade (art. 3° da Lei n° 818/1949), conforme precedente do STF (RE 418096/RS, Rel. Min. Carlos Velloso); b) homologação de sentença estrangeira ou de decisão interlocutória;[463] c) suprimento de outorga do cônjuge na separação de fato;[464] d) alvará de pesquisa mineral; e) declaração de morte presumida; f) autorização para cremação em mortes não naturais; g) depósito judicial e integral para fins de suspensão do crédito tributário; h) mo-

---

[463] MAGRI, Berenice Soubhie Nogueira. *Ação Anulatória: art. 486 do CPC*, item 9.8, p. 243.
[464] NEGRÃO, Thetonio; GOUVÊA, José Roberto F.; BONDIOLI, Luis Guilherme A.; FONSECA, João Francisco N. da. *Código de Processo Civil e legislação processual civil em vigor*. 46. ed. art. 11, nota 11-1a.

dificação de registro;[465] i) retificação de registro imobiliário;[466] j) procedimento de dúvida;[467] k) *tomada de decisão apoiada* (TDA);[468] l) posse em nome do nascituro.[469]

Competência – Tendo em vista não haver previsão expressa quanto à fixação de competência nos procedimentos de jurisdição voluntária, devem ser aplicadas as regras gerais previstas nos arts. 42 a 66 do CPC/2015.

Via de regra, a competência é da Justiça Estadual. Pode ainda ser competente a Justiça Federal, desde que haja interesse da União, como no caso da herança jacente que tem como eventual herdeiro o Município, o Distrito Federal ou a União (art. 738 a 743 do CPC/2015 e art. 1.822 do CC/2002).

A competência poderá ser absoluta em razão da matéria, a depender da existência de vara especializada, conforme Código de Organização Judiciária ou lei especial de cada Estado. Caso contrário, se a competência da comarca for cumulativa, esta será relativa, como o é na maioria dos casos em que os feitos são ajuizados fora das capitais do Estado, porquanto não costumam possuir varas especializadas. Nesses casos, devem ser observadas as regras dos arts. 46 a 50 do CPC/2015, com as devidas adaptações.[470]

Para Alcides de Mendonça Lima não é possível o ingresso de igual pedido em juízo antes do trânsito em julgado formal, sob pena de litispendência, que poderá ser arguida por qualquer interessado (art. 337, inc. V, CPC/2015). Ocorrendo conexão ou continência, o juiz deverá proceder nos termos dos arts. 55, § 1º, e 58 do CPC/2015, em razão da competência fixada pelo juízo prevento (art. 59 do CPC/2015).[471]

15.4.1. Emancipação

Nos termos do art. 1.635, inc. II, do CC/2002, a emancipação é causa extintiva do poder familiar e, conforme art. 5º, parágrafo único,

---

[465] CARVALHO, José Orlando Rocha de. Procedimentos previstos na Lei de Registros Públicos. *Procedimentos especiais cíveis*: legislação extravagante, item n. 6.1, p. 1278-1290.
[466] Idem, item 6.2, p. 1290-1304.
[467] ASSIS, Araken de. O procedimento de dúvida e o princípio de adstrição do juiz ao pedido da parte. *Revista Jurídica*, a. XXXI, v. 107, item 1, 35-36
[468] Para ver a relação entre Tomada de decisão apoiada e interdição, ver: GUEDES, Jefferson Carús, *Comentários ao Código de Processo Civil*: artigos 719 ao 770, v. XI, art. 746, item n. 3, p. 471-474.
[469] PINHO, Humberto Dalla Bernardina de. *Direito processual civil contemporâneo*: processo de conhecimento, cautelar, execução e procedimentos especiais, 2. ed. cap. 2, item 2.12.
[470] LIMA, Alcides de Mendonça. *Comentários ao Código de Processo Civil*, v. XII, item n. 26.3, p. 87.
[471] Idem, item 26.2, p. 87.

do mesmo Código, é causa aquisitiva, em favor do menor, da capacidade para a prática dos atos da vida civil. Em determinados casos, poderá demandar a apreciação do Judiciário, quando então terá lugar o procedimento de emancipação de que trata o art. 725, inc. I, do CPC/2015.

Assim, segundo José Olympio de Castro Filho, a homologação do juiz somente é dispensável quando a emancipação decorre do próprio fato em si (casamento, exercício em cargo público ou colação de grau científico em curso superior, cujo documentos públicos respectivos já fazem a prova do ato). Nos demais casos, a dispensa é inadmissível, pois não haveria meio prático de provar o preenchimento dos requisitos legais, como no caso de estabelecimento civil ou comercial (exceto na hipótese de existência de registro na Junta Comercial, onde será possível a prova) ou de economia própria, que exigiria justificação ou comprovação suprida apenas por apreciação do juiz.[472]

Nelson Nery enumera outras hipóteses em que o pedido de emancipação deverá ser deduzido em juízo, mediante procedimento de jurisdição voluntária, quais sejam, nos casos de divergência entre os pais sobre a emancipação do filho e para se suprir o consentimento necessário ao casamento.[473]

Importa à jurisdição voluntária apenas os casos que dependem de decisão do juiz para que a emancipação possa ter validade e eficácia. O CPC/2015 não trata da capacidade processual do menor que pretenda sua emancipação, daí algumas divergências doutrinárias quanto ao tema. Ainda assim, afigura-se mais razoável que não se observe a regra geral contida nos arts. 71 e 72, inc. I, do CPC/2015 nos casos em que o menor requer sua emancipação judicial, devendo ser reconhecida a capacidade processual *sui generis* (art. 70 do CPC/2015).

O juízo competente será o da regra geral dos procedimentos voluntários, a saber, o do interessado requerente ou *parte* (o foro de sua residência e não o do seu nascimento).[474]

Para Nelson Nery, para o pedido de emancipação feito pelo pupilo é competente o foro do domicílio do tutor (art. 76, parágrafo único, CC/2002 c/c art. 147, inc. I, do ECA); para a emancipação requerida por genitor em razão de discordância do consorte, o domicí-

---

[472] CASTRO FILHO, José Olympio de. *Comentários ao Código de Processo Civil*. 5. ed. v. X, Atualizada por José Rubens Costa, art. 1.112, item n. 26, p. 76.
[473] NERY JUNIOR, Nelson; NERY, Rosa Maria de Andrade. *Comentários ao Código de Processo Civil*, art. 725, itens 4 e 5, p. 1559.
[474] CASTRO FILHO, José Olympio de. *Comentários ao Código de Processo Civil*. 5. ed. v. X, item n. 26, p. 78; LUCENA, João Paulo. *Comentários ao Código de Processo Civil*, v. 15, item 5, p. 108.

lio do casal (art. 147, inc. I, ECA); não sendo os genitores casados, ou sendo estes separados ou divorciados, o foro competente é o daquele sob cuja guarda o menor se encontra (art. 147, inc. I, ECA); o foro do lugar onde os menores se encontram, nos demais casos (art. 147, inc. II, ECA).[475]

Todas as provas em direito admitidas poderão ser produzidas. Para a emancipação, são indispensáveis provas de idade mínima e de que o menor tem o necessário discernimento para reger sua pessoa e administrar seus bens.[476]

Deverá ser citado o tutor, bem como intimado o Ministério Público (art. 721 c/c art. 179, ambos do CPC/2015), os quais poderão "impugnar o pedido, alegando a falta de idoneidade do menor e provando-a".[477]

Havendo alegações e provas, será ouvido o menor, nos termos do art. 374 do CPC/2015. De seu depoimento será possível auferir os sinais manifestos de maturidade psíquica e aptidão para a gestão própria, bem assim eventuais interesses escusos pretendidos pelos genitores ou tutores, capazes de prejudicar os interesses do menor.

Decidindo o juiz pela emancipação, os seus efeitos entre tutor e tutelado, começam com o trânsito em julgado formal da sentença, que será constitutiva, devendo o juiz comunicá-la, de ofício, ao oficial de registro, se não constar dos autos haver sido efetuado este dentro de oito dias, nos termos do art. 91 da Lei n. 6.015/73.[478] Somente após o registro público da decisão em livro especial, bem como da devida anotação no assento de nascimento (art. 108, § 1º, da Lei n. 6.015/73), é que lhe será conferido o efeito *erga omnes*.[479]

15.4.2. Sub-rogação

A sub-rogação prevista no CPC/2015, dentre o rol do art. 725, é sub-rogação objetiva ou real, na qual se transfere por autorização judicial o gravame, o vínculo, a objeção negocial que pesava sobre certo bem para outro. Em geral, a necessidade de sub-rogação decorre da expectativa de superação da restrição contida nas cláusulas de inalienabilidade, impenhorabilidade e de incomunicabilidade sobre bens,

---

[475] NERY JUNIOR, Nelson; NERY, Rosa Maria de Andrade. *Comentários ao Código de Processo Civil*, art. 725, item 7, p. 1559.
[476] LUCENA, João Paulo. *Comentários ao Código de Processo Civil*, v. 15, item 5, p. 108.
[477] PONTES DE MIRANDA, F. C. *Comentários ao Código de Processo Civil*, t. XVI, item 6, p. 45.
[478] Idem.
[479] LUCENA, João Paulo. *Comentários ao Código de Processo Civil*, v. 15, item 5, p. 109.

mediante autorização judicial e diante de justa causa que a justifique (CC/2002, art. 1.848, § 2º).[480]

Pontes de Miranda define precisamente a sub-rogação da jurisdição voluntária "como o princípio (...) segundo o qual bem ou bens tomam o lugar de outro ou outros, em substituição jurídica, portanto, submetendo-se ao mesmo regime".[481] Em outros termos, trata-se de substituição real, onde o bem adquirido toma o lugar do outro dado em garantia, ou sobre o qual recaiam ônus ou encargos, submetendo-se ao mesmo regime do substituído.[482]

Para que a sub-rogação seja deferida, é necessária a demonstração de pelo menos um dos seguintes requisitos definidos na lei como justa causa (CC/2002, art. 1.848, § 2º): a) conveniência do interessado (*parte*) e/ou b) a necessidade de sua alienação.[483] A causa de pedir da sub-rogação consubstancia-se, assim, no binômio conveniência/necessidade da medida.

Não há como, sem o procedimento especial de jurisdição voluntária obter-se a sub-rogação. Inexiste a alternativa extrajudicial.

Inicialmente, deve-se definir a competência a partir da análise da origem do gravame a ser transferido para outro bem, a fim de que se possa determinar o foro competente. O bem pode ter sido gravado: a) por força de lei ou doação; b) por testamento. Na primeira hipótese, deve-se considerar o foro de domicílio do interessado (*parte*), ainda que o bem esteja situado em outro Estado. Na segunda, será competente o foro do juízo do inventário onde foi cumprido o testamento.

A petição inicial deve conter os documentos de propriedade do bem e o ato de instituição do gravame, bem como os documentos do bem que se pretende adquirir ou permutar,[484] devendo demonstrar, ainda, que seu patrimônio não será diminuído com a transferência do ônus (justa causa).[485] Ambos os bens serão avaliados, a fim de se determinar, ao menos, a equivalência entre estes.

---

[480] Art. 1.848. Salvo se houver justa causa, declarada no testamento, não pode o testador estabelecer cláusula de inalienabilidade, impenhorabilidade, e de incomunicabilidade, sobre os bens da legítima. (...) § 2º Mediante autorização judicial e havendo justa causa, podem ser alienados os bens gravados, convertendo-se o produto em outros bens, que ficarão sub-rogados nos ônus dos primeiros.

[481] PONTES DE MIRANDA, F. C. *Comentários ao Código de Processo Civil*. t. XVI, art. 1.112, item 12, p. 48.

[482] LUCENA, João Paulo. *Comentários ao Código de Processo Civil*. v. 15, art. 1.112, item 6, p. 110.

[483] LIMA, Alcides de Mendonça. *Comentários ao Código de Processo Civil*. v. XII (arts. 1.103-1.210), item 28, p. 94; PRATA, Edson. *Comentários ao Código de Processo Civil*. v. 7, arts. 1.103-1.220, item 3, p.50.

[484] PRATA, Edson, *Comentários ao Código de Processo Civil*. v. 7, arts. 1.103-1.220.

[485] LIMA, Alcides de Mendonça. *Comentários ao Código de Processo Civil*. v. XII, art. 1.112, item 28.6, p. 96.

Dentre os interessados (*partes*) a serem citados incluem-se o doador e o testamenteiro, sendo este último, porém, totalmente dispensável.

Incumbe ao interessado (*parte*) a prova da necessidade da sub-rogação, de sua indispensabilidade, das vantagens do negócio e da conveniência para o proprietário.[486]

A sentença de procedência veicula a autorização de sub-rogação. Para tanto, será expedido alvará ou mandado direcionado ao Cartório de Registro de Imóveis, a fim de que na matrícula do novo imóvel conste o ônus do originário e que este último seja liberado (art. 168, inc. II, da Lei 6.015/73).

O **pedido** do autor poderá ser denegado antes mesmo da avaliação, caso o julgador verifique não ocorrer ao menos um dos requisitos básicos (conveniência e necessidade) ou que o bem indicado não apresenta, no mínimo, o mesmo valor do outro.[487] Após a avaliação, será necessária a citação da Fazenda Pública para fins fiscais.[488]

Via de regra, o bem sub-rogado e o sub-rogante devem possuir a mesma natureza, porém, dependendo das circunstâncias, a transferência poderá ocorrer de uma categoria para outra (de imóveis para títulos da dívida pública e vice-versa, por exemplo). Alcides de Mendonça Lima afirma, porém, que nunca de imóvel para móvel, em razão da diferença evidente entre valores, o que causaria prejuízos ao proprietário.[489]

Também não se admite a sub-rogação de bens livres por bens já onerados, mas sim que se troquem os bens gravados por outros livres que serão gravados, como bem ressalta Pontes de Miranda.[490] O autor admite, entretanto, no caso de haver conveniência, sub-rogar um bem gravado por uma causa por um bem gravado por outra, efetuando-se, por meio de alvará, as trocas das respectivas cláusulas.

Merecem relevo os esclarecimentos de Pontes de Miranda sobre a autorização de venda. Argumenta que a autorização para a compra e venda é o primeiro passo para a sub-rogação, pois o preço sub-roga-se ao bem desde o momento em que se realiza a alienação, havendo, inclusive, a substituição do titular do direito real (proprietário do imóvel). Outro momento é o da aquisição do bem que deve substituir

---

[486] PRATA, Edson, *Comentários ao Código de Processo Civil*, v. 7, art. 1.112, item 3, p. 50.
[487] LIMA, Alcides de Mendonça. *Comentários ao Código de Processo Civil*, v. XII, art. 1.112, item 28.6, p. 96.
[488] Idem, item 28.9, p. 96.
[489] Idem, item 28.11, p. 98.
[490] Idem, item 23, p. 55.

o vendido, o qual terá transladado o gravame a que estava submetido o primeiro. Somente neste momento (aquisição de novo bem e consequente registro do gravame) é que o valor deixa de ser *clausulado*.[491]

A regra geral é a de que o bem adquirido deve ser do mesmo valor que o anterior, sem que se tenha acréscimo ou prejuízo no patrimônio do proprietário.[492] Assim, possuindo valor superior ao antigo, o imóvel adquirido, se divisível (terreno ou unidades autônomas em condomínio), será gravado no correspondente ao anterior, porém, se indivisível, não se poderá permitir a sub-rogação, sob pena de se clausular os próprios bens, o que não é admitido.[493]

15.4.3. Alienação, arrendamento ou oneração de bens de crianças ou adolescentes, de órfãos e de interditos

A mudança do termo "menores" para "crianças ou adolescentes" apenas adequar a terminologia do CPC/2015 à adotada pelo ECA. São três os atos contratuais previstos no inciso, quais sejam, a alienação, o arrendamento e a oneração. A previsão para que essas três espécies de atos contratuais sejam submetidos ao Judiciário, a fim de se obter autorização para sua efetivação, é restringir os poderes dos representantes sobre os bens de seus representados (crianças ou adolescentes, órfãos e interditos), com a finalidade de resguardar o interesse destes.[494]

A alienação, arrendamento ou oneração de bens de crianças ou adolescentes, de órfãos e de interditos observam procedimentos próprios, conforme previsto nas regras de direito material pertinentes, cuja observância é indispensável para a efetivação da medida.[495]

Protocolada a petição inicial, com todas as cautelas legais, e feita a citação de todos os interessados (*partes*): 1) há oposição pelos demais citados e o juiz deve conceder a autorização judicial; 2) algum ou alguns dos interessados (*partes*) se opõem ao deferimento, seja em relação a concessão da autorização judicial, seja quanto às condições desta, hipótese em que será mais rápido e econômico primeiro julgar

---

[491] PONTES DE MIRANDA, F. C. *Comentários ao Código de Processo Civil*. t. XVI, art. 1.112, item 25, p. 56.
[492] CASTRO FILHO, José Olympio de. *Comentários ao Código de Processo Civil*. 5. ed. v. X, art. 1.112, item 30, p. 85.
[493] Idem, item 30, p. 85.
[494] LIMA, Alcides de Mendonça. *Comentários ao Código de Processo Civil*, v. XII (arts. 1.103-1.210), item 29, p.100.
[495] OLIVEIRA JUNIOR, Zulmar Duarte de. STRECK, Lenio Luiz; NUNES, Dierle; CUNHA, Leonardo (orgs.). *Comentários do Código de Processo Civil* (de acordo com a Lei n. 13.256/2016), art. 725, item 2.4, p. 958.

se deve ser concedida ou não a autorização do juiz, para, num segundo ato, se apurar quais condições devem ser observadas na venda, ou seja, na hipótese mais frequente, a avaliação".[496]

Se convencendo o juiz, em princípio, pela concessão da autorização judicial, deverá determinar as providências destinadas à fixação das condições para a venda, arrendamento ou oneração do bem, inclusive avaliação.[497] Efetivada as diligências e demonstrada a conveniência, necessidade e manifesta vantagem econômica (arts. 1.750 e 1.774, ambos do CC/2002), ou ausência de prejuízo para interessado, o juiz deferirá o pedido, determinando o modo como o ato se completará,[498] caso não haja acordo entre os interessados sobre a forma como a alienação deva se realizar (art. 730 do CPC/2015).

Tratando-se de oneração, ressalta Alcides de Mendonça Lima que "cabe ao requerente apresentar, para minucioso estudo, as condições do gravame; modo de poder ser liberado e indicar os recursos financeiros para tal fim", advertindo tratar-se de demonstração essencial, pois se não houver o adimplemento do gravame, o credor poderá promover a alienação forçada do bem. Caso o risco não seja devidamente analisado, poderá haver dano irreparável para um dos dois sujeitos: "a) ao interessado, como proprietário, que a lei quer proteger, com a perda do bem pela decorrente alienação forçada; b) ou do credor, se não conseguir receber, vedada a futura alienação para obter os recursos indispensáveis ao adimplemento da obrigação".[499]

Já em relação ao arrendamento ou locação, o contrato deverá ser muito bem esquematizado, a fim de garantir o interesse do proprietário (interessado), exigindo, inclusive, "fiança idônea a favor de terceiro por todas as obrigações assumidas por ele e estabelecidas outras cláusulas que venham a obstar a eventual lesão do requerente dono do bem".[500]

As crianças e adolescentes menores de 16 anos serão representadas (art. 3º do CC/2002) por seus pais, por um deles na falta do outro (art. 1.690 do CC/2002) ou pelo tutor (art. 1.728 do CC/2002). Os maiores de 16 e menores de 18 anos serão assistidos pelos pais, por

---

[496] CASTRO FILHO, José Olympio de. *Comentários ao Código de Processo Civil*. 5. ed. v. X, item 32, p. 87.
[497] Idem, v. X, item 32, p. 87.
[498] LIMA, Alcides de Mendonça. *Comentários ao Código de Processo Civil*, v. XII, item n. 29.3, p.102.
[499] Idem, v. XII (arts. 1.103-1.210), item n. 29.4, p.103.
[500] LIMA, Alcides de Mendonça. *Comentários ao Código de Processo Civil*, v. XII (arts. 1.103-1.210), item 29.4, p.104.

um deles na falta do outro (art. 1.690 do CC/2002), ou por curador especial (art. 1.692 do CC/2002).[501]

Também os órfãos serão sempre representados ou assistidos por um tutor (art. 1.728, inc. I, do CC/2002), consoante o raciocínio acima exposto. Já os interditados serão representados por curador (arts. 747 a 763 do CPC/2015 e art. 1.767 do CC/2002, modificado pela Lei n. 13.146/2015).

15.4.4. Alienação, locação e administração da coisa comum

O procedimento de alienação, locação e administração da coisa comum, embora similar àquele previsto no art. 730 do CPC/2015, com ele não se confunde. Aqui tem lugar enquanto procedimento autônomo, sem vínculo com qualquer feito anteriormente já ajuizado.

Permanece a necessidade de se buscar no direito material o conceito de alienação, de locação (arrendamento) e de coisa comum, devendo se observar os arts. 481 a 504 do CC/2002 para o primeiro; os arts. 565 a 609 do CC/2002 para o segundo; e, para o último, as regras do art. 1.314 e segs. do CC/2002.

O termo alienação abrange as demais formas de aquisição de propriedade, assim como o termo locação abrange o arrendamento, embora a legislação especial atribua o termo à imóvel rural, estando também este submetido ao procedimento.[502]

A sentença tem natureza constitutiva. Pontes de Miranda ressalta que ela constitui título autorizador para a alienação, locação ou administração da coisa comum, pois "se pede ato ou negócio jurídico que a ação vai provocar". A natureza não se modifica, ainda que o ato do julgador seja apenas para homologar a declaração de vontade dos interessado (*partes*).[503]

O procedimento só será possível quando se tratar de "coisa comum" e esta for: a) *indivisível* ou cuja divisão comprometa o fim a que se destina (art. 1.322 do CC/2002); e b) por falta de acordo entre os condôminos quanto ao destino do bem comum (art. 1.323 do CC/2002).[504]

A falta de acordo pode residir: I) na finalidade do ato – se o bem comum deve ser alienado ou locado, por exemplo; ou II) na pessoa

---

[501] PRATA, Edson. *Comentários ao Código de Processo Civil*. v. 7, arts. 1.103-1.220, item 4, p. 53.

[502] LIMA, Alcides de Mendonça. *Comentários ao Código de Processo Civil*. v. XII, item 30.1, p.104.

[503] PONTES DE MIRANDA, F. C. *Comentários ao Código de Processo Civil*. t. XVI, item 42, p. 65.

[504] Idem, t. XVI, item 43, p. 65; LIMA, Alcides de Mendonça. *Comentários ao Código de Processo Civil*. v. XII (arts. 1.103-1.210), item 30.2, p.105.

com quem o negócio será feito – se com um dos próprios condôminos ou com terceiro; III) na avaliação do preço da venda, do valor da locação, ou das cláusulas deste; IV) na forma de administração.[505] Isso porque, se a coisa comum for *divisível*, caberá procedimento próprio, previsto no art. 569, do CPC/2015 (Ação de Divisão e Demarcação de Terras Particulares). Ademais, se há consenso entre os condôminos quanto ao destino do bem, não há porque se buscar o Judiciário, a não ser para homologar acordo entre eles firmado, que deverá seguir o procedimento do inciso VIII do art. 725 do CPC/2015.

A petição inicial será instruída com os documentos comprobatórios da propriedade da "coisa comum",[506] bem como da quota parte de cada um dos condôminos, para que seja possível fixar o valor a ser distribuído aos interessados e aferir o poder de voto de todos eles (art. 1.325 do CC/2002). Deverá indicar a providência pretendida e demonstrar a indivisibilidade do bem (ou possibilidade de comprometimento de sua finalidade com a divisão) e a discordância entre os condôminos. Sendo casado o interessado, juntará a anuência de seu cônjuge se "coisa comum" seja imóvel (art. 73 do CPC/2015).

Deferido o pedido, o julgador observará as regras de preferência e de igualdade de condições (arts. 504, 1.322 e 1.323, todos do CC/2002), de maioria de votos (art. 1.325 do CC/2002) e de divisão dos frutos da coisa comum (art. 1.326 do CC/2002).[507] No caso de maioria absoluta pela alienação da coisa comum, os interessados poderão determinar a forma da venda. Porém, não havendo concordância, esta se dará em leilão (art. 725, parágrafo único, e art. 730 do CPC/2015), que poderá ser ordenado de ofício pelo juiz.

A ausência de resposta de interessados devidamente citados deverá ser interpretada como anuência à medida requerida.[508]

A deliberação é obrigatória e observará a maioria absoluta dos votos, conforme valor do quinhão de cada condômino (art. 1.325 do CC/2002). Na oportunidade poderá ser apresentada solução diversa da requerida na inicial, sem que, com isso, se fale em alteração ou acréscimo do pedido.[509] Cabe ao juiz o desempate, que antes ouvirá os condôminos sobre suas preferências.[510]

---

[505] LIMA, Alcides de Mendonça. *Comentários ao Código de Processo Civil*. v. XII, item 30.3, p.105.
[506] PONTES DE MIRANDA, F. C. *Comentários ao Código de Processo Civil*, t. XVI, item 44, p. 67.
[507] LIMA, Alcides de Mendonça. *Comentários ao Código de Processo Civil*, v. XII, item 30.5, p.107.
[508] PONTES DE MIRANDA, F. C. *Comentários ao Código de Processo Civil*, t. XVI, item 46, p. 69.
[509] Idem, t. XVI, item 45, p. 68.
[510] Idem, t. XVI, item 50, p. 70.

Como determinam os arts. 1.322 e 1.323 do CC/2002, na alienação ou na locação do bem comum, o condômino, além da igualdade de condições de oferta em relação ao estranho, terá preferência sobre este.

15.4.5. Alienação de quinhão em coisa comum

Aqui também o termo alienação foi utilizado de forma genérica (venda, troca e doação[511]), embora o art. 504 do CC/2002, que fundamenta o procedimento ou **causa de pedir**, restrinja o direito de venda do condômino de coisa comum indivisível, sem nada aduzir quanto às demais formas de alienação.

Se o condômino pretender trocar ou doar, os demais condôminos não podem ser prejudicados. O bem deverá ser avaliado para que se proceda o depósito do valor do quinhão (não do preço, no sentido técnico), assegurando-se a adjudicação decorrente da preempção conferida. Não importará o motivo do ato praticado pelo alienante na permuta ou na doação.[512]

Não sendo venda, não haverá oferta a se cobrir. Se troca, é razoável que o bem a ser permutado como forma de pagamento pelo quinhão seja avaliado, garantindo-se o direito de preferência dos condôminos. Se doação, avalia-se a coisa comum a fim de estabelecer o valor do quinhão do doador.

Assim, pode-se concluir que o dispositivo tem como finalidade garantir o exercício por qualquer condômino, desde que verificada a indivisibilidade do bem, de seu direito de preferência (preempção) na aquisição do quinhão, bem como o direito do proprietário em *aliená--lo* (venda, troca ou doação), de forma que só terá cabimento caso se verifique terceiro pretendente.[513]

Cumpre ressaltar que os incs. IV e V, embora tratem do direito de condomínio, se diferem na medida em que nesse último o interessado deseja alienar apenas a sua cota parte (quinhão) do bem comum a terceiro pretendente. Não há, de forma alguma, a necessidade de o ato abranger a totalidade da coisa, nem há possibilidade de sua aplicação em caso de locação e de administração.

Também a alienação de quinhão em coisa comum observa procedimento próprio, conforme previsto nas regras de direito material

---

[511] LIMA, Alcides de Mendonça. *Comentários ao Código de Processo Civil.* v. XII (arts. 1.103-1.210), item 31, p.107

[512] Idem, v. XII (arts. 1.103-1.210), item 31, p.107

[513] Idem, v. XII, art. 1.112, itens 31 e 31.6, p. 107 e 110.

pertinentes.⁵¹⁴ Como se dá, via de regra, em razão de venda do quinhão, excetuadas as formas anteriormente apontadas, os pressupostos a serem preenchidos pelo interessado em alienar sua quota parte são: a) demonstração da existência de condomínio; e b) da indivisibilidade da coisa comum.⁵¹⁵

Pontes de Miranda esclarece que "não basta o tornar-se imprópria ao seu destino, se dividida fosse".⁵¹⁶ É necessário que se demonstre a existência de oferta séria de terceiro pretendente, seu preço, seu prazo e suas condições.⁵¹⁷ O terceiro pretendente, em regra, não é citado, mas o poderá ser para que preste esclarecimentos sobre sua proposta em audiência.

Cumpre destacar que não poderá haver discordância entre os interessados quanto ao pedido de alienação, só podendo se manifestar, a fim de concordar ou exercer seu direito de preempção (preferência), salvo quando a discordância por eles apresentada é quanto a indivisibilidade da coisa comum. Não havendo discordância, o juiz terá de deferir o pedido de alienação do quinhão à estranho.⁵¹⁸

A sentença tem natureza constitutiva-declarativa e está condicionada à manutenção da declaração de vontade dos condôminos.⁵¹⁹ Isso porque há parte que decide sobre a alienação e parte que decide sobre a adjudicação, completando-se a resolução judicial.

Na primeira há declaração do direito a alienação, na segunda há a constituição do negócio jurídico da compra pelo preferente, isso quando um ou mais dos condôminos manifestam interesse na compra do quinhão. Em não havendo tal interesse, a decisão é apenas declarativa negativa, porque antes da ação e da consequente decisão existia pretensão (direito de preferência) pelos coproprietários.⁵²⁰

Cabe recurso de apelação contra a decisão, nos termos do art. 724 do CPC/2015, somente se algum ou alguns dos competidores fizer o depósito aludido no art. 504 do CC/2002. Para o condômino omitido nas citações, deverá se observar o prazo previsto de 180 dias,

---

⁵¹⁴ OLIVEIRA JUNIOR, Zulmar Duarte de. STRECK, Lenio Luiz; NUNES, Dierle; CUNHA, Leonardo (orgs.). *Comentários do Código de Processo Civil (de acordo com a Lei n. 13.256/2016)*, art. 725, item 2.4, p. 958;

⁵¹⁵ PRATA, Edson, *Comentários ao Código de Processo Civil*. v. 7, art. 1.112, item 6, p. 57.

⁵¹⁶ PONTES DE MIRANDA, F. C. *Comentários ao Código de Processo Civil*. t. XVI, item 57, p. 74.

⁵¹⁷ LIMA, Alcides de Mendonça. *Comentários ao Código de Processo Civil*. v. XII, art. 1.112, item 31.4, p.109.

⁵¹⁸ CASTRO FILHO, José Olympio de. *Comentários ao Código de Processo Civil*. 5. ed. v. X, art. 1.112, item 35, p. 91.

⁵¹⁹ PONTES DE MIRANDA, F. C. *Comentários ao Código de Processo Civil*. t. XVI, item 60, p. 75.

⁵²⁰ Idem, t. XVI, item 56, p. 74.

incumbindo-lhe demonstrar que se tivesse sido citado, lhe teria sido concedida a aquisição, com exclusão total ou parcial daquele a quem foi atribuída.[521]

15.4.6. Extinção de usufruto, quando não decorrer da morte do usufrutuário, do termo da sua duração ou da consolidação, e de fideicomisso, quando decorrer de renúncia ou quando ocorrer antes do evento que caracterizar a condição resolutória

Embora se verifique alteração na redação do inc. VI, o novo texto apenas formaliza prática já consolidada pela doutrina, segundo a qual "o usufruto que grava o bem móvel ou imóvel quando extinto anormalmente será objeto do procedimento de jurisdição voluntária, para que a sentença cancele a inscrição do registro (eficácia mandamental)".[522]

As formas de extinção do usufruto e do fideicomisso estão disciplinadas no direito material, mas apenas parte delas demandam o procedimento de jurisdição voluntária ora em estudo. Ambos os institutos possuem origens diferentes, mas se assemelham e, às vezes, até se confundem.[523]

O usufruto é direito real (art. 1.225, inc. IV, do CC/2002), que pode recair sobre bens móveis ou imóveis (art. 1.390 do CC/2002), que autorizada pessoa a retirar da coisa alheia os frutos e utilidades que ela produz (art. 1.394 do CC/2002).[524] Tem previsão no art. 1.951 do CC/2002 e, por ser direito de uso e fruto sobre bem alheio, pressupõe dois sujeitos de direito, o usufrutuário (que usa o bem) e o nu--proprietário (proprietário do bem).

Pode ainda, como ressalta Edson Prata, ser vitalício ou temporário, se estipulado para durar enquanto viver o usufrutuário ou se limitado a um prazo determinado pelo instituidor. Caso não seja estipulado um prazo, entender-se-á que se fixou por toda a vida (art. 1.921 do CC/2002).[525]

---

[521] PONTES DE MIRANDA, F. C. *Comentários ao Código de Processo Civil*. t. XVI, item n. 62, p. 76.

[522] OLIVEIRA JUNIOR, Zulmar Duarte de. STRECK, Lenio Luiz; NUNES, Dierle; CUNHA, Leonardo (orgs.). *Comentários do Código de Processo Civil (de acordo com a Lei n. 13.256/2016)*, art. 725, item 2.5, p. 958.

[523] PRATA, Edson, *Comentários ao Código de Processo Civil*. v. 7, arts. 1.103-1.220, item 7, p. 58.

[524] Idem, arts. 1.103-1.220, item 7, p. 57.

[525] Idem, arts. 1.103-1.220, item 7, p. 58

No fideicomisso também há direito de uso e fruição separados do domínio, sem que, contudo, se confunda este com o usufruto. No primeiro, a propriedade se divide no tempo, ao passo que, no segundo, se parte nos elementos de direito de propriedade (nua propriedade, uso e fruto).[526] Aqui verifica-se a existência de dois sujeitos de direito, o fiduciário, que recebe e guarda a herança, e o fideicomissário, que a terá depois, embora os dois sejam, segundo Pontes de Miranda, herdeiros da mesma herança. Assim, "materialmente, as duas sucessões ligam-se ao mesmo instante, o da abertura da sucessão, o da morte do testador. Temporalmente, uma se sobrepõe à outra, começa onde a outra acaba, o fim de uma é o começo de outra".[527]

O fiduciário, quer por ato entre vivos ou por testamento, recebe determinado bem, por legado ou herança, que deverá (obrigação) ser transferido a outro (fideicomissário), quando da morte do fiduciário (prazo indeterminado), a tempo certo (prazo determinado) ou sob certa condição.[528] Há um titular efetivo (fiduciário), que está no exercício pleno da propriedade e um titular na expectativa "aguardando a ocorrência da condição resolutiva, para, então, receber o bem sujeito ao gravame".[529] Portanto, a propriedade conferida ao fiduciário é "restritiva e resolúvel", nos termos do art. 1.953 do CC/2002.

Da redação do CPC/2015 é possível dividir as hipóteses de cabimento do procedimento em: a) negativa (indica as hipóteses de extinção do usufruto nas quais não tem lugar o procedimento); b) positiva (indica as hipóteses fideicomisso nas quais tem lugar o procedimento)

A renúncia é forma de extinção prevista para os dois institutos. Para sua validade entendeu o legislador adotar os ensinamentos de Pontes de Miranda, segundo o qual ainda que se trate de pessoas capazes, a renúncia por escritura pública tem de ser apresentada em juízo.[530]

Determina-se a competência pela: a) conexão (se os institutos proveem de verba testamentária, é competente o juiz do inventário e partilha dos bens deixados em usufruto ou em fideicomisso); b) domicílio do doador ou outorgante; c) situação do bem imóvel.[531]

Se decorrer de ato entre vivos (como, por exemplo, doação) será competente o foro: a) do domicílio do requerente, se bem móvel, por

---

[526] PONTES DE MIRANDA, F. C.; *Comentários ao Código de Processo Civil*. t. XVI, item66, p. 80.
[527] Idem, t. XVI, item66, p. 80.
[528] LIMA, Alcides de Mendonça. *Comentários ao Código de Processo Civil*. v. XII (arts. 1.103-1.210), item 33, p.116.
[529] Idem, v. XII (arts. 1.103-1.210), item 33, p.116.
[530] PONTES DE MIRANDA, F. C.; *Comentários ao Código de Processo Civil*. t. XVI, item 77, p. 88.
[531] Idem, t. XVI, item 70, p. 83.

aplicação do art. 46 e parágrafos do CPC/2015; b) o da situação do bem, se imóvel, conforme art. 47, 1ª parte, do CPC/2015.[532]

Estabelecido o foro competente, citados todos os interessados, ouvida a fazenda pública para fins fiscais (se houver tributo a ser liquidado), o bem ou bens serão avaliados a fim de constatar se foram cumpridas as obrigações pelo usufrutuário ou pelo fiduciário, bem como para apuração de direito fiscal. Ressalta-se que o imposto sobre a extinção do usufruto ou de fideicomisso deverá ser pago e juntado aos autos os conhecimentos respectivos.

A sentença extingue o gravame e tem natureza constitutiva. Se alguém se sentir prejudicado, poderá interpor apelação, que será recebida no efeito meramente devolutivo.[533] Esse ato decisório é um só, porém, julga o cálculo (se houver), julga extinto o usufruto ou fideicomisso e julga a partilha.

Para Pontes de Miranda, "na parte em que julga extinto o usufruto é mandamental negativa, de efeitos constitutivos (efeitos *erga omnes*) de integração da publicidade (dos direitos reais), e não declarativa, a despeito do forte elemento declarativo". Essa distinção é de consequências práticas consideráveis, pois não é à declaração por sentença que o chamado processo de extinção do usufruto ou do fideicomisso diz respeito, mas à "extinção, no plano do direito público, que é processual".[534]

Declarada a extinção do fideicomisso, havendo vários fideicomissários, proceder-se-á a partilha, obedecendo-se, também, às normas para inventário, havendo posterior transmissão do bem (ou bens) aos interessados (herdeiros em expectativa).[535]

15.4.7. Expedição de alvará judicial

Trata-se de mais uma inovação trazida para o CPC/2015, a fim de encerrar as diversas discussões quanto à submissão do procedimento de alvará judicial às regras gerais de jurisdição voluntária.[536] Dessa

---

[532] LIMA, Alcides de Mendonça. *Comentários ao Código de Processo Civil*. v. XII (arts. 1.103-1.210), item n. 32.5, p. 114-115; PONTES DE MIRANDA, F. C.; *Comentários ao Código de Processo Civil*, t. XVI, item 70, p. 84.

[533] LIMA, Alcides de Mendonça. *Comentários ao Código de Processo Civil*. v. XII (arts. 1.103-1.210), item n. 32.5, p.115.

[534] PONTES DE MIRANDA, F. C. *Comentários ao Código de Processo Civil*. t. XVI, item 77, p. 86.

[535] LIMA, Alcides de Mendonça. *Comentários ao Código de Processo Civil*. v. XII (arts. 1.103-1.210), item 33.3, p.118.

[536] MENDONÇA, Carlos; *O essencial sobre alvará judicial*. 2. ed. cap. IV, p. 72.

forma, o legislador apenas formalizou o entendimento já consolidado pela jurisprudência.

O conteúdo material envolvido nos alvarás que autorizam, por meio não contencioso, o levantamento de valores é dos mais variados (previdenciário, trabalhista, securitário, mercantil e outros). Aqui interessa apenas os de natureza judicial, que podem ser classificados segundo a forma de ajuizamento (incidentais ou autônomos) e o contexto de ajuizamento (cível ou penal).

São autônomos aqueles que existem por si sós, provenientes de ação própria,[537] como é o caso do pedido de alvará judicial para a retirada de FGTS de marido falecido, requerido pela viúva (Lei nº 6.858/1980 e Decreto nº 85.845/81.

O procedimento de jurisdição voluntária em estudo só tem lugar para os alvarás judiciais cíveis autônomos. Carlos Mendonça afirma que, a grosso modo, "o alvará judicial presta-se ao requerente para confirmar seu direito e, à autoridade a que é dirigida, para informar que o beneficiário do mesmo está autorizado a exercitar tal direito".[538] Assim, sua natureza jurídica é de autorização e não de ordem judicial.[539]

Não havendo caráter cominatório, não há falar em penalidade por desobediência (art. 330 do CP). Poderá, portanto, ser descumprido o alvará judicial sem que haja as penas da lei, desde que o descumpridor justifique ao juiz, de forma fundamentada, o porquê de tal descumprimento.[540]

Tratando-se de alvará judicial autônomo, suas hipóteses de cabimento estão previstas na Lei nº 6.858/1980 e no Decreto nº 85.845/1981. Sua autonomia reside justamente na exceção para percepção de valores deixados pelo *de cujus* (art. 666, do CPC/2015, sem que seja necessária abertura de inventário ou mesmo de arrolamento, conforme art. 610 do CPC/2015 (TJ – AL, Seção Especializada Cível, CC 00027732720118020058 AL 0002773-27.2011.8.02.0058, Rel. Des. James Magalhães de Medeiros, Julgamento: 04/12/2013, Publicação: DJ 09/12/2013).

Assim, o procedimento será cabível quando houver os seguintes valores a serem: a) quantias devidas a qualquer título pelos empregadores a seus empregados, em decorrência de relação de emprego;

---

[537] MENDONÇA, Carlos; *O essencial sobre alvará judicial*. 2. ed. Item 1.4, p. 35.
[538] Idem, item II.1.1, p. 55.
[539] Idem, item II.1.1, p. 56.
[540] Idem, item II.1.1, p. 58.

b) quaisquer valores devidos, em razão de cargo ou emprego, pela União, Estado, Distrito Federal, Territórios, Municípios e suas autarquias, aos respectivos servidores; c) saldos das contas individuais do Fundo de Garantia do Tempo de Serviço e do Fundo de Participação PIS/PASEP; d) restituições relativas ao imposto de renda e demais tributos recolhidos por pessoas físicas; e) saldos de contas bancárias, saldos de cadernetas de poupança e saldos de contas de fundos de investimento, desde que não ultrapassem o valor de 500 (quinhentas) Obrigações Reajustáveis do Tesouro Nacional e não existam, na sucessão, outros bens sujeitos a inventário.

Os valores serão devidos aos dependentes. Na falta deles, aos sucessores legais do titular (art. 5º do Decreto nº 85.845/1981 e art. 1º da Lei nº 6.858/1980) e, se ausentes estes, se reverterão em favor do Fundo de Previdência e Assistência Social, do Fundo de Garantia do Tempo de Serviço ou do Fundo de Participação PIS-PASEP, conforme se tratar de quantias devidas pelo empregador ou de contas de FGTS e do Fundo PIS-PASEP (art. 7º do Decreto).

Na petição inicial, além do interesse deve ser demonstrado que os valores pretendidos não foram levantados pelo titular. Caso os valores pretendidos sejam saldos de contas bancárias, saldos de cadernetas de poupança e saldos de contas de fundos de investimento, deverão demonstrar que não há outros bens sujeitos à inventário, bem como que o valor a ser levantado não ultrapassa o montante de 500 ORTN.

A inexistência de outros bens sujeitos a inventário, para os fins do item V do parágrafo único do artigo 1º do Decreto, será comprovada por meio de declaração (modelo anexo ao Decreto 85.845/81), que goza de presunção de veracidade. Esse documento será firmado pelos interessados junto à instituição em que esteja depositada a quantia a receber (art. 4º do Decreto).

Nos termos da Súmula 161 do Superior Tribunal de Justiça, é competência da Justiça Estadual autorizar o levantamento dos valores relativos ao PIS/PASEP e FGTS, em decorrência do falecimento do titular da conta. Seguem o mesmo raciocínio as demais hipóteses de cabimento do procedimento. Contudo, é competente a Justiça Federal quando demonstrado interesse a União (Apelação Cível nº 70054747340, Oitava Câmara Cível, Tribunal de Justiça do RS, Relator: Luiz Felipe Brasil Santos, Julgado em 31/10/2013).

Sobre a competência das varas especializadas (Família e Sucessões) ou das Varas Comuns. Em que pese alguns Tribunais adotarem entendimento diverso, entende-se que a melhor solução é a adotada pelo Tribunal de Justiça do Estado de Alagoas que, ao julgar conflito negativo de competência (Processo nº 0002773-27.2011.8.02.0058), reconheceu a competência da Vara Comum, vez que a lei autoriza expressamente o levantamento das quantias requeridas independentemente de inventário ou arrolamento, para desburocratizar o levantamento desses pequenos valores.

15.4.8. Homologação de autocomposição extrajudicial, de qualquer natureza ou valor

Embora não seja uma novidade no processo civil pátrio a possibilidade de homologação de acordo extrajudicial e seu reconhecimento como título executivo judicial, a extensão dada à homologação da autocomposição extrajudicial como procedimento de jurisdição voluntária é uma inovação expressiva do CPC/2015. Agora estende-se a possibilidade de homologar o final de controvérsias a todas as causas e nas mais diversas matérias, sem as limitações de valor próprias dos juizados especiais.

Este procedimento permite uma compreensão mais ampla acerca do instituto da *conciliação*, vista a partir de então também como um ato de jurisdição voluntária na sua forma *preventiva* (ou *pré-processual*). Claro que nem todos os atos de *conciliação* podem ser catalogados como atos de jurisdição voluntária, mas apenas os atos de conciliação que antecedem ao procedimento que o reconhece ou homologa, como bem esclarece José Frederico Marques ao propor o critério de Alcalá Zamora y Castillo.[541]

Admitir-se-á agora que acorram as partes com seu acordo extraprocessual, obtido antes de ingressarem com o pedido de homologação, em que tenham obtido a solução consensual ou conciliação de controvérsias envolvendo interesses privados ou interesses públicos especiais transigíveis e disponíveis.

Ressalte-se que desde a década de 1990 vêm se ampliando as possibilidades de solução alternativa de conflitos na Administração Pública, com sucessivas normas (especialmente federais) que autorizam de forma limitada e até mesmo de forma ampla a conciliação, a transação, a arbitragem[542] e a mediação[543] para tal finalidade.

---

[541] MARQUES, José Frederico. *Ensaio sobre a Jurisdição Voluntária*, § 19, item 4, p. 222.

[542] A Lei 13.129/2015, que alterou a Lei 9.307/1996, estendeu a arbitragem para a "administração pública direta e indireta (...) para dirimir conflitos relativos a direitos patrimoniais disponíveis", evidenciando a existência também de interesses disponíveis dentre os interesses públicos.

[543] A Lei 13.140/2015 (CPC/2015) admite o uso da "mediação como meio de solução de controvérsias entre particulares e sobre a autocomposição de conflitos no âmbito da administração pública" (art. 1º).

O procedimento terá início com a provocação conjunta dos interessados, representados por advogados ou diretamente (quando se autorizar a autodefesa processual civil).[544]

Entre os objetos, é possível a inclusão de interesses privados, mas não se exclui a possibilidade de homologação de interesses públicos, especialmente por não haver restrição quanto à natureza.[545]

A competência de jurisdição será da justiça comum (inclusive de seus juizados) federal e estadual. Também a Justiça do Trabalho e a Justiça Eleitoral poderão ser competentes, consoante inteligência do art. 15 do CPC/2015 (a Resolução TST n° 203/15-03-2016 não excluiu a aplicabilidade desse procedimento de jurisdição voluntária). A competência de foro é a dos negócios, dos contratos ou dos negócios processuais (art. 190 do CPC/2015). Podem os interessados (*partes*), eleger o foro que lhes convier, desde que não ocultem má-fé ou subterfúgio que dificulte a participação de interessado ou a atuação jurisdicional.

Não há restrição à participação de interessados (pois há potencial remoto de lesão a terceiros), mas este procedimento diz respeito, prioritariamente, aos que no plano do direito material mantinham o negócio e o potencial conflito.

A sentença homologatória é recorrível por apelação (art. 724), mas também pode ser objeto de ação impugnativa autônoma, ação anulatória ou ação rescisória. O cabimento de uma e outra está associado ao conteúdo decisório impresso no ato homologatório. A anulabilidade (art. 966, § 4°) e a rescindibilidade (art. 966, incs. I a VIII) nesse procedimento associam-se à identificação ou não de jurisdição, processo, lide, sentença de mérito e coisa julgada material. Quanto mais o juiz examinar fatos e direito, ou quanto se evidenciem os vícios rescisórios, mais próximo se estará da ação rescisória.

---

[544] Há, ainda, as hipóteses de algumas ações trabalhistas e o procedimento especial criminal de *Habeas Corpus*, que permitem a atuação desacompanhada da parte, sem defesa técnica ou advogado.

[545] GUEDES, Jefferson Carús. Jurisdição Voluntária no CPC/2015 como meio de resolução de "controvérsias" com a Administração Pública. *Revista Brasileira de Políticas Públicas* (Online), Brasília, v. 7, n° 1.

16. *Notificação e interpelação*

Jefferson Carús Guedes

Interessam ao presente estudo as notificações, interpelações e os protestos judiciais, embora possam ser efetivados também pela via extrajudicial.

16.1. NOÇÕES GERAIS

No CPC/2015, as notificações e interpelações foram inseridas entre os procedimentos de jurisdição voluntária para corrigir erro de localização identificado no CPC/1973. Sem conteúdo de risco ou perigo, não se justificava sua presença entre as medidas cautelares na norma pretérita. Teresa Arruda Alvim Wambier explica que essas não são medidas necessárias, já que a finalidade desejada pode ser obtida por outros meios. Almejam senão imprimir maior solenidade à declaração do interessado.[546]

16.2. PROCEDIMENTOS

Dispõe o art. 726 do CPC/2015 que "quem tiver interesse em manifestar formalmente sua vontade a outrem sobre assunto juridicamente relevante poderá notificar pessoas participantes da mesma relação jurídica para dar-lhes ciência de seu propósito", sendo essa a **causa de pedir**. Tratando-se de pretensão de dar conhecimento geral ao público, mediante edital, o juiz só a deferirá se a tiver por fundada e necessária ao resguardo de direito (§ 1º). Aqui objetiva-se dar a conhecer, e não exatamente exigir ou afirmar algum direito. O **pedido** é de que chegue ao outro interessado a manifestação.

---

[546] WAMBIER, Teresa Arruda Alvim; CONCEIÇÃO, Maria Lúcia Lins; RIBEIRO, Leonardo Ferres da Silva; MELLO, Rogério Licastro Torres de. *Primeiros Comentários ao Novo Código de Processo Civil*, art. 726, p. 1074.

Fundada e necessária é a medida motivada, conforme **causa de pedir** fundamentação fática declinada na petição inicial, que exponha essa **causa de pedir**. O requerente deve demonstrar claramente as razões que justificam a publicação de edital, bem assim a abrangência desta mesma publicação (âmbito local, estadual, regional ou nacional).

Parte da doutrina admite a publicação do edital em apenas duas hipóteses: a) quando for da essência do ato que se quer praticar que seja levado ao público, sem o que não se teria a sua validade ou a eficácia desejada; ou b) quando não for possível a intimação pessoal do requerido, seja por se encontrar em local incerto e não sabido ou por não terem sido efetivadas as tentativas de intimação pessoal.[547]

São hipóteses de notificação: a) locação, em que o locador, desejando "despedir" o locatário, deve notificá-lo com antecedência de 90 dias (art. 576, § 2º, do CC/2002); b) exoneração do fiador que desejar se afastar da condição de garantidor (art. 835 do CC/2002); c) obrigações dos sócios nas sociedades de suas obrigações para que responda pelo inadimplemento (art. 1.004 do CC/2002); d) resolução da sociedade e retirada do sócio da sociedade sem prazo determinado (art. 1.029 do CC/2002); e) alienação de estabelecimento, para anuir com o pagamento dos credores (art. 1.145 do CC/2002).

O art. 727 do CPC/2015, de outro lado, autoriza o interessado a interpelar o requerido, no caso do dispositivo anterior, para que faça ou deixe de fazer o que o requerente entenda ser de seu direito.

A necessidade e utilidade da interpelação decorre de imposição legal ou de ato de vontade (podem as partes contratantes, no uso de sua liberdade volitiva contratual, firmar cláusula que exija a interpelação para fim específico), que é **causa de pedir**. São exemplos da primeira hipótese: a) mora do devedor inadimplente, nos casos em que o contrato não estipule prazo para o cumprimento da obrigação (art. 397, parágrafo único, do CC/2002); b) cláusula resolutiva tácita, que depende de interpelação para a extinção do contrato (art. 474 do CC/2002); c) execução de cláusula na venda com reserva de domínio (art. 525 do CC/2002). Esses contratantes são interessados (*partes*), legítimos.

Em um caso ou em outro, o demandado somente será previamente ouvido antes do deferimento da notificação ou do respectivo edital (art. 728, *caput,* do CPC/2015): a) se houver suspeita de que o requerente, por meio da notificação ou do edital, pretende alcançar

---

[547] MACÊDO, Lucas Buril de; STRECK, Lenio Luiz; NUNES, Dierle; CUNHA, Leonardo (orgs.). *Comentários do Código de Processo Civil (de acordo com a Lei n. 13.256/2016)*, art. 726, item 2, p. 960.

fim ilícito (inc. I); b) se tiver sido requerida a averbação da notificação em registro público (inc. II). A oitiva prévia do promovido constitui, desse modo, contraditório antecipado e limitado. Antecipado porque precede a apreciação da medida requerida. Limitado porque não admite ampla defesa e se restringe àquelas duas hipóteses.

Há quem discorde disso. Ovídio Baptista da Silva aduz que as hipóteses excepcionais em que o demandado é ouvido não correspondem ao contraditório (não há defesa ou contestação). Importa para o juiz apenas conhecer suas informações para que pondere acerca da existência dos requisitos para o ato requerido ou quanto à existência de propósito ilícito de sua parte.[548]

O demandado poderá se manifestar, portanto, alegando matéria típica de defesa processual, mas o que realmente se espera é que traga aos autos as informações necessárias à identificação e prevenção dos possíveis danos que possam ocorrer em virtude da averbação da medida no registro público ou do fim ilícito pretendido pelo promovente.

Deferida e realizada a medida pretendida, os autos serão entregues ao requerente (art. 729 do CPC/2015). Isso porque constituem apenas meio de prova em favor do promovente.[549]

Nesses procedimentos, a atuação do juiz (inclusive em obediência aos princípios da inércia da jurisdição e da congruência ou adstrição) limita-se à comunicação da vontade do interessado que requereu a medida, expressa em seu **pedido**, sendo-lhe defeso deliberar sobre a existência ou não de relação jurídica de direito material que justifique a prática do ato pretendido. Humberto Theodoro Júnior explica que a atividade do juiz em protestos, notificações e interpelações é meramente administrativa, nada tendo de jurisdicional. Assim é "em tudo igual à do oficial do Registro de Protestos, nos casos de protestos de títulos cambiários". Citando Pontes de Miranda, conclui que toda função julgadora se exaure com o deferimento ou indeferimento da medida. Desse posicionamento diverge Ovídio Baptista, que considera que função julgadora existe, o que não existe é julgamento final.[550]

Note-se que o CPC/2015 deixou de disciplinar o protesto com maiores detalhes, optando por definir e regulamentar com certa minúcia apenas as notificações e interpelações, permitindo, no entanto, que as mesmas regras (igual procedimento) se apliquem ao protesto

---

[548] MACÊDO, Lucas Buril de; STRECK, Lenio Luiz; NUNES, Dierle; CUNHA, Leonardo (orgs.). *Comentários do Código de Processo Civil (de acordo com a Lei n. 13.256/2016)*, art. 728, item 2, p. 961.
[549] NERY JUNIOR, Nelson; NERY, Rosa Maria de Andrade. *Comentários ao Código de Processo Civil*, art. 729, item 2, p. 1564.
[550] BAPTISTA DA SILVA, Ovídio A. *Do processo cautelar*. 2. ed. art. 872, p. 468.

judicial no que couber (art. 726, § 2º). As razões do legislador para tanto não são muito claras.

O CPC/2015 não deixa claro o objeto do protesto, pelo que se deve buscá-lo na doutrina e na jurisprudência. A nova lei processual não inovou quanto à sua finalidade, pelo que julga mantida a definição já firmada.

Para Nelson Nery Júnior, o protesto possui conteúdo completante de determinado negócio cuja eficácia depende de trazer ao "conhecimento do interessado, em alto e bom som, a disposição de ver realizada a eficácia *ex lege* ou, excepcionalmente, *ex voluntate* própria do fenômeno jurídico de que se espera um resultado". Por isso tem sua eficácia subordinada à intenção de quem o postula e à correspondência perfeita dos fatos que se alega terem ocorrido,[551] sendo essa a **causa de pedir**.

Pontes de Miranda define o protesto judicial como "ato processual que supõe ter o protestante declarado o direito a respeito de si próprio, ou a emissão de manifestação de vontade complementar de outra, ou delimitadora da esfera jurídica do protestante, ou manifestação de vontade, ou comunicação de vontade de exercer alguma pretensão. Não tem efeitos que dependam de atos de outrem; são seus. Tem por fim constituir para a prova (pro-testar) da intenção do agente, ou conservar algo com ela (...)".[552]

De forma mais direta, Luiz Guilherme Marinoni, Sérgio Cruz Arenhart e Daniel Mitidiero destacam que a finalidade do protesto é afirmar a titularidade de um direito ou manifestar a intenção de exercê-lo.[553] É o caso do protesto judicial exigido pela lei civil material para a interrupção da prescrição (efeito interruptivo específico), o qual terá eficácia ainda que deferido por juízo incompetente (inc. II do art. 202 do CC/2002).

As três medidas se assemelham quanto ao procedimento, mas diferem quando ao conteúdo (objeto ou fim processual), **causa de pedir**. A primeira contém **pedido** de comunicação de fato específico, a segunda se destina a obter do interpelado um comportamento omissivo (não fazer) ou comissivo (fazer), atrelado ao direito material (este não analisado pelo juiz) e o protesto judicial, por sua vez, objetiva afirmar a titularidade de um direito ou manifestar a intenção de exercê-lo.[554]

---

[551] NERY JUNIOR, Nelson; NERY, Rosa Maria de Andrade. *Comentários ao Código de Processo Civil*, art. 726, item 3, p. 1563.
[552] PONTES DE MIRANDA. *Comentários ao Código de Processo Civil*, t. XII, arts. 796-889, Seção X, item 1, subitem "a", p. 317.
[553] MARINONI, Luiz Guilherme; ARENHART, Sérgio Cruz; MITIDIERO, Daniel. *Novo código de processo civil comentado*, art. 726, item 1, p. 702.
[554] Idem.

Tanto a notificação quanto o protesto são medidas que possuem consequências jurídicas em si mesmas, ao passo que a interpelação depende do comportamento omissivo ou comissivo que se pretende do interpelado.[555]

São três os requisitos essenciais para o pedido de notificação, interpelação ou protesto: 1) intenção de manifestar vontade lícita a outrem; 2) vontade sobre assunto juridicamente relevante; 3) o promovido deve ser sujeito integrante da relação jurídica de fundo. Como inexiste processo, não há dilação probatória, pelo que todos esses requisitos devem estar configurados e demonstrados já na petição inicial.

Recebida a petição inicial, preenchidos os requisitos legais para a concessão da medida vindicada e ouvido o outro interessado (na hipótese do art. 728 do CPC/2015), será deferida e realizada a notificação, a interpelação ou o protesto (art. 729 do CPC/2015). Essa decisão de deferimento põe fim ao procedimento de jurisdição voluntária em questão sem desafiar, *em regra*, a interposição de qualquer recurso. Isso porque o juiz se restringe ao exame formal do pedido notificatório, interpelativo ou protestativo, sem examinar o direito do interessado requerente sob o qual se funda seu pedido.

Escreve Arruda Alvim que essas medidas, quando deferidas, "exaurem-se em si mesmas", por isso não faria sentido se falar em cabimento de recurso. Contudo, considera que, nos casos em que "teria de ter havido contraditório e não houve", cabe apelação.[556] Já Luiz Guilherme Marinoni, Sérgio Cruz Arenhart e Daniel Mitidiero, ao analisarem a recorribilidade da decisão de deferimento da medida postulada em juízo, sustentam que não há interesse para o emprego de qualquer recurso. Porém, tem-se admitido o mandado de segurança para atacar a decisão que defere pedido de protesto, notificação ou interpelação.[557]

Importante considerar que o CPC/2015 reduziu sobremaneira as hipóteses de interposição de agravo, extinguindo a modalidade retida e estabelecendo rol taxativo do cabimento do recurso na modalidade de instrumento. Assim, na nova sistemática do processo civil brasileiro, apenas se cogitaria a viabilidade de agravo de instrumento nas situações suscitadas por Galeno na hipótese do art. 1.015, inciso II, caso das decisões interlocutórias que versarem sobre mérito.

---

[555] BAPTISTA DA SILVA, Ovídio A. *Do processo cautelar*. 2. ed. arts. 867-868, item II, p. 455.

[556] WAMBIER, Teresa Arruda Alvim; CONCEIÇÃO, Maria Lúcia Lins; RIBEIRO, Leonardo Ferres da Silva; MELLO, Rogério Licastro Torres de. *Primeiros Comentários ao Novo Código de Processo Civil*, art. 729, p. 1075.

[557] MARINONI, Luiz Guilherme; ARENHART, Sérgio Cruz; MITIDIERO, Daniel. *Novo código de processo civil comentado*. t. III, art. 729, item 1, p. 705. STJ, 4ª Turma. RMS 9.570/SP, rel. Min. Sálvio de Figueiredo Teixeira, j. 25.06.1998, DJ. 21.09.1998, p. 163.

Defende-se o cabimento de apelação contra a decisão que indefere a medida, porquanto extingue o feito, bem como a recorribilidade da decisão que indefere a publicação de edital, caso esse ato seja indispensável à plena eficácia do ato subjacente, e daquela que defere o edital, se constituir ato desnecessário ou causar prejuízo desproporcional.[558] Essa é posição mais coerente com a ideologia do CPC/2015, que prima pelo aproveitamento dos atos processuais para evitar a proposição de novo pedido de interpelação, notificação ou protesto, admitindo-se a plena aplicação do duplo grau de jurisdição a estes procedimentos (art. 724).

A redação do art. 724 do CPC/2015, o qual prevê expressamente que da sentença proferida em feitos de jurisdição voluntária caberá apelação.

Os protestos, notificações e interpelações submetem-se às normas gerais de competência, como bem consideram Pontes de Miranda,[559] Ovídio Baptista da Silva[560] e Luiz Guilherme Marinoni e outros[561] A competência pode ser da justiça comum federal ou estadual. Todavia, também é possível o protesto na Justiça do Trabalho.[562] Não se compatibilizam com o procedimento dos juizados especiais.

Para Galeno Lacerda e Carlos Alberto Alvaro de Oliveira, a "competência cabe, de um modo geral, ao juízo do local do fato ou do domicilio dos interessados, salvo preceito de competência absoluta a ser obedecido".[563] Sendo a União a pessoa contra quem se pretende a medida, restará justificada a competência da Justiça Federal.

Em qualquer caso, o juízo que apreciar o pedido de protesto, notificação ou interpelação não se torna prevento para demandas futuras em que se discuta o direito de fundo, porquanto são medidas meramente conservativas de direito sem viés contencioso.

---

[558] MACÊDO, Lucas Buril de; STRECK, Lenio Luiz; NUNES, Dierle; CUNHA, Leonardo (orgs.). *Comentários do Código de Processo Civil (de acordo com a Lei 13.256/2016)*, art. 729, item 2, p. 962.

[559] PONTES DE MIRANDA. *Comentários ao Código de Processo Civil*. t. XII, arts. 796-889, art. 867, item 2, p. 328.

[560] BAPTISTA DA SILVA, Ovídio A. *Do processo cautelar*. 2. ed. arts. 867-868, item III, p. 456.

[561] MARINONI, Luiz Guilherme; ARENHART, Sérgio Cruz; MITIDIERO, Daniel. *Novo código de processo civil comentado*. t. III, art. 726, item n. 5, p. 703. STF, Pleno, Ag Reg na Pet 1.738/MG, rel. Min. Celso de Mello, j. 01.09.1999, dj. 01.10.1999, p. 42. STJ, Corte Especial, Pet 4.470/PB, rel. Min. João Otávio de Noronha, j. 13.02.2006, DJ. 24.02.2006.

[562] BAPTISTA DA SILVA, Ovídio A. *Do processo cautelar*. 2. ed. art. 867-868, item III, p. 456.

[563] LACERDA, Galeno. ALVARO DE OLIVEIRA, Carlos Alberto. *Comentários ao Código de Processo Civil*. 2. ed. v. VIII, t. II (arts. 813-889), art. 868, item 174, p. 282.

17. Alienação judicial

Jefferson Carús Guedes

São judiciais todas as alienações que ocorrem sob a vigilância e condução de órgão do Poder Judiciário, incluindo aquelas típicas do processo de execução (contencioso). Contudo, importam aqui apenas as alienações que tramitam sobre o pálio da jurisdição voluntária.

17.1. NOÇÕES GERAIS

A Seção do CPC/2015 que trata do procedimento de jurisdição voluntária em questão contém único artigo (art. 730). Preferiu o legislador fazer remissões a outros dispositivos do CPC/2015. São os mais de 30 artigos que compõem as regras gerais dos arts. 719 a 724 (pleito alienatório) e as regras do processo de execução insertas nos arts. 879 a 903 (atos de alienação propriamente ditos).

A doutrina observa que esse procedimento possui fundo cautelar, assecuratório dos direitos postos em juízo, com o fito de preservar o valor econômico dos bens depositados judicialmente, muitas vezes ameaçados pela demora do processo principal.[564] Alcides de Mendonça Lima, por sua vez, tratando das finalidades dessas alienações, posicionou-se por seu caráter protecionista, porque visam a proteger os interesses, em regra, dos donos do bem da vida objeto da demanda judicial, "traço típico da 'jurisdição voluntária'".[565]

De todo modo, a natureza do procedimento em exame não é puramente acautelatória (não é contencioso como o processo cautelar). O que pode ou não ser acautelatória é a finalidade/motivo do interessado para a alienação judicial, a **causa de pedir**.

Quaisquer bens podem ser objeto de alienação judicial, desde que estejam vinculados a um processo, casos em que se procederá me-

---
[564] LUCENA, João Paulo. *Comentários ao código de processo civil*. v. 15, art. 1.113, item 1, p. 121.
[565] LIMA, Alcides de Mendonça. *Comentários ao Código de Processo Civil*, v. XII, art. 1.113, item 35, p. 121.

diante processo incidente; ou de bens que dependam de autorização para a alienação ou sob os quais simplesmente os interessados divirjam quanto ao modo como devem ser alienados, quando se processará em procedimento autônomo.

As alienações judiciais podem-se dar por requerimento de qualquer **parte** interessada ou *ex officio*. O ato alienatório propriamente dito pode ser realizado por iniciativa particular ou em leilão, esse último eletrônico ou presencial.

Relativamente à alienação de ofício, resulta também do fato de que o princípio da inércia do órgão jurisdicional é mitigado na jurisdição voluntária. Ainda assim esse permissivo deve ser entendido com ressalvas, pelo que a alienação *ex officio* se dá apenas nos casos em que a lei atribui ao órgão jurisdicional a responsabilidade pela guarda da coisa, e essa esteja se deteriorando, ou quando houver processo instaurado não destinado à alienação judicial do bem, mas esta medida afigura-se recomendável.[566]

Por outro lado, são autônomas (em autos próprios, independentes de processo em curso), entre outras, as alienações de bens em que "não houver acordo sobre divisão de coisa comum (cf. arts. 1.320 e 1.322, parágrafo único, do CC/2002), em se tratando de bem imóvel de propriedade de menores sob tutela (cf. Art. 1.750 do CC/2002)", assim como aqueles casos previstos no já mencionado art. 725, incs. III, IV e V.[567]

O juiz não exerce juízo de valor sobre a conveniência da medida pretendida.[568] Apenas analisa o preenchimento dos requisitos do **pedido** alienatório e à reta condução da alienação em si. Exige-se elevada prudência de sua parte, para se evitar de fins ilícitos, tais como fraude à execução, fraude contra credores, litigância de má-fé, prejuízo patrimonial aos incapazes etc.

17.2. PROCEDIMENTO

Dispõe o art. 730 do CPC/2015 que, nos casos expressos em lei, não havendo acordo entre os interessados sobre o modo como se deve realizar a alienação do bem, o juiz, de ofício ou a requerimento dos

---

[566] MACÊDO, Lucas Buril de; STRECK, Lenio Luiz; NUNES, Dierle; CUNHA, Leonardo (orgs.). *Comentários do Código de Processo Civil (de acordo com a Lei n. 13.256/2016)*, art. 730, item 2, p. 963.

[567] MEDINA, José Miguel Garcia. *Direito Processual Civil Moderno*. 2. ed. Art. 730, item 3.3, p. 885.

[568] WAMBIER, Teresa Arruda Alvim; CONCEIÇÃO, Maria Lúcia Lins; RIBEIRO, Leonardo Ferre da Silva; MELLO, Rogério Licastro Torres de. *Primeiros Comentários ao Novo Código de Processo Civil*, art. 730, p. 1076.

interessados ou do depositário, mandará aliená-lo em leilão, observando-se o disposto nos artigos de lei acima referenciados. Vê-se, portanto, que somente tem lugar a técnica processual aqui tratada quando a lei expressamente a exigir ou permitir.

Há, em geral, uma convergência de interesses. Há também a possibilidade de divergirem os interessados sobre a própria alienação, sobre a conveniência de fazê-la ou sobre a forma, a oportunidade, a avaliação ou outro ponto entre a decisão de alienar e a guarda final dos valores. Logo, embora a lei diga acerca de ausência de acordo "sobre o modo como deve se realizar a alienação do bem", a interpretação que se dá ao dispositivo é bem mais ampla,[569] exsurgindo aqui **pedido e causa de pedir**.

Para parte da doutrina, havendo determinação legal para que a alienação ocorra em juízo, assim deverá ser ainda que os interessados prefiram forma distinta (mesmo que haja acordo quanto ao modo da alienação). Afinal, a norma substantiva é específica e prevalece sobre a processual geral do CPC/2015.[570]

Ainda assim, trata-se de forma de aquisição e perda da propriedade, ou mesmo de direito de natureza complexa e de múltiplas subdivisões que afetam ou podem afetar interesses privados de coproprietários, compossuidores, titulares de direito real limitado, promitentes compradores e devedores, de pessoas com ou sem liberdade de disposição de bens e direitos, de credores com ou sem privilégios, ou interesses públicos de entes federativos etc.

É de se considerar também que a alienação é gênero, e venda é uma de suas espécies. Assim, o procedimento de jurisdição voluntária aqui tratado abrange toda forma de transferência de propriedade, não somente a venda.

Para instauração desse procedimento, o único requisito imposto pela lei é a falta de consenso dos interessados sobre o modo como deve ocorrer a alienação. Não se exige mais que isso.

Embora não se trate de feito contencioso, no curso do procedimento haverá maior espaço para o contraditório, inclusive com a oitiva do Ministério Público e da Fazenda Pública quando necessário (arts. 721 e 722), pois qualquer outro interessado pode trazer ao conhecimento do juiz, por exemplo, fato impeditivo da alienação. Afinal, nem

---

[569] SILVA, Bruno Freire; CABRAL, Antonio do Passo; CRAMER, Ronaldo (coord.). *Comentários ao Novo Código de Processo Civil*, 2. ed. art. 730, item n. 2, p. 1040.

[570] MACÊDO, Lucas Buril de; STRECK, Lenio Luiz; NUNES, Dierle; CUNHA, Leonardo (orgs.). *Comentários do Código de Processo Civil (de acordo com a Lei n. 13.256/2016)*, art. 730, item 2, p. 963.

sempre os interessados (*partes*) peticionarão juntos pela alienação judicial, pois é possível que divirjam quanto a sua necessidade.

A alienação em juízo pode ser requerida por qualquer interessado (*parte*), mas todos os demais devem ser citados para que se manifestem quanto à necessidade de alienação e seu modo de ser, **causa de pedir**. Assim, aquele que se opuser à forma de alienação sugerida ou à própria pretensão alienatória deve indicar as razões (**causa de pedir**) de seu requerimento (**pedido**), fazendo prova de suas alegações. Ao fim, o juiz há de decidir com base no permissivo normativo da alienação judicial, sempre observando qual das soluções é mais eficiente para a tutela do interesse protegido nos autos, inclusive mediante juízo ponderativo, se for o caso.[571]

A decisão que determina a alienação possui forte carga executiva, cuja cognição limita-se ao preenchimento da hipótese permissiva da alienação e à sua melhor forma. Ante seu conteúdo decisório, é passível de agravo de instrumento.[572]

Sobre pessoas capazes, a lei não lhes impõe maiores restrições. A alienação judicial de seus bens pode-se dar em leilão (que pode ser eletrônico ou presencial) ou mesmo por iniciativa particular, independentemente de autorização judicial. Afinal, tratando-se de direito patrimonial de pessoas plenamente aptas para o exercício dos atos da vida civil, não há motivo para que a lei oponha obstáculos à livre disposição de seus bens, com a única exceção de que não deve ser admitida qualquer forma que importe em fraude (tais como fraude à execução ou fraude contra credores), assim ressalva José Olympio de Castro Filho.[573]

Note-se que a nova lei processual já não faz mais distinção entre praça e leilão. O CPC/2015 somente faz referência a esse último termo, o qual agora se aplica tanto a bem móveis quanto a imóveis (não se fala mais em praça como modalidade de hasta pública).

Relativamente às alienações de bens de pessoas incapazes, rememore-se o disposto no já estudado art. 725, inc. III, do CPC/2015 (alienação, arrendamento ou oneração de bens de crianças ou adolescentes, de órfãos e de interditos).

A lei exige algumas cautelas para a alienação dos bens de incapazes. O legislador considerou relevantes os interesses por elas titulari-

---

[571] MACÊDO, Lucas Buril de; STRECK, Lenio Luiz; NUNES, Dierle; CUNHA, Leonardo (orgs.). *Comentários do Código de Processo Civil (de acordo com a Lei n. 13.256/2016)*, art. 730, item 2, p. 963-964.
[572] Idem, p. 964.
[573] CASTRO FILHO, José Olympio de. *Comentários ao Código de Processo Civil*. 5. ed. v. X, art. 1.113, item 40, p. 109.

zados, ante as limitações que apresentam para o exercício dos direitos civis. Quis prevenir fossem vítimas de danos causados por seus representantes, preservando seu patrimônio e/ou garantindo-lhe proveito econômico.

Todas as vezes em que a autorização judicial for necessária à alienação de bens de incapazes, será necessariamente procedida em juízo.

De acordo com o art. 1.748, inciso IV, c/c o art. 1.750, ambos do CC/2002, no caso dos menores de dezesseis anos sob tutela (não submetidos ao poder familiar), compete ao tutor, com autorização do juiz, vender-lhe os bens móveis cuja conservação não convier e os imóveis nos casos em que for permitido. A mesma regra se aplica também aos interditos que, como tais, estão submetidos a curatela (art. 1.774 do CC/2002), motivo pelo qual a autorização judicial é igualmente imprescindível para que a alienação de sues bens ocorra regularmente.

Para tanto, não se exige a realização de hasta pública, como anteriormente previa a lei processual. Não há dúvidas acerca da possibilidade de alienação judicial por iniciativa particular mesmo em se tratando de absolutamente incapazes.

O art. 889, ao qual faz remissão o art. 730, traz regras específicas de cientificação dos interessados nas alienações judiciais. Dispõe que serão cientificados da alienação judicial, com pelo menos 5 (cinco) dias de antecedência: 1) o executado, por meio de seu advogado ou, se não tiver procurador constituído nos autos, por carta registrada, mandado, edital ou outro meio idôneo (inc. I); 2) o coproprietário de bem indivisível do qual tenha sido penhorada fração ideal (inc. II); 3) o titular de usufruto, uso, habitação, enfiteuse, direito de superfície, concessão de uso especial para fins de moradia ou concessão de direito real de uso, quando a penhora recair sobre bem gravado com tais direitos reais (inc. III); 4) o proprietário do terreno submetido ao regime de direito de superfície, enfiteuse, concessão de uso especial para fins de moradia ou concessão de direito real de uso, quando a penhora recair sobre tais direitos reais (inc. IV); 5) o credor pignoratício, hipotecário, anticrético, fiduciário ou com penhora anteriormente averbada, quando a penhora recair sobre bens com tais gravames, caso não seja o credor, de qualquer modo, parte na execução (inc. V); entre outros.

Impossibilitada a citação pessoal dos cointeressados, essa poderá ser suprida pelo edital de leilão (parágrafo único do art. 889 c/c o art. 256 do CPC/2015).

O legislador previu casos de ineficácia da alienação em relação a terceiros titulares de direitos reais sobre o objeto alienado, dentre outras preferências e privilégios. Assim diz o *caput* do art. 804 que a alienação de bem gravado por penhor, hipoteca ou anticrese será ineficaz em relação ao credor pignoratício, hipotecário ou anticrético não intimado.

Também o será: a) a alienação de bem objeto de promessa de compra e venda ou de cessão registrada em relação ao promitente comprador ou ao cessionário não intimado (§ 1º); b) a alienação de bem sobre o qual tenha sido instituído direito de superfície, seja do solo, da plantação ou da construção, em relação ao concedente ou ao concessionário não intimado (§ 2º); c) a alienação de direito aquisitivo de bem objeto de promessa de venda, de promessa de cessão ou de alienação fiduciária em relação ao promitente vendedor, ao promitente cedente ou ao proprietário fiduciário não intimado (§ 3º); d) a alienação de imóvel sobre o qual tenha sido instituída enfiteuse, concessão de uso especial para fins de moradia ou concessão de direito real de uso em relação ao enfiteuta ou ao concessionário não intimado (§ 4º); e) a alienação de direitos do enfiteuta, do concessionário de direito real de uso ou do concessionário de uso especial para fins de moradia em relação ao proprietário do respectivo imóvel não intimado (§ 5º); f) a alienação de bem sobre o qual tenha sido instituído usufruto, uso ou habitação em relação ao titular desses direitos reais não intimado (§ 6º).

No caso dos bens indivisíveis, o coproprietário ou cônjuge não intimado da alienação terá direito ao recebimento de sua quota-parte, a qual recairá sobre o valor apurado com a venda da coisa em juízo (art. 843).

Aqui são perfeitamente oponíveis embargos de terceiro. Conforme art. 674 do CPC/2015, quem, não sendo parte no processo, sofrer constrição ou ameaça de constrição sobre bens que possua ou sobre os quais tenha direito incompatível com o ato constritivo (ou, no caso aqui tratado, meramente alienatório), poderá requerer seu desfazimento ou sua inibição por meio de embargos de terceiro (disciplinado pelos arts. 675 a 681 do CPC/2015).

17.2.1. Avaliação dos bens

As regras gerais da avaliação de bens estão previstas nos arts. 870 a 875, que tratam da execução por quantia certa. A despeito da falta de remissão expressa a esses dispositivos no art. 730, sua aplicação às alienações judiciais em jurisdição voluntária é plenamente admissível e necessária.

Para que o preço mínimo do bem possa ser fixado pelo juiz (art. 885),[574] será feita avaliação por oficial de justiça ou, sendo o caso, por avaliador nomeado. Consiste no cálculo do valor da coisa e constitui, diz Pontes de Miranda, pressuposto para a alienação, salvo quando dispensada por lei.[575]

A avaliação não será realizada quando: a) um interessado aceitar a estimativa feita por outro; b) se tratar de títulos ou de mercadorias que tenham cotação em bolsa, comprovada por certidão ou publicação no órgão oficial; c) se tratar de títulos da dívida pública, de ações de sociedades e de títulos de crédito negociáveis em bolsa, cujo valor será o da cotação oficial do dia, comprovada por certidão ou publicação no órgão oficial; d) se tratar de veículos automotores ou de outros bens cujo preço médio de mercado possa ser conhecido por meio de pesquisas realizadas por órgãos oficiais ou de anúncios de venda divulgados em meios de comunicação, caso em que caberá a quem fizer a nomeação o encargo de comprovar a cotação de mercado (art. 871). Mesmo que haja consenso quanto à estimativa feita por qualquer interessado, a avaliação terá lugar quando houver fundada dúvida do juiz quanto ao real valor do bem (art. 871, parágrafo único).

Os títulos e as mercadorias com cotação em bolsa dispensam parecer técnico porque seu valor "só pode ser o que resulta daquele meio prático e oficializado de se venderem tais bens", obtido "mediante fácil decisão".[576]

É admitida nova avaliação quando: a) qualquer interessado arguir, fundamentadamente, erro ou dolo do avaliador; b) se verificar, posteriormente à avaliação, que houve majoração ou diminuição no valor do bem; c) o juiz tiver fundada dúvida sobre o valor atribuído ao bem na primeira avaliação (art. 873).

Tratando-se de bens de incapazes, a lei determina um percentual mínimo a ser alcançado pela alienação (80% do valor da avaliação). Caso esse mínimo não seja atingido, haverá o adiamento do leilão,

---

[574] Art. 885. O juiz da execução estabelecerá o preço mínimo, as condições de pagamento e as garantias que poderão ser Codicilo é forma limitada de manifestação de última vontade e diz respeito a disposições especiais sobre: a) o enterro do autor da herança; b) esmolas de pouca monta a certas e determinadas pessoas; c) ou, indeterminadamente, aos pobres de certo lugar; d) legar móveis, roupas ou joias, de pouco valor, de uso pessoal do falecido (art. 1.881 do CC/2002). prestadas pelo arrematante.

[575] PONTES DE MIRANDA, F. C.; *Comentários ao Código de Processo Civil*. t. XVI, arts. 1.113 e 1.114, item 6, p. 96.

[576] CASTRO FILHO, José Olympio de. *Comentários ao Código de Processo Civil*. 5. ed. v. X, art. 1.114, item 42, p. 112.

ficando o bem sob a guarda e administração de depositário por até um ano (art. 896).[577]

Visando a garantir o proveito útil do imóvel, pode o juiz autorizar sua locação no prazo do adiamento. Decorrido o prazo de suspensão, será intentado novo leilão. Se esse também não atingir o preço mínimo, as mesmas regras deverão ser observadas novamente, mas a falta de uma diretriz legal faz com que haja o risco de que se prolongue indefinidamente o depósito do bem.[578]

17.2.2. Melhor oferta e preço vil

Na alienação judicial, em regra, aquele que fizer a melhor oferta (maior lanço) levará o bem. Ainda assim, outras variantes hão de ser observadas.

Diz o art. 890 que todo aquele que estiver na livre administração de seus bens pode lançar na alienação judicial, mas não serão aceitos lances: 1) dos tutores, dos curadores, dos testamenteiros, dos administradores ou dos liquidantes, quanto aos bens confiados à sua guarda e à sua responsabilidade (inc. I); 2) dos mandatários, quanto aos bens de cuja administração ou alienação estejam encarregados (inc. II); 3) do juiz, do membro do Ministério Público e da Defensoria Pública, do escrivão, do chefe de secretaria e dos demais servidores e auxiliares da justiça, em relação aos bens e direitos objeto de alienação na localidade onde servirem ou a que se estender a sua autoridade (inc. III); 4) dos servidores públicos em geral, quanto aos bens ou aos direitos da pessoa jurídica a que servirem ou que estejam sob sua administração direta ou indireta (inc. IV); 5) dos leiloeiros e seus prepostos, quanto aos bens de cuja venda estejam encarregados (inc. V); 6) dos advogados de qualquer das partes (inc. VI).

Sobre os limites ao preço praticado na alienação, impôs o legislador patamares mínimos para sua fixação. Diz o art. 891 que não será aceito lance que ofereça preço vil, assim considerada oferta de montante inferior ao mínimo estipulado pelo juiz e constante do edital.

---

[577] Art. 896. Quando o imóvel de incapaz não alcançar em leilão pelo menos oitenta por cento do valor da avaliação, o juiz o confiará à guarda e à administração de depositário idôneo, adiando a alienação por prazo não superior a 1 (um) ano. § 1º Se, durante o adiamento, algum pretendente assegurar, mediante caução idônea, o preço da avaliação, o juiz ordenará a alienação em leilão. § 2º Se o pretendente à arrematação se arrepender, o juiz impor-lhe-á multa de vinte por cento sobre o valor da avaliação, em benefício do incapaz, valendo a decisão como título executivo. § 3º Sem prejuízo do disposto nos §§ 1º e 2º, o juiz poderá autorizar a locação do imóvel no prazo do adiamento. § 4º Findo o prazo do adiamento, o imóvel será submetido a novo leilão.

[578] NERY JUNIOR, Nelson; NERY, Rosa Maria de Andrade. *Comentários ao Código de Processo Civil*, art. 896, item 3, p. 1780.

Não tendo sido fixado preço mínimo, considera-se vil o preço inferior a 50% do valor da avaliação.

Analisando a jurisprudência sobre o tema, Luiz Guilherme Marinoni, Sérgio Cruz Arenhart e Daniel Mitidiero observam que não há um consenso sobre o que é, de fato, preço vil, havendo julgados do STJ anteriores à vigência do CPC/2015 que não admitem lances inferiores àquele limite.[579] No caso de bens de incapazes, já foi dito que o limite é o de 80%.

Contra a alienação procedida por preço vil, cabe ação anulatória para desconstituição da arrematação. A impugnação à arrematação "deve ser feita por simples petição nos autos em até 10 dias após seu aperfeiçoamento (§ 2º)".

---

[579] MARINONI, Luiz Guilherme; ARENHART, Sérgio Cruz; MITIDIERO, Daniel. *Novo código de processo civil comentado*, t. II, art. 891, item 1, p. 829.

18. Divórcio e separação consensuais, dissolução consensual da união estável e alteração do regime de bens no matrimônio

Conrado Paulino da Rosa

18.1. DIVÓRCIO E SEPARAÇÃO CONSENSUAIS

A homologação do divórcio ou da separação consensuais, nos termos do artigo 731 do diploma processual civil, poderá ser requerida por ambos os cônjuges. Não há obstáculo para que cada um deles esteja representado por seu procurador mas, por outro lado, manteve o CPC de 2015 a necessidade da assinatura dos requerentes na petição, enquanto requisito do pedido de divórcio e separação consensuais.

Nessa linha, existe um requisito formal específico dessa petição inicial, considerando-se que não basta a assinatura isolada do advogado, ainda que tenha a procuração de ambos os cônjuges, sendo indispensável para a comprovação cabal de concordância de ambos com a separação ou divórcio que assinem em conjunto com o advogado a petição inicial. Por outro lado, não existe mais a exigência que havia no artigo 1.120, § 2º, do CPC de 1973 de que as assinaturas, quando não realizadas na presença de juiz, sejam autenticadas.[580]

Além disso, conforme o artigo 320 do CPC, a peça vestibular deverá ser instruída com os documentos indispensáveis à propositura da ação. Assim, obrigatoriamente, deverá acompanhar a distribuição da petição: a) a certidão de casamento atualizada dos cônjuges, para dar certeza ao Juízo da manutenção do estado de casados dos requerentes; b) o pacto antenupcial, se houver; c) as certidões de nascimento da prole; d) as matrículas dos imóveis a serem partilhados, se for o caso.

---

[580] NEVES, Daniel Amorim Assumpção. *Novo Código de Processo Civil comentado*. 2. ed. Salvador: Juspodivm, 2017, p. 1.180.

Imperioso destacar que, hodiernamente, após os efeitos da Emenda Constitucional n. 66/2010, alterando os termos do § 6º do artigo 226 da Constituição da República Federativa do Brasil, foi suprimido o requisito de prévia separação judicial por mais de um ano ou de comprovada separação de fato por mais de dois anos para fins de divórcio. Assim, considerando que o texto constitucional dispõe que "o casamento civil será dissolvido pelo divórcio", sem mais referir a exigência de qualquer interregno de tempo, discute-se, inclusive, a pertinência da manutenção do instituto da separação no Código de Processo Civil.

Dessa forma, na prática forense, recomenda-se o pedido de divórcio de forma direta, sem a necessidade de prévia postulação de separação, até mesmo para evitar nova judicialização entre os ex-consortes.

Na petição, nos termos do inciso I do artigo 731 do CPC, deverá constar, as disposições relativas à descrição e à partilha dos bens comuns. Todavia, caso for do interesse dos divorciandos, tal definição poderá ser postergada, tendo em vista o que lhes permite o artigo 1.581 do Código Civil.[581] Se essa for a opção, invariavelmente, ao ex-casal será imposta uma importante consequência: havendo intenção de celebração de novas núpcias, na pendência da definição patrimonial, será aplicado aos nubentes da segunda núpcia o regime de separação obrigatória de bens.[582]

Além disso, a formalização futura da partilha dos bens amealhados na constância do casamento, depois de homologado o divórcio, deverá ser realizada na forma estabelecida nos arts. 647 a 658 do CPC (artigo 731, parágrafo único CPC).

Ainda, conforme do inciso II do artigo 731 do CPC, serão definidas na petição em se postula a separação ou divórcios consensuais as disposições relativas à pensão alimentícia entre os cônjuges. Isso porque a celebração do casamento ou o início de uma união estável impõe aos participantes do relacionamento afetivo uma série de direitos e deveres que, inclusive, poderão irradiar os seus efeitos para além do término da relação.

O dever de mútua assistência existente entre os cônjuges é previsto no artigo 1.566, inciso III, do Código Civil, enquanto o dever de assistência entre os conviventes é previsto no artigo 1.724 da codificação civil.

---

[581] Art. 1.581. O divórcio pode ser concedido sem que haja prévia partilha de bens.

[582] Os artigos 1.523, III e 1.641, I, CC apresentam tal restrição com o escopo de evitar confusão patrimonial com a nova família.

Atualmente, nos divórcios e dissoluções de união estável, a fixação de alimentos a prazo determinado tem sido a realidade mais frequente das Varas de Família. Isso porque, mesmo que um dos integrantes do relacionamento afetivo faça a opção de se dedicar aos cuidados do lar, é comum que essa pessoa já tenha alguma profissão ou, no mínimo, seja formada em algum curso superior. Na hipótese de dissolução da união, o estado de necessidade desse cônjuge ou companheiro que se afastou do mercado de trabalho é temporária, não residindo motivos para verba em caráter definitivo. No mesmo sentido, quando o casal constituiu um bom patrimônio ao longo da união, mas, por outro lado, por tratar-se de acervo imobiliário de demorada venda ou de uma empresa que permanecerá sob controle e administração de um deles, aquele que está alijado do patrimônio fará jus ao pensionamento transitório, até que a partilha seja concluída. Essa atitude, inclusive, servirá como um ótimo instrumento para impedir a inércia daquele que está sob a administração dos bens do casal.[583]

Destaca-se que a ausência de cláusula de renúncia de modo expresso quando da dissolução do casamento ou da união estável não importa em ato abdicativo tácito.[584] Dessa forma, de acordo com as circunstâncias do caso concreto, existe a possibilidade de que a verba alimentar seja pleiteada mesmo após o divórcio ou dissolução da união estável quando não houver dispensa realizada de forma expressa anteriormente.

Considerando que a utilização do procedimento judicial se mostrou necessário em razão da presença de prole,[585] em sua postulação de dissolução matrimonial, os cônjuges apresentarão o acordo relativo

---

[583] ROSA, Conrado Paulino da. *Curso de direito de família contemporâneo*. 4. ed. Salvador: Juspodivm, 2018, p. 495.

[584] RECURSO ESPECIAL – AÇÃO DE ALIMENTOS DEDUZIDA EM FACE DE EX-CÔNJUGE (...) Não há falar-se em renúncia do direito aos alimentos ante a simples inércia de seu exercício, porquanto o ato abdicativo do direito deve ser expresso e inequívoco. 3. Em atenção ao princípio da mútua assistência, mesmo após o divórcio, não tendo ocorrido a renúncia aos alimentos por parte do cônjuge que, em razão dos longos anos de duração do matrimônio, não exercera atividade econômica, se vier a padecer de recursos materiais, por não dispor de meios para suprir as próprias necessidades vitais (alimentos necessários), seja por incapacidade laborativa, seja por insuficiência de bens, poderá requerê-la de seu ex-consorte, desde que preenchidos os requisitos legais. (STJ – 4ª T. – REsp 1073052/SC – Rel. Ministro Marco Buzzi – julgado em 11/06/2013).

[585] Caso contrário os divorciandos poderiam utilizar a via extrajudicial, nos termos do artigo 733 do CPC: "O divórcio consensual, a separação consensual e a extinção consensual de união estável, não havendo nascituro ou filhos incapazes e observados os requisitos legais, poderão ser realizados por escritura pública, da qual constarão as disposições de que trata o art. 731. § 1º A escritura não depende de homologação judicial e constitui título hábil para qualquer ato de registro, bem como para levantamento de importância depositada em instituições financeiras. § 2º O tabelião somente lavrará a escritura se os interessados estiverem assistidos por advogado ou por defensor público, cuja qualificação e assinatura constarão do ato notarial".

à guarda dos filhos crianças e adolescentes e ao regime de convivência familiar (artigo 731, inciso III, do CPC).

Quando se trata de definir o exercício da guarda do infante, imprescindível a análise de qual a possibilidade mais vantajosa para a sua formação e desenvolvimento, porquanto o bem jurídico mais relevante a ser preservado é, exatamente, o interesse da criança. Nesse sentido, em 22 de dezembro de 2014, por meio da Lei 13.058, o Código Civil Brasileiro foi alterado nos artigos 1.583 e 1.583 para trazer novas diretrizes para a aplicação da guarda compartilhada. Entre outras alterações, a nova legislação alterou a redação do artigo 1.584, § 2º, do Código Civil Brasileiro, passando a estabelecer que: "mesmo quando não houver acordo entre a mãe e o pai quanto à guarda do filho, encontrando-se ambos os genitores aptos a exercer o poder familiar, será instituída a guarda compartilhada".[586]

Ainda sobre a prole, nos termos do inciso IV do artigo 731 do CPC, os requerentes deverão atribuir o valor da contribuição para criar e educar os filhos. A obrigação dos pais em favor dos filhos tem assento constitucional no artigo 229 da Carta Magna.[587] No mesmo sentido, o dever de sustento entre pais e filhos está previsto em nosso ordenamento jurídico nos artigos 1.566, inciso IV,[588] e 1.568,[589] ambos do Código Civil, e no artigo 22[590] do Estatuto da Criança e do Adolescente.

Cada genitor deverá contribuir na proporção de seus recursos (artigo 1.703 CC), podendo pensionar o alimentando, ou dar-lhe hospedagem e sustento, sem prejuízo do dever de prestar o necessário à sua educação, quando criança e adolescente (artigo 1.701 CC).

Os alimentos, até pouco tempo, eram pagos apenas por aquele genitor que não exerceria a guarda unilateral do filho, haja vista que aquele que detivesse o filho em sua companhia alcançaria atendimento das necessidades da prole de forma direta (e, muitas vezes, despendendo valores maiores do que o genitor que paga o pensionamento). Todavia, considerando compartilhamento da guarda enquanto regra

---

[586] Sobre guarda de filhos, sugere-se a leitura de ROSA, Conrado Paulino da. *Guarda compartilhada coativa*: a necessidade de efetivação dos direitos das crianças e adolescentes. Salvador: Juspodivm, 2018.

[587] Artigo 229 CF: "Os pais têm o dever de assistir, criar e educar os filhos menores".

[588] Artigo 1.566. São deveres de ambos os cônjuges: [...] IV – sustento, guarda e educação dos filhos.

[589] Artigo 1.568. Os cônjuges são obrigados a concorrer, na proporção de seus bens e dos rendimentos do trabalho, para o sustento da família e a educação dos filhos, qualquer que seja o regime patrimonial.

[590] Artigo 22. Aos pais incumbe o dever de sustento, guarda e educação dos filhos menores, cabendo-lhes ainda, no interesse destes, a obrigação de cumprir e fazer cumprir as determinações judiciais.

e, por outro lado, a unilateral como via restritiva, aquele que não tem a base de moradia dos filhos em sua companhia é o responsável pelo pagamento do pensionamento. Nessa linha, apesar de interpretações equivocadas, imperioso destacar que inexiste restrição legal para a prestação de alimentos se a guarda é compartilhada.[591] Até porque tal modalidade determina tão somente a divisão das decisões da vida do filho e, ao fim e ao cabo, a custódia física sempre ficará determinada com um dos pais.

Durante o período de férias, mesmo que o genitor não guardião fique a totalidade do período em companhia do filho, permanecem os alimentos que estão fixados. Isso porque, por mais que o filho esteja sendo atendido em suas necessidades básicas durante esse período por parte do alimentante, é certo que aquele genitor que administra os valores da verba alimentar possui despesas fixas, tais como, mensalidade da escola, internet, cursos, entre outros.

Acolhido o pedido de divórcio ou separação consensual, o juiz decidirá por sentença que, transitada em julgado, permitirá a sua averbação no registro civil e, havendo partilha de bens, caberá o registro no Cartório de Imóveis da circunscrição onde se localizem os bens.

18.2. DISSOLUÇÃO CONSENSUAL DA UNIÃO ESTÁVEL

O Código Processo Civil de 1973 nada previa a respeito dos procedimentos de dissolução de união estável. Nos termos do artigo 732 do diploma processual civil de 2015, existe a previsão de que disposições relativas ao processo de "homologação judicial de divórcio ou de separação consensuais aplicam-se, no que couber, ao processo de homologação da extinção consensual de união estável".

Dessa forma, todas as disposições apresentadas no tópico anterior também se aplicam aos processos que envolvam as dissoluções de relações convivenciais.

Imperioso consignar que, nessas relações, mostra-se necessário que o Juízo declare o marco inicial e termo final da relação, até como forma de aplicação da vigência do regime de bens entre os companheiros. De acordo com o artigo 1.725 de nossa codificação civil, salvo disposição em contrário em contrato ou escritura de convivência, aplicar-se-á o regime da comunhão parcial de bens durante o período de relação do casal.

---

[591] Enunciado 607 das Jornadas de Direito Civil: "A guarda compartilhada não implica ausência de pagamento de pensão alimentícia".

Considerando a natureza consensual da ruptura, necessariamente, ao formularem o pedido de reconhecimento e dissolução da união estável, os conviventes deverão indicar a data de início e término da relação, com o escopo de determinar o período de aplicação de comunicação patrimonial.

18.3. ALTERAÇÃO DO REGIME DE BENS NO MATRIMÔNIO

Durante a égide do Código Civil de 1916, vivenciávamos a lógica da imutabilidade dos regimes de bens, fato esse constantemente criticado pela doutrina, vez que "geralmente, por vergonha ou até mesmo pela pouca intimidade com o outro cônjuge, as questões patrimoniais não são discutidas antes do casamento".[592]

A codificação civil de 2002, no artigo 1.639, § 2º, inovou ao trazer em seu bojo a previsão da alteração do regime de bens no casamento, estando tal fato condicionado a "autorização judicial em pedido motivado de ambos os cônjuges, apurada a procedência das razões invocadas e ressalvados os direitos de terceiros".

Importa salientar que a alteração do regime de bens também é permitida nos casamentos realizados na vigência da legislação anterior, de acordo com a jurisprudência,[593] bem como com o Enunciado n. 260 das Jornadas de Direito Civil.

---

[592] ALMEIDA, Renata Barbosa; RODRIGUES JUNIOR, Walsir Edson. *Direito Civil:* famílias. São Paulo: Atlas, 2012, p. 165.

[593] DIREITO DE FAMÍLIA. RECURSO ESPECIAL. ALTERAÇÃO DE REGIME DE BENS DO CASAMENTO DE COMUNHÃO PARCIAL PARA SEPARAÇÃO TOTAL. OMISSÃO DO ACÓRDÃO RECORRIDO. INEXISTÊNCIA. PARTILHA DOS BENS ADQUIRIDOS NO REGIME ANTERIOR. POSSIBILIDADE. RECURSO PROVIDO. (...) 2. É possível a alteração de regime de bens de casamento celebrado sob a égide do CC de 1916, em consonância com a interpretação conjugada dos arts. 1.639, § 2º, 2.035 e 2.039 do Código atual, desde que respeitados os efeitos do ato jurídico perfeito do regime originário. 3. No caso, diante de manifestação expressa dos cônjuges, não há óbice legal que os impeça de partilhar os bens adquiridos no regime anterior, de comunhão parcial, na hipótese de mudança para separação total, desde que não acarrete prejuízo para eles próprios e resguardado o direito de terceiros. Reconhecimento da eficácia ex nunc da alteração do regime de bens que não se mostra incompatível com essa solução. 4. Recurso especial provido. (REsp 1533179/RS, Rel. Min. MARCO AURÉLIO BELLIZZE, TERCEIRA TURMA, julg. 08/09/2015, DJe 23/09/2015).
DIREITO CIVIL. FAMÍLIA. CASAMENTO CELEBRADO SOB A ÉGIDE DO CC/16. ALTERAÇÃO DO REGIME DE BENS. POSSIBILIDADE. – A interpretação conjugada dos arts. 1.639, § 2º, 2.035 e 2.039, do CC/02, admite a alteração do regime de bens adotado por ocasião do matrimônio, desde que ressalvados os direitos de terceiros e apuradas as razões invocadas pelos cônjuges para tal pedido. – Assim, se o Tribunal Estadual analisou os requisitos autorizadores da alteração do regime de bens e concluiu pela sua viabilidade, tendo os cônjuges invocado como razões da mudança a cessação da incapacidade civil interligada à causa suspensiva da celebração do casamento a exigir a adoção do regime de separação obrigatória, além da necessária ressalva quanto a direitos de terceiros, a alteração para o regime de comunhão parcial é permitida. (...) Recurso especial não conhecido. (REsp 821.807/PR, Rel. Ministra NANCY ANDRIGHI, TERCEIRA TURMA, julgado em 19/10/2006, DJ 13/11/2006, p. 261).

O procedimento para a ação de alteração de regime de bens está disciplinado a partir do artigo 734 do Código de Processo Civil de 2015. Na petição, assinada por ambos os cônjuges, os interessados irão expor as razões que justificam a alteração. Em relação a essa necessidade, imperioso referir o julgado do Superior Tribunal de Justiça no sentido de que não se ordenarão justificativas exageradas ou provas concretas do prejuízo na manutenção do regime de bens originário, sob pena de esquadrinhar indevidamente a própria intimidade e a vida privada dos consortes.[594] Igualmente, despicienda a realização de avaliação de todo o patrimônio, como o precedente da casa da Justiça paulista.[595]

Na mesma toada, sustenta o Desembargador Luiz Felipe Brasil Santos a análise da procedência das razões invocadas "não deverá ser por demais rígida a verificação dos motivos que sirvam para justificar o pedido, caso contrário ficará esvaziada a própria finalidade da norma".[596] Sob uma nova roupagem e um novo papel, a família contemporânea não admite mais a ingerência do Estado, sobretudo no que se refere à intimidade de seus membros.[597] O sistema jurídico tem de se adequar a essa realidade e, reconhecida a existência de limites para a intervenção estatal na vida privada, respeitar a autonomia dos titulares de direitos para sua própria autodeterminação.[598]

De acordo com o Enunciado n. 113 das Jornadas de Direito Civil, é admissível a "alteração do regime de bens entre os cônjuges, quando

---

[594] "DIREITO CIVIL. POSSIBILIDADE DE ALTERAÇÃO DO REGIME DE BENS EM CASAMENTO CELEBRADO NA VIGÊNCIA DO CC/1916. Na hipótese de casamento celebrado na vigência do CC/1916, é possível, com fundamento no artigo 1.639, § 2º, do CC/2002, a alteração do regime da comunhão parcial para o regime da separação convencional de bens sob a justificativa de que há divergência entre os cônjuges quanto à constituição, por um deles e por terceiro, de sociedade limitada, o que implicaria risco ao patrimônio do casal, ainda que não haja prova da existência de patrimônio comum entre os cônjuges e desde que sejam ressalvados os direitos de terceiros, inclusive dos entes públicos. (...) (STJ – REsp 1.119.462-MG – Rel. Min. Luis Felipe Salomão – julgado em 26/2/2013).

[595] (...) Procedimento de jurisdição voluntária de alteração de regime de bens entre cônjuges, de comunhão parcial para separação total. Diversas condicionantes ao deferimento do pedido impostas pelo acórdão embargado. Alegação de que uma delas "avaliação judicial de todo o patrimônio" é excessiva e desproporcional, sobremodo onerosa e, além do mais, importará em desnecessária e longa dilação processual. Inteligência do § 2º do artigo 1.639 do Código Civil. Embargos acolhidos em parte, com efeitos modificativos, suprimindo-se exigência contra a qual se insurgem os embargantes. Determinação, todavia, de publicação de editais para conhecimento de terceiros. (TJSP. 10ª Câmara de Direito Privado. nº 0000820-68.2013.8.26.0000. Relator: Cesar Ciampolini. Julgado em:10.09.2013)

[596] SANTOS, Luiz Felipe Brasil. A autonomia da vontade no direito de família contemporâneo. in: IBIAS, Delma Silveira. Família e seus desafios: reflexões pessoais e patrimoniais. Porto Alegre: Letra&Vida, 2012. p. 18.

[597] PEREIRA, Rodrigo da Cunha. *Princípios fundamentais norteadores do direito de família*, Belo Horizonte: Del Rey, 2008, p. 157.

[598] FARIAS, Cristiano Chaves de; ROSENVALD, Nelson. *Curso de direito civil*: família. 6 vol., Salvador: Juspodivm, 2013, p. 22.

então o pedido, devidamente motivado e assinado por ambos os cônjuges, será objeto de autorização judicial, com ressalva dos direitos de terceiros, inclusive dos entes públicos, após perquirição de inexistência de dívida de qualquer natureza, exigida ampla publicidade".

Recebida a petição da ação de alteração de regime de bens, o juiz determinará a intimação do Ministério Público[599] e a publicação de edital que divulgue a pretendida alteração de bens, somente podendo decidir depois de decorrido o prazo de 30 (trinta) dias da publicação do edital (artigo 734, § 1º, CPC 2015).

Interessante é a previsão do § 2º do artigo 734 do CPC de 2015 que permite aos cônjuges propor ao juiz meio alternativo de divulgação da alteração do regime de bens, a fim de resguardar direitos de terceiros. A publicação em imprensa comum poderia ser um meio alternativo a ser adotado pelos interessados. O avanço da tecnologia e a criação de novas ferramentas poderão, em breve, oferecer outras saídas mais interessantes e econômicas em casos similares.

Processado o pedido, após o trânsito em julgado da sentença, serão expedidos mandados de averbação aos cartórios de registro civil e de imóveis e, caso qualquer dos cônjuges seja empresário, ao Registro Público de Empresas Mercantis e Atividades Afins (artigo 734, § 3º, CPC 2015).

Havendo violação de direito de terceiros, independente da forma de divulgação (seja o edital ou meio alternativos), a alteração do regime de bens não será eficaz em relação a qualquer contrato ou dívida preexistente.

Àqueles que contraíram núpcias pelo regime da separação obrigatória de bens (também chamado de regime da separação legal de bens), previsto no artigo 1.641 de nossa codificação civil, podem utilizar-se da ação de alteração de regime de bens em duas situações.

A uma, quando do desaparecimento da causa suspensiva[600] durante o casamento e a ausência de qualquer prejuízo ao cônjuge ou a

---

[599] "O Ministério Público terá participação obrigatória no processo de alteração de regime de bens do casamento, devendo ser intimado após o recebimento da petição inicial. Como a alteração não pode prejudicar direito de terceiros, a participação do Ministério Público busca evitar que a alteração motivada por conluio dos cônjuges para prejudicar terceiros seja homologada pelo juízo". (NEVES, Daniel Amorim Assumpção. *Novo Código de Processo Civil comentado*, 2. ed. Salvador: Juspodivm, 2017, p. 1.180).

[600] Artigo 1.523. Não devem casar: I – o viúvo ou a viúva que tiver filho do cônjuge falecido, enquanto não fizer inventário dos bens do casal e der partilha aos herdeiros; II – a viúva, ou a mulher cujo casamento se desfez por ser nulo ou ter sido anulado, até dez meses depois do começo da viuvez, ou da dissolução da sociedade conjugal; III – o divorciado, enquanto não houver sido homologada ou decidida a partilha dos bens do casal; IV – o tutor ou o curador e os seus descendentes, ascendentes, irmãos, cunhados ou sobrinhos, com a pessoa tutelada ou curatelada, enquanto não cessar a tutela ou curatela, e não estiverem saldadas as respectivas contas.

terceiro, permitirá a alteração do regime de bens, antes obrigatório, notadamente porque cessada a causa que exigia regime específico.[601]

Nessa linha, por exemplo, nas situações previstas no artigo 1.641, I, do Código Civil, quando a pessoa divorciada – que não pode escolher seu regime de bens em razão do artigo 1.523, III, CC – vez que ainda não havia ultimado a partilha de bens de seu relacionamento anterior, poderá, superado o entrave, ajuizar a ação para a modificação do regime de bens nas segundas núpcias.

A duas, aquele adolescente que não obteve autorização de seus pais para celebrar a união e, por outro lado, apenas conseguiu a celebração graças ao suprimento judicial (artigos 1.519 e 1.641, III), poderá, após os dezoito anos, ajuizar a ação em situação análoga.

Da mesma sorte não se beneficiarão os maiores de setenta anos que, em razão do artigo 1.641, II, do diploma civil, lhes foi imposto o regime da separação legal de bens. Os tribunais têm se manifestado que, a estes matrimônios, opera-se a imutabilidade do regime de bens.[602]

Comungamos do mesmo pensamento de Rodrigo da Cunha Pereira que entende injusta a proibição. Primeiro, porque a regra da proibição é tão somente para adoção do regime de bens. Segundo, porque contraria o princípio da não intervenção do Estado, e também a regra no artigo 1.513 do Código Civil que proíbe tal interferência. Terceiro, se casais que tenham mais de setenta anos, ambos os cônjuges ou apenas um deles, entenderem que o melhor é alterar as regras econômicas do casamento, é porque esta, certamente, é a forma que encontraram para a manutenção do vínculo conjugal. Ao final, alerta o Presidente Nacional do Instituto Brasileiro de Direito de Família, "caso não possam alterar tais regras estarão condenados a se separarem".[603]

---

[601] Nesse sentido também a redação do Enunciado 262 da III Jornada de Direito Civil: "A obrigatoriedade da separação de bens nas hipóteses previstas nos incs. I e III do art. 1.641 do Código Civil não impede a alteração do regime, desde que superada a causa que o impôs".

[602] (...). PEDIDO DE ALTERAÇÃO DE REGIME DE BENS. CASAMENTO REALIZADO SOB A ÉGIDE DO CÓDIGO CIVIL DE 1916. REGIME DA SEPARAÇÃO LEGAL DE BENS ADOTADO EM RAZÃO DA IDADE DOS CÔNJUGES NA ÉPOCA DA CELEBRAÇÃO DO ALUDIDO MATRIMÔNIO, POR FORÇA DO DISPOSTO NO ARTIGO 258, PARÁGRAFO ÚNICO, INCISO II, DO CÓDIGO CIVIL DE 1916. IMUTABILIDADE DO REGIME DO CASAMENTO. (...) Regime de casamento dos requerentes da separação de bens imposto por força de Lei, diante da idade dos cônjuges, que, portanto não pode sofrer alteração inclusive diante do que dispõe o novo regramento legal sobre o tema (artigo 1641, inciso II, do Código Civil vigente). Precedentes jurisprudenciais desta Corte de Justiça. Sentença de improcedência que se mantém. Recurso a que se nega seguimento com fulcro no artigo 557, *caput*, do Código de Processo Civil. (TJRJ. 0022100-66.2013.8.19.0202. DES. AUGUSTO ALVES MOREIRA JUNIOR – Julgamento: 28/11/2014 – OITAVA CÂMARA CÍVEL)

[603] PEREIRA, Rodrigo da Cunha. *Divórcio*: teoria e prática. 4. ed. São Paulo: Saraiva, 2013. p. 207-208.

Interessante, a respeito da mutabilidade do regime de bens dos septuagenários, o julgado do Tribunal de Justiça do Rio Grande do Sul onde, sob relatoria do Desembargador Rui Portanova, a 8ª Câmara Cível autorizou a modificação do regime de bens de um casal, do regime da separação convencional para comunhão universal. No julgado, os julgadores gaúchos levaram em consideração o fato de que os consortes permanecem casados há quase cinquenta anos vivem em estado de comunhão durante todo o tempo, de forma que a alteração no registro "só vai transformar em realidade jurídica aquilo que já é a realidade de fato".[604]

Quanto aos efeitos da modificação do regime de bens temos, em regra, essa alteração ocorrerá com efeitos *ex nunc*, ou seja, apenas atingirá os atos posteriores ao trânsito em julgado da sentença. Todavia, em havendo interesse do casal, não existe obstáculo para que, por exemplo, obtenham mandamento judicial alterando o regime anteriormente vigente de separação total de bens para, a partir da decisão, comunhão universal, operando-se claramente eficácia *ex tunc*.[605]

É clara na norma que a vontade precisa ser respeitada e, na esteira de alguns precedentes do Superior Tribunal de Justiça, como a própria lei resguarda os direitos de terceiros, não há porque o julgador criar obstáculos à livre decisão do casal sobre o que melhor atenda a seus interesses.[606]

---

[604] Apelação. Alteração de regime. Deferimento. Caso no qual duas pessoas casadas há quase 50 anos, uma delas com mais de 70 anos, pretendem alterar o regime do casamento para comunhão universal. No presente caso, ao casar, o varão não tinha 70 anos. Ao revés, tinha apenas 29. E inexiste vedação para alteração de regime de quem casou com a idade que ele casou. A norma que impõe a adoção do regime da separação obrigatória aos maiores de 70 anos não se aplica aos litigantes, porque diz respeito apenas a quem vai casar e tem mais de 70 anos. Apelantes casados há 47 anos, que constituíram família com 02 filhos maiores de idade, e vivem em estado de comunhão durante todo o tempo, de forma que a alteração no registro só vai transformar em realidade jurídica aquilo que já é a realidade de fato. Deram parcial provimento. (TJRS, AC nº 70070107396, Relator: Rui Portanova, Oitava Câmara Cível, J. 28/07/2016).

[605] CIVIL – AÇÃO DE DIVÓRCIO – REVISÃO DE PARTILHA – REGIME DE BENS – ALTERAÇÃO – EFEITOS EX NUNC EM RELAÇÃO A TERCEIROS – EFEITOS *EX TUNC* EM RELAÇÃO AOS CÔNJUGES – POSSIBILIDADE. 1 Em relação a terceiros, no intuito de resguardar os interesses destes, os efeitos da sentença que altera o regime de bens na constância do casamento são, em regra, ex nunc (CC, art. 1.639, § 2º). Já em relação aos cônjuges, salvo determinação em contrário disposta na decisão judicial autorizativa da alteração, os efeitos em regra são *ex tunc*. 2. A justificativa do pedido de alteração de regime de bens, que repousa no argumento de que houve equívoco no cartório de registro civil, pois a intenção dos nubentes desde o início era o regime para o qual pretendem ver alterado – comunhão universal de bens – é indicativo seguro de que a pretensão da modificação fosse operada com efeitos ex tunc. (TJSC, Apelação Cível n. 2013.025693-7, de Navegantes, rel. Des. Luiz Cézar Medeiros, j. 07-03-2016).

[606] Em uma das situações o STJ permitiu a partilha dos bens adquiridos sob o regime anterior, de comunhão parcial, diante de sua mudança para separação total. (REsp 1533179/RS, Rel. Ministro MARCO AURÉLIO BELLIZZE, TERCEIRA TURMA, julgado em 08/09/2015, DJe 23/09/2015).

19. Testamentos e dos codicilos

Jefferson Carús Guedes

O procedimento destina-se à conferência dos requisitos essenciais para validade dos atos de disposição de última vontade.

19.1. NOÇÕES GERAIS

Testamento, embora também encontre limites na lei, é instrumento apto para disposição de todo ou parte do patrimônio do testador, independentemente do valor (respeitada a legitima, art. 1.967 do CC/2002), bem como para disposições de caráter não patrimonial (art. 1.857, *caput* e § 2º, do CC/2002). Aquele não está submetido às mesmas formalidades deste que é ato solene de disposição de última vontade.[607]

Ademais, os testamentos são divididos em ordinários (público, cerrado e particular) e especiais (marítimo, aeronáutico e militar/nuncupativo).[608] Já os codicilos podem ser elaborados em todas as formas previstas, mas devem observar o procedimento de cada um destes para abertura e apresentação (*Exemplo:* se *cerrado*, deverá seguir o disposto no art. 735 do CPC/2015).[609]

19.2. PROCEDIMENTO

São três os procedimentos disciplinados nesta Seção (cujo foro competente é o do lugar em que se encontra o apresentante, porque a apresentação deve ser imediata para se evitar fraudes e extravio do testamento ou codicilo), quais sejam, o de abertura, registro e cumprimento de testamento cerrado (art. 735), o de cumprimento de testamento público (art. 736) e o de publicação de testamento particular

---

[607] DIAS, Maria Berenice. *Manual das sucessões*. 4. ed. item 36, p. 384.
[608] VENOSA, Sílvio de Salvo. *Direito Civil. Direito das Sucessões*. 6. ed. v. VII., item 11.6, p. 225.
[609] LIMA, Alcides de Mendonça. *Comentários ao Código de Processo Civil*. v. XII, art. 1.134, item 130, p. 267.

(art. 737). Como dito, todos eles destinam-se à conferência, pelo magistrado, dos requisitos essenciais para validade dos atos de disposição de última vontade a que se referem e para cumprimento das determinações nele descritas.[610]

Relativamente ao primeiro, dispõe o *caput* do art. 735 do CPC/2015 que o juiz, quando receber testamento cerrado, não encontrando nele vício externo que o torne suspeito de nulidade ou falsidade, o abrirá e mandará que o escrivão o leia diante de quem o apresentou, interessado (*parte*) que pode ser o testamenteiro, o cônjuge ou companheiro sobrevivente, o herdeiro ou outro interessado). A incolumidade do testamento é o objetivo desse procedimento de jurisdição voluntária, e tal é o **pedido**, que encontra **causa de pedir** na exigência dessa confirmação de integridade.

As regras de elaboração do testamento cerrado (também chamado de secreto ou místico) estão previstas no art. 1.868 do CC/2002. É assim denominado por testar de forma sigilosa a vontade do autor da herança, cujas disposições somente serão conhecidas quando de sua abertura.[611]

Do termo de abertura constarão o nome do apresentante e como obteve o testamento, a data e o lugar do falecimento do testador, com as respectivas provas (certidão de óbito etc.), e demais circunstâncias dignas de nota (§ 1º). Após, ouvido o Ministério Público e inexistindo dúvidas a serem esclarecidas, o juiz mandará registrar (anotar em livro adequado os dados que atestam a apresentação do testamento), havendo testamenteiro (executor do testamento), arquivar (guardar o testamento nos autos do procedimento formado) e cumprir (sendo este o dispositivo da sentença constitutiva integrativa de forma, enquanto condição para execução da vontade escrita do autor da herança) o testamento (§ 2º).

Feito o registro, o testamenteiro será intimado para assinar o termo da testamentária (§ 3º). Ressalte-se, contudo, que não havendo testamenteiro nomeado ou se ele estiver ausente ou não aceitar o encargo, o juiz nomeará testamenteiro dativo, conforme preferência legal do CC/2002 (§ 4º), o qual deverá cumprir as disposições testamentárias e prestar contas em juízo do que recebeu e despendeu, observando-se o disposto na lei material (§ 5º).

Da sentença que determina o "cumpra-se" cabe apelação (art. 724).

---

[610] LUCENA, João Paulo. *Comentários ao código de processo civil.* v. 15, art. 1.125, item 3, p. 160;

[611] VENOSA, Sílvio de Salvo. *Direito Civil. Direito das Sucessões.* 6. ed. v. VII., item 11.4, p. 211.

Sobre o segundo procedimento, diz-se público o testamento submetido a registro em livro de notas por tabelião, lavrado na presença do testador e de mais duas testemunhas (art. 1.864 do CC/2002). Para seu cumprimento estabelece o art. 736 que qualquer interessado (*parte*), exibindo o traslado ou a certidão de testamento público, poderá requerer ao juiz que ordene o seu cumprimento. Aqui aplica-se a mesma disciplina do artigo anterior, desde que haja compatibilidade.

Por fim, quanto ao terceiro procedimento dispõe o art. 737 que, falecido o testador, a publicação do testamento particular poderá ser requerida pelo herdeiro, pelo legatário ou pelo testamenteiro, bem como pelo terceiro detentor do testamento, interessados legitimados (**partes**) se impossibilitado de entregá-lo a algum dos outros legitimados para requerê-la. Desse ato serão intimados todos os demais herdeiros (§ 1º).

O requerimento de publicação deve ser feito por petição inicial, já que constitui procedimento mais complexo que os demais disciplinados nesta Seção, ante a falta de aprovação ou colaboração do tabelião quando da feitura do testamento, a justificar sua confirmação em juízo. É que o testamento particular é escrito e firmado diretamente pelo próprio autor da herança e subscrito por pelo menos três testemunhas, mas sem registro cartorário (art. 1.876 do CC/2002).

Caso se verifique o preenchimento de todos os requisitos exigidos pelo CC/2002 e ouvido o Ministério Público (§ 2º), o juiz confirmará o testamento, isto é, declarará sua autenticidade.

O § 3º desse último artigo, visando à simplificação da disciplina processual, limita-se a estender aos codicilos e aos testamentos marítimo, aeronáutico, militar e nuncupativo o disposto no art. 737. Em arremate, o § 4º aplica à execução do testamento particular confirmado em juízo a mesma disciplina do art. 735, no que couber, inclusive no tocante ao cabimento de recurso.

20. Herança jacente

Jefferson Carús Guedes

A proteção ao Direito Sucessório é a essência das razões materiais do procedimento especial de Herança Jacente, que se concretizam pela arrecadação judicial dos bens. Se jaz a herança (consoante hipóteses do art. 1.818 do CC/2002)[612] deixada pelo falecimento de seu proprietário original, sua reunião judicial protege direitos de seus eventuais sucessores (art. 1.786 do CC/2002) ausentes ou não identificados ou mesmo os direitos de credores e, ao fim, o direito de reversão ao Estado.

20.1. NOÇÕES GERAIS

Sendo jacente a herança (aquela que não tem herdeiros legítimos ou testamentários conhecidos), o juiz em cuja comarca tiver domicílio o falecido (aqui a regra de competência) procederá à imediata (sem demora) arrecadação dos respectivos bens (art. 738 do CPC/2015), os quais ficarão sob a guarda, a conservação e a administração de um curador até a respectiva entrega ao sucessor legalmente habilitado ou até a declaração de vacância (art. 739, *caput*, do CPC/2015).

Ressalte-se que a jacência, que é parte da **causa de pedir** em si, não justifica a instauração do procedimento, pois os legitimados podem e devem pedir a abertura do inventário no prazo de dois meses desde a abertura da sucessão.[613] O traspassamento desse prazo pode ser um indício da inexistência de herdeiros, a justificar iniciativa de outros legitimados ou interessados (*partes*) a formular o **pedido**.

---

[612] Pontes de Miranda afirma que a herança não mais jaz, desde que não mais se distingue a morte e a adição. PONTES DE MIRANDA, F. C. *Comentários ao Código de Processo Civil*, t. XVI, cap. V, item 1, p. 269.

[613] Art. 611. O processo de inventário e de partilha deve ser instaurado dentro de 2 (dois) meses, a contar da abertura da sucessão, ultimando-se nos 12 (doze) meses subsequentes, podendo o juiz prorrogar esses prazos, de ofício ou a requerimento de parte.

20.2. PROCEDIMENTO

O curador é incumbido de (§ 1º do art. 739 do CPC/2015): a) representar a herança em juízo ou fora dele, com intervenção do Ministério Público (inc. I); b) ter em boa guarda e conservação os bens arrecadados e promover a arrecadação de outros porventura existentes (inc. II); c) executar as medidas conservatórias dos direitos da herança (inc. III); d) apresentar mensalmente ao juiz balancete da receita e da despesa (inc. IV); e) prestar contas ao final de sua gestão (inc. V). A ele aplicam-se também as regras "Do Depositário e do Administrador" previstas nos arts.159 ao 161 do CPC/2015 (§ 2º do art. 739 do CPC/2015).

Na arrecadação dos bens de herança jacente, o juiz ordenará que o oficial de justiça, acompanhado do escrivão ou do chefe de secretaria e do curador, arrole os bens e descreva-os em auto circunstanciado (art. 740 do CPC/2015). Caso o oficial de justiça não possa comparecer ao local de situação dos bens, o juiz requisitará que a autoridade policial realize a arrecadação e o arrolamento dos bens na presença de 2 testemunhas (§ 1º do art. 740 do CPC/2015). Se o curador ainda não tiver sido nomeado, o magistrado designará depositário e lhe entregará os bens jacentes depois de compromissado, valendo-se para tanto de simples termo nos autos (§ 2º do art. 740 do CPC/2015).

No curso da arrecadação, os moradores da casa e da vizinhança serão inquiridos pelo juiz ou pela autoridade policial sobre a qualificação do falecido, o paradeiro de seus sucessores e a existência de outros bens. Dessas diligências será lavrado auto de inquirição e informação (§ 3º do art. 740 do CPC/2015).

O juiz examinará reservadamente os papéis, as cartas missivas e os livros domésticos e, verificando que não apresentam interesse, mandará empacotá-los e lacrá-los para serem assim entregues aos sucessores do falecido ou queimados quando os bens forem declarados vacantes (§ 4º do art. 740 do CPC/2015).

Havendo bens em outra comarca, o juiz expedirá carta precatória para que sejam arrecadados (§ 5º do art. 740 do CPC/2015).

A arrecadação não será realizada ou, se iniciada, será suspensa se algum interessado (o cônjuge ou companheiro, o herdeiro ou o testamenteiro notoriamente reconhecido) aparecer para reclamar os bens e não houver oposição motivada do curador, de qualquer interessado, do Ministério Público ou do representante da Fazenda Pública (§ 6º do art. 740 do CPC/2015).

Feita a arrecadação, será expedido edital correspondente, publicado na *internet*, no sítio do tribunal a que estiver vinculado o juízo e na plataforma de editais do Conselho Nacional de Justiça, onde permanecerá por 3 meses, ou, na falta deste sítio, no órgão oficial e na imprensa da comarca, por 3 vezes com intervalos de 1 mês, para que os sucessores do falecido tomem ciência do procedimento instaurado e requeiram, querendo, sua habilitação (ato de vir a juízo manifestar interesse no objeto do processo) no prazo de 6 meses, a contar da primeira publicação (art. 741, *caput*, do CPC/2015).

Caso algum sucessor ou testamenteiro do autor da herança jacente esteja em lugar certo, será citado pessoalmente, sem prejuízo do edital relativamente aos demais interessados (§ 1º do art. 741 do CPC/2015).

Quando o autor da herança jacente for estrangeiro, do procedimento será cientificada também a autoridade consular de seu país de origem (§ 2º do art. 741 do CPC/2015). Não se pretende a manifestação direta e própria de representante diplomático no procedimento, mas a ampliação do chamamento dos herdeiros e demais interessados, bem como o estímulo à busca da herança.

Admitida a habilitação do herdeiro, sendo reconhecida a qualidade do testamenteiro ou provada a identidade do cônjuge ou companheiro, a arrecadação será convertida em inventário (§ 3º do art. 741 do CPC/2015). Aqui poderão os credores da herança ser habilitados para percepção de seus créditos, tal como nos inventários, ou poderão propor a ação de cobrança pertinente (§ 4º do art. 741 do CPC/2015).

Mesmo no curso do procedimento poderá ser autorizada a alienação de bens nas seguintes hipóteses (art. 742, *caput*, do CPC/2015): a) de bens móveis, se forem de conservação difícil ou dispendiosa (inc. I); b) de semoventes, quando não empregados na exploração de alguma indústria (inc. II); c) de títulos e papéis de crédito, havendo fundado receio de depreciação (inc. III); d) de ações de sociedade quando, reclamada a integralização, não dispuser a herança de dinheiro para o pagamento (inc. IV); e) de bens imóveis ameaçados de ruína, quando não for conveniente sua reparação, ou daqueles dos hipotecados cuja dívida estiver vencida sem que haja dinheiro para seu pagamento (inc. V, "a" e "b"). Todavia, os bens não serão vendidos se a Fazenda Pública ou interessado habilitando adiantar a importância para as despesas (§ 1º art. 742 do CPC/2015).

A lei processual ressalta expressamente a possibilidade de alienação de bens "com valor de afeição", tais como retratos, objetos de uso pessoal, livros e obras de arte. Nesse caso, somente serão alienados depois de declarada a vacância da herança (§ 2º art. 742 do CPC/2015).

A herança será declarada vacante (aquela à qual não acorreram porque inexistentes, desconhecidos ou desinteressados) após o decurso do prazo de 1 ano da primeira publicação do edital, desde que nenhum herdeiro tenha requerido habilitação ou não haja habilitação pendente de julgamento (art. 743, *caput*, do CPC/2015). Caso contrário, pendendo habilitação, a vacância será declarada na mesma sentença que a julgar aquela improcedente. Sendo diversas as habilitações, aguarda-se o julgamento da última para declaração da vacância (§ 1º art. 743 do CPC/2015).

Aqui cabe a seguinte consideração: se julgada procedente a habilitação, converter-se o procedimento de herança jacente em procedimento de inventário ou mesmo em arrolamento; se inexistente ou julgada improcedente a habilitação, declara-se a vacância da herança.

O aproveitamento dos atos do procedimento de herança jacente em inventário segue princípio processual da instrumentalidade. São úteis todos os dados descritivos sobre o patrimônio do falecido, fruto dos esforços de arrolamento e de arrecadação, mas não se dispensa a solenidade de lavratura do termo circunstanciado das primeiras declarações do inventariante, com todas as exigências do art. 620 do CPC, seus parágrafos, seus incisos e alíneas. Prossegue o procedimento revestido de todas as minúcias procedimentais que lhe são próprias e foram em maioria preservadas no CPC/2015.

Por outro lado, o arrolamento terá lugar quando o valor dos bens for inferior a mil salários mínimos (art. 644 do CPC/2015), sem que se exija neste procedimento simplificado o mesmo rigor descritivo do inventário. Nele é dispensada a lavratura de termos iniciais, cabendo a avaliação aos próprios herdeiros (art. 660). Ao fim será lavrado um único termo assinado pelo juiz, inventariante, interessados presentes e advogados.

Após o trânsito em julgado da sentença que declarou a vacância, somente por ação direta o cônjuge, o companheiro, os herdeiros e os credores poderão reclamar eventual direito que entenda titularizar sobre os bens da herança (§ 2º art. 742 do CPC/2015).

Declarada a vacância é que submerge o direito do Estado aos bens do morto. O Estado aqui é, em princípio, o ente federativo municipal,[614] no qual se situam os bens, ou o Distrito Federal, ou a hipótese mais rara pode vir a pertencer à União se o bem se situar em Território

---

[614] LUCENA, João Paulo. *Comentários ao Código de Processo Civil.* v. 15, art. 1.142, item n. 3, p. 201.

Federal (art. 1.822 do CC/2002). Quando os bens se situam em municípios diversos, ambos possuem interesse e legitimidade.[615] O direito do ente federativo só se confirma após os cinco anos, ficando sujeito neste prazo à formação de direito à aquisição por usucapião, que pode se basear em posse iniciada antes ou depois da abertura da sucessão.

O interesse para iniciativa do procedimento de herança jacente é dada a quem tem interesse na vacância, especialmente a Fazenda Pública, que poderá arrecadar os bens se declarados vacantes, após a confirmação judicial da inexistência de herdeiros ou de herdeiros interessados. Os legitimados a abertura do inventário (art. 615 do CPC/2015) não o serão para a herança jacente, pois se há herdeiros, não é jacente a herança, por evidente contradição. Nesse caso, têm poderes para pedir a abertura do inventário.

Também se dá por iniciativa do juiz, do Ministério Público (atuando de modo amplo nos procedimentos de jurisdição voluntária ou identificando interesse por ele protegido) ou da Defensoria Pública (que poderá identificar interesses por ela protegidos e promover o pedido de abertura ou a conversão da herança jacente em inventário, quando represente herdeiros).

O ato decisório final do procedimento é sentença de arrecadação e julgamento da vacância, sendo sentença com reserva,[616] passível de apelação.

---

[615] GRECO, Leonardo. *Jurisdição voluntária moderna*, item n. 8.2, p. 140.
[616] PONTES DE MIRANDA, F. C. *Comentários ao Código de Processo Civil*, t. XVI, art. 1.154, item n. 3, p. 309

21. Bens dos ausentes

Jefferson Carús Guedes

São três as etapas demarcadas na proteção dos bens dos ausentes: a) arrecadação dos bens, designação do curador e declaração da ausência; b) abertura da sucessão provisória e; c) conversão da sucessão provisória em definitiva.

21.1. NOÇÕES GERAIS

Sobre o procedimento de jurisdição voluntária cabível para a proteção e destinação de bens dos ausentes, dispõe o CPC/2015 que, havendo declaração de ausência de pessoa natural, seus bens serão arrecadados por ordem judicial e administrados por curador (escolhido entre curadores judiciais ou entre pessoas capazes de preencher os requisitos essenciais ao gestor, como a experiência, idoneidade e tino para a atividade de administração patrimonial ou sobre profissionais com habilitação profissional correspondente) na forma da Seção VI (Da Herança Jacente), observando-se as demais leis aplicáveis à espécie (art. 744).

21.2. PROCEDIMENTO

Os pressupostos para a arrecadação são: a) existência de bens na jurisdição do juiz; b) não se ter notícia do proprietário ou possuidor; c) não ter deixado procurador, ou não o ter constituído, estando ausente, para administrar seus bens, ou, caso o tenha deixado, este não mais quer ou não pode mais administrá-los.[617] Não basta a *situação de ausência*, mas a ausência qualificada pela falta de notícias e inexistência de representante, procurador ou mandatário, com poderes admi-

---

[617] CAMBLER, Everaldo Augusto; BARRETO, Wanderlei de Paula; DANTAS, Marcelo Navarro Ribeiro; TERRA, Marcelo. *Comentários ao Código Civil Brasileiro*. Parte Geral, art. 23, item 4, p. 231.

nistrativos sobre os bens do não presente (art. 22 do CC/2002),[618] que se caracteriza como **causa de pedir**.

Após a arrecadação, o juiz mandará publicar editais na *internet*, no sítio do tribunal a que estiver vinculado e na plataforma de editais do Conselho Nacional de Justiça, onde permanecerá por 1 ano, ou, não havendo sítio, no órgão oficial e na imprensa da comarca, durante 1 ano, reproduzida de 2 em 2 meses, anunciando a arrecadação e chamando o ausente a entrar na posse de seus bens (art. 745).

Decorrido o prazo do edital, é lícito aos interessados requerer a abertura da sucessão provisória (destinada a tirar dos cuidados do curador os bens arrecadados e dar a eles um destino que se aproxime de seu destino final) nos termos da lei (§ 1º). Nessa oportunidade será requerida a citação pessoal dos herdeiros presentes e do curador, bem como a citação editalícia dos ausentes para que, querendo, requeiram habilitação, na forma dos arts. 689 a 692 (§ 2º).

A lei a que se refere a parte final do § 1º do art. 745, se supõe, é o CC/2002. Dessa forma, só será possível o pedido de abertura da sucessão provisória, caso tenham transcorrido, concomitantemente, os prazos previstos no art. 26 do CC/2002, quais sejam: a) um ano da arrecadação, se o ausente não houver deixado representante ou procurador e; b) três anos, se houver deixado qualquer um destes.[619] Porém, parte da doutrina entende que o novo CPC, por ser lei posterior, ao determinar prazo diverso daqueles fixados na lei material, teria revogado as disposições dos arts. 26 e 28, CC/2002, nos termos do § 1º do art. 2º da LINDB. Esse entendimento, contudo, não parece ser razoável.

A sentença declaratória de ausência e de morte presumida deverá ser submetida a registro público, assim como determinado na Lei dos Registros Públicos (art. 94 do CC/2002).[620] É com base nessa declaração que se inicia a arrecadação dos bens do ausente.

Após, estando presentes os requisitos legais, poderá ser requerida a conversão da sucessão provisória em definitiva (§ 3º). Contudo, caso a ausente ou algum de seus descendentes ou ascendentes regresse para requerer ao juiz a entrega de bens, para contestar esse pedido

---

[618] LIMA, Alcides de Mendonça. *Comentários ao Código de Processo Civil.* v. XII, art. 1.159, item 220.2, p. 368-369.

[619] MARINONI, Luiz Guilherme; ARENHART, Sérgio Cruz; MITIDIERO, Daniel. *Novo código de processo civil comentado*, art. 745, item n. 2, p. 720; STREK, Lenio Luiz; NUNES, Dierle; CUNHA, Leonardo Carneiro (Org). *Comentários ao Código de Processo Civil*: de acordo com a Lei n. 13.256/2016, art. 745, item 2, p. 985.

[620] LIMA, Alcides de Mendonça. *Comentários ao Código de Processo Civil.* v. XII, art. 1.159, item 224, p. 373-374.

serão citados os sucessores provisórios ou definitivos, o Ministério Público e o representante da Fazenda Pública, seguindo-se, nesta hipótese, o procedimento comum.

São interessados (*partes*), por exemplo, todos aqueles descritos no art. 27 do CC/2002, o cônjuge não separado judicialmente; os herdeiros presumidos, legítimos ou testamentários; os que tiverem sobre os bens do ausente direito dependente de sua morte; os sócios; os condôminos; os proprietários de bens sobre os quais o ausente é titular de direitos reais (usufruto, uso, habitação); os proprietários de bens cedidos por direito pessoal (locação, comodato, cessão de posse, empréstimo) ao ausente; os credores de obrigações vencidas e não pagas; o Ministério Público.[621]

A competência de jurisdição para ações em favor do ausente e dos seus bens é em geral da Justiça Comum dos Estados e do Distrito Federal, salva a rara exceção de identificarem-se direitos ou interesses de entes públicos federais.

Quanto à competência de foro, será determinada pela regra de que a "ação em que o ausente for réu será proposta no foro de seu último domicílio, também competente para a arrecadação, o inventário, a partilha e o cumprimento de disposições testamentárias" (art. 49 do CPC/2015). Quanto às pessoas residem em mais de um local, qualquer desses locais será considerado foro para a ação (art. 71 CC/2002), assim como as pessoas com domicílio profissional ou pluralidade de domicílios (art. 72, parágrafo único, CC/2002) que amplia a quaisquer dos juízes desses locais a competência de foro.

Após as citações, será aberto prazo de 5 (cinco) dias úteis para que se habilitem, contados da juntada aos autos do último mandado de citação cumprido ou, sendo o caso de publicação de edital, do termo final do prazo constante nele, nos termos do art. 690 do CPC/2015.[622]

A habilitação, que se dará nos mesmos autos da sucessão provisória (art. 689 do CPC/2015), é o modo pelo qual os interessados (*partes*) citados, no caso os herdeiros, comprovam sua qualidade para assumir a titularidade de direitos em função da sucessão provisória, podendo haver, inclusive, impugnação por algum deles,[623] o que poderá ocasionar a necessidade de dilação probatória ou mesmo de designação de instrução (art. 691 do CPC/2015).

---

[621] CAMBLER, Everaldo Augusto; BARRETO, Wanderlei de Paula; DANTAS, Marcelo Navarro Ribeiro; TERRA, Marcelo. *Comentários ao Código Civil Brasileiro*, Parte Geral, art. 23, item 5, p. 232.

[622] LUCENA, João Paulo. *Comentários ao código de processo civil*, v. 15, art. 1.164, item 1, p. 258.

[623] LIMA, Alcides de Mendonça. *Comentários ao Código de Processo Civil*, v. XII, art. 1.164, item 242, p. 393.

A sentença que determina a abertura da sucessão provisória só produz efeitos após seu trânsito em julgado e decorridos 180 dias da publicação pela imprensa (art. 28 do CC/2002). Contudo, este mesmo artigo autoriza, transitada em julgado a sentença, a abertura de testamento (se *cerrado*) ou a sua apresentação (se *público*), com consequente inventário e partilha, mas com caráter de eventualidade e de transitoriedade, já que é sucessão *provisória*.

Não "comparecendo herdeiro ou interessado (*parte*) para requerer o inventário até 30 depois de passar em julgado a sentença" que abre a sucessão provisória, transforma-se arrecadação dos bens do ausente pela forma da herança jacente (arts. 1.819 a 1.823 CC/2002).

Após o transcurso do prazo de publicação da sentença (180 dias), a ordem procedimental, para o seu cumprimento, observa as regras de direito material, como, por exemplo, o disposto nos art. 29 a 35 do CC/2002.

O prazo para requerimento da sucessão definitiva, previsto no art. 37 do CC/2002, deve ser contado levando-se em conta o prazo previsto no art. 26 do CC/2002, ou seja, será o prazo do transito em julgado (publicação), mais um ano, caso não haja procurador estabelecido ou três anos caso haja, mais os dez anos, somando o total de 11 anos ou 13 anos.[624]

O ato final do procedimento, no qual será relatado e homologado o desfecho, constitui sentença, a qual é passível de apelação (art. 724 do CPC/2015).

---

[624] CAMBLER, Everaldo Augusto; BARRETO, Wanderlei de Paula; DANTAS, Marcelo Navarro Ribeiro; TERRA, Marcelo. *Comentários ao Código Civil Brasileiro*, Parte Geral, art. 37, item n.2, p. 282.

22. Coisas vagas

Jefferson Carús Guedes

Diz-se que "a ignorância de quem seja o titular do direito aos bens é que constitui elemento diferenciador" entre coisas vagas, jacentes e de ausentes.[625] A coisa perdida (objeto deste procedimento), se encontrada, transmite ao descobridor o dever de tentar encontrar quem a perdeu.[626]

22.1. NOÇÕES GERAIS

Sobre as coisas vagas, o *caput* do art. 746 do CPC/2015 estabelece que o juiz mandará lavrar "auto" (que na verdade é mero termo de apresentação do bem) quando receber do descobridor coisa alheia perdida. Desse termo constará a descrição do bem e as declarações de quem a descobriu.

Caso a coisa encontrada seja recebida por autoridade policial, esta deve remetê-la em seguida ao juízo competente (§ 1º). Essa atividade policial restringe-se à identificação dos elementos essenciais da descoberta, suas circunstâncias, as características da coisa encontrada, a oportunidade, o local, a data e a hora da descoberta. Não se tratando de objeto de crime, deve a autoridade policial apenas remeter o *boletim da ocorrência* e a própria coisa à autoridade judicial competente.

22.2. PROCEDIMENTO

Efetuado o depósito do bem encontrado, o juiz determinará que seja publicado edital na *internet*, no *site* do tribunal a que estiver vinculado e na plataforma de editais do Conselho Nacional de Justiça

---

[625] PONTES DE MIRANDA, F. C. *Comentários ao Código de Processo Civil*. t. XVI, Capítulo VII, item n. 1, p. 356.
[626] LUCENA, João Paulo. *Comentários ao Código de Processo Civil*. v. 15, art. 1.170, item n. 1, p. 279; o autor faz a distinção a partir de Pontes de Miranda.

ou, não havendo endereço eletrônico, no órgão oficial e na imprensa da comarca, para que o dono ou o legítimo possuidor a reclame. No entanto, tratando-se de coisa de pequeno valor e não sendo possível a publicação no *site* do tribunal, o edital será apenas afixado no átrio do edifício do fórum (§ 2º). Neste ponto, o CPC/2015 inova ao permitir a divulgação por meio da rede mundial de computadores.

Além disso, devem ser observadas as demais disposições legais aplicáveis a cada caso, nos termos do § 3º daquele mesmo dispositivo. Aqui está-se a dizer que a lei deve ser obedecida, seja a material que se impõe limitando o procedimento, seja lei (ou leis) processual que aqui se projeta, complementando a *apócope* que se abateu sobre o regramento anterior, muito mais detalhado.[627]

No CC/2002 a descoberta vem prevista nos arts. 1.233 a 1.237, sem referir diretamente às coisas vagas, mas a "coisa alheia perdida" (art. 1.233), a "coisa achada" (art. 1.234). Da lei material ressai que o procedimento serve para: a) imediata devolução a coisa; b) não sendo sabido quem é o titular, divulgação do achado (art. 1.236 do CC/2002); c) tentativa de restituição ao titular (art. 1.233 e parágrafo único do CC/2002); d) diante da não identificação do titular, alienação (art. 1.237 do CC/2002), quando houver possibilidade; e) pagamento da recompensa (art. 1.234 e parágrafo único do CC/2002); e) a oferta do valor remanescente ao Município ou Distrito Federal.[628]

A competência de jurisdição é da Justiça Comum dos Estados e do Distrito Federal, e a jurisdição de foro determinada pela lei será comumente do juiz da comarca em que tiver sido encontrada a coisa móvel ou tenha domicílio o descobridor e, excepcionalmente, sobre o foro de situação da coisa imóvel, de difícil ocorrência (a maioria dos casos trata de bens móveis, cuja competência deve ser fixada pelo critério territorial, sendo relativa[629]). Havendo mais de um foro competente, desconhecendo-se o domicílio do proprietário da coisa, competente é o foro de domicílio do descobridor (art. 46, *caput* e § 2º, parte final).

Havendo o comparecimento, identificada e demonstrada a posse ou propriedade, cessa a *vaguedade* ou *vagueza*, justificando-se a finalização do procedimento por sentença, contra a qual cabe apelação. Se mais de um interessado alega propriedade ou posse sobre a coisa,

---

[627] Alcides de Mendonça Lima criticava a inutilidade da descrição do procedimento em sete artigos, que nunca seriam utilizados pela circunstância da vida moderna. LIMA, Alcides de Mendonça. *Comentários ao Código de Processo Civil*, v. XII, art. 1170, item n. 262, p. 411.

[628] MARINONI, Luiz Guilherme; ARENHART, Sérgio Cruz; MITIDIERO, Daniel. *Novo Código de Processo Civil comentado*, art. 746, item 1, p. 721.

[629] Idem, item n. 2, p. 721-722.

transmuta-se a natureza voluntária, comportando a extinção sem exame do mérito e a remessa aos procedimentos contenciosos que poderão ser possessórios ou mesmo petitórios.[630]

Se não houver resposta às sucessivas manifestações públicas de chamado do titular de direito sobre a coisa, pelo prazo de sessenta dias (art. 1.237 do CC/2002),[631] entende-se que não há mais interesse do proprietário ou possuidor. É também possível que o proprietário ou possuidor demonstre tácita ou expressamente desinteresse ou mesmo o desejo abandonar a coisa.

Frustrada a alienação, abrem-se outras hipóteses de transmissão da propriedade ao ente público. Havendo a alienação, o pagamento do valor remanescente ao ente público é o último ato antes da finalização do procedimento, feito após adimplemento da recompensa e após os eventuais descontos das despesas decorrentes do depósito, guarda e conservação.

---

[630] FERRAZ, Cristina. *Jurisdição voluntária no processo civil*, item 6.22.2, p. 249-250. A autora não admite a hipótese no sistema do CPC/1973; no CPC/2015, diante das concepções de aproveitamento, salvamento e instrumentalidade, é de se repensar e admitir a conversão.

[631] Este prazo pode ser dilatado, especialmente na jurisdição voluntária e, notadamente após o permissivo do art. 139, inc. VI, no qual se autoriza "dilatar os prazos processuais e alterar a ordem de produção dos meios de prova, adequando-os às necessidades do conflito de modo a conferir maior efetividade à tutela do direito".

23. Interdição

Jefferson Carús Guedes

A interdição e a curatela estão diretamente ligadas, sendo a segunda uma consequência da primeira. Conforme Pontes de Miranda, a interdição consiste em ato do Poder Público pelo qual se declara ou se retira (desconstitui), total ou parcialmente, a capacidade negocial de alguém.[632]

A consequência natural do julgamento procedente do **pedido** de interdição é a nomeação de curador ao curatelado, interdito ou interditado, que regerá, integral ou parcialmente, os atos da vida civil e os bens ou somente os bens do interditado. Trata-se de procedimento voluntário, com certo grau de conflituosidade, que se vincula de forma íntima com o direito material aplicável à capacidade pessoal das pessoas físicas.

Dispõe o art. 747 do CPC/2015 que a interdição pode ser promovida: a) pelo cônjuge ou companheiro (inc. I); b) pelos parentes ou tutores (inc. II); c) pelo representante da entidade em que se encontra abrigado o interditando (inc. III); d) pelo Ministério Público (inc. IV). São esses, portanto, os legitimados para provocar a instauração do procedimento de jurisdição voluntária de interdição, cuja legitimidade deverá ser comprovada por documentação acostada à petição inicial (parágrafo único).

Ressalte-se aqui que há entendimento do STJ[633] no sentido de que mesmo sendo o cônjuge um dos legitimados ativos e preferencial na ordem de nomeação, até mesmo por força da relação de afeto que nutre com o interditando, esta ordem de vocação pode ser alterada caso exista comprovada litigiosidade entre o cônjuge e o interditando, tudo

---

[632] PONTES DE MIRANDA, F. C. *Tratado de Direito Privado*, t. IX. Direito de Família. Direito Parental, § 1.030, item n. 4, p. 426.

[633] BRASIL. Superior Tribunal de Justiça. Recurso Especial n. 138.599/SP, 4ª Turma. Rel. Min. Ruy Rosado de Aguiar. Brasília, DF, 8 out 1997. Disponível em: <http://www.stj.jus.br/SCON/jurisprudencia/doc.jsp?livre=curatela&b=ACOR&p=true&t=JURIDICO&l=10&i=31>. Acesso em: 13 ago 2016.

com fundamento que pode ser a **causa de pedir** no *princípio do melhor interesse do incapaz*.

O Ministério Público terá legitimidade para promover interdição restritas aos casos em que o interditando (pessoa natural que se pretende interditar) for acometido de doença mental grave e, ainda assim, apenas na falta ou inércia dos demais legitimados ativos, ou se estes, existindo, forem incapazes (art. 748, *caput* e incs. I e II, do CPC/2015). Sua atuação é nitidamente restringida por ser subsidiária. Se não for parte, intervirá como fiscal da lei (art. 751, § 1º, do CPC/2015).

A despeito da falta de manifestação expressa do legislador no CPC/2015, mas em conformidade com o entendimento de Alcides de Mendonça Lima, entende-se que o interditando pode ser parte hábil para promover o próprio pedido de interdição, como fez a Lei n. 13.146, Estatuto da Pessoa com Deficiência, embora a doutrina entenda que tenha havido revogação tácita com a vigência do CPC/2015.[634] A pessoa pode ter a percepção de que não está em seu melhor juízo, já que os graus de transtornos mentais não necessariamente são absolutos e definitivos, admitindo gradações. O interesse em resguardar os bens e questões pessoais de natureza civil não poderia ser maior para alguém senão ao próprio titular desse direito.[635] Edson Prata posicionava-se contrariamente a esta possibilidade.[636]

O autor do procedimento de interdição deve especificar, na petição inicial, os fatos que demonstram a incapacidade do interditando para administrar seus bens e, se for o caso, para praticar atos da vida civil, bem como o momento em que a incapacidade se revelou (art. 749, *caput*, do CPC/2015). Havendo urgência justificada, poderá o juiz nomear curador provisório ao interditando para a prática de determinados atos (parágrafo único).

Dentre as provas que acompanharão a petição inicial, o requerente deverá juntar laudo médico correspondente ou informar a impossibilidade de fazê-lo (art. 750 do CPC/2015). Inova a regra ao impor um ônus probatório "condicionado" (porque condição para o manejo do procedimento) ao interessado (*parte*) que propõe a interdição.

Do **pedido** de interdição será citado o interditando, para comparecer perante o juiz, em dia previamente designado, que o entrevistará

---

[634] DIDIER JUNIOR, Fredie. *Editorial 187*, Estatuto da Pessoa com Deficiência, Código de Processo Civil de 2015 e Código Civil: uma primeira reflexão. Disponível em: [http://www.frediedidier.com.br/ editorial/editorial-187].

[635] LIMA, Alcides de Mendonça. *Comentários ao Código de Processo Civil*. v. XII, art. 1177, item n. 284, p. 436.

[636] PRATA, Edson. *Comentários ao Código de Processo Civil*. v. 7, art. 1.177, item n. 8, p. 300.

minuciosamente (na presença de especialista, se for o caso, conforme § 2º do art. 751 do CPC/2015) sobre tudo quando lhe parecer necessário para convencimento quanto à sua capacidade para praticar atos da vida civil, notadamente sobre aspectos de sua vida, negócios, bens, vontades, preferências e laços familiares e afetivos etc., devendo ser reduzidas a termo as perguntas formuladas e as respostas apresentadas (art. 752, *caput*, do CPC/2015). Será, contudo, ouvido no local onde estiver o interditando que não puder se deslocar até o fórum (§ 1º).

Importante ressaltar que, por se tratar de procedimento de jurisdição voluntária, o não oferecimento de impugnação por parte do interditando não acarretará sua revelia. Neste sentido, manifesta-se João Paulo Lucena,[637] ao passo em que aduz que, a despeito do prazo de impugnação ter corrido *in albis*, o interditando ainda poderá juntar sua defesa aos autos, sem prejuízo do exercício do direito de contraditório e sem os efeitos prejudiciais da revelia.

É que a interdição é ação de estado e, portanto, ainda que sem resposta do interditando, isto não resulta na admissão da veracidade e da consequência dos fatos afirmados pelo autor da demanda, por força do que disposto no art. 345, II, do CPC/2015.

A entrevista como ato em substituição ao exame judicial é a grande inovação terminológica e material, porquanto a unilateralidade que se poderia identificar, ao ser examinado, se atenua com a dialogicidade presumida na "entrevista". Estendem-se ainda mais os poderes do juiz para planos circunscritos a questões pessoais e até íntimas, tal como laços familiares e afetivos, com o intuito de permitir a cognição mais ampla e aprofundada, com o fito de alcançar a decisão mais adequada. Na mesma linha de ampliação da cognição do juiz, é a introdução expressa de possibilidade de oitiva de parentes e de pessoas próximas, sejam aquelas ligadas por laços de amizade e afeto, como aquelas ligadas por vínculos profissionais, a exemplo dos profissionais de saúde ou mesmo dos cuidadores.[638]

Dispõe o § 3º daquele mesmo dispositivo que, durante a entrevista, é assegurado o uso de recursos tecnológicos que permitam ou auxiliem o interditando a expressar suas vontades e preferências, bem como a responder as perguntas formuladas pelo magistrado. Ademais,

---

[637] LUCENA, João Paulo. *Comentários ao Código de Processo Civil*. v. 15, art. 1.182 – V. 15, item 1, p. 310.
[638] Pontes de Miranda já observara as peculiaridades do procedimento, muito antes destas alterações, destacando a alta dose de inquisitividade. PONTES DE MIRANDA, F. C. *Comentários ao Código de Processo Civil*. v. XVI, art. 1.177, item 1, p. 374.

para o livre convencimento motivado do juiz, poderá ser requisitada, a seu critério, a oitiva de parentes e de pessoas próximas (§ 4º).

O interditando tem prazo de 15 (quinze) dias, contado da entrevista, para impugnar o **pedido** de interdição (art. 752, *caput*, do CPC/2015), podendo constituir advogado com essa finalidade. Não havendo advogado constituído nos autos, deverá ser nomeado curador especial para defesa de seus interesses (§ 2º) e o seu cônjuge, companheiro ou qualquer parente sucessível poderá intervir como seu assistente (§ 3º).

Decorrido o prazo de impugnação da interdição, será determinada a produção de prova pericial para avaliação da capacidade do interditando para praticar atos da vida civil (art. 753, *caput*, do CPC/2015). O exame técnico poderá ser realizado por equipe composta por peritos com formação multidisciplinar (§ 1º). O laudo dela decorrente deve indicar especificadamente, se for o caso, os atos para os quais haverá necessidade de curatela (§ 2º).

Acostado aos autos o laudo da perícia, produzidas as demais provas que se fizerem necessárias e ouvidos todos os interessados, o juiz proferirá sentença (art. 754 do CPC/2015). Sendo decretada a interdição, na sentença o juiz nomeará curador, que poderá ser o requerente da interdição, e fixará os limites da curatela, segundo o estado e o desenvolvimento mental do interdito, bem como considerará as características pessoais do interdito, observando suas potencialidades, habilidades, vontades e preferências (art. 755, incs. I e II, do CPC/2015).

Deve ser nomeado curador aquele que melhor possa atender aos interesses do curatelado (art. 755, § 1º, do CPC/2015), mas se ao tempo da interdição houve pessoa incapaz sob a guarda e a responsabilidade do interdito, o juiz atribuirá a curatela a quem melhor puder atender aos interesses do interdito e do incapaz (art. 755, § 2º, do CPC/2015).

Para a devida publicidade, a sentença de interdição deve ser inscrita no registro de pessoas naturais e imediatamente publicada na *internet*, no sítio do tribunal a que estiver vinculado o juízo e na plataforma de editais do Conselho Nacional de Justiça, onde permanecerá por 6 meses, na imprensa local, uma vez, e no órgão oficial, por 3 vezes, com intervalo de 10 dias. Do edital deverão constar os nomes do interdito e do curador, a causa de sua interdição, os limites da curatela e, não sendo total a interdição, os atos que o interdito poderá praticar de modo autônomo (art. 755, § 3º, do CPC/2015).

A curatela findará quando cessar a causa que a determinou (causa da interdição), consoante art. 756, *caput*, do CPC/2015. Para tanto, será formulado pedido de levantamento da curatela pelo interdito, pelo curador ou pelo Ministério Público, o qual será apensado aos autos da interdição (§ 1º). Para apurar a cessação da causa incapacitante, o juiz nomeará perito ou equipe multidisciplinar para novo exame do interdito e designará audiência de instrução e julgamento após a apresentação do laudo (§ 2º).

Caso o pedido de levantamento da curatela seja acolhido, o juiz decretará o levantamento da interdição e determinará a publicação da sentença, após o trânsito em julgado, com as mesmas cautelas da sentença que decretou a interdição ou, não sendo possível, na imprensa local e no órgão oficial, por 3 vezes, com intervalo de 10 dias, seguindo-se a averbação no registro de pessoas naturais (art. 756, § 3º, do CPC/2015). É possível ainda que a interdição seja levantada parcialmente, quando demonstrada a capacidade do interdito para praticar alguns atos da vida civil antes não conhecida quando da interdição (art. 756, § 4º, do CPC/2015).

O curador tem autoridade sobre a pessoa e os bens do incapaz que se encontrar sob a guarda e a responsabilidade do curatelado ao tempo da interdição, salvo se o juiz considerar outra solução mais conveniente aos interesses do incapaz (art. 757 do CPC/2015). É sua atribuição buscar tratamento e apoio apropriados à conquista da autonomia pelo interdito (art. 758 do CPC/2015).

A competência para o julgamento do **pedido** de interdição é aspecto que o CPC/2015 continuou sem regular de forma explícita, a despeito de críticas anteriores, desde o CPC/1939 e o CPC/1973. Adere-se, neste ponto, ao entendimento de José Olympio de Castro Filho, segundo o qual o foro do interditando é o competente para o ajuizamento do procedimento de interdição.[639] Isso porque os procedimentos de natureza pessoal são promovidos, em regra, no domicílio do réu, neste caso entendida como polo passivo do procedimento (art. 46 do CPC/2015).

Vale destacar que Alcides de Mendonça Lima e João Paulo Lucena[640] também compartilham do entendimento de que o foro competente para esse procedimento é o do domicílio do interditando, em harmonia também com o entendimento de Pontes de Miranda.[641]

---

[639] CASTRO FILHO, José Olympio de. *Comentários ao Código de Processo Civil*. 5. ed. v. X, item 134, p. 269;

[640] LIMA, Alcides de Mendonça. *Comentários ao Código de Processo Civil*. v. XII, art. 1.177, item 285, p. 43; LUCENA, João Paulo. *Comentários ao Código de Processo Civil*. v. 15, art. 1.177, item 3, p. 294.

[641] PONTES DE MIRANDA, F. C. *Comentários ao Código de Processo Civil*. v. XVI, art. 1.177, item 1, p. 374.

Ainda segundo Pontes de Miranda, "a ação e a sentença de interdição têm por fito *organizar* a defesa do incapaz e *assegurar* a [sua] eficácia *erga omnes*".[642]

Ainda nas lições de Pontes de Miranda, a eficácia *erga omnes* da sentença só se concretiza após sua inscrição no registro de pessoas naturais. Caso tal registro não seja promovido, a publicidade da sentença de interdição é garantida pela própria publicação desse ato judicial. Nesta linha, o art. 1.012, inc. VI, do CPC/2015 determina que a sentença que decreta a interdição terá efeito imediato após a sua publicação.

Atualmente, com o aumento das vias que permitem a publicidade da sentença prolatada, é de se considerar que a eficácia *erga omnes* é alcançada a partir do momento em que a decretação da interdição é determinada e veiculada na *internet*, ou pela própria inscrição da sentença no registro de pessoas físicas. O intuito do procedimento é resguardar os bens e atos civis atribuíveis ao interditado, depreendendo-se que a mínima exteriorização da decretação de interdição já deveria garantir o efeito *erga omnes*.

Caso qualquer uma das diligências de publicidade deste dispositivo sejam descumpridas, infere-se, ainda segundo Pontes de Miranda, que a eficácia da sentença não possui efeito *erga omnes*.

A sentença de interdição possui natureza tanto *declaratória* quanto *constitutiva*, que por sua vez se alia de forma intrínseca ao efeito desconstitutivo. Pontes de Miranda explica que "o elemento declarativo é alto, porém não preponderante. O estado da pessoa é declarado e o que se constitui é a incapacidade. O argumento de que pode haver eficácia retroativa, o que importaria a classificação da ação como declarativa, não bastaria".[643]

De fato, a condição de deficiência que acomete o interditado pode ter se configurado antes do procedimento de interdição, pelo que a sentença efetivamente possui um viés declaratório. Porém, como observa Pontes de Miranda, tal aspecto não é o preponderante desse procedimento, porquanto o que se destaca é a *constituição* do estado de interdito, com a necessária e consequente nomeação de curador que se preste a executar os atos da vida civil e administrar os bens do deficiente. Com isso, nulidades de negócios jurídicos podem ser declaradas com fundamento no *efeito retroativo* da sentença de interdição, mas não só por isso ela seria considerada tão somente declaratό-

---

[642] PONTES DE MIRANDA, F. C. *Comentários ao Código de Processo Civil*, v. XVI, cap. VIII, item 1, p. 368.
[643] Idem, p. 367.

ria. Ocorre a desconstituição de um estado de capacidade civil plena do interditando e a constituição de um estado de interditado, com consequente exclusão da capacidade de promoção de seus atos. O que se tem é que um procedimento que possui natureza eminentemente constitutiva. João Paulo Lucena também endossa tal entendimento, a despeito das correntes opostas.[644]

Da sentença que decreta a interdição cabe apelação, que necessariamente terá efeito apenas *devolutivo*. Tal impasse foi resolvido mediante o acréscimo do art. 1.012, inc. VI, do CPC/2015, que determina que a sentença que decreta a interdição começa a produzir efeitos imediatamente após a sua publicação e, em face disso. Tanto o Ministério Público quanto o próprio interditado têm interesse recursal face à sentença de interdição.

---

[644] LUCENA, João Paulo. *Comentários ao Código de Processo Civil*. v. 15, art. 1.184 – V. 15, p. 319.

24. Tutela e curatela

Jefferson Carús Guedes

As hipóteses e demais regras materiais sobre a tutela estão previstas do art. 1.728 ao art. 1.766 do CC/2002. Já as relativas à curatela constam do art. 1.767 ao art. 1.783 do mesmo Código.

24.1. NOÇÕES GERAIS

As "Disposições Comuns à Tutela e à Curatela" (arts. 759-763 do CPC/2015) tratam da nomeação, do compromisso e do exercício das funções do tutor e do curador, mas também das possibilidades de escusa, suspensão, remoção, exoneração dos deveres e encargos.

Pontes de Miranda leciona que a nomeação é ato judicial de natureza constitutiva, extensível a qualquer pessoa que venha a ser tornar tutora ou curadora. Segundo o autor, o ato de nomeação do tutor ou curador deve-se dar em momento imediatamente posterior ao fato ou evento que seja **causa de pedir** fundamente a nomeação de pessoa apta a defender os bens e interesses alheios, que têm como **causas de pedir** razões específicas para cada **pedido** específico.

24.2. PROCEDIMENTO

Dispõe a lei processual que o tutor ou o curador será intimado a prestar compromisso no prazo de 5 dias, contado da nomeação feita nos termos da lei ou da intimação do despacho que mandar cumprir o testamento ou o instrumento público que o houver instituído (art. 759, incs. I e II, do CPC/2015). Referido compromisso se fará por termo lavrado em livro rubricado pelo juiz (§ 1º). Compromissado, o tutor ou o curador assume a administração dos bens do tutelado ou do interditado (§ 2º).

Prestado o *compromisso* e assinado o *termo*, o tutor assume a administração dos bens do tutelado (art. 1.741 do CC/2002), passando, também, a exercer e responder pelas atividades e responsabilidades previstas nos arts. 1.740 a 1.752 do CC/2002. Quanto à curatela, observa-se que se aplicam as mesmas disposições dirigidas à tutela, inclusive em relação ao exercício e responsabilidades, conforme preceitua o art. 1.774 do CC/2002, excetuando-se apenas àquelas descritas nos arts. 1.782 e 1.783 do CC/2002.

O CPC/2015 permite, contudo, que o tutor ou curador possa ser eximido do encargo apresentando escusa ao juiz no prazo de 5 dias, contado da intimação para prestar compromisso (se apresentá-la antes de aceitar o encargo) ou do dia em que sobrevier o motivo da escusa (se apresentá-la após entrar no exercício do encargo), conforme art. 760, incs. I e II. A ausência de requerimento de escusa nos prazos aqui estabelecidos será considerada renúncia a esse direito (§ 1º).

A petição do **pedido** de eximição deverá ser instruída com os documentos que demonstrem as causas de escusa, previstas nos arts. 1.736 e 1.737 do CC/2002. Sobre esse pedido decidirá o juiz (o juízo competente para apreciar o **pedido** será o mesmo que o do tutor ou curador) de plano. Indeferido o pleito, o nomeado exercerá a tutela ou a curatela enquanto não for dispensado por sentença transitada em julgado (art. 760, § 2º, do CPC/2015).

Como bem adverte Alcides de Mendonça Lima (comentários ao CPC/1973), a expressão "de plano" é utilizada apenas para informar o intérprete de que a sentença será proferida sem a necessidade de audiências, dilação probatória e outras formalidades. Analisará, portanto, as provas documentais juntadas pelo requerente em sua petição, podendo, o magistrado, requerer outras além destas (art. 723, parágrafo único) para formação de seu convencimento.

Como não se vislumbra disposição expressa no tocante à natureza do ato decisório que denega o **pedido** de dispensa, poder-se-ia supor que constitui decisão interlocutória desafiadora de agravo de instrumento (art. 1.015, inciso II, do CPC/2015). Todavia, como determina a regra geral dos procedimentos de jurisdição voluntária, bem como o entendimento de que a permanência ou não de determinada pessoa em tal encargo efetivamente é questão de vocação e de mérito, deverá ser interposto recurso de apelação contra a decisão que defere ou indefere o **pedido** de eximição (art. 724 do CPC/2015).[645]

Nem só a **pedido** do tutor ou curador este poderá deixar o encargo que recebeu. A remoção do tutor ou do curador será requerida pelo Ministério Público ou por quem tenha esse legítimo interesse (art. 761

---

[645] NERY JUNIOR, Nelson; NERY, Rosa Maria de Andrade. *Comentários ao Código de Processo Civil*, art. 759, item § 2º: 4, p. 1606.

do CPC/2015), resguardando-se o direito de resposta daquele que se pretende remover, o qual será citado para contestar a arguição no prazo de 5 dias. Findo esse prazo, será observado o procedimento comum para seu processamento (parágrafo único).

A *remoção* é ato que remete ao mau desempenho do tutor ou curador em suas atividades, independentemente de negligência, prevaricação ou outro motivo grave, bem como à falta de capacidade para o exercício do encargo (art. 1.735 do CC/2002). Razoável, portanto, que a *remoção* ocorra mesmo nos casos em que se verifique pouca inteligência, inexperiência ou quando o tutor ou curador tenha seu tempo absorvido por muitas ocupações, a resultar no exercício lesivo de funções.[646]

O caso concreto aliado ao esquadro estabelecido permitirá ao juízo, bem como ao Ministério Público, avaliar a existência de mau desempenho por parte do tutor ou do curador que enseje prossecução do procedimento de remoção.

O procedimento a ser observado é o comum, que terá início por meio de petição inicial (art. 319 do CPC/2015) proposta pelo Ministério Público ou por quem tenha legítimo interesse. Quanto ao **pedido** de *remoção* do curador, também aplicável ao tutor, trata-se de ação autônoma que, segundo Nelson Nery Junior, "(...) não guarda relação com a ação de interdição já finda",[647] sendo competente o foro de domicílio do interditado (princípio do melhor interesse do incapaz). Especificamente em relação ao pedido de remoção de tutor de menor vulnerável (ECA, art. 98), este deverá ser proposto na vara de infância e juventude, conforme preceitua o art. 148, parágrafo único, alínea "b", do ECA, bem como, além de observar o procedimento comum, deverá aplicar a regra do art. 164 do ECA.[648]

Da sentença que deferir ou indeferir o **pedido** de remoção ou outro correlato à tutela e à curatela, caberá apelação (art. 724 do CPC/2015).

Também é lícito ao juiz, em caso de extrema gravidade (como no caso dos artigos 1.735, 1.740, 1.748, 1.749, 1.751, 1.752 e 1.756 do CC/2002), suspender o tutor ou o curador do exercício de suas funções. Nesse caso, nomeará substituto interino (art. 762 do CPC/2015). A decisão é interlocutória, sendo sujeita a agravo a ser interposto pelo

---

[646] LIMA, Alcides de Mendonça. *Comentários ao Código de Processo Civil*. v. XII, art. 1.194, item 346.1, p. 499.
[647] NERY JUNIOR, Nelson; NERY, Rosa Maria de Andrade. *Comentários ao Código de Processo Civil*, art. 761, item 5, p. 1607.
[648] Idem, item 2, p. 1606.

curador ou tutor afastado, que poderá insurgir-se contra a decisão, pretendendo o retorno. No entanto, uma vez confirmado o afastamento (remoção) em sentença, Alcides de Mendonça Lima define que o recurso oponível é a apelação, fato que acaba por imputar natureza definitiva à decisão de afastamento do tutor ou curador responsável por ato de extrema gravidade.

Decorrido o prazo da tutela ou curatela para o qual foi nomeado o tutor ou curador, cessarão suas funções, pelo que poderá requerer a exoneração do encargo (art. 763 do CPC/2015). Não requerida a exoneração do encargo nos 10 dias subsequentes à expiração do termo, será então reconduzido, salvo se o juiz o dispensar (§ 1º).

Se a petição de exoneração é deferida, cabe apelação do Ministério Público. Se é indeferida, o próprio titular poderá apelar.[649]

Cessada a tutela ou a curatela, deve (é imprescindível que o faça) o tutor ou curador prestar contas de sua administração na forma da lei civil (§ 1º). Esse dever levar está previsto também no art. 1.755 do CC/2002, e o procedimento que se deve observar está descrito no art. 553 do CPC/2015, devendo ser prestadas em apenso aos autos do processo em que tiverem sido nomeados (tutor ou curador), no prazo descrito pelos arts. 1.576 e 1.757 do CC/2002.

---

[649] LIMA, Alcides de Mendonça. *Comentários ao Código de Processo Civil*, v. XII, art. 1.198, item n. 357, p. 507

25. Organização e da fiscalização das fundações

Jefferson Carús Guedes

A lei prevê dois gêneros de fundações: as públicas e as privadas; aqui o exame restringe-se às fundações privadas, sua organização fiscalização do funcionamento e extinção. Há uma variada diversidade de fundações privadas, nem todas submetidas à organização e fiscalização prevista na *Seção XII* (CPC, Parte Especial, Livro I, Título III).[650] Dentre essas, apenas as fundações de previdência privada ou complementar fechada não se submetem ao modo de organização, de fiscalização e de extinção, no sentido estrito aqui posto.

25.1. NOÇÕES GERAIS

Inova o CPC/2015 especialmente por retirar a parte que tratava de direito material, afeta desde 2002 ao Código Civil (arts. 62-69). O art. 764, sem correspondente no CPC/1973, prevê duas hipóteses de atuação jurisdicional: uma *contra* "ato administrativo" do Ministério Público e outra efetivamente para a extinção.

Haverá a incitação judicial, pelo interessado (*parte*), quando o estatuto for denegado, total ou parcialmente, pelo Ministério Público, ou ainda, quando o interessado não concordar com o estatuto elaborado mediante a apresentação de petição inicial motivada,[651] conforme a expressa redação do § 2º do art. 764. De acordo com este § 2º do art. 764, antes de suprir a aprovação, não convencido, o juiz poderá determinar diligências a fim de sanar eventuais dúvidas quanto ao objetivo para o qual foi criada a fundação, e ainda determinar modificações no intuito de adaptar o estatuto ao fim almejado pelo instituidor. O Ministério Público atuará na elaboração do Estatuto da Fundação, no

---

[650] PAES, José Eduardo Sabo. *Fundações, Associações e Entidades de Interesse Social*. 7. ed. cap. IV, item 6, p. 249-300.

[651] PONTES DE MIRANDA, *Comentários ao Código de Processo Civil*, t. XVI, item 6, p. 431.

qual tem o encargo de "aprovar como autoridade competente" poderá fazê-lo de forma ativa, como parte autora, ou como fiscal da ordem jurídica.

25.2. PROCEDIMENTO

São legitimados interessados (*partes*) para pedir aprovação ou alteração e atuarem como interessados (*partes*) no plano processual aqueles que no plano material têm ou teriam função estabelecida pelo instituidor, sendo competente as varas cíveis da justiça comum estadual ou do DF. O juiz avalia a legalidade, a conveniência e a oportunidade dos atos praticados pelo Ministério Público, na função de zelador da fundação e decide podendo acolher o **pedido**, mandando modificar os estatutos ou não, por sentença recorrível.

É possível também a extinção administrativa, deliberada por *quorum* especial, devidamente motivada, e ainda com o aval do Ministério Público; ou judicial, quando se torna "ilícita, impossível ou inútil a finalidade a que visa a fundação, ou vencido o prazo de sua existência".

São legitimados do mesmo modo interessados (*partes*) ou o Ministério Público para pleitearem a extinção da entidade, condicionado o **pedido** da extinção da fundação à ilicitude de seu objeto, impossibilidade sua manutenção ou vencimento do prazo de sua existência (art. 765). Os fundamentos expostos na inicial podem ser estes e outros contidos no CC/2002, incumbindo ao interessado a prova ou sendo ela obtida pelas diligências do juiz, mas na jurisdição voluntária ampliam-se os poderes do juiz.

A sentença pode determinar a destinação do patrimônio conforme a vontade do instituidor ou a lei; a decisão recorrível por apelação (art. 724).

26. Ratificação dos protestos marítimos e dos processos testemunháveis formados a bordo

Jefferson Carús Guedes

Cria-se agora, no CPC/2015, um *Capítulo* e uma *Seção* próprios para tais procedimentos marítimos considerados relevantes, que seguirão procedimento especial, restando ao procedimento comum todos os demais pedidos que envolvam o Direito Marítimo e ao Direito da Navegação que, por sua vez, se coligam ao Direto Portuário, Direito Aduaneiro.

26.1. NOÇÕES GERAIS

"Todos os protestos e os processos testemunháveis formados a bordo e lançados no livro Diário da Navegação deverão ser apresentados pelo comandante ao juiz de direito do primeiro porto, nas primeiras 24 (vinte e quatro) horas de chegada da embarcação, para sua ratificação judicial". Assim estabelece o art. 766 do CPC/2015. Daqui já se extrai que a competência de jurisdição é da justiça estadual e a de foro do juiz de direito do primeiro porto no qual for ancorada a embarcação ou ao largo do qual esteja aguardando a atracação, preponderando as varas cíveis estaduais das comarcas em que situados os portos no Brasil.

São específicos do CCom/1950 e do Direito Marítimo os incidentes passíveis de responsabilização do capitão da embarcação, sendo os mais comuns: a) avaria; b) arribada; c) borrascas; d) alijamento, e) abalroação; f) abandono e; e) naufrágio. Todos esses eventos e outros não detalhados podem ser objeto dos protestos marítimos e dos processos testemunháveis, obedecendo para registro e ratificação às leis e aos regulamentos próprios do Direito Marítimo, servindo o CPC/2015 como suporte confirmatório.

26.2. PROCEDIMENTO

Duas são as razões de diferenciação procedimental entre a Ratificação dos Protestos Marítimos e os Processos Testemunháveis Formados a Bordo. *Primeiro*, a especificidade material contida neles e o zelo com tal conteúdo especialmente afeto ao direito probatório. *Segundo*, a importância econômica e regulatória da matéria de Direito Marítimo, de Direito da Navegação e Direito Portuário. A finalidade central do procedimento especial é probatória, e esse direito material à prova exsurge e é dado àqueles que possuam interesse processual em demonstrar pelos meios possíveis e legais a ocorrência de fatos de seu interesse material.

O *processo testemunhável formado a bordo* se refere, propriamente, à necessidade de registro documental dos fatos considerados relevantes que venham gravados no Diário da Navegação, que devem se transpor a outros autos, caso houver impossibilidade de o livro sair da embarcação, para servir de prova. O protesto em si apresenta as justificativas das deliberações feitas a bordo, visto que o fretador, a princípio, tem culpa presumida na verificação de avaria, de ordem objetiva imprópria, com a inversão do ônus da prova,[652] daqui se retirando as **causas de pedir** de cada um deles.

A apresentação dos protestos marítimos e dos processos testemunháveis feito a bordo se dará mediante petição inicial, que conterá a transcrição dos termos lançados no livro Diário da Navegação e será instruída com "cópias das páginas que contenham os termos que serão ratificados, dos documentos de identificação do comandante e das testemunhas arroladas, do rol de tripulantes, do documento de registro da embarcação e, quando for o caso, do manifesto das cargas sinistradas e a qualificação de seus consignatários, traduzidos, quando for o caso, de forma livre para o português" (art. 767 do CPC/2015).

Se o objeto processual ou **pedido** é a ratificação, depende o procedimento dos meios probatórios hábeis a essa demonstração judicial. Pontes de Miranda aponta que sem os registros no referido livro o juiz deverá indeferir o pedido liminarmente.[653] Em caso de ausência parcial ou total do livro em razão de algum acidente, o interessado poderá valer-se de outros meios probatórios.

A distribuição da petição inicial será feita em regime de urgência e encaminhada ao juiz, que ouvirá, sob compromisso a ser prestado

---

[652] CREMONEZE, Paulo Henrique. *Prática de Direito Marítimo*, p. 175.
[653] PONTES DE MIRANDA, F. C. *Comentários ao Código de Processo Civil*. 2. ed. t. IX, art. 727, item n. 1, p. 185.

no mesmo dia, o comandante e as testemunhas (no mínimo duas e no máximo quatro), que deverão comparecer ao ato independentemente de intimação (art. 768 do CPC/2015). Tratando-se de estrangeiros sem domínio da língua portuguesa, o autor se fará acompanhar por tradutor, que prestará compromisso em audiência (§ 1º), caso contrário, o juiz deverá nomear outro que também deverá prestar compromisso em audiência (§ 2º).

Aberta a audiência e apregoados os consignatários das cargas indicados na petição inicial e outros eventuais interessados, o juiz nomeará curador para os ausentes, que os representará no ato homologatório (art. 769 do CPC/2015).

Inquiridos o comandante e as testemunhas, o juiz, convencido da veracidade dos termos lançados no Diário da Navegação, em audiência, ratificará por sentença o protesto ou o processo testemunhável lavrado a bordo, dispensado o relatório (art. 770, *caput*, do CPC/2015). Após, o juiz determinará a entrega dos autos ao autor ou ao seu advogado, já que a finalidade é constituir prova de um fato, independentemente de trânsito em julgado, mediante a apresentação de traslado (parágrafo único).

Não se cogita a competência da justiça comum federal se o protesto não envolver tratado internacional, crime cometido a bordo do navio ou for contrato firmado entre União e Estado estrangeiro, ou qualquer das demais hipóteses estabelecidas no art. 109 da Constituição Federal.

O prazo para a apresentação da petição inicial, que deve ser firmada por advogado, é contado somente em horas úteis, a partir do momento em que o capitão pode desembarcar no primeiro porto.[654] Conta-se o prazo em horas de minuto a minuto (art. 132, § 4º, do CC/2002). Assim, tendo o comandante desembarcado em um dia útil, vencerá seu prazo de 24 horas após o desembarque. Se desembarcou em um dia sem expediente forense, as 24 horas terão curso no início da atividade do primeiro dia útil subsequente.

Se possível o protocolo eletrônico da petição inicial e de documentos digitalizados no foro competente para o procedimento, contar-se-á o prazo da hora do protocolo eletrônico (sem adoção da regra do art. 213, referente aos prazos em dias e não aplicável para o prazo em horas).

---

[654] PONTES DE MIRANDA, F. C. *Comentários ao Código de Processo Civil*. 2. ed. t. IX, art. 727, item 1, p. 185; AMERICANO, Jorge. *Comentários ao Código de Processo Civil*, v. 3, art. 727, p. 145.

Perdido este prazo, o procedimento não pode ser processado e não podem ser ratificados o protesto ou processo formado a bordo.[655]

Como nota a doutrina, "o juiz não se limita a homologar o protesto marítimo ou processo testemunhável. Tem o dever de examinar a prova produzida, a fim de avaliar a veracidade dos fatos descritos no Diário da Navegação".[656] Se a embarcação não possui a escrituração regular, se são defeituosos os registros, se não há correspondência entre os registros e a narrativa dos fatos também no procedimento atual, como nos equivalentes anteriores,[657] pode o juiz rejeitar o pedido, de plano ou após a instrução em audiência.[658]

De modo diverso da regra geral, dispensa-se no art. 770, parte final, o relatório da sentença que ratifica o protesto ou o processo testemunhável lavrado a bordo. Tanto são agraváveis as interlocutórias, como recorrível a sentença.

---

[655] NERY JUNIOR, Nelson; NERY, Rosa Maria de Andrade. *Comentários ao Código de Processo Civil*, art. 767, item n. 3, p. 1612.

[656] MARINONI, Luiz Guilherme; ARENDHART, Sérgio Cruz; MITIDIERO, Daniel. *Novo Código de Processo Civil comentado*, art. 770, item n. 1, p. 734.

[657] PONTES DE MIRANDA, F.C. *Comentários ao Código de Processo Civil*, 2. ed. t. IX, art. 727, item n. 2, p. 185.

[658] Entendimento jurisprudencial de que a falta de protesto formal é suprida por outros meios: Ementa "Responsabilidade Civil. Transporte Marítimo Mercadoria Avariada. Falta de Protesto (art. 756-CPC) suprível por outros meios. Carência afastada (...)". (1º TASP, 3ª Câmara, Apelação n. 287.422, n. 81/6).

27. Processo coletivo

27.1. TEORIA GERAL DO PROCESSO COLETIVO

Jaqueline Mielke Silva
José Tadeu Neves Xavier

A tutela dos direitos coletivos é um dos temas mais tormentosos de direito processual atual, tendo despertado a atenção de diversos doutrinadores, que buscam identificar a melhor forma de tratamento jurídico a ser dispensada a esta matéria. Nas palavras de Fredie Didier Jr. e Hermes Zaneti Jr., *"as ações coletivas são tendentes a fomentar participação democrática. Ocorre, por meio delas, uma democracia pontuada, exercida através do Poder Judiciário"*.[659]

Podemos, em linhas gerais, dividir a evolução normativa da proteção processual dos direitos coletivos, em nosso sistema, em três fases: (a) anterior à Constituição Federal de 1988, onde encontramos a previsão legislativa referente à Ação Popular (Lei nº 4.717/65) e à Ação Civil Pública (Lei nº 7.347/85); (b) fase estabelecida pela Carta Federal de 1988, com a criação do Mandado de Segurança Coletivo e; (c) a terceira, propiciada pelo advento do Código de Proteção e Defesa do Consumidor, em 1990.

O processo coletivo ainda é matéria recente e que carece de uma adequada lapidação, que somente será levada a contento quando passar a ser entendido de forma autônoma, como uma disciplina específica e dotada de conteúdo próprio. É necessário que a nossa compreensão jurídica passe a ver o processo coletivo como um ramo do processo, desapegando-se da sedutora técnica simplista de visualizá-lo como simples versão do processo individual, porém com conteúdo plural.

---

[659] DIDIER JR., Fredie; ZANETI JR. Hermes. *Curso de Direito Processual Civil*: processo coletivo, v. 4, Salvador: Juspodivm, 2007, p. 45.

O alicerce do Processo Coletivo está sedimentado em seu objeto, ou seja, nas espécies de relações fáticas que lhe servirão de objeto. Assim, passamos a uma breve, mas essencial, análise das espécies de direitos coletivos reconhecidos em nosso sistema jurídico.

27.1.1. Direitos/Interesses transindividuais

Os *direitos transindividuais*,[660] além de evidentemente escaparem à tradição liberal/individualista, colocam-se como indispensáveis à sobrevivência contemporânea.[661] Trata-se de direitos que atingem toda a coletividade; referem-se a categorias inteiras de indivíduos e exigem uma intervenção ativa, não somente uma negação, um impedimento de violação – exigem uma atividade. Contrariamente a um direito excludente, negativo e repressivo, com feição liberal, tem-se um direito comunitário, positivo, promocional, de cunho transformador.[662]

O ponto central da questão deixa de ser o individual, passando a ser predominantemente o coletivo (*lato sensu*). A socialização e a comunitarização dos interesses têm papel fundamental. Conforme

---

[660] Mauro Cappelletti refere, ao tratar do assunto, "que no campo jurídico o Estado Social incorporou novos direitos das mais variadas ordens, direitos sociais dos pobres, os direitos sociais dos trabalhadores, os direitos sociais das crianças e dos velhos, das mulheres, dos consumidores, do meio ambiente, etc.". CAPPELLETTI, Mauro. Acesso à Justiça. *Revista do Ministério Público*, n. 45, 1995, p. 43.

[661] Francois Ost cita algumas características que afastam para sempre a projeção contraditória entre direito subjetivo e interesse: "A. O interesse, estando na base dos principais conceitos jurídicos, mesmo na de direito subjetivo, tem, assim, um caráter onipresente, aparecendo, desta forma, para além das pretensões asseguradas pela ordem jurídica; B. Paralelamente a esta onipresença e, talvez em conseqüência mesmo desta presença constante, a noção de interesse se caracteriza por uma imprecisão no seu significado, o que implica uma recorrente confusão e, mesmo, identificação entre interesse e direito; C. De outro lado, o interesse adquire, como noção funcional ou operatória, uma leveza (*souplesse*) que contrasta com a rigidez própria do direito subjetivo. Assim é que, à titularidade exclusivista do direito subjetivo se contrapõe a titularidade difusa, indeterminada ou coletiva dos interesses; da mesma forma, os interesses estão vinculados a valores novos especificados, apontando para objetivos abertos, ampliados; D. Por fim, o interesse incorpora um traço subversivo, apontando novos atores, novos objetos, bem como implica uma relativização de direitos tradicionais – o caso da propriedade que vê agregada a noção de função social, assumindo um interesse difuso da coletividade – é exemplar. A preferência pela utilização do termo direito apenas para o âmbito dos interesses juridicamente protegidos que têm sua titularidade ligada ao indivíduo aponta para os vínculos que se estabelecem entre a noção de direito e sua projeção como direito individual, uma tradição vinculada ao liberalismo. Assim, direito seria aquele fato juridicamente definido para o qual temos uma titularidade e um sujeito definidos, além de um objeto perfeitamente delimitado, ou seja, identifica-se com a noção de direito subjetivo. Há, entre direito e interesse, uma vinculação na qual à preponderância daquele se reflete uma negação deste. Ou seja: a hegemonia do direito subjetivo implica a desqualificação do interesse como portador de alguma relevância jurídica". Ost, François. *Entre Droit et Non Droit*: l'intérêt – Essai sur le fonsctions qu'exerce la notion d'intérêt en droit privé. Bruxelles: Facultés Universitaires Saint–Louis, 1990, p. 106-7.

[662] MORAIS, Jose Luis Bolzan de. *Do direito social aos interesses transindividuais*: o Estado e o Direito na ordem contemporânea, Porto Alegre. Livraria do Advogado, 1996, p. 96.

observam Luiz Rodrigues Wambier e Rita de Cássia Corrêa de Vasconcelos, os direitos coletivos *lato sensu* "situam-se num campo dos direitos que pertencem a todos, mas que não são públicos, no sentido tradicional deste vocábulo. São, isto sim, transindividuais ou metaindividuais, derivados da massificação da vida em sociedade e do surgimento de novas 'modalidades' de conflitos em relação aos quais o sistema processual centrado na iniciativa exclusiva do titular do direito subjetivo não tem como fornecer respostas eficazes".[663]

Assim, observa-se que os interesses transindividuais escapam da dimensão privada do modelo jurídico liberal e se caracterizam por uma amplitude não apenas jurídica, em sentido estrito, mas também socioeconômica, tendo em vista que importam muitas vezes no desapego, afastamento e/ou negação dos postulados liberais tradicionalmente aceitos como meios de sanabilidade das controvérsias. Portanto, a variabilidade e complexidade dessas questões coletivas fazem com que caminhos distintos para sua resolução devam ser adotados. A resolução dos conflitos coletivos reclama a negação dos postulados do modelo liberal/individualista/racionalista.

Por outro lado, a fase moderna é marcada pela ascensão do individualismo radical e a diminuição da importância dos grupos na estrutura social e no sistema jurídico. A concepção de autonomia do indivíduo frente à comunidade a que pertence e à ideia de direito subjetivo passam a exigir um título e uma teoria que fundamente a possibilidade de que o autor represente os demais indivíduos ausentes da relação processual. Nesse contexto, a legitimação, para ser parte, foi circunscrevendo-se a pessoas físicas e pessoas jurídicas, consideradas as únicas unidades reconhecidas para litigar em juízo. Assim, as entidades que não se enquadrassem nesse conceito de pessoa possuíam existência problemática.

Na sociedade contemporânea, surge uma outra entidade, também sem personalidade jurídica, que dificilmente pode se configurar em uma pessoa para efeito de representação processual ou extraprocessual. Tal entidade coletiva é formada por indivíduos inseridos em grupos, classes e categorias, identificados em razão da pertinência de uma raça, origem, gênero, nível cultural e de emprego, do consumo de determinado produto, de pertencer a determinada faixa etária, entre outras formas contingenciais e, às vezes, efêmeras de agrupamento.

Muitos desses grupos circunstanciais, freqüentemente, estão na sociedade contemporânea em situação de desvantagem ou, então,

---

[663] WAMBIER, Luiz Rodrigues; VASCONCELOS, Rita de Cássia Corrêa de. O mandado de segurança na disciplina da Lei 12.016, de 07.08.2009, *Revista de Processo*, v. 177, nov. de 2009, p. 201-202.

são-lhes atribuídos direitos que necessitam de implementação e concretização, sem que haja um representante naturalmente designado para isso. Nesse sentido, é imperativo que sejam criados instrumentos jurídicos de representação desses grupos circunstanciais em juízo e que a decisão final vincule todo o segmento representado.

O estudo do processo civil de forma tradicional indicava a existência de apenas dois tipos de interesses, no mais das vezes tidos como opostos: os interesses individuais e os interesses públicos. Esta clássica dicotomia consolidou-se por influência das premissas da doutrina do jusnaturalismo, concebidas no século XVIII, vinculada a noção de direito subjetivo.[664] Com a evolução do pensamento social, o método tradicional de catalogação dos *interesses* não tardou a se mostrar insuficiente para reproduzir a realidade, sendo constatada a necessidade de aceitação da existência de um *tertium genus*, chamados de *interesses coletivos* (em sentido amplo).

Estes *novos interesses* ocupam o espaço, até então vazio, entre os antagônicos interesses individuais e os públicos, transcendendo ao particular, mas sem tornarem-se públicos, caracterizados assim como *metaindividuais*. No comentário de Lourival Gonçalves de Oliveira: "nestes termos, não cabe ao Estado defendê-los em juízo e nem mesmo cabe a um determinado indivíduo fazê-lo, no que pese não se poder negar por vezes venha a ocorrer a identidade com o interesse deles".[665]

A identificação dos direitos coletivos *lato sensu* é tarefa complexa, pois, na lição de Ada Pellegrini Grinover, esta matéria comporta diversos graus de coletivismo, abrangendo desde os mais espalhados, passando por outros mais restritos e chegando a interesses individuais que, por sua homogeneidade, podem receber tratamento coletivo.[666] Neste sentido, Fredie Didier Jr. e Hermes Zaneti Jr. referem-se a direitos/interesses essencialmente coletivo (difusos e coletivos em sentido estrito) e direitos acidentalmente coletivos (individuais homogêneos).[667]

---

[664] OLIVEIRA, Lourival Gonçalves de. Interesse processual e mandado de segurança coletivo, Revista de Processo, vol. 56, out-dez de 1996, p.78: "De um lado é posto o interesse pessoal, particular, e, de outro, o interesse público, numa dicotomia estável, excludente de outros interesses, insuficientes à satisfação da realidade. Esta situação sempre foi pretendida pelo Estado como garantia se supremacia e facilitação do exercício político, procurando retardar ou atenuar o reconhecimento de grupos intermediários ou categorias. Trata-se de fruto do jusnaturalismo de Rousseau, hoje amplamente revisto a partir da profunda crítica oriunda dos trabalhos de Capelletti".

[665] OLIVEIRA, Lourival Gonçalves de. Interesse processual e mandado de segurança coletivo, *Revista de Processo*, vol. 56, out-dez de 1996, p.79.

[666] GRINOVER, Ada Pellegrini. Mandado de Segurança Coletivo: legitimação e objeto, *Revista de Direito Público*, nº 93, jan-mar/90, p. 20.

[667] DIDIER JR., Fredie; ZANETI JR., Hermes. *Curso de Direito Processual Civil:* direitos coletivos, v. 4. Salvador: Juspodivm, 2007, p. 73.

Esta é a forma como o Código de Defesa do Consumidor, em seu art. 81, parágrafo único, cataloga a matéria, dividindo o gênero direitos/interesses coletivos em três espécies: "A defesa coletiva será exercida quando se tratar: I – interesses ou direitos difusos, assim entendidos, para os efeitos deste código, os transindividuais, de natureza indivisível, de que sejam titulares pessoas indeterminadas e ligadas por circunstância de fato; II – interesses ou direitos coletivos, assim entendidos para os efeitos deste código, os transindividuais, de natureza indivisível, de que seja titular grupo, categoria ou classe de pessoas ligadas entre si ou com a parte contrária por uma relação jurídica base; III – interesses ou direitos individuais homogêneos, assim entendidos os decorrentes de origem comum". Esta mesma classificação tem sido seguida pelos projetos de Código de Processo Civil Coletivo, o que indica que deve-se consolidar como definitiva.

Nesta linha, seguindo a definição fixada pela legislação consumerista, interesses ou **direitos difusos** podem ser entendidos como os transindividuais, de natureza indivisível, de que sejam titulares pessoas indeterminadas e ligadas por circunstâncias de fato. Assim, Nelson Nery Junior aponta que a *indeterminação* é a característica básica dos interesses e direitos difusos, destacando que o termo *difuso* não foi criação da doutrina moderna, já sendo conhecido dos romanos, pois Scialoja já se referia a ele como direitos públicos, que não se concentram no povo considerado como entidade, mas que tem por próprio titular cada um dos participantes da comunidade.[668] Assim, algumas características podem ser traçadas sobre esta categoria de direitos/interesses: (a) indivisibilidade do objeto: não há como se fracionar o objeto. O direito/interesse difusos é de um e de todos ao mesmo tempo. Assim, não há que se falar em soma de interesses privados, mas síntese. (b) indeterminação dos sujeitos: não há como se individualizar os sujeitos abrangidos pelo interesse/direito difuso. (c) intensa conflituosidade interna: também chamada de conflituosidade máxima. Os interesses/direitos difusos envolvem sempre dois polos contrapostos muito fortes, o que torna difícil a solução do caso. (d) mutação no tempo: Os interesses/direitos difusos provocam, via de regra, um forte impacto social, sendo manchete muitas vezes nos noticiários. Todavia, com o passar do tempo, o interesse pelos mesmos se reduz. Eles deixam de ter a relevância que um dia tiveram.

Os **interesses coletivos em sentido estrito**, por sua vez, são aqueles transindividuais de natureza indivisível de que seja titular grupo,

---

[668] NERY JUNIOR, Nelson. Mandado de Segurança: instituto que não alterou a natureza do mandado de segurança já constante das Constituições anteriores – Partidos políticos – Legitimidade "ad causam". *Revista de Processo*, v. 57, jan-mar de 1990, p. 151.

categoria ou classe de pessoas ligadas entre si ou com a parte contrária por uma relação jurídica base. José Marcelo de Menezes Vigliar,[669] ao tratar do tema, refere que "são os interesses que compreendem uma categoria determinada, ou pelo menos determinável de pessoas, dizendo respeito a um grupo, classe ou categoria de indivíduos ligados por uma mesma relação jurídica-base (ou básica, como preferem alguns autores) e não apenas por meras circunstâncias fáticas, como acontecia na modalidade de interesses transindividuais analisada (interesses difusos)".

Assim, pode-se declinar como características dos interesses/direitos coletivos em sentido estrito: (a) indivisibilidade do objeto; (b) determinação dos sujeitos; (c) conflituosidade interno, mas em grau mais reduzido do que nos interesses/direitos difusos; (d) vinculação dos sujeitos por uma relação jurídica base; e, finalmente, (e) mutação no tempo em grau também mais reduzido. A distinção mais marcante entre os direitos/interesses difusos e os coletivos em sentido estrito é, portanto, a determinabilidade estes últimos, que ficam vinculados a certos grupos ou categorias de pessoas. Como destacam Fredie Didier Jr. e Hermes Zaneti Jr., nos direitos/interesses coletivos em sentido estrito, o que interessa para fim de tutela jurisdicional é a possibilidade de identificar o grupo, categoria ou classe, vez que a tutela se revela indivisível, e a tutela coletiva não está à disposição dos indivíduos que serão beneficiados.[670]

Os **interesses/direitos individuais homogêneos** caracterizam-se por não serem transindividuais e por decorremrem de origem comum. Teori Albino Zavascki, ao tratar do tema, refere que "há interesses individuais que, considerados em seu conjunto, passam a ter significado ampliado, de resultado maior que a simples soma das posições individuais, e cuja lesão compromete valores comunitários privilegiados pelo ordenamento jurídico".[671]

Em relação a esta espécie de tutela coletiva, o Código de Defesa do Consumidor mostrou-se bastante econômico, omitindo-se de propiciar uma definição normativa mais detalhada. Entretanto, fica evidenciado que a sua posição é a de um direito/interesse materialmente individual, mas que pelas peculiaridades que encerra, ganha dimensão processual coletiva. A inspiração do legislador consumerista, para a identificação desta modalidade de direito coletivo

---

[669] VIGLIAR, José Marcelo de Menezes. *Ação Civil Pública*. 3. ed. São Paulo: Atlas, 1999, p. 51.

[670] DIDIER JR., Fredie; ZANETI JR., Hermes. *Curso de Direito Processual Civil*: processo coletivo, v. 4. Salvador: Juspodivm, 2007, p. 75.

[671] ZAVASCKI, Teori Albino. O Ministério Público e a defesa dos interesses individuais homogêneos. *Revista MPRGS*, nº 29, 1993, p. 39.

lato sensu é encontrada nas *class actions for damages*, existentes no direito norte-americano.

Fredie Didier Jr. e Hermes Zaneti Jr., ao se debruçarem sobre o estudo dos direitos coletivos, ressaltam a importância da identificação dos direitos individuais homogêneos como categoria processual própria: "sem sua criação pelo direito positivo nacional não existiria possibilidade jurídica de tutela 'coletiva' de direitos individuais com natural dimensão coletiva em razão da sua homogeneidade, decorrente da massificação/padronização das relações jurídicas e das lesões daí recorrentes. A 'ficção jurídica' atende a um imperativo de direito, realizar com efetividade a Justiça frente aos reclames da vida contemporânea".[672]

Nesta modalidade de direito coletivo, ao contrário das anteriormente analisadas, haverá o envolvimento de uma quantidade de pessoas passíveis de identificação, embora esta em geral somente se mostre viável em fase posterior, quando a execução da sentença coletiva. Tal determinação decorrerá exatamente da demonstração de existência de um vínculo decorrente da origem comum. Nesta hipótese, portanto, estamos frente a direitos cindíveis, que serão atribuídos a cada um dos interessados, exatamente na proporção que lhes for devida, de acordo com a extensão do dano individualmente experimentado.

Em síntese, as características dos interesses individuais homogêneos são: (a) divisibilidade do objeto; (b) a determinação dos titulares; (c) a vinculação dos titulares em razão de uma origem comum.

27.1.2. Principiologia observada na tutela coletiva

A temática da tutela dos direitos coletivos envolve uma variada possibilidade de atuações procedimentais, orientadas por legislações elaboradas em períodos distintos, com traços e influências distintos, que nem sempre permitem uma imediata visão uniforme. As peculiaridades de cada procedimento são orientadas pelo objeto imediato que se quis atender na concepção da ação coletiva em questão, o que acaba, em parte, prejudicando a obtenção de um perfeito sistema de processo coletivo.

Neste sentido, é mister que antes de se passar à análise das características mais marcantes das principais ações coletivas consagradas em nosso ordenamento jurídico – ação civil pública, ação popular e

---

[672] DIDIER JR., Fredie; ZANETI JR., Hermes. *Curso de Direito Processual Civil*: processo coletivo, v. 4, Salvador: Juspodivm, 2007, p. 76.

mandado de segurança coletivo –, façamos uma breve parada para a identificação dos princípios gerais da tutela coletiva brasileira, à luz da doutrina de Fredie Didier Jr. e Hermes Zaneti Jr.

(a) Princípio do Acesso à Justiça: o intuito de garantir, viabilizar e facilitar o acesso à justiça está na própria origem da concepção da tutela coletiva, sendo dela indissociável. A temática veio à luz e alçou importância – em nível mundial – por meio dos estudos desenvolvidos por Mauro Cappelletti, frutos do conhecido *Projeto Florença*, que resultou em um relatório apontando a existência de três grandes fases – ou ondas, *waves* – reformadoras, tendo a fase inicial se dedicado à análise dos custos do acesso à justiça, apregoando a assistência judiciária às pessoas carentes de recursos financeiros para custear os gastos comuns a uma demanda judicial; a segunda *onda* cuida da busca de adequada representação judicial dos direitos coletivos; enquanto a terceira fase vincula-se à necessidade de desenvolvimento de mecanismos adequados para adaptar o processo civil à natureza do litígio.

Veja-se que a lógica do processo coletivo está intimamente relacionada a estes três momentos do movimento de acesso à Justiça.

(b) Princípio da Universalidade da Jurisdição e da Primazia da Tutela Coletiva Adequada: Estes princípios são apontados por Fredie Didier Jr. e Hermes Zaneti Jr., indicando que o processo coletivo atua como instrumento apto a viabilizar o maior acesso à justiça, de forma que inevitavelmente acaba por abarcar um número maior de pessoas submetidas às consequências de certa situação conflituosa – *princípio da universalidade da jurisdição* –, de forma que deve haver por parte do Estado a criação de instrumentos aptos a priorizar a aplicação da tutela coletiva sobre a individual, evitando assim a fragmentação de litígios.[673]

(c) Princípio da cooperação: Com o advento do Código de Processo Civil atual o *princípio da cooperação* passou a receber a positivação legislativa, orientando e integrando a lógica de todo processo individual e coletivo. Trata-se de postulado largamente divulgado no direito comparado, passou a ostentar posição de destaque no contexto da legislação processual, fazendo par, assim, com o princípio da boa--fé, com o qual guarda estreita relação. O legislador dispõe que todos os sujeitos do processo devem cooperar entre si para que se obtenha, em tempo razoável, decisão de mérito justa e efetiva (art. 6º), refletindo, assim, de forma nítida, o *modelo constitucional de processo*. A dicção normativa é bem determinante no sentido de que a participação é um

---

[673] DIDIER JR., Fredie; ZANETI JR., Hermes. *Curso de Direito Processual Civil:* Processo Coletivo, v. 4. Salvador: Juspodivum, 2007, p. 114.

dever atribuível a todos aqueles que participam do processo, ou seja, autor e réu, magistrado, membro do Ministério Público, procuradores das partes,[674] terceiros intervenientes, etc. Todos estão vinculados à auxiliar para o deslinde do feito de forma justa e efetiva e, neste aspecto, há um claro encontro com do princípio da cooperação com as formas de tutela coletiva.

O processo coletivo, como decorrência de seu perfil diferenciado, em especial pela sua amplitude de seu objeto e na extensão de seus efeitos, impõe o desenvolvimento de seu itinerário procedimental de forma mais participativa, no qual os agentes que nele atuam devem cooperar para que seja alcançado o seu fim.

Nesse sentido, o juiz passa a assumir uma participação mais ativa na condição do feito coletivo, tanto no desempenho do gerenciamento da atividade instrutória como na busca da solução mais adequada e efetiva para aniquilar a situação conflituosa posta em debate.

Por outro lado, o interesse mais abrangente que o processo coletivo assume acaba por proporcionar a necessidade de um diálogo processual mais aberto e democrático, extrapolando os limites subjetivos formais do processo e abrindo o debate para a sociedade, por meio da técnica das *audiências públicas* ou pela oportunidade de intervenção de terceiros na forma de *amicus curiae*, o que certamente irá colaborar para a eficiência da demanda coletiva no sentido de alcance pleno de seus escopos.

(d) Princípio do Contraditório: A maior extensão do objeto litigioso nas demandas coletivas acarreta uma maior preocupação com a observância do princípio do contraditório efetivo, que vá além da mera bilateralidade da audiência. A filosofia do *contraditório efetivo*, que exige atuação mais ativa do magistrado na condução do processo, implicando na garantia de real oportunidade de manifestação das partes em relação aos atos do processo, com o corresponde direito desta de ser ouvida e de influenciar na decisão.

Nas demandas coletivas o efeito ampliativo que é atribuído às decisões proferidas nestes processos poderia levar a conclusão de que este ocasionaria limitações ao exercício do princípio do contraditório.

---

[674] Em relação à atuação do dever de cooperação sobre a conduta dos procuradores das partes, trazemos à colação a lição de Cássio Scarpinella Bueno: "manifestações seguras do princípio da cooperação nessa perspectiva estão no dever de declinar o endereço para onde as intimações deverão ser encaminhadas, atualizando-o ao longo do processo (art. 77, V); na viabilidade genérica de realização de 'negócios processuais' (art. 190); na possibilidade de os advogados efetivarem intimações ao longo do processo (art. 269, § 1º); na identificação consensual das questões de fato e de direito pelas partes e sujeito à homologação judicial (art. 357, § 2º) e na escolha em comum, pelas partes, do perito para realização da chamada 'perícia consensual' (art. 471)" – BUENO, Cássio Scarpinella. *Manual de Direito Processual Civil*. São Paulo: Saraiva, 2015, p. 86.

Porém, esta conclusão é integralmente afastada na medida em que a existência de adequada representação acaba por contemplar a observância do contraditório.

(e) Princípio da tutela específica: As peculiaridades que norteiam o objeto do processo coletivo exigem do Poder Judiciário uma atuação mais incisiva na busca de adequada solução para a lide coletiva, valendo-se de formas de formas de tutela específica, buscando dentre os meios possíveis aquele que se mostrar mais adequado à tutela coletiva.

(f) Princípio da Economia Processual: A escolha pela utilização do processo coletivo proporciona a concentração de diversas demandas em um único feito, evitando a proliferação de inúmeras ações individuais, colaborando assim para a concretização do ideal de economia processual. A concentração do debate de questões que atingem um grande contingente de pessoas em uma única demanda coletiva acarretará considerável redução de custos, tanto no sentido de gastos como de atuação de pessoas e materiais.

(g) Princípio da Instrumentalidade Substancial das Formas e da prioridade no julgamento do Mérito: O princípio da instrumentalidade das formas, que orienta o processo tradicional, também deve ser considerado como indicador de direção para o processo coletivo, pois não se mostra adequado aceitar que o excessivo apego ao rigor formal dos procedimentais venha a se sobrepor a finalidade maior do processo, que é a realização de uma prestação jurisdicional útil e efetiva.

Nesta mesma linha de raciocínio, o julgador, no processo coletivo, deve priorizar o alcance do julgamento de mérito, de afastando de detalhes formais que em nada prejudicam a realização da prestação jurisdicional. Neste ponto, em especial, o Código de Processo Civil atual e o processo coletivo encontram-se em perfeita harmonia.

(h) Princípio da publicidade ou de ampla divulgação das demandas coletivas: Considerando-se os claros objetivos que a ação coletiva busca alcançar, a ampla divulgação sobre a existência de determinada demanda desta natureza é indispensável, propiciando o que a doutrina designa como *princípio da publicidade ou da ampla divulgação das demandas coletivas*. A divulgação sobre a pendência de determinada ação coletiva auxilia na economia processual, evitando a repetição de demandas com objeto similar e facilitando o acesso à Justiça. A ciência sobre a existência da ação civil pública que envolve direitos individuais homogêneos, *v.g.* permite que as vítimas do evento ou seus sucessores optem por suspender as lides individuais e aguardem o resultado da sentença coletiva, nos termos do artigo 104 da legislação consumerista; cria a oportunidade para que interessados venham a requerer a sua intervenção como *amicus curiae*, permite o aproveitamento da sentença coletiva para a execução individual e o fiscalização pelos substituídos da atuação realizada pelo substituto processual. O artigo 94 do Código de Defesa do Consumidor possui regramento neste sentido, dispondo que "proposta a ação, será publicado edital no órgão oficial, a fim de que os interessados possam intervir no processo como litisconsortes, sem prejuízo da ampla divulgação pelos meios de comunicação social por parte dos órgãos de defesa do consumidor". Tal referência à divulgação por meio de edital publicado em órgão oficial certamente não vem a proporcionar toda a publicidade que se deseja, de forma que poderia a legislação determinar outras formas de divulgação mais eficazes.

Por outro lado, o princípio da ampla divulgação da demanda coletiva é reforçado pelo princípio da informação aos órgãos competentes, que é prestigiado pelos artigos 6º e 7º da Lei da Ação Civil Pública (respectivamente: "qualquer pessoa poderá e o servidor público deverá provocar a iniciativa do Ministério Público, ministrando-lhe informações sobre fatos que constituam objeto da ação civil e indicando-lhe os elementos de convicção" e "se, no exercício de suas funções, os juízes tiverem conhecimento de fatos que possam ensejar a propositura da ação civil, remeterão peças ao Ministério Público para as providências cabíveis").[675]

(i) Princípio da "Extensão Subjetiva" da Coisa Julgada *Secundum Eventum Litis* **e o Princípio do Transporte** *In Utilibus***:** Estes dois princípios, tomados em separados, de forma autônoma, ou mesmo vistos como complementares, representam uma das características mais marcantes da tutela dos direitos coletivos, sendo decorrentes da cognição mais ampla que tende a ocorrer da demanda coletiva,[676] o que é explicado por Fredie Didier Jr. e Hermes Zaneti Jr., observando que "se pressupõe que nesse âmbito haverá, além de forte ativismo judicial em matéria probatória, uma defesa mais intensa por parte

---

[675] Fredie Didier Jr. e Hermes Zaneti Jr. esclarecem que "estes dispositivos traduzem um dever cívico, não sendo novidade no sistema, pois já se apresentavam quanto à tutela penal (art. 15 da Lei da Ação Popular; art. 40 do Código de Processo Penal)", destacando que "a novidade está em serem objeto de tutela civil, consequência clara da forte presença do interesse público primário nas demandas coletivas" – DIDIER JR., Fredie; ZANETI JR., Hermes. *Curso de Direito Processual Civil*: Processo Coletivo, v. 4. Salvador: Juspodivum, 2007, p. 123.

[676] DONIZETTI, Elpidio; MALHEIROS, Cerqueira. *Curso de Processo Coletivo*. São Paulo: Atlas, 2010, p. 111.

dos legitimados passivos, e um maior emprenho do legitimado ativo atuando com substituto processual".[677]

O princípio da extensão subjetiva da coisa julgada *secumdum eventos litis* significa que a amplitude subjetiva da eficácia da sentença dependerá do resultado do julgamento da lide posta em discussão no processo coletivo. A sua visualização se faz mais nítida nas demandas que envolvem pleitos referentes a direitos individuais homogêneos, que são direitos tratados processualmente como coletivos em sentido amplo, mas possuem essência de direito individual (divisíveis).

Nos termos do disposto da legislação consumerista, considerada como um dos pilares do regramento do processo coletivo brasileiro, se a sentença proferida na demanda coletivo tiver for favorável à tutela dos direitos individuais homogêneos que serviu de objeto, o efeito sentencial é estendido a todas as vítimas do evento (ou seus sucessores).

Já o princípio do transporte do julgamento *in utilibus* indica a possibilidade de ser aproveitada a decisão coletiva para aqueles que não participaram do processo coletivo, mesmo que estes tenham promovido as suas ações individuais, desde, é claro, que venha a ser cabalmente demonstrada a identidade de circunstâncias fáticas entre uma demanda e outra.

(j) Princípio da Indisponibilidade (temperada) da Demanda Coletiva Cognitiva e Princípio da Continuidade da Demanda Coletiva: A natureza do Processo Coletivo, envolvendo direitos coletivos em sentido amplo, traz a reboque a presença da indisponibilidade da demanda coletiva. Como regra geral, na temática concernente ao processo coletivo deve-se partir do reconhecimento de que há o inevitável juízo de conveniência e oportunidade na decisão de ajuizamento da ação coletiva. O cidadão que ajuíza a ação popular o faz por uma escolha própria, motivado por seus valores pessoais, sentimento de preocupação com o interesse da coletividade, etc. O mesmo pode ser utilizado para refletir sobre a atuação das associações e demais entidades no ato decisório de ajuizamento da ação civil pública.

Esta análise de conveniência e oportunidade, no entanto, tem a sua integralidade colocada em dúvida quando a legislação vier a atribuir ou mesmo imputar a certo órgão ou entidade a obrigatoriedade de promoção dos interesses coletivos, inclusive na via judicial. É o que se verifica, em especial, em relação ao Ministério Público, que recebeu a função constitucional de promover a tutela destes interesses

---

[677] DIDIER JR., Fredie; ZANETI JR., Hermes. *Curso de Direito Processual Civil*: Processo Coletivo, v. 4. Salvador: Juspodivum, 2007, p. 124.

metaindividuais. Há, portanto, neste caso, espaço para se reconhecer a presença da *indisponibilidade da ação coletiva*.

A referida indisponibilidade, no entanto, é colocada pela doutrina sob um viés especial, assumindo o caráter de *indisponibilidade temperada*, eis que não é pura, integral.

Na ação civil pública não é rara a existência prévia do inquérito civil, como instrumento de investigação visando a análise da presença de elementos suficientes para a ajuizamento de uma futura ação civil pública. Neste momento poderá se reconhecer uma certa flexibilidade sobre a instauração da investigação ministerial. Porém, uma vez instaurado a inquérito civil, o parecer final de arquivamento deste, proferido pelo membro do Ministério Público, dependerá de aprovação do Conselho Superior do Ministério Público. Há, aqui, o que alguns autores designam como *princípio da disponibilidade motivada*.

Ainda neste sentido, a simples existência de uma demanda coletiva implica na necessária participação do Ministério Público, na condição de fiscal da ordem jurídica.

Ao lado da indisponibilidade da demanda coletiva (ou como elemento desta) é possível se verificar o *princípio da continuidade da ação coletiva*. Elpídio Donizeti e Marcelo Malheiros Cerqueira, no entanto, advertem que "também quanto a esse princípio é cabível um juízo de conveniência e oportunidade com relação à continuação da ação coletiva, pois, afinal, não há sentido algum em se exigir o prosseguimento de demanda manifestamente infundada ou temerária, que pode exclusive gerar sanção por litigância de má-fé ao substituto processual".[678]

(l) Princípio da Obrigatoriedade da Execução da Sentença Coletiva: o princípio da obrigatoriedade da execução da sentença coletiva está consagrado na previsão contida no art. 15 da Lei da Ação Civil Pública, disposto que "decorridos sessenta dias do trânsito em julgado da sentença condenatória, sem a associação autora lhe promova a execução deverá fazê-lo o Ministério Público, facultada igual iniciativa aos demais legitimados". Porém, a impositividade da iniciativa no cumprimento da decisão constante da sentença coletiva decorre, na verdade, da própria natureza da tutela coletiva de direitos, que pela sua natural extensão, acaba por assumir *status* de questão de ordem pública.

Elpídio Donizetti e Marcelo Malheiros Cerqueira defendem que a obrigatoriedade da execução da sentença coletiva vai além da im-

---

[678] DONIZETTI, Elpídio; MALHEIROS, Cerqueira. *Curso de Processo Coletivo*. São Paulo: Atlas, 2010, p. 109.

posição de atuação do Ministério Público, sendo estendida também às Defensorias Públicas e à Advocacia Pública, quando presentes os pressupostos justificadores de sua atuação, pois, conjuntamente com o Ministério Público, são constitucionalmente consideradas funções essenciais à Justiça.[679] Concordamos em parte com este posicionamento, entendendo que efetivamente a Defensorias, Pública e a Advocacia Pública, quando envolvidas na lide coletiva, assumem o dever de impulsionar a fase de efetivação do julgado, dando início à fase de cumprimento da sentença coletiva, independentemente de atuarem como autores originais do feito (no caso da Advocacia Pública), porém esta conclusão não está relacionada ao seu reconhecimento como função essencial à Justiça. Na verdade, a própria atribuição imposta pela legislação da Ação Civil Pública, para que o Ministério Público assuma a iniciativa da execução da sentença coletiva em nada está relacionada ao reconhecimento deste órgão como essencial à Justiça, mas sim decorre do preceito constitucional que lhe atribui as funções institucionais (art. 129 da CF), mormente a atividade de promoção e proteção dos direitos difusos e coletivos (art. 129, III, da CF).

Na hipótese de direitos individuais homogêneos, a execução do julgado, em regra, assumirá a natureza de execução individual, de iniciativa da vítima do evento ou de seus sucessores. Apenas em caráter subsidiário é que poderá ter viabilidade a execução coletiva, conforme indica o artigo 100 do Código de Defesa do Consumidor, dispondo que "decorrido o prazo de um ano sem habilitação dos interessados em número compatível com a gravidade do dano, poderão os legitimados do art. 82 promover a liquidação e execução da indenização devida", quando, então, o produto da indenização devida reverterá para um fundo especial. Alguns autores fazem referência, aqui, a uma espécie de subprincípio na tutela coletiva dos direitos individuais homogêneos, que designam como *princípio da prevalência da execução dos prejuízos individuais*, indicando que a execução coletiva, neste caso, assume caráter residual.

(m) Princípio da Subsidiariedade, do Microssistema (Código de Processo Coletivo), do Devido Processo Legal Coletivo ou da *Aplicação Residual do CPC*: O Processo Coletivo possui como referencial legislativo a Lei da Ação Civil Pública (Lei nº 7.347/85) e o Código de Defesa do Consumidor (Lei nº 8.078/90), que alcançaram este *status* em razão de terem adotado técnicas mais sistematizadas de organização do procedimento coletivo. Fredier Didier Jr. e Hermes Zaneti Jr.

---

[679] DONIZETTI, Elpídio; MALHEIROS, Cerqueira. *Curso de Processo Coletivo*. São Paulo: Atlas, 2010, p. 110.

defendem a existência de uma espécie de *intercomunicação de vários diplomas* no regramento procedimental do Processo Coletivo, acrescentando a estes as determinações da Ação Popular, do Estatuto do Idoso, do Estatuto da Criança e do Adolescente, da Lei de Improbidade Administrativa, dentre outras legislações que compõem o microssistema do Processo Coletivo.[680] Há um verdadeiro *sistema integrado de tutela processual coletiva*, composto pelos vários regramentos que se ocupam dos instrumentos do processo coletivo brasileiro.

A atuação do Código de Processo Civil, neste contexto, ganha a condição de regramento meramente supletivo. Entretanto, tal aplicação residual deve ser realizada com parcimônia, na medida em que inicialmente, nas omissões da legislação que tratar de determinado procedimento coletivo, deverá ser buscada solução que mais se adequar à natureza do Processo Coletivo. O recurso ao Código de Processual somente se verificará quando efetivamente não houver solução adequada no microssistema das demandas coletivas.

Esta visão estreita de utilização do regramento do processo individual para suprir as lacunas da normatização de certa ação coletiva é decorrente da inegável diferença de natureza do processo coletivo em relação ao individual.

Elpídio Donizetti e Marcelo Malheiros Cerqueira observam que na atividade de aplicação residual do Código de Processo Civil nas demandas coletivas devem ser obedecidos dois critérios de compatibilidade, que são a (a) compatibilidade formal, representada pela inexistência de disposição em sentido contrário no microssistema processual coletivo; e a (b) compatibilidade material, decorrente da ausência de risco à tutela eficaz dos direitos coletivos em sentido amplo.[681]

(n) Princípio da Adequada Representação e do Controle Judicial da Legitimidade nos Processos Coletivos: O tema da adequada representação assume papel de destaque no âmbito do Processo Coletivo, o que decorre naturalmente de seu objeto diferenciado (interesses e direitos difusos, coletivos e individuais homogêneos). Considerando o objeto das demandas coletivos, há a necessidade de atribuição desta prerrogativa de representação a determinadas pessoas ou enti-

---

[680] DIDIER JR., Fredie; ZANETI JR., Hermes. *Curso de Direito Processual Civil*: Processo Coletivo, v. 4. Salvador: Juspodivum, 2007, p. 126. Estes autores exemplificam, explicando que *"questões complexas como a disciplina da coisa julgada, das despesas processuais e da competência têm tido por parte da doutrina e da jurisprudência um tratamento sistemático a partir das regras do CDC, demonstrando o acero dessas afirmações"*, p. 126.

[681] DONIZETTI, Elpídio; MALHEIROS, Cerqueira. *Curso de Processo Coletivo*. São Paulo: Atlas, 2010, p. 101.

dades, conforme o caso, o que é conhecido em nossa doutrina processual como *representatividade* ou *representação adequada*, com inspiração na figura jurídica norte-americana da *adequacy of representation*.[682]

Elpídio Donizetti e Marcelo Malheiros Cerqueira criticam essa linha de orientação, entendendo que a hipótese em tela não contempla caso de representação, pois nesta hipótese alguém é autorizado pelo ordenamento a atuar em juízo em nome de outrem e, portanto, não assume a condição de parte, mas sim de mandatário.[683] Neste sentido, estes autores defendem tratar-se de *legitimidade extraordinária por substituição processual*, sugerindo a adoção da expressão *atuação adequada no curso do processo*.[684]

Nas demandas coletivas, é indispensável que se deposite especial atenção para a representação adequada, que será orientada pelo objeto da lide. Fredie Didier Jr. e Hermes Zaneti Jr. advertem que a adequação da representação está diretamente vinculada ao ideal de segurança jurídica e de efetividade da tutela coletiva.[685]

Como regra geral, a representação no processo coletivo ocorre tão somente no polo ativo da relação processual, fundada na figura da substituição processual e decorre de fixação *ope legis*.

Caberá ao julgador realizar o controle da adequação da representação nas demandas coletivas.

27.2. AÇÃO CIVIL PÚBLICA

Jaqueline Mielke Silva
José Tadeu Neves Xavier

27.2.1. *Considerações gerais*

A Ação Civil Pública (doravante ACP) foi concebida pela Lei nº 7.347/85, impulsionada por debates acadêmicos que indicavam a necessidade de criação de mecanismo processual apto ao enfrentamento e solução de conflitos que envolvessem interesses e direitos transindividuais. Nota-se, nesta espécie, forte influência dos modelos do direito

---

[682] DONIZETTI, Elpídio; MALHEIROS, Cerqueira. *Curso de Processo Coletivo*. São Paulo: Atlas, 2010, p. 102.
[683] Idem, p. 103.
[684] Ibidem.
[685] DIDIER JR., Fredie; ZANETI JR., Hermes. *Curso de Direito Processual Civil*: Processo Coletivo, v. 4. Salvador: Juspodivum, 2007, p. 128.

italiano de tutela processual coletiva e da sistemática das *class action* dos países da *Common Law*.

Desde o seu advento, a ACP assumiu um papel de protagonismo dos debates judiciais sobre temas de relevância social, sendo, nas palavras de Marcelo Abelha Rodrigues, um dos mais legítimos instrumentos processuais do ordenamento jurídico brasileiro, vocacionado à efetivação da justiça social, representando "mais do que um conjunto de técnicas processuais, a Lei 7.347 consagra o resgate e esperança de uma justiça mais digna, mais próxima possível dos anseios da população brasileira".[686]

27.2.2. Objeto

O art. 1º da Lei da Ação Civil Pública elenca os possíveis objetos desta demanda coletiva, indicando que esta poderá ser utilizada para discutir a ocorrência de responsabilidade por danos materiais e patrimoniais causados: (a) ao meio ambiente; (b) ao consumidor; (c) aos bens e direitos de valor artístico, estético, histórico, turístico e paisagístico; (d) por infração da ordem econômica e da economia popular; (e) à ordem urbanística; (f) à honra e à dignidade de grupos raciais, étnicos ou religiosos; (g) ao patrimônio público e social; e (h) a qualquer outro interesse difuso ou coletivo. Em suma, nas palavras de Rodolfo de Camargo Mancuso: "inexiste taxatividade de objeto para a defesa judicial de interesses transindividuais através der ação civil pública" o qual está, em princípio, "aberto a novos e relevantes interesses metaindividuais, exegese respaldada pela própria cláusula 'a qualquer outro interesse difuso ou coletivo'".[687]

Há, no entanto, ressalva formulada expressamente pelo legislador, vedando a utilização de ACP para veicular pretensões que envolvam tributos, contribuições previdenciárias, o Fundo de Garantia por Tempo de Serviço – FGTS – ou outros fundos de natureza institucional cujos beneficiários podem ser individualmente determinados.

27.2.3. Legitimidade

A legitimidade ativa para o ajuizamento da ACP vem fixada no art. 6º da Lei nº 7.347/85, indicando aqueles que estão autorizados a atuarem como substitutos processuais dos interesses e direitos tran-

---

[686] RODRIGUES, Marcelo Abelha, Ação Civil Pública. In: , DIDIER JR., Fredie (org.). *Ações Constitucionais*. 2. ed. Salvador: Juspodivum, 2007, p. 250.

[687] MANCUSO, Rodolfo de Camargo. *Ação Civil Pública*: em defesa do meio ambiente, do patrimônio cultural e dos consumidores. 14. ed. São Paulo: RT, 2016, p. 49 e 59 (respectivamente).

sindividuais. São eles: o Ministério Público, a Defensoria Pública, a União, os Estados, o Distrito Federal e os Municípios, as autarquias, empresas públicas, fundações e sociedades de economia mista e as associações.

Trata-se de legitimação concorrente e disjuntiva, não havendo exclusividade para a propositura da ação, pois todos aqueles que a lei autoriza podem atuar no polo ativo desta demanda, inclusive de forma isolada. Entretanto, nada impede a constituição de litisconsórcio facultativo ativo entre os diversos legitimados.

27.2.3.1. Legitimidade do Ministério Público

O Ministério Público é o legitimado ativo por excelência da ACP, o que decorre, inclusive, do perfil que lhe é atribuído pela Constituição Federal, ao caracterizá-lo como instituição permanente, essencial à função jurisdicional do Estado, com a incumbência de defesa da ordem jurídica, do regime democrático e dos direitos sociais e individuais indisponíveis (art. 127, CF). Ainda, a Carta Constitucional atribui ao Ministério Público a promoção da ACP para a defesa do patrimônio público e social, do meio ambiente e outros interesses difusos e coletivos (art. 129, III, CF).

A legitimação do Ministério Público para a ACP é ampla, estando autorizado a atuar na defesa dos direitos metaindividuais em geral, sem qualquer vinculação temática.

Diversamente dos demais legitimados, o Ministério Público está vinculado ao princípio da obrigatoriedade, ou seja, frente a uma lesão ou ameaça a interesse ou direito difuso, coletivo ou individual homogêneo haverá o dever de atuação, cumprindo assim a missão que lhe foi atribuída constitucionalmente.

Ao tomar conhecimento de uma situação que possa ensejar a propositura da ACP, o Ministério Público poderá instaurar procedimento investigativo na forma de Inquérito Civil, visando à obtenção de elementos esclarecedores do fato em questão e à presença de aspectos justificares do ajuizamento da ação coletiva. Marcelo Abelha Rodrigues sintetiza a essência do Inquérito Civil em seis características que lhe são imanentes: instrumentalidade, exclusividade, dispensabilidade, formalidade, publicidade e participação.[688] O caráter de instrumentalidade se expressa na medida e quem o Inquérito Civil não representa um fim em si mesmo, servindo como um instrumento

---

[688] RODRIGUES, Marcelo Abelha, Ação Civil Pública. In: DIDIER JR., Fredie (org.). *Ações Constitucionais*. 2. ed. Salvador: Juspodivum, 2007, p. 297.

de investigação e apuração de elementos de convicção que permitam dar suporte à propositura da ACP. A instauração deste procedimento é de exclusividade do Ministério Público, sendo estranho aos demais legitimados desta demanda coletiva. No entanto, tal exclusividade não acarreta a a obrigatoriedade, pois caberá ao *Parquet* decidir sobre a conveniência e oportunidade de sua instauração. Há casos em que a situação fática já se encontra nitidamente delineada, tornando dispensável tal expediente investigativo. O Inquérito Civil tem natureza formal, ou seja, solene, ou seja, vinculado a formas e formalidades específicas, compatíveis com a relevância do procedimento e da matéria que lhe serve de objeto. O perfil administrativo desse expediente impõe a observância da publicidade sem, no entanto, descuidar de suas finalidades. Marcelo Abelha Rodrigues, ao defender este viés de publicidade do Inquérito Civil defende que "a sonegação da publicidade das informações ao inquirido e a vedação de acesso ao seu conteúdo completo e irrestrito do inquérito de forma injustificada é ato de improbidade administrativa nos termos do art. 13 da Lei 8.429/92".[689] Por fim, a característica da participação está relacionada a noção de que a coleta de provas e a atividade investigativa que irão formar o convencimento do Ministério Público na decisão sobre a propositura da ACP evita o desperdício de atividade jurisdicional.

Confirmada a ameaça ou lesão ao direito transindividual o *Parquet* firmar com o investigado (indiciado) termo de ajuste de conduta, que terá força de título executivo extrajudicial, ou em não havendo êxito na sua realização ou não sendo este pertinente a realização do ajuste, encaminhar o ajuizamento da ACP.

Na hipótese de o Ministério Público se convencer da inexistência de fundamentos justificadores ou suficientes para a ajuizamento da demanda coletiva, será elaborado parecer fundamentado sugerindo o arquivamento do procedimento investigativo, que será levado a análise pelo Conselho Superior do Ministério Público respectivo, que tem poder de homologar ou rejeitar a conclusão do *Parquet*.

27.2.3.2. Demais legitimados para a ACP

Além do Ministério Público, a aptidão para a propositura da ACP é estendida a outras entidades.

Poderá a Defensoria Pública atuar como autora desse instrumento processual de tutela coletiva, o que – assim como ocorre com o

---

[689] RODRIGUES, Marcelo Abelha, Ação Civil Pública. In: DIDIER JR., Fredie (org.). *Ações Constitucionais*. 2. ed. Salvador: Juspodivum, 2007, p. 298.

Ministério Público – também está em consonância com as suas funções institucionais. A sua legitimação é ampla, para a defesa processual dos direitos transindividuais em geral, sem limitação temática.

Os entes da Administração Direta (União, Estados, Distrito Federal e Municípios) e Indireta (autarquias, fundações, empresas públicas e sociedades de economia mista), embora tenham recebido do legislador a prerrogativa de ajuizamento da ACP, geralmente acabam por atuar como demandados em ações coletivas.

A legitimação das associações, por sua vez, está condicionada à observância de três requisitos: (a) constituição na forma da lei, ou seja, não se admite a atuação como autor da ACP as associações de fato, desprovidas, portanto, de personalidade jurídica; (b) constituição há pelo menos 1 ano antes da propositura da ação coletiva, o que, eventualmente, poderá vir a ser dispensado pelo julgador, quando houver manifesto interesse social, evidenciado pela dimensão ou característica do dano, ou pela relevância do bem jurídico protegido; (c) pertinência temática, objetiva ou finalística, no sentido de que o objeto postulado na ACP deve estar entre os fins institucionais da entidade associativa, ou, ao menos, ser compatível com as suas finalidades estatutárias. Porém, não há necessidade de existir autorização expressa no estatuto da associação autorizando a sua atuação judicial.

27.2.4. Aspectos procedimentais

A ACP possui procedimento especial previsto na Lei nº 7347/85, moldada a atender as peculiaridades da tutela dos direitos transindividuais, com a aplicação supletiva das normas do Código de Processo Civil.

Ao analisar as pretensões possíveis de serem viabilizada por meio da ACP, Teori Albino Zavascki oferece síntese bastante didática, explicando que esta representa: "instrumento com múltipla aptidão", o seja: "tutela preventiva e reparatória, para obter prestações de natureza pecuniária (indenizações em dinheiro) ou pessoal (de cumprir obrigação de fazer e de não fazer), o que comporta todo o leque de provimentos jurisdicionais: condenatórios, constitutivos, inibitórios, executivos, mandamentais e meramente declaratórios".[690]

Dentre os aspectos procedimentais de maior destaque está a questão do tratamento destinado aos efeitos da coisa julgada neste procedimento coletivo.

---

[690] ZAVASCKI, Teori Albino. *Processo coletivo:* tutela de direitos coletivos e tutela coletiva de direitos. 6. ed. São Paulo: RT, 2014, p. 57.

Efetivamente, a definição da extensão dos efeitos da coisa julgada na ACP é um dos temas mais debatidos sobre esta técnica de tutela dos direitos coletivos, proporcionando acirradas discussões, tanto na seara doutrinária como pretoriana, nas quais se enfrentam duas correntes.

A primeira corrente é seguida por aqueles que se mantêm mais apegados ao texto da Lei n° 7.347/85, e mais pontualmente, ao seu art. 16, dispondo que "a sentença civil fará coisa julgada *erga omnes*, nos limites da competência territorial do órgão prolator, exceto se o pedido for julgado improcedente por insuficiência de provas, hipótese em que qualquer legitimado poderá intentar outra ação com idêntico fundamento, valendo-se de nova prova". Veja-se que a dicção normativa estabelece a limitação territorial dos efeitos da coisa julgada à competência territorial do órgão prolator, fixando, assim, considerável restrição que poderá implicar consequências significativas para a efetividade da tutela coletiva.

De outra banda, colocam-se aqueles que centram a sua atenção ao disposto no art. 21 da Lei n° 7.347/85, que determina a aplicação ao procedimento da ACP das normas de processo coletivo constantes do Código de Defesa do Consumidor, optando por transpor para esta ação coletiva as regras da coisa julgada da legislação consumerista, que além de tratarem mais detalhadamente o tema, se orientam pela natureza do direito envolvido na demanda. O Código de Defesa do Consumidor, em seu art. 103, especifica a coisa julgada coletiva de forma especial, tratando de forma diferenciada os efeitos conforme a demanda envolver direitos difusos, coletivos em sentido estrito ou individuais homogêneos. Vejamos: (a) quando a ACP tiver por objeto direito difuso a sentença terá eficácia *erga omnes*, exceto se o pedido for julgado improcedente por insuficiência de provas, hipótese em que qualquer legitimado poderá intentar outra ação, com idêntico fundamento, valendo-se de nova prova; (b) se o conteúdo da ACP for direito coletivo em sentido estrito, a eficácia da coisa julgada será *ultra partes*, mas limitadamente ao grupo, categoria ou classe, salvo improcedência por falta de provas; e (c) na hipótese da ACP envolver direito individual homogêneo, a eficácia da coisa julgada será *erga omnes*, apenas em caso de procedência do pedido, para beneficiar todas vítimas do evento e seus sucessores. Neste último caso, a improcedência do pedido, os interessados que não tiverem intervindo no processo como litisconsortes poderão propor ação de indenização a título individual.

Cabe salientar ainda que a ACP não induz litispendência para as ações individuais, mas os efeitos da coisa julgada envolvendo direito coletivo em sentido estrito e individual homogêneo não beneficiarão os autores das ações individuais, se não for requerida sua suspensão no prazo de trinta dias, a contar da ciência nos autos do ajuizamento da ação coletiva.

27.3. MANDADO DE SEGURANÇA COLETIVO

Jaqueline Mielke Silva
José Tadeu Neves Xavier

27.3.1. Considerações introdutórias

O Mandado de Segurança Coletivo foi concebido pela pena do constituinte de 1988, decorrendo de uma antiga reivindicação doutrinária, que pode ser sintetizada na pessoa do jurista Celso Agrícola Barbi, que há muito levantava voz na defesa da criação desta modalidade de *mandamus*. A regulamentação deste *writ*, no entanto, somente foi levada a cabo pela Lei nº 2.016/2009.

Desde o seu advento, o Mandado de Segurança Coletivo trouxe a discussão sobre os exatos limites de seu objeto. O cerne da polêmica sobre o conteúdo do *mandamus* coletivo encontra-se no debate sobre a idoneidade deste *writ* coletivo servir para tutelar interesses difusos. A Lei 12.016/09 adotou posição restritiva, dispondo em seu art. 21, parágrafo único, que: "os direitos protegidos pelo mandado de segurança coletivo podem ser: I – coletivos, assim entendidos, para efeito desta Lei, os transindividuais, de natureza indivisível, de que seja titular grupo ou categoria de pessoas ligadas entre si ou com a parte contrária por uma relação jurídica básica; II – individuais homogêneos, assim entendido, para efeito desta Lei, os decorrentes de origem comum e da atividade ou situação específica da totalidade ou de parte dos associados ou membros do impetrante".

Há que se entender a omissão legislativa referente à categoria de direitos difusos como proposital, com a clara intenção de afastá-los do alcance da tutela do Mandado de Segurança coletivo.

27.3.2. Legitimidade ativa para a impetração do mandado de segurança coletivo

De acordo com o disposto no art. 5º, LXX, da Constituição Federal o Mandado de Segurança Coletivo pode ser impetrado por partido político, com representação no Congresso Nacional, por organização sindical, entidade de classe ou associação, desde que constituída e em funcionamento a pelo menos um ano, atuando na defesa de seus membros ou associados. A Lei nº 12.016/2009, em seu artigo 21, por sua vez, detalha a legitimação ativa para a impetração deste *writ*, nos seguintes termos: "o mandado de segurança coletivo pode ser impetrado por partido político com representação no Congresso Nacional, na defesa de seus interesses legítimos relativos a seus integrantes ou à finalidade partidária, ou por organização sindical, entidade de classe ou associação legalmente constituída e em funcionamento há, pelo menos, 1 (um) ano, em defesa de direitos líquidos e certos da totalidade, ou de parte, dos seus membros ou associados, na forma dos seus estatutos e desde que pertinentes às suas finalidades, dispensada, para tanto, autorização especial". Vejamos mais atentamente esse assunto:

(a) Legitimidade dos partidos políticos: A razão deste deferimento de legitimidade especial a estes entes, na feliz síntese de Nelson Nery Junior, encontra sua razão na função política que eles exercem.[691]

Os partidos políticos têm natureza de pessoa jurídica de direito privado – art. 44, V, do Código Civil –, com liberdade de criação, fusão, incorporação e extinção e caráter nacional, assumindo a condição de entidades de caráter essencial para a conservação do Estado Democrático de Direito, pois destina-se a assegurar, no interesse do regime democrático, a autenticidade do sistema representativo e a defender os direitos fundamentais definidos na Constituição Federal (art. 1º da Lei nº 9096/95).

Na atribuição de legitimidade extraordinária para a impetração do Mandado de Segurança Coletivo aos partidos políticos, a Constituição exige apenas que estes tenham representação no Congresso Nacional, ou seja, basta para atender a este pressuposto de legitimação que ocorra a existência de um Deputado Federal ou de um Senador vinculado ao partido.

Assim, a exigência de representação no Congresso Nacional é uma condição específica para a propositura desta ação coletiva, de forma que, se eventualmente o Partido Político que preencha este requisito no momento em que ajuizar o Mandado de Segurança Coletivo vier a deixar de ter esta representação, poderá continuar na titularidade desta demanda.[692]

---

[691] NERY JUNIOR, Nelson. Mandado de Segurança Coletivo: instituto que não alterou a natureza do mandado de segurança já constante das Constituições anteriores – Partidos Políticos, Legitimidade "ad causam", *Revista de Processo*, v. 57, jan-mar de 1090, p.156.

[692] Neste sentido é a lição apresentada por CARVALHO NETO, Inácio de. *Ação civil pública. Ação Popular. Mandado de Segurança Coletivo*. 2. ed. Curitiba: Juruá, 2008, p. 193.

Note-se que, em relação às entidades partidárias não há necessidade da verificação de prévia constituição e funcionamento a pelos menos um ano.

Por outro lado, ainda em relação à legitimação das entidades partidárias, não havia a indicação sobre a abrangência da sua titularidade para a impetração desta demanda mandamental, ou seja, não se definia se os partidos políticos poderiam atuar de forma ampla, defendendo qualquer interesse coletivo, ou se ficaria restrito a atuação na defesa dos interesses de seus integrantes.

Entretanto, o texto normativo define que a legitimidade dos Partidos Políticos para a impetração do Mandado de Segurança Coletivo fica restrita a *"defesa de seus integrantes ou à finalidade partidária"*. Encerra-se, portanto, a celeuma doutrinária e jurisprudencial sobre esta questão. Esta, inclusive, já era a posição que vinha sendo assumida pelo Supremo Tribunal Federal anteriormente ao advento da legislação que atualmente regula este *writ* coletivo.[693] Note-se que não se esta afirmando que o Partido Político fique atrelado na sua legitimação para este *writ* coletivo a defesa de interesses de legítimos relativos aos seus integrantes, pois não se pode olvidar da referência normativa à *finalidade partidária*. Logo, a entidade partidária poderá impetrar Mandado de Segurança coletivo visando à proteção de direitos líquidos e certos, violados por atos de autoridade, mesmos que estes não pertençam especificamente aos seus filiados, quando esta matéria estiver em consonância com os seus fins institucionais, constituindo objeto programático desta agremiação.

(b) Legitimidade das organizações sindicais, entidades de classe e associações: Em relação à legitimidade das organizações sindicais, entidades de classe e associações, a legislação estabelece que esta fica restrita à "defesa de direitos líquidos e certos da totalidade, ou parte, dos seus membros ou associados, na forma dos seus estatutos e desde que pertinente às suas finalidades, dispensado, para tanto, autorização especial".

A atuação das entidades associativas em questão na impetração do Mandado de Segurança Coletivo é hipótese de legitimidade autônoma, ou seja, especial, própria ou extraordinária, entendida como

---

[693] "Constitucional. Processual Civil. Mandado de segurança coletivo. Impugnação de exigência tributária. IPTU. 1. Uma exigência tributária configura interesse de grupo ou classe de pessoas, só podendo ser impugnada por eles próprios, de forma individual ou coletiva. Precedente: RE 213.631, rel. Min. Ilmar Galvão, DJ 07.04.2000. 2. O partido político não está, pois, autorizado a valer-se do Mandado de segurança coletivo para, substituindo todos os cidadãos na defesa de interesses individuais, impugnar majoração de tributo. 3. Recurso extraordinário conhecido e provido" (RE 196184, rel. Min. Ellen Gracie, j. 27.10.2004).

tal a atuação em nome próprio, embora buscando a afirmação de direito ou interesse alheio. Há uma não coincidência ente os sujeitos da relação material e o titular da legitimidade processual, de forma que alguém comparece em juízo para defender em nome próprio interesse alheio.Não se deve confundir esta legitimação com aquela prevista no art. 5º, XXI, da Constituição Federal estabelece a possibilidade de as entidades associativas agirem em nome de seus associados, pois neste caso trata-se de mera representação, ou seja, situação onde a entidade está atuando em juízo para a defesa de interesses alheios e em nome alheio, caso que, inclusive, exige a prévia autorização específica de seus membros.

Entendida a questão nestes termos, o requisito da prévia autorização dos membros da associação não tem aplicabilidade a esta espécie de *writ* coletivo (Súmula nº 629 do Supremo Tribunal Federal, nos seguintes termos: "A impetração de mandado de segurança coletivo por entidade de classe em favor dos associados independe da autorização destes").

A expressão "organizações sindicais" compreende os sindicatos e as federações e confederações sindicais, tanto de empregadores como de empregados dos setores privado ou público. A legitimidade atribuída a estas entidades para a impetração do Mandado de Segurança coletivo está em consonância com a atribuição que lhe é taxada pelo Texto Constitucional, no seu art. 8º, III, ao estabelecer que "ao sindicato cabe a defesa dos direitos e interesses coletivos ou individuais da categoria, inclusive em questões judiciais e administrativas".

As entidades de classe são associações que congregam profissionais vinculados a determinada atividade, ficando sua legitimidade para a impetração do Mandado de Segurança Coletivo restrita à defesa dos interesses dos membros da categoria.[694]

Tanto no caso das entidades sindicais, como nas entidades de classe, não há vinculação ao requisito da prévia constituição há um ano, pois nestes existe um certo rigor formar em relação a sua criação, o que tornaria muito improvável que estes viessem a ser constituídos apenas para obter a legitimação para a utilização do Mandado de Segurança Coletivo.

---

[694] Este entendimento já vinha sendo perfilhado pelo STJ: "Recurso ordinário – Mandado de Segurança Coletivo – Impugnação ao edital de concurso – Sindicato de Servidores ativos e inativos – legitimidade ativa. I – Na hipótese dos autos, o alegado direito líquido e certo não está compreendido na titularidade dos associados ao sindicato ou seja, a pretensão do recorrente – invalidação de edital de concurso – é alheia aos interesses dos associados que o integram. II – Não tem legitimidade para impetrar mandado de segurança coletivo o sindicato que defende interesses alheios aos de seus associados. III- Recurso ordinário desprovido" (RMS 16753/PA, Relator Min. Felix Fischer, 5ª Turma, julgado em 07.03.2006).

A referência às "associações" tem caráter residual, compreendendo todas as demais formas associativas que ficam abrangidas pela regra constitucional da liberdade de associação (art. 5º, XVII: "é plena a liberdade de associação para fins lícitos, vedada a de caráter paramilitar"), constituindo-se pela união de pessoas que se organizam para fins não econômicos (art. 53 do Código Civil). No caso destas entidades, deve ser observado o requisito da constituição há pelo menos um ano.

O art. 21, II, da Lei nº 12.016/2009 incorporou ao texto normativo regulamentador do Mandado de Segurança Coletivo a possibilidade de utilização desta garantia constitucional para a defesa dos interesses de apenas parte dos associados ou membros do impetrante. Segue-se, assim, o entendimento manifestado na Súmula nº 630 do STF: "a entidade de classe tem legitimidade para o mandado de segurança ainda quando a pretensão veiculada interesse apenas a uma parte da respectiva categoria".

Cabe acrescentar que os entes que recebem legitimidade extraordinária para a impetração do Mandado de Segurança coletivo possam atuar é indispensável a ocorrência de pertinência temática, ou seja, que exista uma correspondência do interesse que se pretende tutelar por meio da ação coletiva e os fins institucionais da entidade associativa em questão (finalidade, programa, objetivo institucional).[695]

Note-se que não há necessidade de a associação conter em seu estatuto previsão própria que lhe autoriza o manuseio do Mandado de segurança Coletivo em juízo, pois esta legitimação é atribuída pelo Texto Constitucional. O que se exige é que o objeto da demanda coletiva guarde afinidade com os fins da entidade impetrante.

27.3.3. Aspectos procedimentais do Mandado de Segurança Coletivo

27.3.3.1. A liminar no Mandado de Segurança Coletivo

A medida liminar neste *writ* coletivo só poder ser concedida após a audiência do representante judicial da pessoa jurídica de direito

---

[695] Em sentido diverso, mostrando uma visão mais flexível sobre a necessidade de pertinência temática, Fernando da Fonseca Gajardoni entende que "o objeto do writ não precisa estar diretamente atrelado ao objetivo institucional da entidade. Basta que tenha relação com o móvel organizacional e pronto: os direitos dos filiados podem ser defendidos pelo mandado de segurança coletivo. Assim, embora não se afaste a pertinência temática – como era sustentado por alguns, sob o fundamento de que o direito a ser tutelado era dos associados, independentemente dos fins da entidade – admite-se que o mandado de segurança coletivo se preste para a tutela de direitos que não sejam próprios, característicos da categoria" (GAJARDONI, Fernando da Fonseca. *Comentários à nova lei de Mandado de Segurança*. São Paulo: Método, 2009, p. 100).

público, que deverá se pronunciar no prazo de setenta e duas horas (art. 22, § 2º da Lei 12.016/09). Nos casos de Mandado de Segurança Coletivo em relação a ato de particular no exercício de função pública, a exigência de prévia audiência não subsiste.

Tal limitação, assim como ocorre em relação a diversas outras situações que envolvem o deferimento de tutelas de urgência, deve ser mitigada pelas peculiaridades do caso concreto, a fim de evitar que restrições legislativas formais venham a tornar ineficaz a efetiva tutela jurisdicional aos direitos materiais que necessitam de tutela imediata. O magistrado, dependendo das circunstâncias do caso concreto, poderá se valer do princípio da proporcionalidade, para conceder a liminar *inaudita altera parte*. Entretanto, para evitar eventual alegação de nulidade processual, nestes casos especiais, onde o julgador afasta a incidência da norma contida no artigo 22, § 2º, da Lei nº 12.016/2009, caberá ao julgador apresentar a devida fundamentação, que é exigível, inclusive, por força do disposto no art. 93, IX, da Constituição Federal.

27.3.3.2. Litispendência e Mandado de Segurança Coletivo

De acordo com a teoria da tríplice identidade, adotada pela nossa sistemática processual, ocorre a litispendência entre duas ou mais demandas em curso, quando lhes forem comuns as partes, a causa de pedir e o pedido. Em sendo verificada a ocorrência de litispendência – *litis pendente* – é preservada a demanda mais antiga, entendida como tal aquela em que foi realizada a primeira citação válida, em comparação com as outras ações que tenham os mesmos elementos identificadores.

Nos processos coletivos a questão da verificação da litispendência em relação aos feitos de natureza individual já se encontra razoavelmente resolvida pela doutrina e na práxis dos tribunais. Considerando a diversidade de partes, de objeto – tutela de direito coletivo e de direito individual –, e por conseqüência de causa de pedir e pedido, não se pode cogitar da existência de litispendência entre as demandas coletivas e as singulares.

No Mandado de Segurança a situação não é diversa, pois não há que se falar em litispendência entre a demanda de Mandado de Segurança individual e o coletivo, mesmo que tenham por objetivo impugnar o mesmo ato, taxado como arbitrário. Como na versão coletiva, a legitimidade ativa é concentrada nos partidos políticos, organizações sindicais, entidades de classe e associações, enquanto na demanda individual a impetração é realizada pela pessoa natural ou jurídica que tem o seu direito líquido e certo violado, logicamente que não se poderá visualizar a ocorrência de litispendência entre estas. Na verdade, é situação de mera conexão, que por força da lei adjetiva, poderá vir a acarretar a vinculação procedimental destas ações.

O mesmo raciocínio também deverá ser utilizado no caso de existência de mais de uma demanda de Mandado de Segurança Coletivo, impetrado por entidades legitimadas distintas, mas enfrentando o mesmo objeto. Também aqui não haverá a tríplice identidade identificadora da litispendência, mas poderá ser verificada a conexão entres estas ações coletivas. Interpretação distinta reduziria a previsão constitucional de legitimação extraordinária para a impetração do Mandado de Segurança coletivo, que ficaria restrita apenas àquele que primeiro viesse a promover o *writ* coletivo, com a exclusão dos demais legitimados.[696] O Superior Tribunal de Justiça, no entanto, já teve oportunidade de se manifestar, reconhecendo a ocorrência de litispendência em relação a Mandados de Segurança impetrado por associação e por sindicato, atuando como representantes da mesma categoria profissional.[697]

Antonio Herman Benjamin e Gregório Assagra de Almeida, embora reconheçam a possibilidade de identidade de ações coletivas ajuizadas por legitimados distintos, entendem que não seria razoável realizar a extinção da demanda repetida sem julgamento do mérito. Na visão destes doutrinadores, seria mais adequado que simplesmente se aplicassem ao caso as regras da conexão, o que poderia servir para fortalecer a tutela coletiva e evitar prejuízo a interesse social decorrente da extinção de uma das ações coletivas.[698]

---

[696] BARROSO, Darlan; ROSSATO, Luciano Alves. *Mandado de Segurança*. São Paulo: Revista dos Tribunais, 2009, p. 100.

[697] Recurso ordinário em mandado de segurança – Ação coletiva – Direitos coletivos – Impetração de dois mandados de segurança – Ação coletiva – Direitos coletivos – Impetração de dois mandados de segurança por duas entidades representativas da mesma categoria profissional – Mesma causa de pedir- Identidade parcial dos pedidos – Continência – Configuração. I – O aspecto subjetivo da litispendência nas ações coletivas deve ser visto sob a ótica dos beneficiários atingidos pelos efeitos da decisão, e não pelo simples exame das partes que figuram no pólo ativo da demanda. Assim, impetrados os mandados de segurança por associação ou por sindicato, ambos representantes da mesma categoria profissional, os substituídos é que suportarão os efeitos da decisão, restando, assim, caracterizada a identidade das partes. II – Em face da identidade parcial dos pedidos, em razão de ser um mais abrangente que o outro, configura-se a continência, que é espécie de litispendência parcial. III – Inviável, porém, a reunião de processos, tendo em vista que já julgado um deles (súmula 235/STJ), impondo-se, por conseqüência, a extinção parcial do presente *writ* na parte em que apresenta o mesmo pedido. Recurso ordinário parcialmente provido, para determinar o retorno dos autos ao e. Tribunal, a quo, para que julgue o *mandamus*" – STJ, ROMS nº 24196, 5ª Turma, julgado em 18.02.2008, Rel. Min. Felix Fischer, p. 46).

[698] BENJAMIN, Antonio Herman; ALMEIDA, Gregório Assagra de. *Comentários a Nova Lei do Mandado de Segurança*. MAIA FILHO, Napoleão Nunes; ROCHA, Caio Cesar Vieira; LIMA, Tiago Asfor Rocha (coords.). São Paulo: RT, 2010. p. 320.

27.3.3.4. A coisa julgada na ação de Mandado de Segurança Coletivo

A disciplina da coisa julgada no mandado de segurança coletivo vem disciplinada no art. 22, *caput*, do novel diploma legal, *verbis*: "No mandado de segurança coletivo, a sentença fará coisa julgada limitadamente aos membros do grupo ou categoria substituídos pelo impetrante". Note-se que não houve restrição aos membros do grupo filiados a entidade que atuou como impetrante do *mandamus*, bastando que o indivíduo pertença ao grupo ou categoria substituídos.

A coisa julgada na ação de Mandado de Segurança Coletivo abrange a entidade que o impetrou, bem como os seus membros, tanto no caso de procedência ou improcedência deste *writ* coletivo, em caráter *erga omnes* ou *ultra partes*. Levando-se em consideração o fato de que a petição inicial desta demanda coletiva não necessita – e nem deve – ser acompanhada da listagem dos substituídos, é de se concluir que a decisão fará coisa julgada em relação a todos aqueles que, ao tempo da produção dos efeitos judiciais da coisa julgada, pertençam à categoria ou ao grupo de pessoas substituídas, independentemente de filiação a entidade impetrante. Assim, já decidiu o Superior Tribunal de Justiça, na vigência da legislação atual, frisando que a coisa julgada no Mandado de Segurança Coletivo a todos aproveita, seja aos filiados à entidade impetrante, seja aos que integrem a classe titular do direito coletivo em questão.[699] Como enfatizam Darlan Barroso e Luciano Alves Rossato, interpretação distinta levaria ao caos jurídico, pois para cada novo membro da categoria ou grupo seria necessária a propositura de nova ação, o que se mostra contrário ao espírito destas ações coletivas.[700]

Neste aspecto, o regramento normativo pertinente à abrangência da coisa julgada da sentença proferida em sede de Mandado de Segurança Coletivo afasta-se da sistemática tradicionalmente destinada às demandas coletivas em geral, vinculada aos preceitos da coisa julgada *secundum eventum litis*, que alcança os membros da entidade legitimada para a ação coletiva apenas para beneficiar os membros da categoria, ou *secundum eventum probationes*, afastando a coisa julgada material em caso de improcedência por falta de provas. Afasta-se também a limitação territorial, imposta pelo art. 16 da Lei da Ação Civil Pública.

---

[699] STJ, Agravo Regimental no Recurso Especial nº 1062258/DF, 6ª Turma, julg. em 17.09.2009.

[700] BARROSO, Darlan; ROSSATO, Luciano Alves. *Mandado de Segurança*. São Paulo: RT, 2009, p. 105.

Por outro lado, na exata medida em que o Mandado de Segurança Coletivo tutela interesses coletivos em sentido estrito e individuais homogêneos, o ideal, ou mesmo esperado, seria de que a nova disciplina seguisse o critério até então adotado da coisa julgada *secundum eventum litis*. Entretanto, o que se depreende do art. 22, *caput*, da Lei 12.016/09 é que no Mandado de Segurança Coletivo, a coisa julgada dar-se-á *ultra partes* ou *erga omnes*, sem qualquer ressalva quanto à procedência ou não da pretensão deduzida em juízo; neste particular, distancia-se da disciplina até então aplicada, de modo que não há que se pode cogitar da coisa julgada *secundum eventum litis*, por ausência de previsão legal neste sentido.

Não é demasiado referir que o art. 19 da Lei 12.016/09 refere que a sentença ou acórdão que denegar mandado de segurança "não impedirá que o requerente, por ação própria, pleiteie os seus direitos e os respectivos efeitos patrimoniais". Assim, é induvidoso, que em se aplicando esse dispositivo legal ao Mandado de Segurança Coletivo, será plenamente possível ao interessado pleitear individualmente seu suposto direito em ação própria.

27.3.3.5. A coisa julgada no Mandado de Segurança Coletivo e as ações individuais que estiverem em curso

O § 1º do art. 22 da Lei 12.016/09 consigna que o Mandado de Segurança Coletivo não induz litispendência para as ações individuais, mas os efeitos da coisa julgada não beneficiarão o impetrante a título individual se não requerer a desistência de seu mandado de segurança individual no prazo de trinta dias a contar da ciência comprovada da impetração da segurança coletiva.[701]

Neste contexto, havendo a tramitação concomitante do *writ* individual e coletivo, serão desenvolvidas três possibilidades: a) o impetrante individual poderá desistir da sua demanda e aguardar o julgamento do Mandado de Segurança coletivo e, em caso de êxito deste, aproveitar os efeitos da coisa julgada coletiva; b) ou no caso de

---

[701] Na visão de Bruno Garcia Redondo, Guilherme Peres de Oliveira e Ronaldo Cramer "as ações individuais, mencionadas na norma, devem ser entendidas não apenas como mandados de segurança individuais, mas também como qualquer ação individual que possa gerar, para o indivíduo, o mesmo resultado do mandado de segurança coletivo. Assim, o autor de uma ação de conhecimento poderá se beneficiar do mandado de segurança coletivo, se sua demanda individual for capaz de produzir o mesmo resultado que o writ coletivo" (REDONDO, Bruno Garcia; OLIVEIRA, Guilherme Peres de; CRAMER, Ronaldo. *Mandado de Segurança*: comentários à lei 12.016/2009. São Paulo: Método, 2009, p. 155).

improcedência da demanda coletiva, voltar a valer-se do *writ* individual – o que dificilmente será viável face ao restrito prazo decadencial de 120 dias – ou valer-se de ação própria, de cognição plenária, para discutir a sua pretensão; c) na situação de o titular do Mandado de Segurança individual optar por persistir no seu pleito isolado, em nada terá proveito em relação a eventual resultado favorável na lide coletiva.

Novamente aqui a legislação do Mandado de Segurança também se distancia da nossa tradição normativa nas demandas de caráter coletivo, em especial daquela prevista no art. 104 do Código de Defesa do Consumidor, que estabelece a mera suspensão das ações individuais, para que a parte possa se beneficiar da sentença da ação coletiva, o que tem sido alvo de críticas por parte da doutrina especializada.

Desta forma, a sistemática normativa atual sobre os efeitos da coisa julgada na Ação de Mandado de Segurança Coletivo coloca maior responsabilidade processual na escolha de demandante individual, impondo-lhe o ônus de decidir se quer continuar com a sua demanda individual ou aderir à sorte da demanda coletiva. É a adoção do modelo norte-americano chamado *opt in* e *opt on*, típico das *class actions*. Se o impetrante do Mandado de Segurança Individual optar pelo prosseguimento da sua demanda, poderá ocorrer de a ordem vir a ser denegada e, posteriormente, ocorrer a concessão da segurança coletiva. Nessa hipótese, o impetrante do *mandamus* individual não será beneficiado pela coisa julgada coletiva. Prevalecerá a coisa julgada individual.

Há outra situação paradoxal que pode ocorrer, referente à impetração do *writ* de segurança individual, cuja ordem é denegada, com sentença transitada em julgado. Após o trânsito em julgado, há a impetração do Mandado de Segurança Coletivo, cuja ordem é concedida, com sentença transitada em julgado. Do mesmo modo, nesta hipótese, o impetrante do *mandamus* individual não será beneficiado pela coisa julgada coletiva. Prevalece também nesta hipótese a coisa julgada individual.

Cabe frisar quer esta escolha realizada pelo titular da ação individual, por uma questão de ordem lógica, abrange não apenas a questão pertinente aos efeitos da sentença, mas também envolve as decisões liminares proferidas em um ou outro feito.

27.4. AÇÃO POPULAR

Gisele Mazzoni Welsch

27.4.1. Conceito e natureza jurídica

Ação constitucional e espécie de tutela de direitos coletivos, com previsão legal no art. 5º, LXXIII, da CF/88 e Lei nº 4.717/65. Tem por objeto a tutela do patrimônio público ou de entidade de que o Estado participe, da moralidade administrativa, do meio ambiente e do patrimônio histórico e cultural, mediante a anulação de ato lesivo (o pedido de desconstituição do ato comporta tutela provisória), com isenção de custas judiciais e ônus da sucumbência, salvo em caso de comprovada má-fé.

A Ação Popular visa ao exercício pleno da cidadania como forma de efetivação, através do Poder Judiciário, do Estado Democrático de Direito. O cidadão fiscaliza e também atua como controlador, evitando e corrigindo lesões ao patrimônio público.

27.4.2. Origem e evolução histórica

As ações coletivas estiveram presentes ao longo de toda a história da humanidade, apesar de ganharem forma de direitos fundamentais somente no último século.[702]

A origem mais remota é no cidadão romano, que se utilizava da ação popular para defender os bens públicos, ônus que lhe incumbia. Sua condição de cidadão lhe impunha o encargo de zelar pela coisa pública, seja em razão do forte vínculo natural que o ligava aos bens públicos, seja pela noção de que deveria defender a República da qual fazia parte.[703]

No cenário internacional, as tutelas coletivas ganharam evidência a partir das ações coletivas na Inglaterra, das *class actions* norte-americanas e da doutrina italiana. No Brasil, o processo coletivo tomou forma quando da inclusão da Ação Popular na Constituição da República de 1934, que à época visava a proteger o patrimônio da União, dos Estados e Municípios através da declaração de nulidade ou anulação de atos que atentassem contra seus respectivos patrimônios.

---

[702] DIDIER JR., Fredie; ZANETI JR., Hermes. *Curso de Direito Processual Civil*: Processo Coletivo, 10. ed. Salvador: Juspodivm, 2016, p. 23.
[703] Idem.

A Ação Popular, então presente na Constituição Brasileira de 1934, foi suprimida na Constituição de 1937, retomando sua posição constitucional em 1946, na qual permanece até hoje, na Carta Magna de 1988.[704]

As inovações trazidas pela Lei nº 4.717/65, que regulamenta a Ação Popular, foram de grande importância para o desenvolvimento do processo coletivo brasileiro, de forma que as contribuições daí advindas puderam ser aperfeiçoadas com a legislação em matéria de demandas coletivas que lhe foi subsequente.

Dentre as previsões trazidas pela Lei nº 4.717/65 pode-se citar a i) legitimação extraordinária, através da qual se possibilitava ao cidadão, por meio da substituição processual, buscar a tutela de direitos pertencentes a toda coletividade e a ii) coisa julgada *erga omnes* e *secundum eventum probationis*, que oportunizava a propositura da mesma ação que tivesse sido anteriormente julgada improcedente por insuficiência de prova, desde que fundada em nova prova.[705]

Não obstante a guinada no processo civil coletivo brasileiro, que muito se deve ao surgimento das regras disciplinadoras da Ação Popular, o ordenamento jurídico já não concedia ferramentas suficientes e adequadas à tutela de outros interesses coletivos. Isso porque a Ação Popular, cujo alcance estava adstrito à tutela do patrimônio público, já não fazia frente à defesa de outros interesses coletivos, que surgiam exponencialmente no contexto social. Além disso, o cidadão, única parte legítima para intentar a Ação Popular, não raro se mostrava hipossuficiente frente à parte adversa, tanto do ponto de vista processual como econômico.[706]

27.4.3. Questões processuais

A Ação Popular tem previsão de hipótese de cabimento na Constituição Federal (art. 5º, LXXIII, da CF/88) e no art. 1º da Lei nº 4.717/65 para a defesa do patrimônio público no âmbito econômico, artístico, estético, histórico ou turístico, em função de ato ou da omissão do

---

[704] BARBOSA MOREIRA, José Carlos. A ação popular do direito brasileiro como instrumento de tutela jurisdicional. In: GRINOVER, Ada Pellegrini *et al. Processo Coletivo*: do surgimento à atualidade, São Paulo: RT, 2014, p. 25-38.

[705] ZANETI JR., Hermes; GARCIA, Leonardo de Medeiros. *Direitos Difusos e Coletivos*. Salvador: Juspodivm, 2014. p. 13.

[706] ARGENTA, Graziela; ROSADO, Marcelo da Rocha. Do processo coletivo das ações coletivas ao processo coletivo dos casos repetitivos: modelos de tutela coletiva no ordenamento brasileiro. *Revista Eletrônica de Direito Processual, REDP*. Rio de Janeiro. Ano 11. Volume 18. Número 1. Janeiro a Abril de 2017 N. 1. p. 241. Disponível em: <https://www.e-publicacoes.uerj.br/index.php/redp/article/view/28491/20279>. Acesso em 5 mai. 2019.

poder público a ser impugnado, que deve ser, obrigatoriamente, lesivo ao patrimônio público, seja por ilegalidade, seja por imoralidade.

Quanto ao procedimento, a ação segue o rito ordinário com as modificações estabelecidas no art. 7º da Lei nº 4.717/65 (intimação do Ministério Público, requisição de documentos referidos pelo autor, citação por edital de beneficiários do ato impugnado, sentença, quando não prolatada em audiência de instrução e julgamento, deverá ser proferida dentro de 15 (quinze) dias do recebimento dos autos pelo juiz).

A legitimidade ativa é de qualquer cidadão no gozo de direitos políticos em defesa de interesse coletivo.

A legitimidade passiva corresponde às pessoas jurídicas de direito público e privado em nome das quais foi praticado o ato; às autoridades, funcionários ou administradores que houverem concorrido para o ato ilegal ou lesivo ao patrimônio público; aos beneficiários do ato. Portanto, no polo passivo, podem encontrar-se pessoas físicas ou jurídicas, nacionais ou estrangeiras.

A competência para processar e julgar a ação popular será determinada pela origem do ato a ser anulado, aplicando-se as regras constitucionais e legais (CPC/15)[707] de competência.

27.4.4. Análise jurisprudencial de pontos controversos

A recente jurisprudência do STF e do STJ, quanto ao cabimento da Ação Popular, é no sentido de que é suficiente a demonstração da ilegalidade do ato administrativo, independentemente da existência de prejuízo, conforme se pode perceber da análise da ementa abaixo colacionada:

> ADMINISTRATIVO. AÇÃO POPULAR. DISPENSA DE LICITAÇÃO INDEVIDA. CONTRATO PARA REALIZAÇÃO DE PESQUISA. NULIDADE DECRETADA. *DANO IN RE IPSA*. PRESSUPOSTO DA AÇÃO. RESSARCIMENTO AO ERÁRIO. CABIMENTO. PRETENSÃO DE REEXAME FÁTICO-PROBATÓRIO. INCIDÊNCIA DO ENUNCIADO N. 7 DA SÚMULA DO STJ. DIVERGÊNCIA NÃO COMPROVADA. I – Na origem foi ajuizada ação popular com o objetivo de obter a nulidade de contrato firmado entre a Fecomércio e o Distrito Federal para realização de pesquisa, com dispensa de licitação. (...) VIII – Assim, quanto à alegação de inexistência de lesão ao erário, o acórdão objeto do recurso especial está em consonância com a jurisprudência do STF e do STJ,

---

[707] O atual diploma processual consagra o movimento da constitucionalização do processo, pois em seus dispositivos inaugurais (art. 1º ao 12º) estão dispostas as normas fundamentais, nas quais se percebe claramente a preocupação com a sintonia do processo com as regras e princípios constitucionais. (WELSCH, Gisele Mazzoni. *Legitimação Democrática do Poder Judiciário no Novo CPC* (Coleção Liebman). São Paulo: Revista dos Tribunais, 2016. p. 95.)

segundo a qual para o cabimento da ação popular é suficiente a ilegalidade do ato administrativo, independentemente da existência de prejuízo. (AgInt no AREsp 1014527/DF AGRAVO INTERNO NO AGRAVO EM RECURSO ESPECIAL 2016/0296142-4; Ministro FRANCISCO FALCÃO; T2 – SEGUNDA TURMA; 09/04/2019; DJe 15/04/2019)

Relativamente à legitimidade ativa na Ação Popular, o TJRS apresentou entendimento ampliativo ao considerar que cidadão residente em outro estado ostenta legitimidade ativa para propor ação popular:

> APELAÇÃO CÍVEL. DIREITO PÚBLICO NÃO ESPECIFICADO. DIREITO CONSTITUCIONAL E ADMINISTRATIVO. AÇÃO POPULAR. CONTRATO DE CONCESSÃO DE SERVIÇO PÚBLICO DE FORNECIMENTO DE ÁGUA E COLETA DE ESGOTO FIRMADO ENTRE O MUNICÍPIO DE GRAVATAÍ E CORSAN. PRETENSÃO DE INVALIDAÇÃO DO PACTO POR VIOLAÇÃO AO PRINCÍPIO DA UNIVERSALIZAÇÃO DO SERVIÇO DE SANEAMENTO BÁSICO. LEGITIMIDADE ATIVA E INTERESSE PROCESSUAL DEMONSTRADOS. SENTENÇA EXTINTIVA DO FEITO DESCONSTITUÍDA. PROCESSAMENTO DA AÇÃO POPULAR NA ORIGEM. 1. O cidadão residente em outro Estado da Federação ostenta legitimidade ativa para propor aqui ação popular. A legitimidade ativa para propor a ação popular, segundo o inciso LXXIII do artigo 5º da Constituição Federal de 1988, e o art. 1º da Lei nº 4.717/65, estende-se a qualquer cidadão, não havendo nenhum outro requisito que limite a propositura da ação. E, por cidadão, tem-se a pessoa física no gozo de seus direitos políticos. 2. O interesse processual também está demonstrado, já que a pretensão encontra respaldo na busca de anulação de ato lesivo à moralidade administrativa, no caso, ao reconhecimento de que o contrato de concessão de serviço de abastecimento de água e esgoto firmado entre o Município de Gravataí/RS e a CORSAN não teria previsão que estabeleça metas progressivas e graduais de universalização do serviço de coleta de esgoto na zona urbana, a fim de atender ao disposto no art. 11, § 2º, inciso III, Lei nº 11.455/07 (Lei do Saneamento Básico). 3. Sem adentrar no mérito da presente ação popular, ainda não analisado na origem, presentes a legitimidade ativa e o interesse processual, tendo o apelante atendido aos pressupostos válidos para prosseguimento da ação popular, impõe-se a desconstituição da sentença e o prosseguimento da ação. APELAÇÃO PROVIDA. (Apelação Cível nº 70078044104, Segunda Câmara Cível, Tribunal de Justiça do RS, Relator: Ricardo Torres Hermann, Julgado em 14/11/2018)

As breves linhas tiveram por escopo a apresentação da Ação Popular e seus principais aspectos, considerando que representa ação constitucional e espécie de tutela de direitos coletivos com a importante finalidade de tutela do patrimônio público, da moralidade administrativa, do meio ambiente e do patrimônio histórico e cultural.

Como foi destacado, a ação popular inaugurou a formação do microssistema de tutela coletiva no Brasil e abriu espaço para o surgimento de outros institutos e espécies de tutela do interesse público e direitos coletivos, sendo que a Lei nº 4.717/65 regula o cabimento e procedimento da ação, mas deve ser interpretada e aplicada em consonância com as disposições da Constituição Federal de 1988, bem como com as demais leis que compõem o microssistema de tutela coletiva, especialmente aliada à disposição da Ação Civil Pública (Lei nº 7.347/85), e com o Código de Processo Civil de 2015, considerando suas previsões mais modernas e avançadas quanto às questões processuais

28. Incidente de resolução de demandas repetitivas

Luis Alberto Reichelt

28.1. INTRODUÇÃO: O QUE SÃO E COMO SURGEM AS DEMANDAS REPETITIVAS. AS RAZÕES QUE LEVARAM AO SURGIMENTO DO INCIDENTE DE RESOLUÇÃO DE DEMANDAS REPETITIVAS

A massificação das relações sociais é um dos traços característicos da cultura pós-moderna. Nesse cenário, determinados indivíduos estabelecem um intenso volume de contato social e estabelecem unilateralmente um padrão que pretendem seja respeitado em termos de regulamentação jurídica do convívio com outras pessoas. Essa imposição unilateral de um *standard* de regulamentação jurídica desejado por um dos indivíduos reduz consideravelmente o peso da autonomia privada como fator componente da construção dos termos em que se desenvolvem as relações jurídicas. Assim ocorre nas relações entre um fornecedor e inúmeros consumidores que com ele firmam contratos de adesão, ou entre a Administração Pública e os inúmeros indivíduos que com ela interagem no âmbito administrativo, por exemplo.[708]

---

[708] Um retrato interessantíssimo desse cenário pós-moderno de coexistência social pode ser visto nas palavras de FABRÍCIO, Adroaldo Furtado. *As novas necessidades do processo civil e os poderes do juiz*. Revista de Direito do Consumidor, vol. 7 (1993): 30-36, especialmente p. 30: "os mais importantes e desafiadores problemas que se propõem ao jurista de nossos dias decorrem da massificação. As relações de troca intensificaram-se; populações inteiras, antes postas à margem do comércio jurídico, entraram a participar dele; democratizou-se o capital pela abertura dos mercados acionários; universalizou-se a demanda de consumo sob o estímulo irresistível da propaganda massiva; multiplicou-se a produção de bens e de serviços para corresponder a essa demanda incessantemente expandida; produtos de cuja existência sequer se poderia ter cogitado no limiar deste Século tornaram-se imprescindíveis à vida do homem comum, pelo mecanismo conhecido das necessidades criadas; popularizou-se o crédito a fim de garantir-se a constante expansão da massa consumidora; as relações de trabalho multiplicaram-se e se fazem a cada dia mais complexas e conflituosas; a mecanização e agora a automação conduzem à sempre crescente terceirização da economia. De outra banda, a superpopulação reduz o espaço físico à disposição de cada indivíduo, intensificando atritos, neurotizando o convívio e favorecendo litígios: a luta

Em um cenário como esse, dois podem ser os resultados possíveis, dependendo da conformidade entre a política de direito material estabelecida unilateralmente por um dos indivíduos e o estabelecido pelo ordenamento jurídico vigente. Em estando a referida política em harmonia com a ordem jurídica, haverá a aplicação das referidas normas jurídicas a um sem-número de situações, em uma elogiável sequência de acertos. De outro lado, caso a orientação estabelecida pelo indivíduo desafie os parâmetros estabelecidos pelo ordenamento jurídico, tem-se que haverá o desrespeito a direitos subjetivos individuais homogêneos pertencentes a um contingente igualmente considerável de pessoas.

O perigo da litigiosidade de massa surge justamente quando os indivíduos que se julgam prejudicados por força da aplicação de uma política que lhes foi imposta por outro indivíduo em desrespeito ao disposto no ordenamento jurídico batem à porta do Poder Judiciário na busca de proteção jurisdicional. É então que se verifica a propositura de demandas judiciais padronizadas em face de sujeitos que, com o tempo, acabam sendo considerados litigantes habituais.[709] Como consequência direta disso, veem-se processos que, no mais das vezes, envolvem debates de caráter objetivo, nos quais a definição do sujeito que é o titular do direito discutido acaba ocupando uma posição de segundo plano diante da necessidade de julgamento da questão de Direito. Da mesma forma, não raro a questão de fato muitas vezes resta relegada a segundo plano (muitas vezes deixada para o julgamento em sede de liquidação de sentença!), ou, ainda, acaba sendo tratada como questão menor, como se fosse apenas o traço que coloca em evidência a pertinência da

---

pelo espaço vital vai deixando de ser simples metáfora para tornar-se a realidade do dia-a-dia; a competição entre indivíduos e grupos toma cores de guerra sem quartel; a máquina onipresente e multímoda atropela, acidenta, danifica, fere e mata em proporções assustadoras, sem que a possamos dispensar ou sequer controlar; a inquietação e a desigualdade sociais produzem as mais variadas rebeldias e o repúdio a todas as normas de contenção; a conscientização política desvenda os mal-afortunados e os incorpora à multidão dos insatisfeitos e reivindicantes. De tudo resulta o afluxo contínuo de levas cada vez maiores de participantes da atividade jurídica. Não é só a população que aumenta; é o grau de participação de cada indivíduo nos assuntos coletivos que cresce mais e mais".

[709] CAPPELLETTI, Mauro; GARTH, Bryan. *Acesso à Justiça*. Tradução de Ellen Gracie Northfleet. Porto Alegre: Sergio Antonio Fabris Editor, 1988, p. 25, ensina que a distinção entre litigantes eventuais e litigantes habituais "corresponde, em larga escala, à que se verifica entre indivíduos que costumam ter contatos isolados e pouco freqüentes com o sistema judicial e entidades desenvolvidas, com experiência judicial mais extensa". E arremata, anotando que os litigantes habituais possuem vantagens em relação aos litigantes eventuais, quais sejam: "1) maior experiência com o Direito possibilita-lhes melhor planejamento do litígio; 2) o litigante habitual tem economia de escala, porque tem mais casos; 3) o litigante habitual tem oportunidades de desenvolver relações informais com os membros da instância decisora; 4) ele pode diluir os riscos da demanda por maior número de casos; e 5) pode testar estratégias com determinados casos, de modo a garantir expectativa mais favorável em relação a casos futuros" (p. 25)

espécie ao gênero da questão jurídica a ser decidida. Decisões judiciais são proferidas de maneira padronizada, sendo desafiadas por recursos cujo teor só se diferencia, muitas vezes, pela identificação do número do processo e das partes envolvidas, e que acabam também sendo julgados segundo orientações jurisprudenciais uniformes.

Presentes tais razões, o legislador resolveu propor uma alternativa para o enfrentamento da litigiosidade de massas.[710] Nesse sentido, constava da exposição de motivos do anteprojeto de Código de Processo Civil apresentado ao Senado Federal em 2009 a observação no sentido de que "levam a um processo mais célere as medidas cujo objetivo seja o julgamento conjunto de demandas que gravitam em torno da mesma questão de direito, por dois ângulos: a) o relativo àqueles processos, em si mesmos considerados, que, serão decididos conjuntamente; b) no que concerne à atenuação do excesso de carga de trabalho do Poder Judiciário – já que o tempo usado para decidir aqueles processos poderá ser mais eficazmente aproveitado em todos os outros, em cujo trâmite serão evidentemente menores os ditos 'tempos mortos' (= períodos em que nada acontece no processo)". Anotava a comissão, ainda, que "haver, indefinidamente, posicionamentos diferentes e incompatíveis, nos Tribunais, a respeito da mesma norma jurídica, leva a que jurisdicionados que estejam em situações idênticas, tenham de submeter-se a regras de conduta diferentes, ditadas por decisões judiciais emanadas de tribunais diversos", o que "fragmenta o sistema, gera intranqüilidade e, por vezes, verdadeira perplexidade na sociedade".

Abertamente inspirada na experiência alemã do *Musterverfahren*,[711] a comissão propôs a criação de um incidente de resolução de demandas repetitivas, o qual, segundo os próprios autores, "consiste na identificação de processos que contenham a mesma questão de direito, que estejam ainda no primeiro grau de jurisdição, para decisão conjunta".

---

[710] A esse respeito, vale lembrar a crítica feita por AMARAL, Guilherme Rizzo. Efetividade, segurança, massificação e a proposta de um "incidente de resolução de demandas repetitivas". *Revista de Processo*, vol. 196 (2011): 237-274, especialmente p. 261, para quem, o incidente de resolução de demandas repetitivas é incapaz de combater efetivamente os nefastos efeitos da massificação das relações sociais justamente por que "a decisão proferida no incidente, embora vincule todo e qualquer futuro julgamento a ser proferido acerca da matéria em discussão, não tem o condão de evitar o ajuizamento de novas ações. Muito pelo contrário: exige-se a instauração de processo judicial individual para que se possa aplicar a tese jurídica".

[711] Sobre o ponto, ver CABRAL, Antonio do Passo. O novo procedimento-modelo (*Musterverfahren*) alemão: uma alternativa às ações coletivas. *Revista de Processo*, vol. 147 (2007): 123-146, especialmente p. 131, ao lembrar que, "na linha dos instrumentos não representativos foi introduzido no ordenamento alemão, em 16.08.2005, o Procedimento-Modelo ou Procedimento-Padrão (*Musterverfahren*), pela Lei de Introdução do Procedimento-Modelo para os investidores em mercado de capitais (*Gesetz zur Einführung von Kapitalanleger-Musterverfahren*, abreviada de *KapMuG*)".

28.2. DOS REQUISITOS DE ADMISSIBILIDADE DO INCIDENTE DE RESOLUÇÃO DE DEMANDAS REPETITIVAS

Segundo o art. 976 do Código de Processo Civil, é cabível a instauração do incidente de resolução de demandas repetitivas quando houver, simultaneamente, a) *efetiva repetição de processos que contenham controvérsia sobre a mesma questão unicamente de direito* e b) *risco de ofensa à isonomia e à segurança jurídica*.

A essas exigências para a instauração do incidente soma-se, ainda, outra igualmente importante. De maneira especial, destaca-se a *exigência de inexistência de afetação, por parte de tribunal superior, de recurso que tramite no seu âmbito de competência com vistas à definição de tese sobre questão de direito material ou processual repetitiva*, na forma do § 4º do art. 976 referido. Trata-se, aqui, de medida que reforça sobremaneira o papel dos tribunais locais no que se refere à garantia de oferta de tutela jurisdicional uniformizada em determinado âmbito territorial.

De maneira específica, é de se lamentar que não tenha sido contemplada pelo legislador a possibilidade de instauração de incidente de resolução de demandas repetitivas para fins de uniformizar o entendimento quanto à prova de uma questão de fato que seja objeto de debate em mais de um processo. De outro lado, é de se registrar que não existe limitação de matérias de direito passíveis de gerar a instauração do incidente de resolução de demandas repetitivas e, por isso, não é admissível qualquer interpretação que, por tal fundamento, restrinja seu cabimento, como bem conclui o Enunciado nº 88 do Forum Permanente de Processualistas Civis. O mesmo pode ser dito no que se refere à forma como foi veiculada a decisão, sendo aplicável o incidente tanto nos casos em que o debate seja travado em sede de recurso quanto naqueles em que debatido em sede de remessa necessária, ou, ainda, de competência originária, a teor do enunciado nº 342 do mesmo Forum.

Da mesma forma, vale lembrar que o incidente de resolução de demandas repetitivas, ao pressupor *efetiva* repetição de processos, ainda que não necessariamente em quantidade tão expressiva,[712] não pode ser instaurado como uma providência de caráter preventivo. A essa conclusão é possível chegar, ainda, em se identificando concreto risco de ofensa à isonomia e à segurança jurídica.[713]

---

[712] Essa é a posição do Enunciado nº 87 do Forum Permanente de Processualistas Civis: "a instauração do incidente de resolução de demandas repetitivas não pressupõe a existência de grande quantidade de processos versando sobre a mesma questão, mas preponderantemente o risco de quebra da isonomia e de ofensa à segurança jurídica".

[713] CÂMARA, Alexandre Freitas. *O Novo Processo Civil Brasileiro*. 2. ed. São Paulo: Atlas, 2016, p. 480.-481.

Cumpre lembrar, outrossim, que, nos termos do § 3º do art. 976, a inadmissão do incidente de resolução de demandas repetitivas por ausência de qualquer dos pressupostos que deveriam ter sido atendidos não impede que, uma vez sanado o defeito antes considerado existente, seja renovado o respectivo debate. Essa também é a orientação consolidada no Enunciado nº 675 do Forum Permanente de Processualistas Civis.

Correlata a tal observação é o constante do Enunciado nº 556 do Forum Permanente de Processualistas Civis, segundo o qual é irrecorrível a decisão do órgão colegiado que, em sede de juízo de admissibilidade, rejeita a instauração do incidente de resolução de demandas repetitivas, salvo o cabimento dos embargos de declaração. Essa orientação não parece ser a mais exata, já que, em tese, seria cabível ao menos o manejo do recurso especial em face de tal decisão.

Ainda em termos de admissibilidade do incidente de resolução de demandas repetitivas, vale destacar que o art. 976, § 6º, do CPC prevê política distinta para o incidente na comparação com o que acontece em relação à admissibilidade recursal do ponto de vista do preparo, tornando dispensável: não serão exigidas custas processuais. Da mesma forma, diferentemente do que ocorre em termos de admissibilidade recursal, o art. 976, § 1º, do CPC prevê que a desistência ou o abandono do processo que serviu como ponto de partida para a instauração do incidente de resolução de demandas repetitivas não impede o seu exame em sede de juízo de mérito.

Como desenvolvimento do previsto nos Enunciados nos 91 e 343 do Forum Permanente de Processualistas Civis, a decisão relativa à admissibilidade do incidente de resolução de demandas repetitivas é de competência de órgão colegiado do Tribunal de Justiça ou do Tribunal Regional Federal, sendo vedada a prolação de decisões monocráticas a esse respeito.[714] Reforça o entendimento quanto à competência jurisdicional, ainda, o constante do Enunciado nº 651 do Forum Permanente de Processualistas Civis, o qual prevê ser admissível sustentação oral na sessão de julgamento designada para o juízo de admissibilidade do incidente de resolução de demandas repetitivas ou do incidente de assunção de competência, sendo legitimados os mesmos sujeitos indicados nos arts. 984 e 947, § 1º. Da mesma forma, anote-se o quanto consta do Enunciado nº 90 do mesmo Forum, ao consignar ser admissível a instauração de mais de um incidente de

---

[714] Assim também pensa Bruno Dantas, in WAMBIER, Teresa Arruda Alvim, DIDIER JR, Fredie, TALAMINI, Eduardo; DANTAS, Bruno (org.). *Breves Comentários ao Novo Código de Processo Civil*. São Paulo: Revista dos Tribunais, 2015, p. 2185.

resolução de demandas repetitivas versando sobre a mesma questão de direito perante tribunais de 2º grau diferentes.

Por fim, vale lembrar o entendimento cristalizado no Enunciado nº 606 do Forum Permanente de Processualistas Civis, segundo o qual deve haver congruência entre a questão objeto da decisão que admite o incidente de resolução de demandas repetitivas e a decisão final que fixa a tese. Essa posição, contudo, merece ser ressalvada em casos nos quais a ampliação ou restrição do objeto do incidente se mostre justificada, sempre presentes os requisitos do *caput* do art. 976 e, principalmente, oportunizada ampla possibilidade de manifestação a todos os interessados elencados no art. 984, II, do CPC. Respeitado o primado do direito fundamental ao contraditório e reconhecida a natureza objetiva da questão a ser decidida, não se há de cogitar de adstrição do julgamento do incidente aos limites de causa originalmente projetada como demanda de natureza individual.

28.3. SOBRE AS POSSIBILIDADES DE PARTICIPAÇÃO NO INCIDENTE DE RESOLUÇÃO DE DEMANDAS REPETITIVAS

A legitimidade para a instauração do incidente foi prevista no artigo 977 do CPC. De um lado, é possível que ele seja instaurado *ex officio*, por força de manifestação de juiz que atua em órgão monocrático (Vara Cível, Vara Federal, etc.) ou pelo relator em um órgão colegiado (Turma, Câmara, etc.).[715] É possível, de outra banda, que as partes da relação processual individual vista como espécie do gênero demanda repetitiva possa também provocar o estabelecimento do procedimento referido. Uma terceira via é a que contempla a possibilidade de instauração do incidente por força de provocação apresentada por terceiros como o Ministério Público e a Defensoria Pública.

Nesse sentido, é de se lamentar que o texto final do CPC tenha retrocedido de modo a excluir a legitimação antes atribuída a pessoas jurídicas de direito público e associações civis cuja finalidade institucional inclua a defesa do interesse ou direito objeto do correspondente incidente.

---

[715] A mesma solução ora propugnada poderia ser utilizada para contornar a dificuldade constatada por YOSHIKAWA, Eduardo Henrique de Oliveira. O incidente de resolução de demandas repetitivas no novo Código de Processo Civil. Comentários aos arts. 930 a 941 do PL 8.046/2010. *Revista de Processo*, vol. 206 (2012): 243-269, especialmente p. 254, quando defende que a legitimidade para dar início *ex officio* ao incidente deveria ser concedida "não apenas ao relator, mas a qualquer integrante do órgão julgador, caso o relator não o tenha feito, uma vez iniciado o julgamento".

Em interpretação extensiva da fórmula legal antes comentada, o Enunciado n° 605 do Forum Permanente de Processualistas Civis prevê que juízes e as partes com processos no Juizado Especial podem suscitar a instauração do incidente de resolução de demandas repetitivas. A questão é importante em função da existência de competência jurisdicional competente entre as Varas Cíveis e os Juizados Especiais Cíveis regulados pela Lei n° 9.099/95.

Ainda nessa mesma senda, vale lembrar que, conforme prevê o art. 976, § 2° do CPC, o Ministério Público intervirá obrigatoriamente no incidente nos casos em que não for o requerente, bem como que a ele caberá a tarefa de assumir sua titularidade em caso de desistência ou de abandono, hipóteses que só se poderia cogitar em se pensando nos casos em que o debate for provocado pelas partes ou por outros terceiros, nunca em se tratando de estabelecimento *ex officio* do incidente em questão. Isso só é possível graças ao caráter objetivo inerente ao incidente de resolução de demandas repetitivas, que faz com que o prosseguimento do diálogo travado nos autos independa de atos de vontade daqueles que são titulares dos direitos discutidos.

Essa orientação resta confirmada, ainda, em se considerando que, na forma do art. 983 do CPC, o relator ouvirá as partes e os demais interessados, inclusive pessoas, órgãos e entidades com interesse na controvérsia, que, no prazo comum de quinze dias, poderão requerer a juntada de documentos, bem como as diligências necessárias para a elucidação da questão de direito controvertida. A teor do § 1° do referido ditame legal, faculta-se ao relator a possibilidade de designar data para, em audiência pública, ouvir depoimentos de pessoas com experiência e conhecimento na matéria, de modo a alcançar maiores subsídios que se façam necessários para a consequente tomada de decisão. Institui-se, pois, nesse ponto, uma nova modalidade de *amicus curiae*, permitindo-se a participação de terceiros para além dos limites daquela autorização contemplada no art. 138 do referido diploma legal.

A participação no debate em sede de incidente de resolução de demandas repetitivas vem assegurada, ainda, sob a forma de possibilidade de sustentação oral. De acordo com o art. 984, II, do CPC, consta que o julgador presidente da sessão de julgamento dará a palavra, sucessivamente, ao autor e ao réu do processo originário, e ao Ministério Público, pelo prazo de trinta minutos, para sustentar suas razões, podendo tal prazo ser aumentado em função do número de inscritos. Da mesma forma, é prevista a possibilidade de os demais interessados, subsequentemente, apresentarem manifestações orais no prazo de trinta minutos, divididos entre todos. Nessa última hipótese, prevê o mesmo dispositivo que será exigida inscrição dos terceiros interessados com dois dias de antecedência, bem como que o prazo de trinta minutos poderá ser ampliado diante da presença de considerável número de interessados, a critério do órgão julgador.

Em suma, vê-se que o procedimento previsto para o incidente de resolução de demandas repetitivas, em suas linhas gerais, assegura o respeito ao contraditório.[716] Se algum risco há de ofensa a esse direito fundamental das partes e de terceiros, este é decorrente da eventual má condução do procedimento naquilo em que a linguagem do legislador adota feições mais vagas, deixando a tomada de decisão a critério do julgador. Sob esse signo, recomendável seja assegurada a mais ampla participação possível na construção do precedente a ser observado, e que eventuais restrições impostas à atuação no debate processual sejam devidamente justificadas. A redundância de razões apresentadas em relação a outras já constantes dos autos, bem como a necessidade de respeito ao imperativo de boa-fé parecem ser as principais razões objetivas a legitimar a excepcional negativa de oportunidade de participação na construção dialética do precedente judicial. Na mesma trilha anda o Enunciado nº 659 do Forum Permanente de Processualistas Civis, de acordo com o qual o relator do julgamento de casos repetitivos e do incidente de assunção de competência tem o dever de zelar pelo equilíbrio do contraditório, por exemplo solicitando a participação, na condição de *amicus curiae*, de pessoas, órgãos ou entidades capazes de sustentar diferentes pontos de vista. Assim também o Enunciado nº 89 do mesmo Forum, ao prever que presente a apresentação de mais de um pedido de instauração do incidente de resolução de demandas repetitivas perante o mesmo tribunal todos deverão ser apensados e processados conjuntamente; os que forem oferecidos posteriormente à decisão de admissão serão apensados e sobrestados, cabendo ao órgão julgador considerar as razões neles apresentadas.

28.4. A TRAMITAÇÃO DO INCIDENTE E AS INTERCORRÊNCIAS PRESENTES NOS OUTROS PROCESSOS INDIVIDUAIS QUE AGUARDAM PELO SEU DESFECHO

Um dos perigos capazes de levar ao esvaziamento do incidente de resolução de demandas repetitivas é o surgimento de outras decisões judiciais contraditórias antes mesmo do julgamento do citado

---

[716] Assim também pensa MENDES, Aluísio Gonçalves de Castro. Reflexões sobre o incidente de resolução de demandas repetitivas no projeto de novo Código de Processo Civil. *Revista de Processo*, vol. 211 (2012): 191-207, especialmente p. 198.

incidente. A fim de minimizar esse risco, estabeleceu o legislador, no art. 982, I, que, uma vez admitido o incidente, o relator suspenderá os processos pendentes que tramitam no estado ou na região, conforme o caso.[717] Nesse sentido, por força do art. 313, IV, do projeto de Código de Processo Civil, caberá ao juiz determinar a suspensão da tramitação dos processos nos quais forem veiculadas ações individuais ou coletivas que tratem de questão correlata àquela a ser julgada no incidente. Na trilha do entendimento firmado no Enunciado nº 92 do Forum Permanente de Processualistas Civis, a suspensão de processos prevista nestes dispositivos é consequência direta e automática da simples admissão do incidente de resolução de demandas repetitivas.

A extensão da referida ordem de suspensão dos processos é questão que precisa ser pontuada. Semelhante política é prevista, outrossim, no art. 982, § 3º, do CPC, de acordo com o qual as pessoas legitimadas à propositura do incidente em questão poderão requerer ao tribunal competente para conhecer de recurso extraordinário ou recurso especial a suspensão de todos os processos em curso no território nacional que versem sobre a questão objeto do debate travado no incidente anteriormente instaurado. Da mesma forma, o Enunciado nº 471 do Forum Permanente de Processualistas Civis prevê que suspensão dos processos, nesse último caso, aplica-se também no âmbito dos Juizados Especiais Cíveis, o que se justifica pela existência de competência jurisdicional concorrente com a das Varas Cíveis. Em todos os casos, trata-se de medida tendente a assegurar a desejada segurança jurídica decorrente da uniformização na definição do significado das normas jurídicas.

Uma questão que não é respondida pela regulamentação proposta é a concernente ao tratamento a ser dispensado nos casos em que houver cumulação de ações em um mesmo processo e o incidente disser respeito a apenas uma delas. Em se tratando de cumulação do tipo simples, tem-se que nada impediria o desmembramento do processo de modo a permitir o prosseguimento do debate em relação às demais questões, restando sobrestado somente o andamento da marcha processual em relação àquela questão objeto do incidente de resolução de demandas repetitivas. Havendo cumulação sucessiva eventual de pedidos, contudo, duas são as possibilidades a serem consideradas: a) se o pedido principal verse sobre a questão objeto do incidente impõe a suspensão do processo como um todo; b) se, de outro lado, a questão tratada no incidente for objeto de pedidos subsidiários, nada impede

---

[717] A fórmula é semelhante, aqui, à do *Musterverfahren* alemão. Sobre o ponto, ver CABRAL, Antonio do Passo. Op. cit., p. 135-136.

o prosseguimento do processo com vistas à instrução em relação ao pedido principal, sendo determinada a suspensão do processo apenas em momento posterior, ou, ainda, realizado o seu desmembramento, se considerado possível pelo julgador e assim for desejado pela parte autora.[718]

A fim de impedir o prosseguimento indesejado de outras ações que versem sobre o mesmo tema examinado no incidente de resolução de demandas repetitivas decorrente da falta de informação a respeito da sua existência, dispõe o § 1º do art. 982 do CPC que a ordem de suspensão determinada comunicada aos juízes diretores dos fóruns de cada comarca ou seção judiciária. Paralelamente a isso, é de se notar que, nos termos do art. 979 da mesma codificação, a instauração e o julgamento do incidente serão sucedidos da mais ampla e específica divulgação e publicidade, por meio de registro eletrônico no Conselho Nacional de Justiça.[719]

Vale observar que a salutar preocupação com a divulgação antes mencionada pressupõe não só a difusão da notícia a respeito da existência e do desenrolar da tramitação do incidente, mas também o resguardo no que se refere à qualidade da informação a ser transmitida. A esse respeito, dispõe o § 1º do art. 979 que os tribunais manterão banco eletrônico de dados atualizados com informações específicas sobre questões de direito submetidas ao incidente, comunicando-o imediatamente ao Conselho Nacional de Justiça para inclusão no cadastro. E, de acordo com o § 2º subsequente, fica estabelecido que o registro eletrônico das teses jurídicas constantes do cadastro concebido com o fito de viabilizar a identificação das causas abrangidas pela

---

[718] Sobre o ponto, ver YOSHIKAWA, Eduardo Henrique de Oliveira. Op. cit., p. 258. Assim também o enunciado nº 205 do Forum Permanente de Processualistas Civis: "Havendo cumulação de pedidos simples, a aplicação do art. 982, I e § 3º, poderá provocar apenas a suspensão parcial do processo, não impedindo o prosseguimento em relação ao pedido não abrangido pela tese a ser firmada no incidente de resolução de demandas repetitivas".

[719] Nesse ponto, o procedimento em questão novamente guarda semelhança em relação ao do *Musterverfahren* alemão. A esse respeito, ensina CABRAL, Antonio do Passo. Op. cit., p. 134, que: "quando for admissível o requerimento, vale dizer, quando não vedado, o juízo de origem fará publicar em um cadastro eletrônico público e gratuito (Klageregister), 48 fazendo dele constar um pequeno extrato do pedido, partes envolvidas, objetivo do procedimento, etc. Requerimentos similares de instauração de Musterverfahren serão registrados juntamente aos anteriores, de forma a otimizar a resolução das questões comuns e facilitar a consulta pública". Lembra o autor, ainda, que, na experiência alemã, "o registro é administrado por órgãos federais ligados ao Ministério da Justiça, que deverão empreender esforços para a preservação tecnológica do sistema no que se refere a técnicas de segurança da informação. Mas fica a cargo do juízo de origem a responsabilidade pela incorreção dos dados publicados, devendo ainda preservar o sigilo das informações do processo, selecionando o que pode ou não ser disponibilizado publicamente para consulta. Os dados serão apagados do registro se o requerimento for rejeitado ou após terminado o Procedimento-Modelo".

decisão do incidente conterá, no mínimo, os fundamentos determinantes da decisão e os dispositivos normativos a ela relacionados.

Outra medida que converge na mesma direção é a previsão contida no art. 980 do CPC ao dispor que o incidente de resolução de demandas repetitivas será julgado no prazo de um ano e terá preferência sobre os demais feitos, ressalvados os que envolvam réu preso e os pedidos de *habeas corpus*. A aceleração da tramitação do incidente é fundamental na medida em que os demais órgãos do Poder Judiciário ficam impedidos de proferir decisão no período em que determinada a suspensão na forma do art. 982, I, supracitado.

Essa política, por sua vez, poderia ensejar o surgimento de um outro risco, qual seja o da morosidade do tribunal competente para o julgamento do incidente de resolução de demandas repetitivas. Atento a tal perigo, o legislador previu alternativas. No § 1º do art. 980, consta que uma vez superado o período de um ano desde a instauração do incidente de resolução de demandas repetitivas, cessa a suspensão dos processos anteriormente determinada, salvo decisão fundamentada do relator em sentido contrário. De outro lado, a necessidade de providências em sede de tutela de urgência também funciona como razão para que se afaste a inércia na tramitação dos processos originalmente suspensos, competindo a adoção de providências nesse sentido ao julgador que atua na condução destes mesmos processos, a teor do constante do art. 982, § 2º, do CPC.

Uma ulterior preocupação decorrente da paralisação na tramitação de outros processos por força da ordem de suspensão emitida a partir da instauração do incidente de resolução de demandas repetitivas é a concernente aos riscos experimentados por titulares de direitos que acabariam se quedando inertes. A fim de evitar que tais indivíduos sejam penalizados com sanções decorrentes do decurso do tempo sem atuação proativa daqueles que poderiam se mostrar eventualmente interessados, impõe-se endossar a orientação estampada no enunciado nº 452 do Forum Permanente de Processualistas Civis, segundo o qual não corre o prazo de prescrição intercorrente durante a suspensão do processo prevista no art. 982 do CPC.

28.5. O RESULTADO DO INCIDENTE: A PRODUÇÃO DE DECISÕES DOTADAS DE CARÁTER VINCULANTE

A grande novidade decorrente do incidente de resolução de demandas repetitivas consiste no fruto obtido ao final do debate nele travado: de acordo com o inciso I do art. 985 do CPC, a tese jurídica firmada no respectivo julgamento será aplicada a todos os processos que versem sobre idêntica questão de direito e que tramitem ou que venham a futuramente tramitar na área de competência do respectivo tribunal, inclusive àqueles que tramitem nos juizados especiais do respectivo estado ou região. Da mesma forma, por força do art. 985, II, do CPC, a tese definida também será aplicável aos casos futuros que versem idêntica questão de direito e que venham a tramitar no território de competência do tribunal. Em ambos os casos, há, aqui, uma *longa manus* do comando previsto no art. 927, III, do CPC, que prevê eficácia vinculante vertical associada a tais comandos.

Da decisão proferida no incidente de resolução de demandas repetitivas, é cabível o manejo de recurso especial e de recurso extraordinário. Em relação a tais recursos, cabe lembrar que, sem prejuízo da necessidade de atendimento às demais exigências imponíveis em sede de regime de admissibilidade, estabelece o art. 987 do CPC que os mesmos possuem efeito suspensivo, e, em seu § 1º, que se considera presumida a repercussão geral de questão constitucional eventualmente discutida. Nessa trilha, o Enunciado nº 660 do Forum Permanente de Processualistas Civis prevê que o recurso especial ou extraordinário interposto contra o julgamento do mérito do incidente de resolução de demandas repetitivas, ainda que único, submete-se ao regime dos recursos repetitivos.

Estabelece o Enunciado nº 94 do Forum Permanente de Processualistas Civis que a parte que tiver o seu processo suspenso nos termos do inciso I do art. 982 poderá interpor recurso especial ou extraordinário contra o acórdão que julgar o incidente de resolução de demandas repetitivas, em fórmula que amplia a legitimação recursal, na trilha da natureza objetiva da questão decidida no referido incidente.

Essa reflexão é importante na medida em que permite revelar outros aspectos igualmente relevantes da sistemática em questão. O primeiro traço a ser destacado diz respeito à necessidade de registro de uma oportunidade perdida: seria melhor que a decisão proferida no julgamento do incidente de resolução de demandas repetitivas produzisse efeitos imediatamente, de modo a assegurar imediata isonomia aos jurisdicionados, bem como a preservar a autoridade do tribunal responsável pelo dito julgamento. Se alguma razão houver para que se afirme a necessidade de, caso a caso, amadurecer melhor a orientação uniforme a ser aplicável, tem-se que uma alternativa preferível seria a concessão do efeito suspensivo a tais recursos *ope iudicis*, pelos tribunais superiores responsáveis pelo seu julgamento. Seria essa uma fórmula mais condizente, inclusive, com o constante do parágrafo único do art. 1.030, V, que estabelece como regra que apenas de maneira excepcional haverá a competência dos tribunais locais para a realização do exame de admissibilidade em relação ao recurso especial e ao recurso extraordinário.

O segundo ponto que merece referência diz respeito ao papel dos tribunais superiores com vistas à garantia do respeito aos resultados obtidos no incidente de resolução de demandas repetitivas. Segundo o art. 987, § 2º, havendo sido realizado juízo de mérito no enfrentamento do recurso especial ou do recurso extraordinário interpostos, a tese jurídica firmada pelo Superior Tribunal de Justiça ou pelo Supremo Tribunal Federal será aplicada a todos os processos que versem sobre idêntica questão de direito e que tramitem no território nacional. E, mediante provocação na via da reclamação, a teor do art. 988, IV, o primeiro responsável por assegurar o respeito ao precedente é o próprio tribunal responsável pela sua edição. Essa orientação vem endossada no Enunciado nº 558 do Forum Permanente de Processualistas Civis, que reafirma a possibilidade do manejo de reclamação inclusive nos casos em que o tribunal não possua competência para julgar o recurso contra a decisão impugnada, o que é importante em se tratando da vinculação imponível aos Juizados Especiais Cíveis, como já argumentado.

Cumpre lembrar, nesse ponto, que o órgão responsável pelo julgamento será, em princípio, o Tribunal de Justiça ou Tribunal Regional Federal, isto é, um tribunal cuja competência se estende por parte delimitada do território nacional, a teor do art. 978 do CPC. De acordo com o referido comando legal, caberá ao próprio tribunal, em seu regimento interno, determinar qual dos seus órgãos terá a tarefa de julgamento do incidente. A única predeterminação expressa em matéria de competência é a que envolve o julgamento de incidentes dos quais possa resultar a declaração de inconstitucionalidade, caso no qual o próprio texto constitucional atribuiu a tarefa de julgamento, em seu art. 97, ao Tribunal Pleno ou ao Órgão Especial.

Essas considerações são importantes para que se possa delimitar, inclusive, qual o tamanho da responsabilidade atribuída a um tribunal não só no que se refere ao julgamento do incidente de resolução de demandas repetitivas, mas também no que tange à responsabilidade pela garantia do respeito às suas decisões. Não custa lembrar que apenas nos casos em que interposto recurso especial ou extraordinário das decisões proferidas em sede de incidente de resolução de demandas repetitivas é que se cogitará de fazer com que a produção de efeitos da respectiva decisão possa se expandir em relação a todo o âmbito nacional.

Ao lado dos responsáveis pela definição do conteúdo do precedente a ser seguido, há, ainda, outros personagens a quem é confiada a tarefa de assegurar o respeito ao decidido no incidente de resolução de demandas repetitivas. A teor do art. 927, III, do CPC, os juízes e tribunais deverão obrigatoriamente seguir os precedentes formados em incidentes de resolução de demandas repetitivas como forma de uniformizar a jurisprudência e mantê-la estável, bem como para assegurar efetividade aos princípios da legalidade, da segurança jurídica, da duração razoável do processo, da proteção da confiança e da isonomia.

Relativamente à condução do processo em primeira instância, é de se apontar que o Código de Processo Civil confere uma série de ferramentas que permitem ao juiz e às partes darem efetiva aplicabilidade aos precedentes antes mencionados. Segundo o art. 311, IV, do CPC, poderá o juiz conceder a tutela da evidência, independentemente da demonstração de perigo da demora da prestação da tutela jurisdicional, quando as alegações de fato puderem ser comprovadas apenas documentalmente e houver tese firmada em julgamento de casos repetitivos ou em súmula vinculante. Da mesma forma, de acordo com o art. 332, III, nas causas em que não se fizer necessária a instauração de fase instrutória, o juiz, independentemente da citação do réu, julgará liminarmente improcedente o pedido que contrariar acórdão proferido no julgamento de incidente de resolução de demandas repetitivas.

Há que se destacar, ainda, os poderes conferidos aos julgadores responsáveis pela atuação em órgãos colegiados com vistas a esse mesmo desiderato. Conforme o art. 932, IV, "b" e "c", do CPC, incumbe ao relator negar provimento a recurso que for contrário a acórdão proferido pelo Supremo Tribunal Federal ou pelo Superior Tribunal de Justiça em julgamento de recursos repetitivos, ou, ainda, a entendimento firmado em incidente de resolução de demandas repetitivas ou de assunção de competência. Da mesma forma, o mesmo art. 932, agora no seu inciso V, alíneas "b" e "c", confere ao relator a possibilidade de, depois de facultada, quando for o caso, a apresentação de contrarrazões, dar provimento ao recurso se a decisão recorrida for contrária a acórdão proferido pelo Supremo Tribunal Federal ou pelo Superior Tribunal de Justiça em julgamento de recursos repetitivos, bem como a entendimento firmado em incidente de resolução de demandas repetitivas ou de assunção de competência.

A existência de eficácia vinculante da decisão que julga o incidente de resolução de demandas repetitivas impõe que se considere, ainda, a possibilidade de que se efetuem distinções, na forma do art. 489, § 1º, VI, do CPC. A esse respeito, há entendimento do Forum Permanente de Processualistas Civis em seus Enunciados n°s 348 e 481 a estabelecer que a aplicação analógica, no que cabível, do disposto nos §§ 6º a 13 do art. 1.037 do CPC, de modo a viabilizar a possibilidade de requerimento pela parte de prosseguimento do processo em função da distinção entre a questão a ser decidida no processo e aquela a ser julgada no incidente de resolução de demandas repetitivas. A essa conclusão pode-se chegar, ainda, em se lembrando do Enunciado nº 345 do Forum Permanente de Processualistas Civis, segundo o qual o incidente de resolução de demandas repetitivas e o julgamento dos recursos extraordinários e especiais repetitivos formam um microssistema de solução de casos repetitivos, cujas normas de regência se complementam reciprocamente e devem ser interpretadas conjuntamente.[720]

Da mesma forma, da combinação entre o previsto no art. 986 do CPC com o constante do art. 489, § 1º, VI, da mesma codificação, resulta ser possível a revisão do entendimento estabelecido no julgamento do incidente de resolução de demandas repetitivas. Sobre o ponto, vale lembrar, nos termos do Enunciado nº 47 do Forum Permanente de Processualistas Civis, que a possibilidade de o tribunal revisar de ofício a tese jurídica do incidente de resolução de demandas repetitivas autoriza as partes a também formularem tal requerimento, endereçado à autoridade competente prevista no art. 986 supracitado.

A possibilidade de superação do entendimento consolidado no julgamento de incidente de resolução de demandas repetitivas é possível, ainda, na forma do previsto no Enunciado nº 607 do Forum Permanente de Processualistas Civis. De acordo com tal entendimento, a decisão em recursos especial ou extraordinário repetitivos e a edição de enunciado de súmula pelo STJ ou STF obrigam os tribunais de segunda instância a rever suas decisões em incidente de resolução de demandas repetitivas que disponham em sentido diverso, nos termos do art. 986 do CPC.

---

[720] Semelhante é a posição de Bruno Dantas, in WAMBIER, Teresa Arruda Alvim, DIDIER JR, Fredie, TALAMINI, Eduardo e DANTAS, Bruno (org.). *Breves Comentários ao Novo Código de Processo Civil*, Op. cit., p. 2189-2190.

29. Incidente de assunção de competência

Miguel do Nascimento Costa

29.1. NOÇÕES GERAIS

O incidente de assunção de competência tem a finalidade de prevenir a controvérsia sobre determinada matéria, conferindo ao Poder Judiciário poderes especiais para que sejam estabelecidas orientações acerca da interpretação de determinados textos normativos, objetivando maior racionalidade no julgamento de ações[721] não representativa de feitos múltiplos.[722] Assim, como a lei admite, em determinados casos, a outorga de poderes ao relator para o juízo monocrático de recursos, também em alguns casos, atribui competência para o seu julgamento a colegiado mais representativo do tribunal.[723] Esse é o escopo maior desse incidente. A tentativa de solução jurídica unitária para casos distintos conta com outro instrumento previsto no diploma processual. Não se trata, porém, de novidade. Apesar da nova e aprimorada[724] fisionomia, a assunção de competência já existia no sistema processual anterior,[725] ainda que desprovida de eficácia vinculante.[726]

Trilhando nesse mesmo caminho, o art. 947 do CPC 2015 estabelece que o incidente de assunção de competência é cabível nas hipó-

---

[721] FREIRE, Alexandre. SCHMITZ, Leonard Ziesemer. Art. 947. In: STRECK, Lenio Luiz; NUNES, Dierle; CUNHA, Leonardo (orgs.). *Comentários ao Código de Processo Civil*. São Paulo: Saraiva, 2016, p.1.225.
[722] Havendo petição de ações, o incidente apropriado é o de resolução de demandas repetitivas previsto nos arts. 976 e seguintes do CPC 2015).
[723] MARINONI, Luiz Guilherme. *O novo processo civil*, Luiz Guilherme Marinoni, Sérgio Cruz Arenhart, Daniel Mitidiero. São Paulo: Revista dos Tribunais, 2017, p. 1.024.
[724] NEVES, Daniel Amorim Assumpção. *Manual de Direito Processual Civil*, 8. ed. Salvador: Juspodivm, 2016, p. 1.343.
[725] Art. 555, § 1º, CPC 1973. Ocorrendo relevante questão de direito, que faça conveniente prevenir ou compor divergência entre câmaras ou turmas do tribunal, poderá o relator propor seja o recurso julgado pelo órgão colegiado que o regimento indicar; reconhecendo o interesse público na assunção de competência, esse órgão colegiado julgará o recurso.
[726] MOREIRA, José Carlos Barbosa. *Comentários ao Código de Processo Civil*. vol. V, 12. ed. Rio de Janeiro: Forense. 2005, p. 667.

teses em que o julgamento de recurso, de reexame necessário ou de causa sujeita à competência originária de tribunal tratar de "questão de direito relevante", com "grande repercussão social", "sem repetição" em múltiplos processos. O incidente também pode ser manejado para dissipar as divergências entre câmaras ou turmas do tribunal quando se tratar de relevante questão de direito (art. 947, § 4º, CPC 2015). Conforme leciona Luiz Guilherme Marinoni, o incidente em análise tem origem na previsão contida no art. 14, inc. II, do Regimento Interno do Superior Tribunal de Justiça.[727]

Perceptível, nesse viés, uma preocupação comum em ambos: tanto o IRDR como o incidente de assunção de competência buscam "orientar os membros do tribunal e os juízes a ele submetidos mediante a formação de precedente ou de jurisprudência vinculante".[728] Assim como a decisão fruto do IRDR, a solução do incidente de assunção de competência é de observância compulsória (arts. 927, III e 947, § 3º, CPC 2015). Nessa esteira, é possível estabelecer uma definição inicial.

A medida não tem natureza de recurso e tampouco se confunde. Trata-se de incidente de procedimento recursal destinado à fixação da tese jurídica apta a solucionar relevante questão de direito, com grande repercussão social e sem repetição em múltiplos processos ou que cause divergência entre as câmaras ou turmas do tribunal.

O processo geral de aplicação do incidente de assunção de competência, com efeito, não apresenta maior complexidade. Quando, em algum tribunal, percebe-se a existência dos seus pressupostos, determina-se que a causa (recurso, remessa necessária ou processo originário) seja julgada diretamente por outro órgão colegiado indicado pelo Regimento Interno do respectivo Tribunal. Como o incidente busca uniformizar o entendimento a respeito de relevante questão de direito, é de se concluir que o regimento apontará a função para órgão que tenha esse papel uniformizador.[729]

Nesse sentido, seja qual for o órgão que o Regimento Interno atribuir competência para julgar o incidente de assunção de competên-

---

[727] MARINONI, Luiz Guilherme. *O novo processo civil*, op. cit., p. 559.

[728] MARINONI, Luiz Guilherme; ARENHART, Sérgio Cruz; MITIDIERO, Daniel. *Novo Código de Processo Civil comentado*. São Paulo: Revista dos Tribunais, 2017, p. 1.025.

[729] À luz do direito anterior, confira-se a explicação sobre o órgão competente: "O Pleno do STF é competente para julgar as causas da competência das Turmas (1ª e 2ª), que por elas lhe sejam enviadas (RISTF 6º, II, b), nos casos enumerados no regimento interno (RISTF 11 e 343). As Seções do STJ (...) são competentes para julgar as causas da competência das Turmas (1ª à 6ª) que por elas lhe são enviadas (RISTJ 12, parágrafo único, II), nos casos enumerados no regimento interno (RISTJ 14)" (NERY JÚNIOR, Nelson; NERY, Rosa Maria. *Comentários ao Código de Processo Civil*: novo CPC – Lei 13.105/2015. São Paulo: Revista dos Tribunais, 2015. p. 1.876).

cia, o acórdão *obrigará* juízes e tribunais a observação, seja esse órgão o Pleno ou o Órgão Especial do Tribunal ou não. Não é imperativo, pois, que o Regimento Interno indique o Órgão Especial como competente para o incidente de assunção, embora seja uma tendência, como ocorre no STJ (art. 16, inciso IV, do RI/STJ).[730]

Em linhas gerais e em suma: conforme já observado, trata-se de dispositivo já previsto no CPC 1973 (art. 555, § 1º), no qual se objetivava dirimir controvérsia no entendimento dos órgãos fracionários de um mesmo tribunal, acerca de determinada questão de direito. A inovação trazida pelo CPC 2015 (art. 947) diz respeito ao efeito vinculante atribuído à decisão do incidente.[731]

29.2. NATUREZA JURÍDICA

Do mesmo modo como o IRDR (arts. 976 e seguintes do CPC 2015), o fenômeno em exame não ostenta natureza recursal.[732] Não há, pois, a pretensão de promover a reforma, a invalidação o esclarecimento ou a integração de decisão anterior.[733] Pelo contrário, trata-se de instrumento processual (*incidente de procedimento recursal*) que antecede o julgamento da causa e promove o deslocamento da competência do órgão *ad quem* para outro órgão judicial. No panorama dos remédios jurídicos, o catálogo não deixa margem para dúvidas: trata-se de mais um sucedâneo recursal, cuja finalidade específica é consolidar a compreensão do tribunal a respeito de determinada questão relevante de direito, tornando clara a orientação para a população e para outros órgãos do Judiciário.[734]

A rigor, porém, o nome foi corretamente empregado: trata-se de *incidente processual* e que muito se assemelha aos demais institutos de uniformização de jurisprudência já existentes no passado (como, por exemplo, aqueles previstos para os Juizados Especiais).

---

[730] No Tribunal de Justiça do Rio Grande do Sul, a competência para julgar o incidente de assunção de competência é das Turmas de Julgamento, compostas pelas Câmaras Cíveis integrantes da sua respectiva área de especialização (art. 13, inciso II, alínea *b*, do Regimento Interno do TJ/RS). É presidida pelo Desembargador mais antigo ou pelo 1º Vice-Presidente do Tribunal.

[731] HENRIQUES, Ruy Alves. Art. 947. In: CUNHA, José Sebastião Fagundes, BOCHENEK, Antônio César. CAMBI, Eduardo. *Código de processo civil comentado*. São Paulo: Revista dos Tribunais, 2016, p. 1.303.

[732] MARINONI, Luiz Guilherme. *O novo processo civil*, op. cit. p. 560.

[733] Sobre a uniformização de jurisprudência do direito anterior, esclarecia Ovídio Baptista da Silva que ela "não visa diretamente à reforma da decisão atacada pelo recurso, mas apenas estabelecer o entendimento do tribunal a respeito da interpretação do direito aplicável à espécie litigiosa" (BAPTISTA DA SILVA, Ovídio A. *Curso de Processo Civil*, vol. 1. 5. ed. São Paulo: Revista dos Tribunais, 2001, p. 477).

[734] MARINONI, Luiz Guilherme. *O novo processo civil*, op. cit., p. 560.

29.3. REQUISITOS DE APLICAÇÃO E CABIMENTO

Conforme já referido, o incidente possibilita o colegiado competente para uniformização de jurisprudência avocar, para julgamento de *recurso*, de *remessa necessária* ou *processo de competência originária de outro órgão jurisdicional* de menor composição, quando, havendo relevante questão de direito, com grande repercussão social, sem repetição em múltiplos processos, reconhecer o interesse público na assunção de competência (art. 947, § 2º, do CPC 2015).[735]

Nessa senda, importante analisar os requisitos essenciais para aplicação do incidente. Quatro são os requisitos para que seja cabível o incidente de assunção de competência. Essa classificação, contudo, não desconhece daquela adotada por Araken de Assis, para quem *dois são os pressupostos do incidente de assunção de competência: (a) julgamento pendente no tribunal; (b) relevante questão de direito "de grande repercussão social"*.[736] O que se fará aqui é tratar o tema de maneira mais detida e focada nos requisitos de aplicação.

No primeiro requisito, importante avaliar, diferentemente do que ocorre com o IRDR (que possui autonomia funcional e estrutural), o incidente de assunção de competência é apenas um meio para modificar a competência de quem irá julgar a causa já pendente perante algum tribunal. Desse modo, somente é cabível quando houver (i) recurso; (ii) remessa necessária ou (ii) processo de competência originária já em curso no tribunal (art. 947, *caput*, do CPC 2015).

O segundo requisito volta-se para a *relevante questão de direito com grande repercussão social*, ou seja, quanto ao conteúdo da questão de direito levada ao órgão colegiado, é necessário que se trate de relevante questão de direito com grande repercussão social (art. 947, *caput*, CPC 2015). Ambos os conceitos são extremamente abertos, de modo que caberá ampla reflexão da comunidade jurídica.[737]

---

[735] BUENO, Cassio Scarpinella. *Manual de direito processual civil*. 3. ed. São Paulo: Saraiva, 2017. p. 649.

[736] ASSIS, Araken de. *Manual dos recursos*. 8. ed. rev. atual. e ampl. São Paulo: RT, 2016, p. 412.

[737] Nesse sentido, aliás, referência ao Enunciado nº 469, FPPC. A "grande repercussão social", pressuposto para a instauração do incidente de assunção de competência, abrange, dentre outras, repercussão jurídica, econômica ou política. Sobre o tema, destaca Luiz Guilherme Marinoni: "É preciso perceber, no entanto, que se trata antes de tudo de questão de direito com impacto relevante na vida social e não simplesmente de questão com impacto na sociedade, inclusive na dimensão jurídica. Deve se pensar, assim, numa questão jurídica que tem relevante impacto sobre uma ou mais das várias facetas da vida em sociedade. Porém, não basta que a questão de direito apenas diga respeito à política, à religião, à cultura ou à economia de uma região. É preciso que a resolução afete diretamente e com relevante impacto tais aspectos da vida social para que possa ser considerada de 'grande repercussão social'". (MARINONI, Luiz Guilherme. Sobre o incidente de assunção de competência. *Revista de Processo*, São Paulo, v. 41, n. 260, p. 233-256, out. 2016, p. 235).

O terceiro requisito, com efeito, trata de um *requisito negativo*, determinando o legislador que o incidente pressupõe a inexistência de *repetição do caso em múltiplos processos*. É necessário que a causa não seja seriada, isto é, repetitiva, conforme se infere da parte final do art. 947, *caput*, CPC 2015. A razão é simples, quando se trata de causa repetitiva, o regime jurídico a ser observado é outro: recursos repetitivos ou IRDR.[738]

O quarto requisito observável diz respeito ao *interesse público no julgamento*: além de tudo, para que haja essa peculiar mudança de competência que imprime, inclusive, maior eficácia vinculante ao julgado, é necessário que o órgão colegiado reconheça o interesse público presente no julgamento (art. 947, § 2º, CPC 2015). Trata-se, com efeito, de requisito excessivamente amplo e que cobrará percuciente análise por parte da doutrina e da jurisprudência.[739]

Por fim, é inescusável que a instauração desse incidente pressupõe, ao menos em perspectiva, a possibilidade de existirem decisões diferentes sobre uma mesma tese jurídica. A sua característica preventiva, nesse sentido, é evidente.[740]

29.4. LEGITIMAÇÃO OU INICIATIVA

A legitimação para propor o incidente é mais abrangente do que a legitimidade da própria demanda. Em linhas gerais, pode ser instaurado de ofício ou a requerimento da parte, do Ministério Público ou da Defensoria Pública, conforme se infere da redação do art. 947, § 1º, do CPC 2015. A prerrogativa de propor a assunção de competência é do relator do recurso ou da ação de competência originária do tribunal, podendo a propositura "se dar tanto de ofício quanto a requerimento da parte, do Ministério Público ou da Defensoria Pública".[741]

---

[738] No mesmo sentido: MARINONI, Luiz Guilherme; ARENHART, Sérgio Cruz; MITIDIERO, Daniel. *Novo Código de Processo Civil comentado*. São Paulo: Revista dos Tribunais, 2017, p. 1.025; Enunciado n.º 334, FPPC. Por força da expressão "sem repetição em múltiplos processos", não cabe o incidente de assunção de competência quando couber julgamento de casos repetitivos.

[739] Para uma corrente, há interesse público: "a) para prevenir divergência entre turmas ou câmaras do tribunal; b) para dirimir essas mesmas divergências; c) quando algum juiz propuser a revisão de questão de constitucionalidade já decidida pelo Pleno (RISTF, 11, II); d) quando algum juiz propuser a revisão de súmula do tribunal (RISTF 11, III; RISTJ 14, I)" (NERY JÚNIOR, Nelson; NERY, Rosa Maria. *Comentários ao Código de Processo Civil*: novo CPC – Lei 13.105/2015. São Paulo: Revista dos Tribunais, 2015, p. 1876). Há posição doutrinária que vislumbra identidade entre a "grande relevância social" e o "interesse público no julgamento". Este último seria uma mera reafirmação, pelo órgão que assume a competência, da anterior relevância reconhecida pelo órgão que busca o deslocamento (MARINONI, Luiz Guilherme. Sobre o incidente de assunção de competência. *Revista de Processo*, São Paulo, v. 41, n. 260, p. 233-256, out. 2016, p. 240).

[740] BUENO, Cassio Scarpinella. *Manual de direito processual civil*, op. cit., p. 651.

[741] AMARAL, Guilherme Rizzo. *Comentários às alterações do novo CPC*. São Paulo: RT, 2016. p. 959.

Em linhas gerais, possuem legitimidade para instaurar o incidente de assunção de competência: (i) Partes: evidentemente, as partes do processo podem suscitar a assunção de competência (art. 947, § 1º, CPC 2015); (ii) Ministério Público: considerando que o *parquet* é fiscal da ordem jurídica, também é sujeito legitimado para suscitar o incidente (art. 947, § 1º, CPC 2015); (iii) Defensoria Pública: a Defensoria Pública igualmente é parte legítima para a instauração do incidente (art. 947, § 1º, CPC 2015). É importante destacar que a legitimidade aqui conferida não se confunde com a das partes. Ainda que a Defensoria não seja parte, ela tem legitimidade para suscitar o incidente; (iv) Relator: diferente do que ocorre com o IRDR, o incidente de assunção de competência somente tem lugar no tribunal. Desse modo, o órgão judicial que ostenta legitimidade para suscitar o incidente, de ofício, é o relator da causa (art. 947, § 1º, CPC 2015).

A partir daí o recurso será de imediato remetido ao órgão incumbido de examinar a questão mediante assunção de competência, que decidirá se há ou não interesse público no seu julgamento (art. 957, § 2º, do CPC 2015).[742]

29.5. EFEITOS

A principal consequência da aceitação do incidente, isto, é do juízo positivo de admissibilidade, é o deslocamento da competência para o julgamento da causa. Com efeito, admitida a assunção, a causa não é mais julgada perante o órgão originariamente competente, mas sim pelo órgão colegiado indicado pelo regimento interno do tribunal.

Em termos de extensão, tudo o que foi versado no recurso, na remessa ou no processo de competência originária passará a ser objeto de análise pelo órgão colegiado. A devolutividade é, portanto, a mesma da causa originária.

A admissão do incidente de assunção de competência – já que obrigatoriamente não se relaciona com causas de massa – não produz qualquer efeito suspensivo distinto daquele previsto na causa originária e nem se expande para outros processos. Aí mais uma distinção entre o IRDR e o IAC.

Dado que o incidente de assunção de competência tem lugar quando presente relevante questão de direito, a solução dessa questão passará a ser vinculante para os demais juízes e órgãos fracionários do tribunal. Aí um relevante traço comum entre o IRDR e o IAC:

---

[742] MARINONI, Luiz Guilherme; ARENHART, Sérgio Cruz; MITIDIERO, Daniel. *Novo Código de Processo Civil comentado*, op. cit. p. 1.025.

ambos promovem a fixação de tese jurídica que deverá ser aplicada aos casos idênticos. O § 3º do art. 947 do CPC 2015 deixa expressa a eficácia vinculante que a decisão tomada em relação aos demais órgãos fracionários do mesmo Tribunal, ressalvando a possibilidade de revisão de tese.[743]

29.6. PROCESSAMENTO

Não há um procedimento detalhado do incidente de assunção de competência no diploma processual – que reserva apenas um dispositivo para o assunto. Já se pode perceber, porém, a relevância do julgamento, já que causa relevantes efeitos no plano processual e autoriza a utilização de variados instrumentos.

Embora o CPC 2015 não estabeleça com precisão o procedimento a ser adotado no incidente de assunção de competência, é evidente que, por que ele pode gerar decisão vinculante e obrigatória para todos os casos que discutam a mesma questão de direito, sua constitucionalidade depende da ampla participação daqueles que podem sofrer os efeitos da decisão.[744]

Em razão disso, há quem defenda[745] que a *abertura ao diálogo* que se dá com o IRDR também deveria ocorrer com o IAC, de modo que seria possível uma aplicação subsidiária das regras referentes ao IRDR – como, por exemplo, a possibilidade de intervenção do amicus curiae e a realização de audiência pública – por ocasião do processamento do incidente de assunção de competência.

O IAC deve ser suscitado pelos sujeitos legitimados (art. 947, § 1º, NCPC). Quando se tratar de pedido formulado pelas partes, pelo Ministério Público ou Defensoria Pública, deve ser apresentada petição específica para tanto. Quando formulado pelo relator, haverá deliberação para que os autos sejam encaminhados ao órgão colegiado previsto no regimento interno.

Não há prazo previsto em lei para que seja suscitado o incidente. Como se trata, porém, de mecanismo que modifica a competência para o julgamento da causa, é de se concluir que ele deve ser suscitado

---

[743] BUENO, Cassio Scarpinella. *Manual de direito processual civil*, op. cit., p. 651.
[744] MARINONI, Luiz Guilherme; ARENHART, Sérgio Cruz; MITIDIERO, Daniel. *Novo Código de Processo Civil comentado*, op. cit., p. 1.025.
[745] CÂMARA, Alexandre Freitas. *O novo processo civil brasileiro*, 2. ed. São Paulo: Atlas, 2016, p. 455; NEVES, Daniel Amorim Assumpção. *Manual de Direito Processual Civil*: volume único. 8. ed. Salvador: Juspodivm, 2016, p. 1345; Enunciado n.º 201, FPPC. Aplicam-se ao incidente de assunção de competência as regras previstas nos arts. 983 e 984.

antes do julgamento do recurso, da remessa ou do processo de competência originária.[746]

Os autos serão encaminhados ao órgão colegiado competente que irá deliberar sobre a presença dos pressupostos para que haja a assunção de competência. O juízo de admissibilidade é duplo: tanto o órgão originariamente competente como o órgão definido pelo regimento interno para julgamento do IAC deverão justificar a existência de questão de direito de grande repercussão social.[747]

O juízo positivo de admissibilidade causa a efetiva assunção, isto é, o deslocamento da competência e que abrangerá também o julgamento do caso concreto.[748] Caso o órgão colegiado entenda que não estão presentes os requisitos para a assunção, devolverá os autos ao órgão de origem.[749]

Oportunamente, promove-se o julgamento da causa objeto da assunção. Caberá ao órgão colegiado definir a solução para a relevante questão de direito versada no incidente e, de imediato, aplicar a tese no caso concreto. Há boas razões para considerar que o julgamento deve ser realizado em duas etapas: *primeiro*, fixa-se, com alto de grau de fundamentação, a tese jurídica de modo a afastar eventuais divergências com outros órgãos judiciais; *segundo*, define-se a solução do caso concreto.

Consoante já apontado, uma vez realizado o julgamento, a tese jurídica deverá ser observada pelos juízes e órgãos fracionários vinculados ao tribunal (art. 947, § 3º, CPC 2015).

Vale frisar que, após o julgamento, não há particularidades relacionadas com os recursos cabíveis. Como a tese é solucionada em conjunto com o caso, o acórdão estará sujeito aos respectivos recursos.

---

[746] NEVES, Daniel Amorim Assumpção. *Manual de Direito Processual Civil*: volume único. 8. ed. Salvador: Juspodivm, 2016, p. 1345.
[747] MARINONI, Luiz Guilherme. Sobre o incidente de assunção de competência. *Revista de Processo*, São Paulo, v. 41, n. 260, p. 233-256, out. 2016, p. 243.
[748] CÂMARA, Alexandre Freitas. *O novo processo civil brasileiro*. São Paulo: Atlas, 2016, p. 455.
[749] Idem.

Bibliografia

ALCALÁ-ZAMORA Y CASTILLO, Niceto. Eficacia de las providencias de la jurisdicción voluntaria. *Boletin del Instituto de Derecho Comparado de México*. México, v.15, n. 45, 1962.

ALMEIDA, João Batista. *Aspectos Controvertidos da Ação Civil Pública*. 3.ed., São Paulo: Revista dos Tribunais, 2011.

ALMEIDA, Renata Barbosa; RODRIGUES JUNIOR, Walsir Edson. *Direito Civil:* famílias. São Paulo: Atlas, 2012.

ALVARO DE OLIVEIRA, Carlos Alberto. Os direitos fundamentais a efetividade e a segurança jurídica em perspectiva dinâmica, In: *Revista Magister de Direito Civil e Processual Civil*. Porto Alegre, v.4, n. 21, p. 109-110, 2007.

——. *Teoria e prática da tutela jurisdicional*. Rio de Janeiro: Forense, 2008.

ALVIM, Angélica Arruda; ASSIS, Araken de; ALVIM, Eduardo Arruda; LEITE, George Salomão (coord.), *Comentários ao Código de Processo Civil*. São Paulo: Saraiva, 2016.

ALVIM NETTO, José Manoel de Arruda. *Manual de direito processual civil*: parte geral. 7. ed. v.1. São Paulo: Revista dos Tribunais, 2000.

——. *Manual de direito processual civil*. v. 2, São Paulo: Revista dos Tribunais, 2005.

AMARAL, Guilherme Rizzo. *Comentários às alterações do novo CPC*. 2. ed. São Paulo: Revista dos Tribunais, 2016.

——. Efetividade, segurança, massificação e a proposta de um "incidente de resolução de demandas repetitivas". *Revista de Processo*, vol. 196 (2011): 237-274.

AMERICANO, Jorge. *Comentários ao Código de Processo Civil do Brasil*, v. 3. Rio de Janeiro: Forense, 1942.

ARGENTA, Graziela; ROSADO, Marcelo da Rocha. Do processo coletivo das ações coletivas ao processo coletivo dos casos repetitivos: modelos de tutela coletiva no ordenamento brasileiro, Revista Eletrônica de Direito Processual – REDP. Rio de Janeiro. Ano 11. Volume 18. Número 1. Janeiro a Abril de 2017 n. 1. p. 236-277. Disponível em: <https://www.e-publicacoes.uerj.br/index.php/redp/article/view/28491/20279>. Acesso em 5 mai. 2019.

ARRUDA ALVIM, Teresa; DIDIER JUNIOR, Fredie; TALAMINI, Eduardo; DANTAS, Bruno (org.). *Breves Comentários ao Novo Código de Processo Civil*. São Paulo: Revista dos Tribunais, 2015.

——; CONCEIÇÃO, Maria Lúcia Lins; RIBEIRO, Leonardo Ferres da Silva; MELLO, Rogerio Licastro Torres de. *Primeiros comentários ao novo código de processo civil*. 2. ed. São Paulo: Revista dos Tribunais, 2016.

ASSIS, Araken de. *Manual dos Recursos*. São Paulo: Revista dos Tribunais, 2016.

——. O procedimento de dúvida e o princípio de adstrição do juiz ao pedido da parte, *Revista Jurídica (Porto Alegre. 1953)*. Porto Alegre, v. 107, p. 35-41, 198.

BAPTISTA DA SILVA Ovídio A. *Comentários ao Código de Processo civil – Dos Procedimentos Especiais*, v.13. São Paulo: Revista dos Tribunais, 2000.

——. *Curso de Processo Civil*. v. 2. 5. ed., São Paulo: Revista dos Tribunais, 2000.

——. *Curso de Processo Civil*. v. 1. 5. ed., São Paulo: Revista dos Tribunais, 2001.

——. *Do processo cautelar*. 2. ed. Rio de Janeiro: Forense, 1999.

——. *Processo e Ideologia*. 2. ed. Rio de Janeiro: Forense, 2006.

——. *Comentários ao Código de Processo Civil*. v.1. São Paulo: Revista dos Tribunais, 2000.

BARBOSA MOREIRA, José Carlos. *A ação popular do direito brasileiro como instrumento de tutela jurisdicional*, In: GRINOVER, Ada Pellegrini *et al*. Processo Coletivo: do surgimento à atualidade. São Paulo: Revista dos Tribunais, 2014, p. 25-38.

———. *Comentários ao CPC*. v.5, 7. ed. Rio de Janeiro: Forense, 1998.

———. *Comentários ao Código de Processo Civil*, v. 5. 12. ed. Rio de Janeiro: Forense. 2005.

BARROSO, Darlan; ROSSATO, Luciano Alves. *Mandado de Segurança*. São Paulo: Revista dos Tribunais, 2009.

BEDAQUE, José Roberto dos Santos. *Direito e processo*: influência do direito material sobre o processo. 2. ed. São Paulo: Malheiros, 1997.

———. *Direito e Processo. Influência do direito material sobre o direito processual*. 6. ed. São Paulo: Malheiros. 2011.

BENJAMIN, Antonio Herman; ALMEIDA, Gregório Assagra de. *Comentários a Nova Lei do Mandado de Segurança*, Coords. MAIA FILHO, Napoleão Nunes; ROCHA, Caio Cesar Vieira; LIMA, Tiago Asfor Rocha. São Paulo: Revista dos Tribunais, 2010.

BERTOLDI, Marcelo; RIBEIRO, Marcia Carla Pereira. *Curso avançado de direito comercial* (livro eletrônico). 3. ed. São Paulo: Revista dos Tribunais, 2016.

BONATES, Juliana da Fonseca. Questões sobre a partilha extrajudicial em face da Lei 11.441/2007. In. COLTRO, Antonio Carlos Mathias; DELGADO, Mário Luiz. *Separação, divórcio, partilhas e inventários extrajudiciais*: questionamentos sobre a Lei 11.441/2007. 2. ed. São Paulo: Método, 2010.

BUENO, Cassio Scarpinella. *Curso sistematizado de Direito Processual Civil*. São Paulo: Saraiva, 2014.

———. *Manual de direito processual civil*. 4. ed. São Paulo: Saraiva Educação, 2018.

———. *Novo Código de Processo Civil Anotado*. São Paulo: Saraiva, 2015.

BÜLOW, Oskar. *La teoría de las excepciones procesales y los presupuestos procesales*. Buenos Aires: EJEA, 1964.

CABRAL, Antonio do Passo. *Convenções Processuais*. Salvador: Juspodivm, 2001.

———. *O novo procedimento-modelo (Musterverfahren) alemão*: uma alternativa às ações coletivas, Revista de Processo, vol. 147 (2007): 123-146.

———; CRAMER, Ronaldo. *Comentários ao Novo Código de Processo Civil*. 2. ed. Rio de Janeiro: Forense, 2016.

CALAMANDREI, Piero. *El procedimento monitório*. Tradução de Sentis Melendo, Buenos Aires: Bibliográfica Argentina, 1946.

CALMON, Rafael. *Direito das famílias e processo civil:* interação, técnicas e procedimentos sob o enfoque do Novo CPC. São Paulo: Saraiva, 2017.

CALMON DE PASSOS, José Joaquim. *Teoria geral dos procedimentos especiais, Procedimentos especiais cíveis, legislação extravagante*. São Paulo: Revista dos Tribunais, 2002.

CÂMARA, Alexandre Freitas. *Levando os padrões decisórios a sério:* formação e aplicação de precedentes e enunciados de súmulas. São Paulo: Atlas, 2018.

———. *O novo processo civil brasileiro*. 2. ed. São Paulo: Atlas, 2016.

CAMARGO, Luiz Henrique Volpe. Art. 700. In: STRECK, Lenio Luiz; NUNES, Dierle; CUNHA, Leonardo (orgs.). *Comentários ao Código de Processo Civil*. 2. ed. São Paulo: Saraiva, 2017.

CAMBLER, Everaldo Augusto; BARRETO, Wanderlei de Paula; DANTAS, Marcelo Navarro Ribeiro; TERRA, Marcelo. *Comentários ao Código Civil Brasileiro – Parte Geral (arts. 1º a 103)*, v. I. Rio de Janeiro: Forense/FADISP, 2005.

CAMPOS, Antonio Macedo de. *Procedimentos Especiais*. São Paulo: Sugestões Literárias, 1980.

CAPPELLETTI, Mauro; GARTH, Bryan. *Acesso à Justiça*, Tradução de Ellen Gracie Northfleet. Porto Alegre: Sergio Antonio Fabris Editor, 1988.

———. Acesso à Justiça. *Revista do Ministério Público*, n. 35, 1995, p. 47-53.

CARNEIRO, Athos Gusmão. *Jurisdição e competência*. 15. ed. São Paulo: Saraiva, 2007.

CARNELUTTI, Francesco. *Diritto e Processo*. Nápoles: Morano Editore, 1958.

CARVALHO, José Orlando Rocha de. Procedimentos previstos na Lei de Registros Públicos, In: DE FARIAS, Cristiano Chaves; DIDIER JUNIOR, Fredie (coord.). *Procedimentos especiais cíveis*: legislação extravagante. São Paulo: Saraiva, 2003.

CARVALHO, Luiz Paulo Vieira de. *Direito das Sucessões*. São Paulo: Atlas, 2015.

CARVALHO NETO, Inácio de. *Ação civil pública. Ação Popular. Mandado de Segurança Coletivo*. 2. ed. Curitiba: Juruá, 2008.

CASTRO FILHO, José Olympio de. *Comentários ao Código de Processo Civil*. 5. ed., v. X, (arts. 1.103-1220), Atualizada por José Rubens Costa, Rio de Janeiro: Forense, 2004.

CIMARDI, Claudia Aparecida. *Proteção processual da posse*. 2. ed. São Paulo: Revista dos Tribunais, 2008.

CINTRA, Antonio Carlos de Araújo; GRINOVER, Ada Pellegrini; DINAMARCO, Cândido Rangel, *Teoria geral do processo*. 26. ed. São Paulo: Malheiros.

COELHO, Fábio Ulhoa. A ação de dissolução parcial de sociedade. *Revista de Informação Legislativa*, n. 190, 2011.

COLTRO, Antonio Carlos Mathias; DELGADO, Mario Luiz. *Separação, divórcio, partilhas e inventários extrajudiciais*: questionamentos sobre a Lei 11.441/2007. 2. ed. São Paulo: Método, 2010.

COMOGLIO, Luigi Paolo. *Il principio di economia processuale*. v. 2. Padova: CEDAM, 1982.

CREMONEZE, Paulo Henrique. *Prática de Direito Marítimo*. São Paulo: Aduaneiras. 2015.

CRUZ E TUCCI, José Rogério. *Prova escrita na ação monitória*. Doutrinas Essenciais de Processo Civil, São Paulo, v. 4 (2011): 571-583. PDF. Disponível em: <http://www.rtonline.com.br/>. Acesso em: mai. 2018.

CUNHA, José Sebastião Fagundes. *Código de Processo Civil Comentado*. São Paulo: Revista dos Tribunais, 2016.

DALLA, Humberto; MARIOTINI, Fabiana Marcello Gonçalves. Ação monitória: o embrião da estabilização das tutelas antecipadas. É justificável a existência autônoma das ações monitórias após o NCPC? *Revista de Processo*, São Paulo, v. 271 (2017): 231-255. PDF. Disponível em: <http://www.rtonline.com.br/>. Acesso em: mai. 2018.

DIAS, Maria Berenice. *Manual de direito das famílias*. 11. ed. São Paulo: Revista dos Tribunais, 2016.

DIDIER JUNIOR, Fredie; CABRAL, Antonio do Passo; CUNHA, Leonardo Carneiro da. *Por uma nova teoria dos procedimentos especiais*: dos procedimentos às técnicas. Salvador: Juspodivm, 2018.

——; FARIAS, Cristiano Chaves de; GUEDES, Jefferson Carús; GAMA, Guilherme Calmon N. da; SLAIBI FILHO, Nagib. *Comentários ao Código Civil Brasileiro. Do Direito de Família. Direito Patrimonial* (Arts. 1.639 a 1.783). Vol. XV. Rio de Janeiro: Forense – FADISP, 2005.

——; ZANETI JUNIOR, Hermes. *Curso de Direito Processual Civil*: Processo Coletivo, 10.ed., Salvador: Juspodivm, 2016.

——; ZANETI JUNIOR, Hermes. Ações coletivas e o incidente de julgamento de casos repetitivos – espécies de processo coletivo no direito brasileiro: aproximações e distinções. *Revista de Processo*. São Paulo: Revista dos Tribunais, v. 256, 2016.

DINAMARCO, Cândido Rangel. *A Instrumentalidade do processo*, 12. ed. São Paulo: Malheiros, 2005.

DONIZETTI, Elpídio. *Novo Código de Processo Civil Comentado*. 3. ed. São Paulo: Atlas, 2018.

——; Cerqueira Malheiros. *Curso de Processo Coletivo*, São Paulo: Atlas, 2010.

FABRÍCIO, Adroaldo Furtado. As novas necessidades do processo civil e os poderes do juiz, *Revista de Direito do Consumidor*, v. 7 (1993): 30-36.

——. *Comentários ao Código de Processo Civil*, v. VIII. Rio de Janeiro: Forense, 2002.

FARIAS, Cristiano Chaves de; ROSENVALD, Nelson. *Curso de direito civil*: família, v. 6. 5. ed. Salvador: Juspodivm, 2013.

——; ROSENVALD, Nelson. *Direitos Reais*. 6. ed. Rio de Janeiro: Lumen Juris, 2010.

FIGUEIRA JR., Joel. *Liminares nas ações possessórias*. 2. ed. São Paulo: RT, 1999.

FRANÇA, Erasmo Valladão Azevedo e Novaes; ADAMEK, Marcelo Vieira von. *Da ação de dissolução parcial de sociedade*: comentários breves ao CPC/2015, São Paulo: Malheiros, 2016.

FREIRE, Alexandre. SCHMITZ, Leonard Ziesemer. Art. 947. In: STRECK, Lenio Luiz; NUNES, Dierle; CUNHA, Leonardo (orgs.). *Comentários ao Código de Processo Civil*. São Paulo: Saraiva, 2016.

FRESQUET, Raymond de. *Traité Élémentaire de Droit Romain*, Tomo I. Paris: Étienne Giraud Libraire, 1855.

FULGÊNCIO, Tito. *Da posse e das ações possessórias*. 12. ed., Rio de Janeiro: Forense, 2015.

GAIO JUNIOR, Antônio Pereira. *Direito Processual Civil*. v. II., Belo Horizonte: Del Rey, 2008.

——; MELLO, Cleyson de Moraes. *Novo código de processo civil comentado*. Belo Horizonte: Del Rey Editora, 2016.

GAJARDONI, Fernando da Fonseca. *Comentários à nova lei de Mandado de Segurança*. São Paulo: Método, 2009.

——. *Flexibilização procedimental*, São Paulo: Atlas, 2008.

——. *Processo de Conhecimento e Cumprimento de Sentença*: comentários ao CPC de 2015, v. 2. Rio de Janeiro: Forense; São Paulo: Método, 2018.

GALENO, Lacerda; ALVARO DE OLIVEIRA, Carlos Alberto. *Comentários ao Código de Processo Civil*, 2. ed. v. VIII, t. II (arts. 813-889). Rio de Janeiro: Forense, 1991.

GALINDO, Beatriz et al. *Negócios Processuais*, v.1. Salvador: Juspodivm, 2017.

GAMA, Guilherme Calmon Nogueira da; CASTRO, Diana Loureiro Paiva de. Proteção possessória no novo Código de Processo Civil: notas à luz da Lei 13.105/2015. *Revista de Processo*, Vol. 249, nov/2015.

GAZALLE, Gustavo Kratz. *Posse e Ações possessórias*. São Paulo: Saraiva, 2009.

GIDI, Antonio. *A Class Action como instrumento de tutela coletiva de direitos*: As ações coletivas em uma perspectiva comparada. São Paulo: Revista dos Tribunais, 2007.

GOMES, Orlando. *Direitos Reais*. Rio de Janeiro, Forense, 1999.

——. *Sucessões*. 16. ed. Rio de Janeiro: Forense, 2015.

GONÇALVES, Carlos Roberto. *Direito Civil*: direito das coisas, v. 5, 13. ed. São Paulo: Saraiva Educação, 2018.

GONÇALVES, Marcos Vinícius Rios. *Novo Curso de Direito Processual civil* – Processo de Conhecimento e Procedimentos Especiais. v. 2, 10. ed. São Paulo: Saraiva, 2014.

GONÇALVEZ NETO, Alfredo de Assis; FRANÇA, Erasmo Valladão Azevedo e Novaes (coord.). *Tratado de direito empresarial; empresa individual de responsabilidade limitada e sociedade de pessoas*, v. 2. São Paulo: Revista dos Tribunais, 2016.

GRECO, Leonardo. *Jurisdição voluntária moderna*. São Paulo: Dialética, 2003.

GRECO FILHO, Vicente. *Direito Processual Civil Brasileiro*. Processo de Execução a Procedimentos Especiais, 16.ed., São Paulo: Saraiva, 2003.

GRINOVER, Ada Pellegrini. Mandado de Segurança Coletivo: legitimação e objeto. *Revista de Direito Público*, n° 93, jan-mar/90, p. 20.

GUEDES, Jefferson Carús. (arts. 674-686). *Comentários ao novo Código de Processo Civil*. Rio de Janeiro: Forense, 2015. Organizadores: CABRAL, Antônio do Passo: CRAMER, Ronaldo.

——. *Comentários ao Código de Processo Civil*: artigos 719 ao 770, v. 11. São Paulo: Revista dos Tribunais, 2016.

——. Jurisdição Voluntária no CPC/2015 como meio de resolução de "controvérsias" com a Administração Pública. *Revista Brasileira de Políticas Públicas* (*Online*). Brasília, v. 7, n.1, 2017.

——. Transigibilidade de interesses públicos: prevenção e abreviação de demandas da Fazenda Pública. *Advocacia de Estado*: questões institucionais para a construção de um Estado de Justiça. Estudos em homenagem a Diogo de Figueiredo Moreira Neto e José Antonio Dias Toffoli. Orgs. Jefferson Carús Guedes; Luciane Moessa de Souza. Belo Horizonte: Fórum, 2009.

HENRIQUES, Ruy Alves. Art. 947. In: CUNHA, José Sebastião Fagundes, BOCHENEK, Antônio César. CAMBI, Eduardo. *Código de processo civil comentado*. São Paulo: Revista dos Tribunais, 2016.

IHERING, Rudolf Von. *Sul Fondamento della Protezione del Possesso*. Milano: Francesco Vilardi Editore, 1872.

KOPLIN, Klaus. O novo CPC e os direitos fundamentais processuais: uma visão geral, com destaque para o direito ao contraditório. In: RUBIN, Fernando; REICHELT, Luis Alberto. *Grandes temas do novo Código de Processo Civil*. Porto Alegre: Livraria do Advogado, 2015.

LACERDA, Galeno. O código como sistema de adequação legal do processo, *Revista do Instituto dos Advogados do Rio Grande do Sul,* Porto Alegre: Corag, 1976. p.161-170. Edição comemorativa do cinquentenário 1926-1976.

LEAL, Roger Stiefelmann. A propriedade como direito fundamental: Breves notas introdutórias, *Revista de Informação Legislativa*, Brasília, a. 49, n. 194, abr./jun. 2012.

LESSA NETO, João Luiz. O novo CPC (LGL\2015\1656) adotou o modelo multiportas!!! E agora?!. *Revista de Processo*, n.244 (2015): 427-441.

LIMA, Alcides de Mendonça. *Comentários ao Código de Processo Civil*, v. XII (arts. 1.103-1.210). São Paulo: Revista dos Tribunais, 1982.

——. Efeitos da apelação na jurisdição voluntária. *Revista da AJURIS*, n. 29, a. X, nov. 1983.

LOPES, João Batista. Os poderes do juiz no aprimoramento da prestação jurisdicional. *Revista de Processo*, São Paulo, v. 9, n. 35, p. 24-67, jul./set. 1984.

LUCENA, João Paulo. *Comentários ao código de processo civil,* v. 15, São Paulo: Revista dos Tribunais, 2000.

——. *Natureza jurídica da jurisdição voluntária*. Porto Alegre: Livraria do Advogado, 1996.

MACÊDO, Lucas Buril. Questões Gerais sobre a Jurisdição Voluntária no CPC/2015. In: DIDIER JUNIOR, Fredie; MACÊDO Lucas Buril de, PEIXOTO, Ravi e FREIRE, Alexandre (org.). *Procedimentos especiais, tutela provisória e direito transitório*. 2. ed. Salvador: Juspodivm, 2016.

MAGRI, Berenice Soubhie Nogueira. *Ação anulatória:* art. 486 do CPC. São Paulo: Revista dos Tribunais, 1999.

MALFATTI, Alexandre. *Direito Processual Civil*: procedimentos especiais, Rio de Janeiro: Elsevier, 2008.

MANCUSO, Rodolfo de. *Ação Civil Pública*: em defesa do meio ambiente, do patrimônio cultural e dos consumidores. 14. ed. São Paulo: RT, 2016

MARCATO, Antonio Carlos. *Procedimentos Especiais*. 17. ed. São Paulo: Atlas, 2017.

MARINONI, Luiz Guilherme. Sobre o incidente de assunção de competência. *Revista de Processo*, São Paulo, v. 41, n. 260, p. 233-256, out. 2016

——. *Técnica processual e tutela dos direitos*. 2. ed. São Paulo: Revista dos Tribunais, 2008.

——; ARENHART, Sérgio Cruz. *Curso de Processo Civil*. Teoria Geral do Processo, v. 1. São Paulo: Revista dos Tribunais, 2006.

——; ——. *Curso de Processo Civil. Procedimentos Especiais*. v. 5. São Paulo: Revista dos Tribunais, 2010.

——; ——; MITIDIERO, Daniel. *Novo Código de Processo Civil comentado*. São Paulo: Revista dos Tribunais, 2017.

——; ——; ——. *Novo curso de processo civil:* tutela dos direitos mediante procedimentos diferenciados, v. 3. São Paulo: Revista dos Tribunais, 2017.

MARQUES, José Frederico. *Ensaio sobre a Jurisdição Voluntária*, Atual. Ovídio Rocha Barros Sandoval. Campinas: Millennium, 2000.

MAXIMILIANO, Carlos. *Hermenêutica e Aplicação do Direito*. 17. ed. Rio de Janeiro: Forense, 1998.

MEDINA, José Miguel Garcia. *Direito Processual Civil Moderno*. 2. ed. São Paulo: Revista dos Tribunais, 2016.

——. *Novo Código de Processo Civil Comentado: com remissões e notas comparativas ao CPC/73*. 4. ed. São Paulo: Revista dos Tribunais, 2016.

MENDES, Aluísio Gonçalves de Castro. Reflexões sobre o incidente de resolução de demandas repetitivas no projeto de novo Código de Processo Civil. *Revista de Processo*, vol. 211 (2012): 191-207.

MENDONÇA, Carlos. *O essencial sobre alvará judicial*. São Paulo: Servanda, 2004.

MERÊA, Paulo. *Estudos de Direito Hispânico Medieval*. Tomo II, Coimbra: Universidade de Coimbra, 1953.

MITIDIERO, Daniel Francisco. *Colaboração no processo civil:* pressupostos sociais, lógicos e éticos. São Paulo: Revista dos Tribunais, 2009.

——. *Elementos para uma teoria contemporânea do processo civil brasileiro.* Porto Alegre: Livraria do Advogado, 2005.

MONTENEGRO FILHO, Misael. *Curso de Direito Processual Civil* – Medidas de urgência, tutela antecipada e ação cautelar, Procedimentos Especiais, v. III, 11. ed, São Paulo: Atlas, 2015.

MORAES, Alexandre de. *Direito Constitucional.* 28. ed. São Paulo. Editora Atlas, 1997.

MORAIS, Jose Luis Bolzan de. *Do direito social aos interesses transindividuais*: o Estado e o Direito na ordem contemporânea. Porto Alegre: Livraria do Advogado, 1996.

NADER, Paulo. *Curso de direito civil*: direito das coisas, v. 4. 7. ed. Rio de Janeiro: Forense, 2016.

NEGRÃO, Thetonio; GOUVÊA, José Roberto F.; BONDIOLI, Luis Guilherme A.; FONSECA, João Francisco N. da. *Código de Processo Civil e legislação processual civil em vigor.* 46. ed. São Paulo: Saraiva, 2014.

NERY JUNIOR, Nelson. Mandado de Segurança: instituto que não alterou a natureza do mandado de segurança já constante das Constituições anteriores – Partidos políticos – Legitimidade ad causam, *Revista de Processo*, v. 57, jan-mar de 1990.

——; NERY, Rosa Maria de Andrade. *Código de processo civil comentado* [livro eletrônico]. 3. ed. São Paulo: Revista dos Tribunais, 2018.

——; ——. *Comentários ao Código de Processo Civil*: novo CPC – Lei 13.105/2015. São Paulo: Revista dos Tribunais, 2015.

NEVARES, Ana Luiza Maia. *A função promocional do testamento*: tendências do direito sucessório, Rio de Janeiro: Renovar, 2009.

NEVES, Daniel Amorim Assumpção. *Manual de Direito Processual Civil.* 8. ed. Salvador: Juspodivm, 2016.

——. *Novo Código de Processo Civil comentado.* 2. ed. Salvador: Juspodivm, 2017.

NOGUEIRA, Pedro Henrique. *Art. 259.* In: STRECK, Lenio; NUNES; Dierle; CUNHA, Leonardo Carneiro da; SICA, Heitor Vitor Mendonça. *Comentários ao Código de Processo Civil.* Vol. X. São Paulo: Revista dos Tribunais, 2016.

OLIVEIRA, Euclides de; AMORIM, Sebastião. *Inventário e partilha*: teoria e prática. 24. ed. São Paulo: Saraiva, 2016.

OLIVEIRA, Lourival Gonçalves de. Interesse processual e mandado de segurança coletivo, *Revista de Processo*, v. 56, out-dez de 1996, p. 75-85.

OLIVEIRA JUNIOR, Zulmar Duarte de; STRECK, Lenio Luiz; NUNES, Dierle; CUNHA, Leonardo (org.). *Comentários do Código de Processo Civil* (de acordo com a Lei 13.256/2016), São Paulo: Saraiva, 2016.

OST, François. *Entre Droit et Non Droit: l'intérêt* – Essai sur le fonsctions qu´exerce la notion d´intérêt en droit privé, Bruxelles: Facultés Universitaires Saint–Louis, 1990.

PAES, José Eduardo Sabo. *Fundações, Associações e Entidades de Interesse Social.* 7. ed. São Paulo: Forense, 2010.

PARIZATTO, João Roberto. *Aspectos procedimentais da Ação de Consignação em pagamento no processo civil e na locação.* Rio de Janeiro: AIDE, 1995.

PASSOS, J. J. Calmon de. *Da jurisdição*, Salvador: Livraria Progresso, 1957.

PELUSO, Cezar; GODOY, Claudio Luiz Bueno de; LOUREIRO, Francisco Eduardo; BDINE JR., Hamid Charaf; AMORIM, José Roberto Neves; BARBOSA FILHO, Marcelo Fortes; ANTONINI, Mauro; CARVALHO FILHO, Milton Paulo de; ROSENVALD, Nelson; DUARTE, Nestor. *Código Civil Comentado: doutrina e jurisprudência.* 4. ed. São Paulo: Manole, 2010. (Coord. Cezar Peluso)

PENTEADO, Luciano de Camargo. *Direito das coisas.* 2. ed. São Paulo: Revista dos Tribunais, 2012.

PEREIRA, Rodrigo da Cunha. *Divórcio:* teoria e prática. 4. ed. São Paulo: Saraiva, 2013.

——. *Princípios fundamentais norteadores do direito de família.* Belo Horizonte: Del Rey, 2008.

PFANDER, James E.; BIRK, Daniel. Article III Judicial Power, the Adverse-Party requirement, and Non-Contentious Jurisdiction, *The Yale Law Journal*, Forthcoming; Northwestern Public Law Research Paper, n. 14-13. (April 13, 2014). Disponível em: <SSRN: http://ssrn.com/abstract=2424511>.

PICARDI, Nicola. *Manuale del Processo Civile*. Milano: Giuffrè, 2006.

PINHO, Humberto Dalla Bernardina de. *Direito processual civil contemporâneo*: processo de conhecimento, cautelar, execução e procedimentos especiais, v.2, 3. ed. São Paulo: Saraiva, 2016.

——. *Direito processual civil contemporâneo:* processo de conhecimento, procedimentos especiais, processo de execução, processo nos tribunais e disposições finais e transitórias. v. 2. 4. ed. São Paulo: Saraiva, 2017.

PISANI, Andrea Proto. *Lezioni di Diritto Processuale Civile*. 6. ed. Napoli: Jovene, 2014.

PIZZOL, Patrícia Miranda. *A competência no processo civil*. São Paulo: Revista dos Tribunais, 2003.

POMJÉ, Caroline. *A mitigação da incidência do adágio iura novit curia em virtude das convenções processuais*: breve análise do art. 357, § 2º, do Novo Código de Processo Civil, In: MARCATO, Ana; GALINDO, Beatriz et al. *Negócios Processuais*, Vol. 1, Salvador: Juspodivm, 2017, p. 65-81.

PONTES DE MIRANDA, Francisco Cavalcanti. *Comentários ao Código de Processo Civil*. Tomo XV, Rio de Janeiro: Forense, 1977.

——. *Comentários ao Código de Processo Civil*. T .IX. 2. ed. Rio de Janeiro: Forense, 1959.

——. *Comentários ao Código de Processo Civil*. T. XVI. Rio de Janeiro: Forense, 1977.

——. *Comentários ao Código de Processo Civil*. Tomo XIII. 2. ed. Atualização de Sérgio Bermudes. Rio de Janeiro: Forense, 2004.

——. *Tratado de direito privado*. T. 10. Campinas: Bookseller, 2001.

PRATA, Edson, *Comentários ao Código de Processo Civil*, v. 7, arts. 1.103-1.220. Rio de Janeiro: Forense, 1978.

——. *Jurisdição voluntária*. São Paulo: LEUD, 1979.

QUINTELA, Ana Carolina de Oliveira. *Controle de Juridicidade no âmbito da mediação judicial e o respeito os Direitos Fundamentais das partes*, Disponível em: <http://ebooks.pucrs.br/edipucrs/anais/simposio-de-processo/assets/2016/06.pdf> Acesso em: 26 mai. 2019.

REDONDO, Bruno Garcia; OLIVEIRA, Guilherme Peres de; CRAMER, Ronaldo. *Mandado de Segurança*, comentários à Lei 12.016/2009, São Paulo: Método, 2009.

RIZZARDO, Arnaldo. *Ação civil pública e ação de improbidade administrativa*. Rio de Janeiro: Forense, 2014.

——. *Direito das Coisas*. Rio de Janeiro: Forense, 2006.

——. *Direito das sucessões*. 9. ed. Rio de Janeiro: Forense, 2015.

RODRIGUES, Marcelo Abelha. Ação Civil Pública. In: *Ações Constitucionais*. DIDIER JUNIOR, Fredie (org.). 2. ed. Salvador: Juspodivum, 2007.

ROSA, Conrado Paulino da. *Curso de direito de família contemporâneo*. 4. ed. Salvador: Juspodivm, 2018.

——. *Guarda compartilhada coativa*: a necessidade de efetivação dos direitos das crianças e adolescentes, Salvador: Juspodivm, 2018.

RUBIN, Fernando. *Sentença, recursos, regimes de preclusão e formação da coisa julgada no Novo CPC*. Porto Alegre: Paixão Editores, 2018.

RUDOLFFI, Sergio Dunlop (Coord.). *Nuevas Orientaciones de la Prueba*. Santiago: Editorial Jurídica de Chile, 1981.

SANTOS, Ernane Fidélis dos. *Manual de Direito Processual Civil*. 15. ed. v. 3. São Paulo: Saraiva, 2017.

SANTOS, Luiz Felipe Brasil. A autonomia da vontade no direito de família contemporâneo. In: IBIAS, Delma Silveira. *Família e seus desafios*: reflexões pessoais e patrimoniais. Porto Alegre: Letra&Vida, 2012.

SARLET, Ingo Wolfgang; MARINONI, Luiz Guilherme; MITIDIERO, Daniel. *Curso de Direito Constitucional*. 3. ed. São Paulo: Revista dos Tribunais, 2014.

SATO, Priscila Kei. Ação de Consignação em pagamento. In: *Breves Comentários ao Novo Código de Processo Civil*. Teresa Arruda Alvim Wambier [*et al.*], coordenadores. São Paulo: Revista dos Tribunais, 2015.

SICA, Heitor Vitor Mendonça. *Comentários ao Código de Processo Civil*. v. X. São Paulo: Revista dos Tribunais, 2016.

SILVA, Bruno Freire e. Antonio do Passo Cabral; Ronaldo Cramer (coord.). *Comentários ao Novo Código de Processo Civil*. CABRAL, Antonio do Passo; CRAMER, Ronaldo (orgs.). 2. ed. Forense, 2016.

SILVA, João Paulo Hecker da. Dissolução parcial de sociedade e novo CPC: breves questões de direito intertemporal, In: YARSHELL, Flávio Luiz; PESSOA, Fabio Guidi Tabosa (coord.). *Direito intertemporal*. Salvador: Juspodivm, 2016.

SILVA, Ricardo Alexandre da; LAMY, Eduardo. *Comentários ao código de processo civil*: artigos 539 ao 673, v. 9. São Paulo: Revista dos Tribunais, 2016.

SOARES, Marcos José Porto. A (im)possibilidade da mediação nos procedimentos especiais. Revista de Processo: *RePro*. São Paulo, v. 42, n. 264, p. 523-543, fev. 2017.

SPENGLER, Fabiana Marion; SPENGLER NETO, Theobaldo (organizadores). *Mediação, conciliação e arbitragem*: artigo por artigo de acordo com a Lei nº 13.140/2015, Lei nº 9.307/1996, Lei nº 13.105/2015 e com a Resolução nº 125/2010 do CNJ (Emendas I e II). Rio de Janeiro: FGV Editora, 2016.

TALAMINI, Eduardo. Prova escrita e cognição sumária na ação monitória. *Revista de Processo*, São Paulo, v. 278 (2018): 411-431. PDF. Disponível em: <http://www.rtonline.com.br/>. Acesso em: mai. 2018.

——. *Tutela monitória*. 2. ed. São Paulo: Revista dos Tribunais, 2001.

TEIXEIRA, Antonio Ribeiro de Liz. *Curso de Direito Civil*. 2. ed. Coimbra: Editora da Universidade de Coimbra.

TEPEDINO, Gustavo; BARBOZA, Heloisa Helena; BODIN DE MORAES, Maria Celina. *Código Civil interpretado conforme a Constituição da República*. Rio de Janeiro: Renovar, 2014.

TESHEINER, José Maria Rosa. *Jurisdição voluntária*, Rio de Janeiro: Aide, 1992.

THEODORO JUNIOR, Humberto. *Curso de Direito Processual Civil – Procedimentos Especiais*, v. II. 50. ed. Rio de Janeiro: Forense, 2016.

——. *Curso de Direito Processual Civil*. Vol. II. 52. ed. Rio de Janeiro: Forense, 2018.

——. *Curso de direito processual civil*. vol. III. 51. ed. Rio de Janeiro, 2018, edição em *ebook*, item "527" do § 54).

TORRENTE, Andrea; SCHLESINGER, Piero. *Manuale di Diritto Privato*, Ventesima edizione, Milano: Giuffrè Editore, 2011.

TUCCI, José Rogério Cruz e; FERREIRA FILHO, Manoel Caetano; APRIGLIANO, Ricardo de Carvalho; DOTTI, Rogéria Fagundes; MARTINS, Sandro Gilbert. *Código de Processo Civil Anotado*. São Paulo-Curitiba: AASP-OAB-PR, 2015.

USTÁRROZ, Daniel. *Intervenção de terceiros*. 2. ed. Porto Alegre: Livraria do Advogado, 2018.

VALCANOVER, Fabiano Haselof. Apontamentos acerca da competência interna no novo Código de Processo Civil (PL 8046/2010). *RIDB*, Ano 2 (2013), n.14, p. 17.694.

VALVERDE, Trajano de Miranda. A evolução do direito comercial brasileiro. *Revista Forense*. Rio de Janeiro, v. 92, p. 637, dez/1942.

VELOSO, Zeno. *Código Civil Comentado*, Direito de Família. Alimentos. Bem de Família. União Estável. Tutela e Curatela (arts 1.694-1.783). v. XVII. São Paulo: Atlas, 2003.

VENOSA, Sílvio de Salvo. *Direito Civil*: Parte Geral. 4. ed. v. I. São Paulo: Atlas, 2004.

VENTURI, Elton. *Processo Civil Coletivo*. São Paulo: Malheiros, 2007.

VERDI, Pedro Garcia. *Novo Código de Processo Civil Anotado*. Ordem dos Advogados do Brasil, OAB-RS, Ano de 2015. Comentários aos arts. 682 a 686.

VIGLIAR, José Marcelo de Menezes. *Ação Civil Pública*. 3. ed. São Paulo: Atlas, 1999.

VITORELLI, Edilson. *Devido Processo Legal Coletivo*. Dos direitos aos litígios coletivos. São Paulo: Revista dos Tribunais, 2016.

WAMBIER, Luiz Rodrigues; TALAMINI, Eduardo. *Curso avançado de processo civil*. Processo Cautelar e Procedimentos Especiais – v.3. 14. ed. São Paulo: Revista dos Tribunais, 2015.

——; VASCONCELOS, Rita de Cássia Corrêa de. O mandado de segurança na disciplina da Lei 12.016, de 07.08.2009. *Revista de Processo*, v. 177, nov. de 2009, p. 185-208.

WELSCH, Gisele Mazzoni. *Legitimação Democrática do Poder Judiciário no Novo CPC*. São Paulo: Revista dos Tribunais, 2016.

YARSHELL, Flávio Luiz; MATOS, Felipe do Amaral. O procedimento especial de dissolução (parcial) de sociedade. In: YARSHELL, Flávio Luiz; PEREIRA, Guilherme Setoguti J. (coord.). *Processo societário*. São Paulo: Quartier Latin, 2012.

YOSHIKAWA, Eduardo Henrique de Oliveira. O incidente de resolução de demandas repetitivas no novo Código de Processo Civil. Comentários aos arts. 930 a 941 do PL 8.046/2010. *Revista de Processo*, vol. 206 (2012): 243-269.

ZANETI JR., Hermes; GARCIA, Leonardo de Medeiros. *Direitos Difusos e Coletivos*, Salvador: Juspodivm, 2014.

ZAVASCKI, Teori Albino. O Ministério Público e a defesa dos interesses individuais homogêneos, *Revista MPRGS*, n.29, 1993, p. 29-40.

——. A Tutela da Posse na Constituição e no Novo Código Civil. *Revista Direito e Democracia*, v.5, n.1, 2004, p. 07/28.

——. *Processo coletivo*: tutela de direitos coletivos e tutela coletiva de direitos. São Paulo: Revista dos Tribunais, 2017.

Impressão:
Evangraf
Rua Waldomiro Schapke, 77 - POA/RS
Fone: (51) 3336.2466 - (51) 3336.0422
E-mail: evangraf.adm@terra.com.br